U0495297

2024
出国留学
蓝皮书

中信银行股份有限公司◎著

中信出版集团 | 北京

图书在版编目（CIP）数据

2024出国留学蓝皮书 / 中信银行股份有限公司著 . 北京：中信出版社，2024. 7. -- ISBN 978-7-5217-6723-0

I. G649.1-62

中国国家版本馆CIP数据核字第20245YZ434号

2024出国留学蓝皮书

著者：　中信银行股份有限公司

出版发行：　中信出版集团股份有限公司

（北京市朝阳区东三环北路27号嘉铭中心　邮编　100020）

承印者：　北京通州皇家印刷厂

开本：787mm×1092mm　1/16　　印张：21.5　　字数：338千字

版次：2024年7月第1版　　印次：2024年7月第1次印刷

书号：ISBN 978-7-5217-6723-0

定价：69.00元

版权所有·侵权必究

如有印刷、装订问题，本公司负责调换。

服务热线：400-600-8099

投稿邮箱：author@citicpub.com

《2024 出国留学蓝皮书》
编审委员会名单

袁东宁　任子文　时　慧　甄金辉

王　烨　郑泽琪　缪逸峰　许思敏

杨东芳　徐少同　刘　畅　张树峰

王思嘉　唐　尧　陈华珊　包　放

孟可姗

目录

前言 III

第一章 迎接未来挑战，海外留学是一种投资

第一节 留学目标更为理性，留学选择更为多元 015
第二节 留学需求变化明显，规划意识明显提高 021
第三节 研究生留学需求持续增长，专业选择更为务实 037
第四节 学业压力与实习难度并存 041
第五节 学成归国与海外求职的选择更为谨慎 052

第二章 低龄求学选择多，英美加澳备受青睐

第一节 英国私立中学是精英制教学的典范 067
第二节 美国私立高中彰显“扬长式”教育 075
第三节 加拿大中学秉承严谨务实的教学风格 082
第四节 澳大利亚中学尊重个性化的教育需求 090

第三章 本科留学依旧强劲，英国与美国颇具吸引力

第一节 英美教育体系对国际课程体系的选择偏好 096
第二节 美国和英国教育体系的差异与特点 106
第三节 美国大学兼顾软实力与硬实力 108
第四节 全链条规划是进入名校的解决方案 115
第五节 英国大学重视学术能力与潜力 124

第四章 本科留学目标多元化，欧洲、亚洲等各有优势

第一节 热度不减的加拿大、澳大利亚 132
第二节 留学欧洲性价比高——德国、法国与丹麦 139
第三节 留学亚洲适应快——新加坡和日本 152

第四节　不出国门享受优质教育——香港　160

第五章　研究生留学需求巨大，各地区留学优势互补

第一节　研究生申请的新趋势与显著变化　166
第二节　研究生留学的基本原则与要求　171
第三节　各地区研究生留学申请及项目特点　181
第四节　中国香港研究生求学吸引力增强　196

第六章　研究生热门专业解析及职业规划

第一节　商科专业解读与就业分析　200
第二节　理工科专业解读与就业分析　229
第三节　人文社科专业解读与就业分析　243

第七章　非国际教育体系海外求学路径

第一节　非国际教育体系学生的海外求学路径　256
第二节　普通高中体系学生在中国香港和中国澳门受欢迎　267
第三节　中外合作办学提供广阔空间　271

第八章　名校选择学生有据可循

第一节　常春藤大学寻找试图改变世界的领导者　276
第二节　理工院校致力于通过科技改变世界　287
第三节　每所高校都在寻找符合自身气质的申请者　293

第九章　出国金融服务，助力留学之路

第一节　留学金融服务清单　312
第二节　留学前：兵马未动，粮草先行　313
第三节　留学中：好的金融产品让留学生活事半功倍　325
第四节　留学后：善用金融服务让归来之路更顺利　334

前　言

为服务留学家庭，满足其出国留学需求并提供有力支撑，中信银行股份有限公司（简称“中信银行”）自 2017 年起，已连续多年出版“出国留学蓝皮书”系列图书，为有留学意愿的家庭提供“有温度”的服务。《2024 出国留学蓝皮书》在持续追踪行业动态，把握留学动向和发展趋势的基础上，全面考察了学生群体在留学各阶段的需求与困惑，并为留学家庭提供了许多可参考的意见与解决方案。

随着我国社会经济的迅速发展，居民收入水平不断提高，家庭支付能力也在快速增强，越来越多的学生选择留学深造，截至目前，我国已经成为全球留学生的最大输出国，不仅连续 14 年成为美国最大的国际生生源国，还成为英国、德国、澳大利亚、日本等诸多国家的第一大国际生生源国。

基于这一趋势，《2024 出国留学蓝皮书》通过对正处于留学准备阶段的学生与已经成行的海外留学群体的调查，全面分析了学生群体从准备阶段到海外学习阶段的选择、收获、思考、困惑，以及他们的迫切需求，为留学家庭提供有关留学发展趋势和留学准备的最新动态。

此次分析的样本数据来自中信银行 2024 年在国内外采集的 5 700 多份样本，覆盖了我国 8 个主要城市（包括一线城市、省会城市、地方中心城市）及主要留学国家和地区（如美国、英国、加拿大、澳大利亚、德国、意大利、丹麦、法国、新加坡、日本等）。需要特别说明的是，我国内地学生去香港和澳门上学并不能称为“留学”，但由于特殊的历史因素，我国香港与澳门作为中西融汇的地区，一直沿袭英联邦的教育体系，且拥有独特的全英文教学环境。近几年颇受内地学生及家长的青睐，因此本书将它们纳入，以满足广大读者的需求。为了更好地从家庭层面了解留学选择、需求和困惑，我们分别对家长群体和学生群体进行了问卷调研。调研团队反复精简、优化调查问卷，并且采用多平台投放的方式，尽可能提高问卷回收率、回收质量和样本覆盖率，增强样本的代表性，缩小调研误差，力求真实全面地展现我国留学市场的现状。总体而言，最终数据在样本量、样本结构和样本代表性等方面都达到了较高水准。

《2024出国留学蓝皮书》作为一本“可学习、可预测、可指导”的留学状况分析和规划指导书，新增了对欧洲、亚洲的热点国家和地区的分析，同时增加了对美国名校录取偏好、热门专业、求职与就业方面的分析，以求为非国际教育体系学生出国留学提供更多硬核内容。通过定性分析和对国际学校等机构的专家进行访谈，我们对留学过程中的新趋势、新变革做出了详尽的分析与专业的解读，以帮助留学家庭更好地应对留学申请过程中的变化，克服因文化不同及信息不对称而产生的留学申请障碍，并为近年来申请海外实习及就业的学生指点迷津。同时，这是一本实用的留学指导手册，通过本手册，家长与学生基本可以深入了解留学规划及申请的全景，解决留学申请道路上碰到的种种难题与挑战，提前做好专业的留学规划，从容步入海外名校。

本书由中信银行联合北京紫实教育科技有限公司和中国社会科学院社会发展战略研究院的专家与学者共同撰写。在成稿过程中，我们一直遵循客观严谨的原则，逐步呈现调研结果，对调研结果进行客观阐释并结合近期留学发展趋势进行关联分析。我们力争做到紧追留学活动新趋势、把握留学发展新走向，但是为了尽快给留学家庭提供有用参考，成稿时间比较紧迫，书中难免有疏漏之处，欢迎广大读者批评、指正。本书能够顺利付梓，要感谢多方团队和人员的支持与通力合作。

中信银行股份有限公司
2024年6月

|第一章|

迎接未来挑战，海外留学是一种投资

近年来，随着中国整体经济的快速发展和国际地位的提升，中国以开放包容的态度积极与世界沟通，加强国际交流。在现代化建设的道路上，中国不仅注重国内教育的改革与发展，还积极推动与国外的教育合作和文化交流。这种开放包容的态度不仅为中国的青年一代提供了更广阔的发展空间，也为国家培养了大量具有国际视野和专业技能的人才。留学人才不仅长期推动着中国社会的进步与发展，还是中外文化交流的桥梁，对全球经济社会发展产生了深远的影响。

据统计，近年来中国留学人数整体呈上涨趋势，这与国民经济持续增长，国家对国际化人才的需求扩大有关，也显示出我国居民家庭对优质教育资源的不断追求。在家庭与个体层面，投资国际教育，为子女尽早进行留学规划，已被越来越多的中国家长视为不错的投资方案。放眼未来，随着中国经济的进一步崛起和全球化的不断深入，留学生规模仍有望继续扩大。

本章旨在全面深入地分析我国当前留学生群体的状况和留学趋势，为此，我们联合国内权威的研究机构以及具有美国“藤校”[①]背景的留学专家，组建了专业的调研团队与撰写团队，针对多个国家和多座城市，覆盖多种留学状态的学生和家长群体，进行了广泛的问卷调查。这些调查数据为我们提供了宝贵的第一手资料，使我们能够更准确地把握留学市场的脉搏。

在 2024 年的调研中，为确保数据的准确性和时效性，我们投入了大量的精力和资源。调研工作在 2024 年 4—5 月进行，主要通过线上调研的方式收集数据。如表 1–1 所示，我们共收集了家长样本 1 576 份、学生样本 4 160 份，这些样本涵盖了计划留学和正在留学的学生群体，具有广泛的代表性。与前两年相比，我们的调研范围有所扩大，不仅覆盖了广州、上海、深圳、北京、苏州、成都、武汉、杭州等主要城市，还包括美国、英国、澳大利亚、日本、加拿大、新加坡、德国、法国、丹麦等国家和地区。这样的广度与深度使得我们的报告更具国际视野和参考价值。

---

① “藤校”是指常春藤联盟（Ivy League）的八所大学。

表 1-1　2022—2024 年调研情况一览

项目	2022 年	2023 年	2024 年
调研时间	5—6 月	5—6 月	4—5 月
调研方式	线上调研	线上调研	线上调研
调研样本	家长样本 1 196 份、学生样本 3 894 份	家长样本 1 560 份、学生样本 4 140 份	家长样本 1 576 份、学生样本 4 160 份
学生结构	计划留学、正在留学	计划留学、正在留学	计划留学、正在留学
调研城市	广州、上海、北京、成都、武汉、杭州、深圳、苏州	广州、上海、北京、成都、武汉、杭州、深圳、苏州	广州、上海、深圳、北京、苏州、成都、武汉、杭州
调研国家和地区	美国、英国、加拿大、澳大利亚、日本、新加坡等	美国、英国、加拿大、澳大利亚、日本、新加坡、德国、法国等	美国、英国、澳大利亚、日本、加拿大、新加坡、德国、法国、丹麦等

在分析层次上，我们采取了有针对性的策略，分别对家长和学生两个群体发放不同的调查问卷，试图从两个不同的视角来深入剖析留学现状。与此同时，为了进一步洞察学生在留学各个阶段的不同经历和想法，我们又将其细分为计划留学和正在留学两大群体，把留学过程拆解为留学前、留学中、留学后三个时期进行深入探究。具体来说，我们的分析涵盖了以下三个核心方面。

- 留学前的准备：在深刻理解国内留学趋势的基础上，我们详细探究了学生群体的留学目标和申请准备过程，对比了家长和学生对于留学的期望差异。此外，我们还调查了学生在国际教育服务方面的选择情况，以期准确反映留学家庭在这方面的实际需求，进而为他们提供更加贴合实际、更具操作性的留学指导。
- 留学中的经历：我们深入剖析了留学生在海外的真实生活状态，包括他们在学习和生活中遇到的挑战，以及他们对目前留学生活的满意程度。
- 留学后的规划：我们关注学生群体在完成留学后的职业道路选择和回国计划，详细探讨了他们在做出未来发展规划和就业选择时所面临的各种考量与挑战。

在对比分析往年数据的基础上，我们发现 2024 年的调研结果呈现一些新的趋势和特点。例如，留学生的选择更加理性和多元，不再局限于传统的留学热门国家和顶尖的国外高校；在全球经济下行的大趋势下，留学生在本科和研究生阶段的专业选择上更加务实；学生毕业后是学成归国还是海外求职，这需要留学家庭深思熟虑。同时，家长们对留学的认识和期望也在发生变化，更加注重对子女教育的早期投入和个性化需求，注重对其出国留学的提前规划，这在高净值家庭群体中尤为明显。在后面各章节中，我们将对这些发现进行详细介绍与解读，在这之前，我们首先对本次调研的样本情况做简要介绍。

图 1–1 显示了国内学生样本所在城市的分布状况，其中来自广州的学生回答者数量最多（18.1%），上海（15.9%）、深圳（14.7%）和北京（12.1%）的学生回答者数量紧随广州之后，可见超大城市学生对调研的参与度明显高于其他城市，这与超大城市国际化教育水平较高且较普及有关。

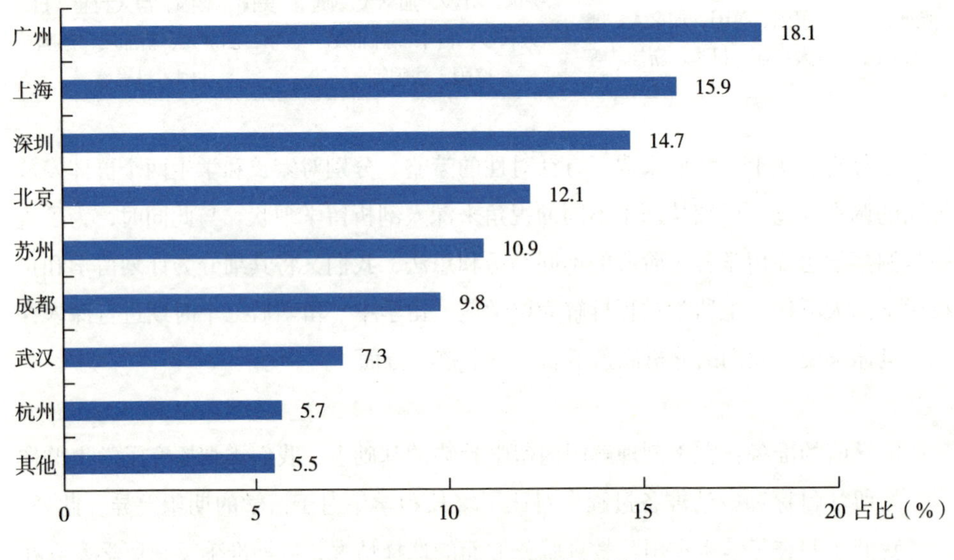

图 1–1　国内学生样本所在城市分布

图 1–2 展现了海外学生样本所在国家和地区的分布状况，其中美国的中国留学生数量最多，达到了海外学生样本的 23.7%，这体现了美国全球高等教育强国的地位。英国（20.2%）、澳大利亚（17.8%）的中国留学生数量紧随美国之后，这两个国家的高等教育质量和国际声誉同样吸引了大量留学生。

图 1–3 显示，计划留学、留过学和正在留学的学生回答者占比分别为 83.5%、9.2% 和 7.3%。根据家长群体的反馈，其子女分别有 79.7%、8.6% 和 11.7% 为计划留学、留过学和正在留学的状态，这显示出我国留学市场的活力与巨大潜力。

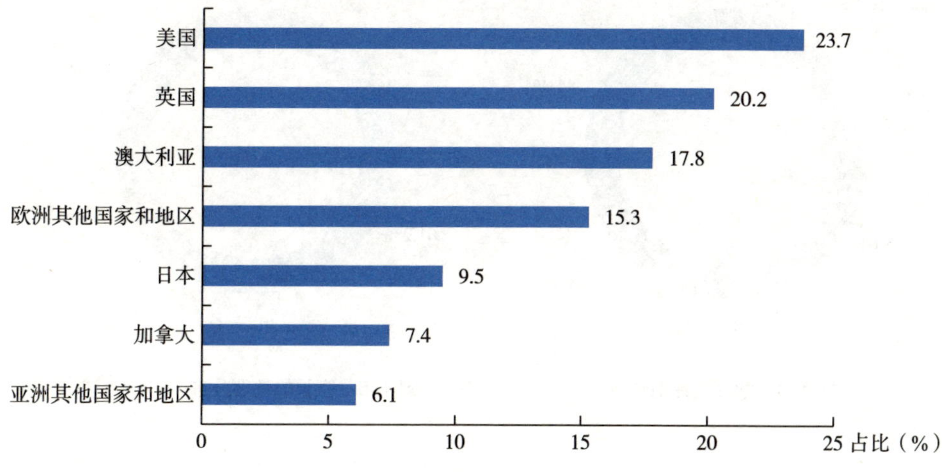

图 1–2　海外学生样本所在国家和地区分布

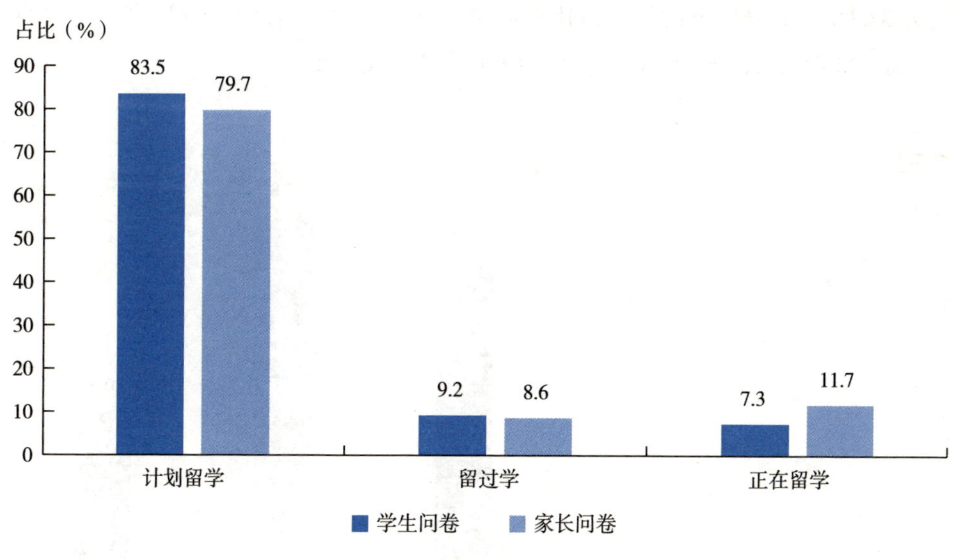

图 1–3　不同留学状态下的样本分布

图 1–4 和图 1–5 分别展现了学生和家长的性别分布，整体上二者差异不大。在学生回答者中，男性和女性的占比分别为 41.4% 和 58.6%；在家长回答者中，男性和女性的占比分别为 38.8% 和 61.2%。

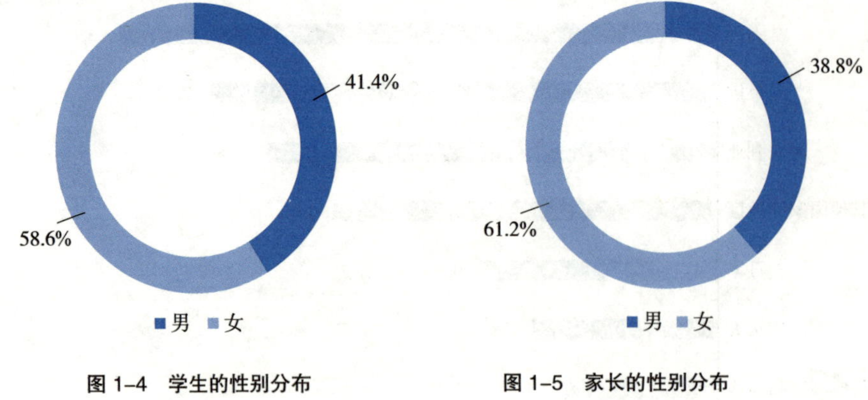

图 1-4 学生的性别分布

图 1-5 家长的性别分布

图 1-6 和图 1-7 分别展现了学生和家长的年龄分布。在学生回答者中，22～24 岁年龄段的学生数量最多，占比达到 37.8%，其次为 18～21 岁年龄段的学生，占比为 33.4%，18 岁以下的学生占比接近 9%。在家长回答者中，60 后家长占比为 20.3%，70 后家长占比为 36.5%，80 后家长占比为 43.2%。

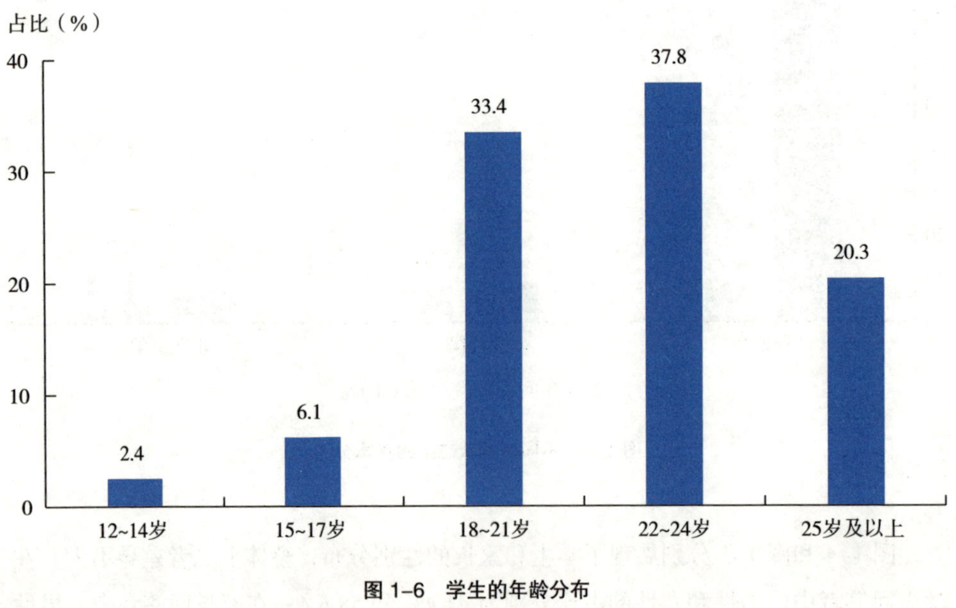

图 1-6 学生的年龄分布

如图 1-8 所示，在就学阶段方面，学生回答者中分别有 3.2%、10.3%、56.1%、30.4% 为初中、高中、本科和研究生（含博士研究生）阶段。在家长回答者中，其子女就学阶段为初中、高中、本科和研究生（含博士研究生）阶段的占比分别为9.3%、27.9%、42.6%、20.2%。其中，家长问卷中的高中阶段比例（27.9%）显著高于学生问卷中的该比例（10.3%），这意味着不少家长在孩子高中阶段就已经开始为其考虑、计划留学的相关事宜。无论是学生问卷的调研结果还是家长问卷的调研结果，本科阶段的比例都是最高的。此外，也有相当一部分研究生有意向或正在留学。这些数据在一定程度上反映了当前我国留学市场的普遍趋势，即本科和研究生是意向留学或正在留学的主要阶段，同时高中学生及其家长已经开始积极考虑留学的可能。

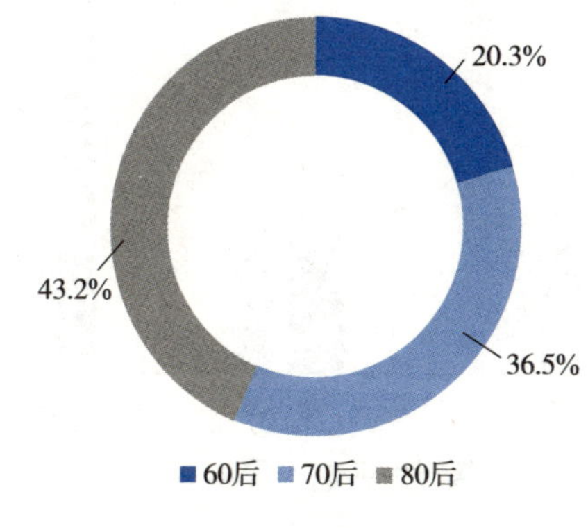

图 1–7　家长的年龄分布

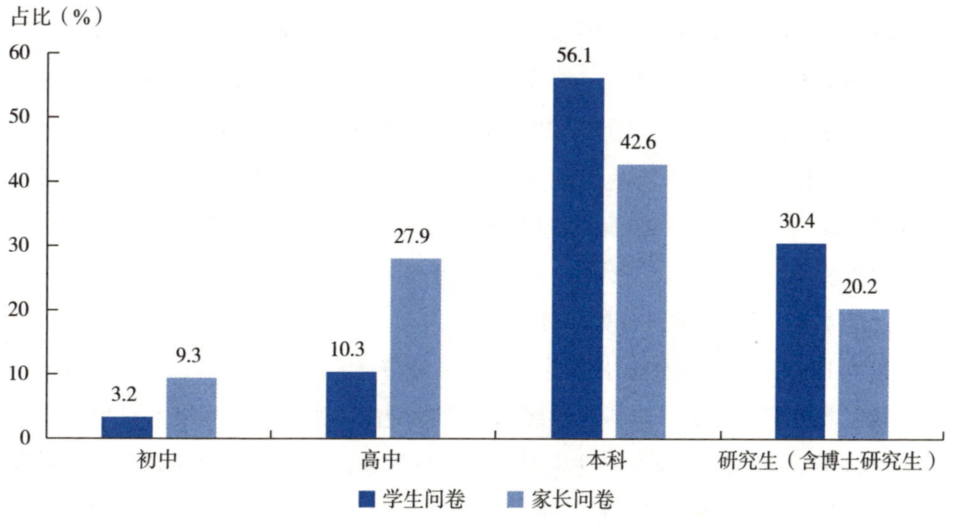

图 1–8　学生的就学阶段分布

如图 1-9 所示，在就学阶段为中学（初中和高中）的学生回答者中，11 年级和 12 年级的学生比例分别为 34.9% 和 36.3%；而根据家长回答者的反馈，其子女就读 11 年级和 12 年级的比例分别为 40.1% 和 37.2%。这说明这两个年级的学生及其家长相对更关注出国留学，对出国留学的需求更紧迫。

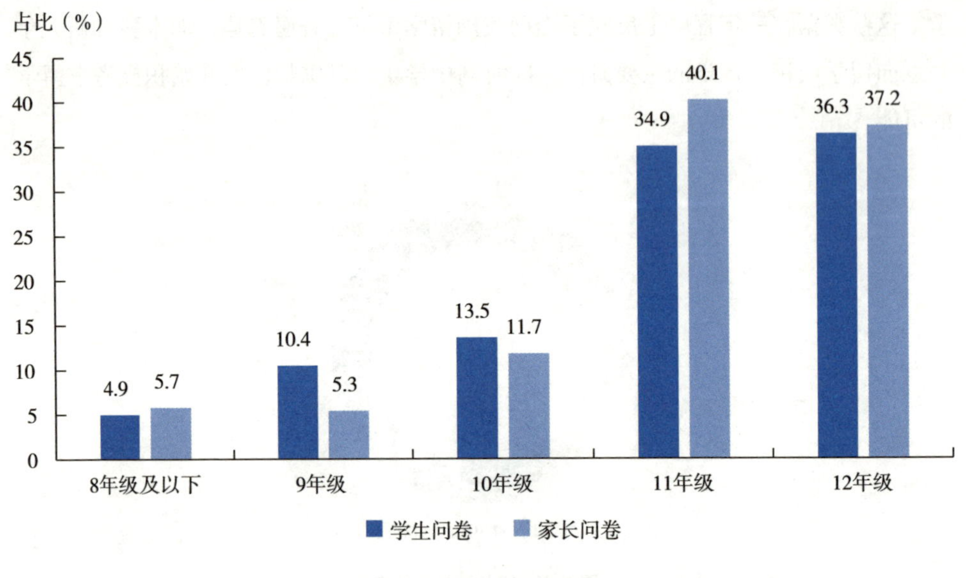

图 1-9　中学生的年级分布

图 1-10 显示了中学生就读中学和班级类型的分布情况。在学生回答者中，就读中学和班级类型占比最高的三类分别是国内公立学校国际部 / 国际班（31.6%）、国内的国际学校（19.6%）、国内民办双语学校（18.8%）。根据家长回答者的反馈，其子女分别有 26.7%、22.5%、21.4% 就读于国内公立学校国际部 / 国际班、国内民办双语学校、国内的国际学校。可以看出，无论是学生问卷的调研结果还是家长问卷的调研结果，国内公立学校国际部 / 国际班和国内的国际学校都占据了相当大的比例，这体现了我国教育选择的多样性。

图 1-11 展示了调研样本中本科生的年级分布，无论是学生问卷的调研结果还是家长问卷的调研结果，本科三年级的占比都最高，这表明三年级本科生及其家长对出国留学的关注度与意向性相对较高。具体来说，在学生回答者中，分别有 33.8% 和 26.9% 的学生就读本科三年级和本科二年级，这表明二、三年级本科生对出国留学的关注度与意向性相对较高。

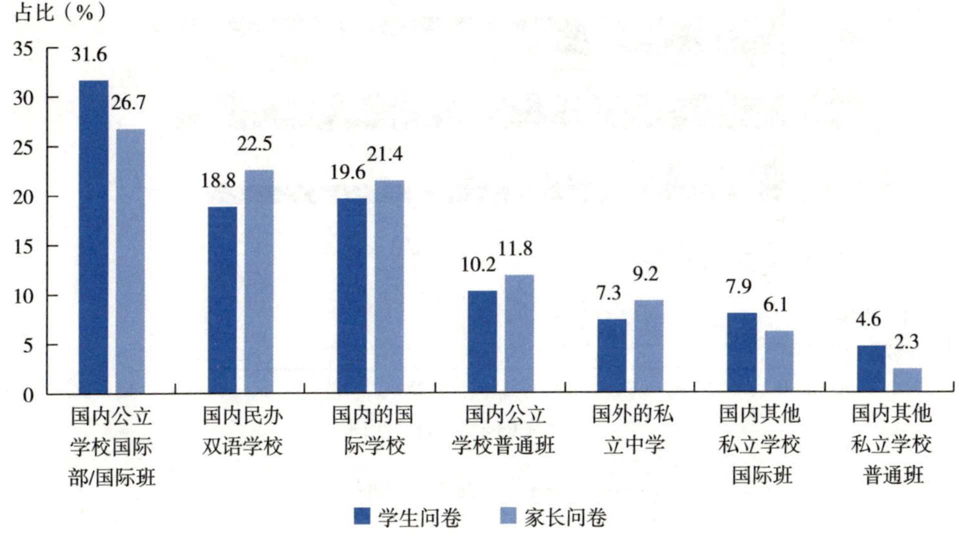

图 1-10　中学生就读中学和班级类型的分布

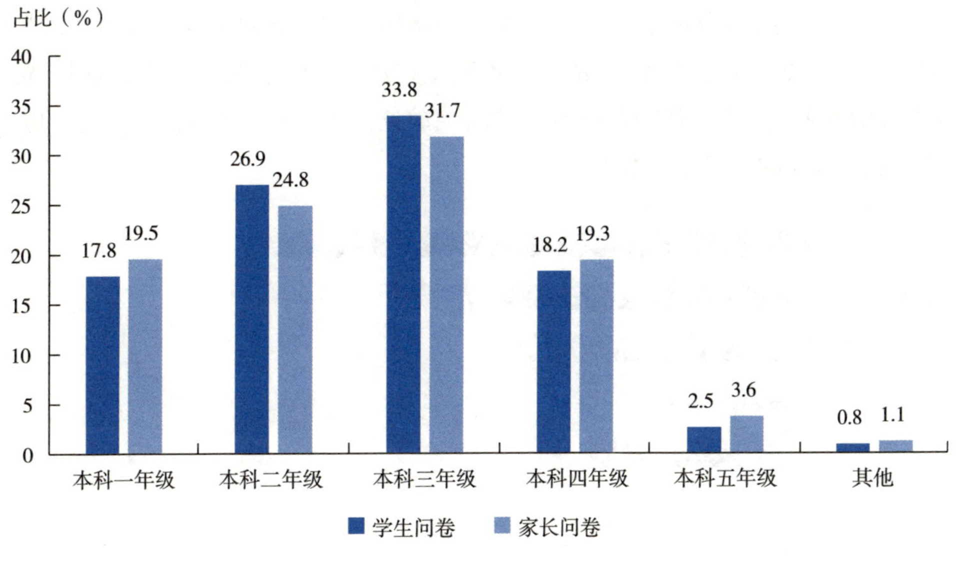

图 1-11　本科生的年级分布

图 1-12 显示，在本科生回答者中，分别有 39.3%、37.8%、15.7% 的学生就读于普通公立高校、双一流高校（985 和 211）、国外大学；在子女就学阶段为本科的家长群体中，分别有 41.3%、35.1%、18.2% 的家长表示其子女就读于国外大学、双一流高校（985 和 211）、普通公立高校。这一调研结果凸显了近年来我国本科教育的国际化趋势。

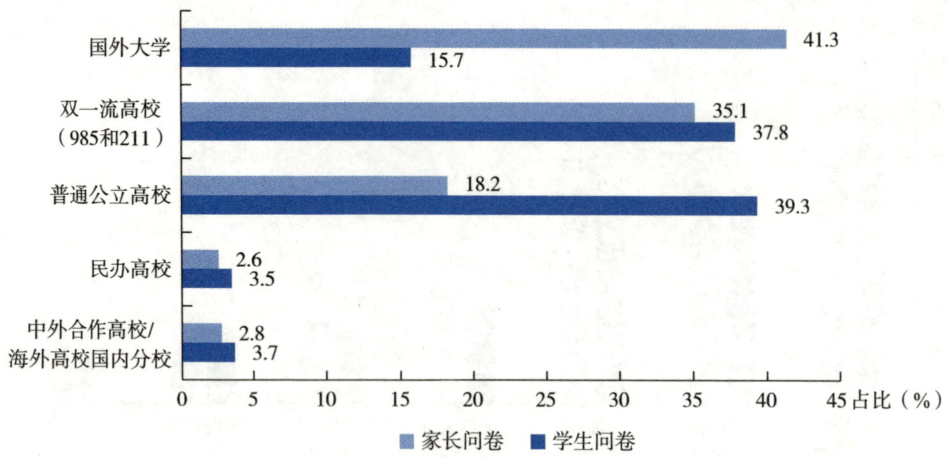

图 1–12　本科生就读学校类型的分布

图 1–13 展现了本科生就读专业类型的分布情况。从本科生回答者的反馈来看，占比最高的三类专业分别是工学（31.4%）、经济学 / 金融 / 商科（17.8%）和管理学（12.5%）；从本科生家长回答者的反馈来看，这三类专业同样最为热门。同时，农学专业的占比在家长问卷和学生问卷中都相对较低，这反映了该专业在社会认知层面及就业层面的接受度相对较低。

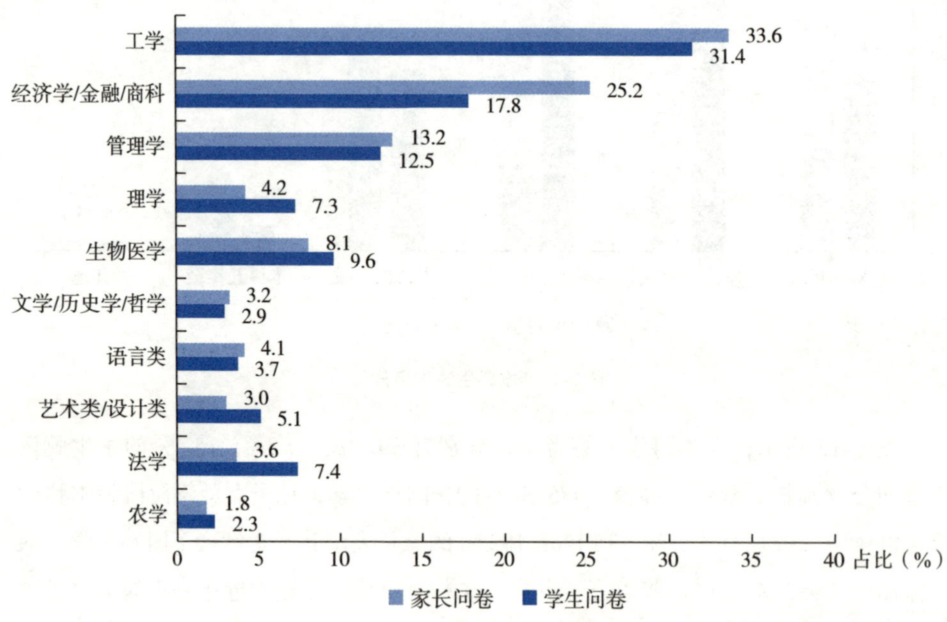

图 1–13　本科生就读专业类型的分布

图 1–14 显示了调研样本中研究生的年级分布情况。可以看到，不论是学生问卷还是家长问卷，硕士二年级的占比都最高。这表明在研究生阶段，多数学生选择在硕士二年级开始为出国继续深造做准备。

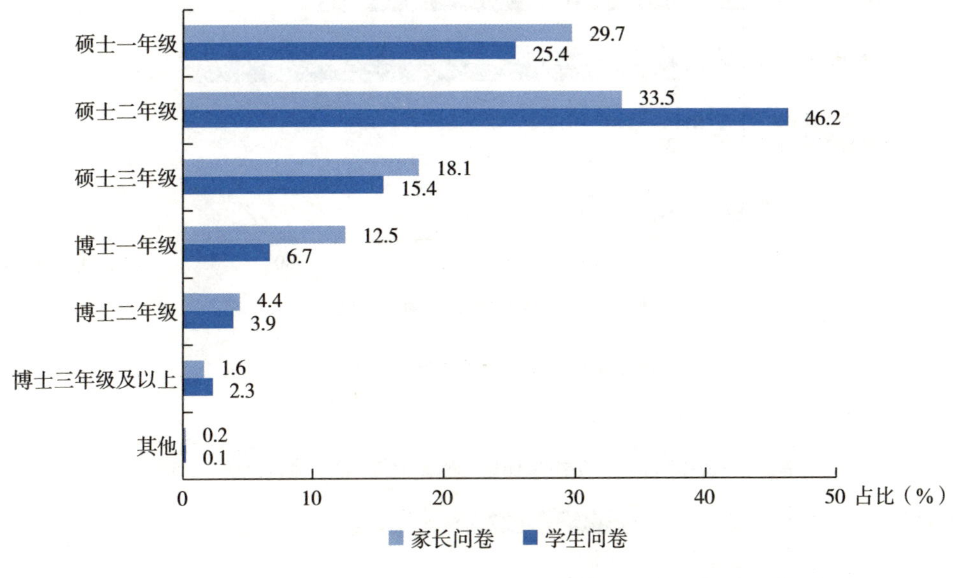

图 1–14 研究生的年级分布

图 1–15 展现了研究生就读学校类型的分布情况。可以看到，在研究生回答者中，分别有 36.4%、24.5%、19.2% 的学生就读于国内 211 高校、国内 985 高校和国外 QS 排名[①]100+ 的高校；在研究生家长回答者中，子女就读于这三类学校的占比同样较高，这表明我国双一流高校的研究生对于出国留学具有较大的兴趣。

图 1–16 显示了研究生就读专业类型的分布情况。在各大专业中，工学再次占据榜首，成为研究生就读专业类型中占比最高的专业，这一特征与本科生就读专业类型分布相一致，这进一步印证了工学专业的热门程度。此外，经济学 / 金融 / 商科和管理学专业的占比也较高，这反映了学生和家长在研究生阶段选择专业时更加看重实用类专业的就业前景和稳定性，这与近年来全球经济下行带来的就业压力有一定关系。

---

① QS 排名是指由英国咨询公司 Quacquarelli Symonds 所发表的年度世界大学排名。

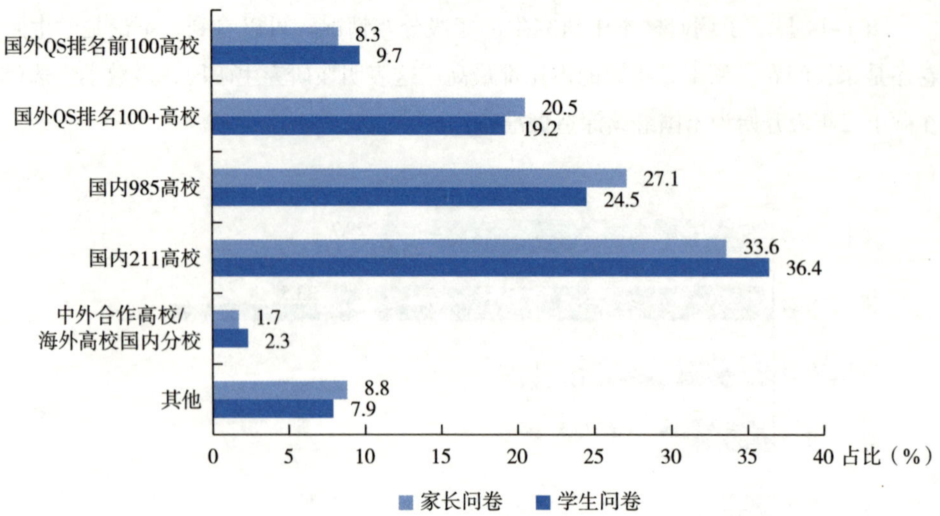

图 1-15　研究生就读学校类型的分布

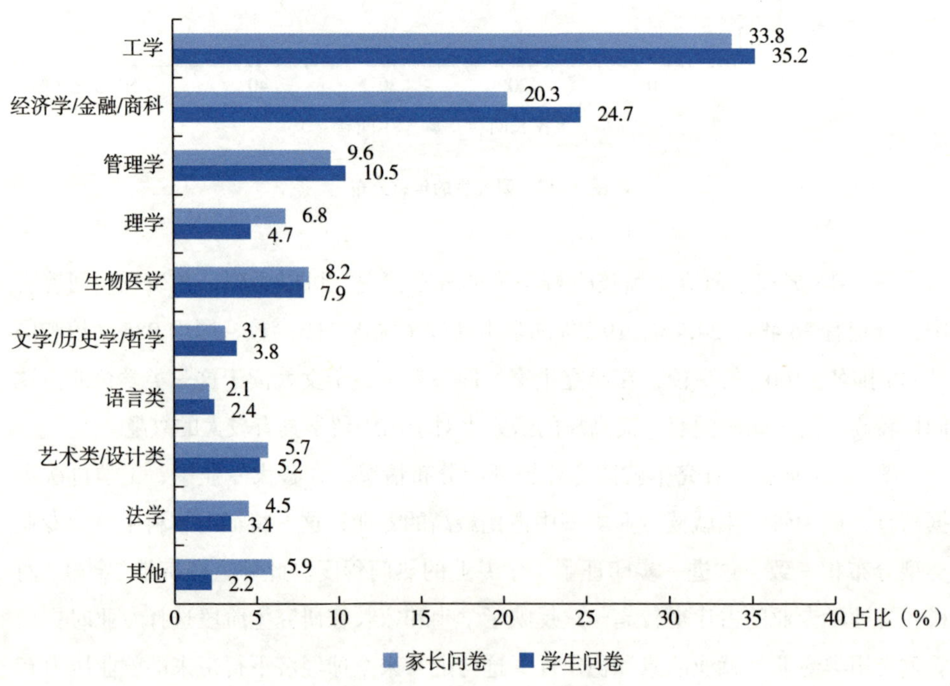

图 1-16　研究生就读专业类型的分布

图 1-17 和图 1-18 分别显示了学生回答者父母的学历分布和家长回答者的学历分布情况。根据学生回答者的反馈，父亲和母亲的学历为大学本科及以上的占比均

超过40%，其中大学本科的占比分别达到38.9%（父亲）和36.5%（母亲），硕士及以上的占比分别为7.2%（父亲）和8.4%（母亲）。根据家长回答者的反馈，大学本科学历的家长占比最高，达到了51.8%，初中及以下学历的家长占比最少，仅为0.8%。这表明高学历父母在子女的教育规划中参与度更高，较倾向于将子女送往海外或国内知名高校深造。高学历背景的家长不仅可以为子女提供良好的教育环境和经济条件，还能通过自身的经验和资源为子女的留学之路提供有力支持。

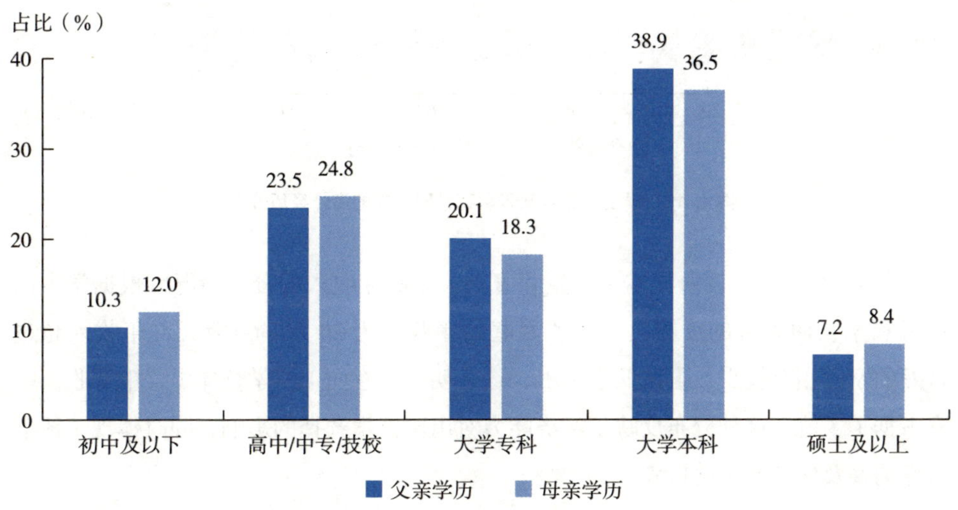

图1–17　学生回答者父母的学历分布

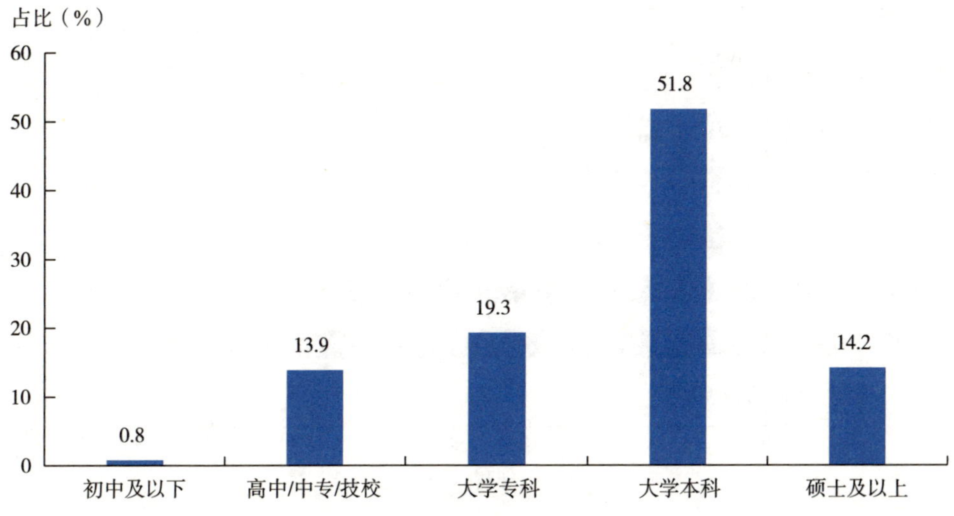

图1–18　家长回答者的学历分布

图 1–19 显示的是关于学生回答者父母和家长回答者海外经历的调研结果，其中超过 75% 的学生回答者父母和家长回答者没有海外经历，这一比例在学生回答者和家长回答者中分别为 79.3% 和 75.6%，这说明家长的海外经历与子女（意向）留学的相关性较小。

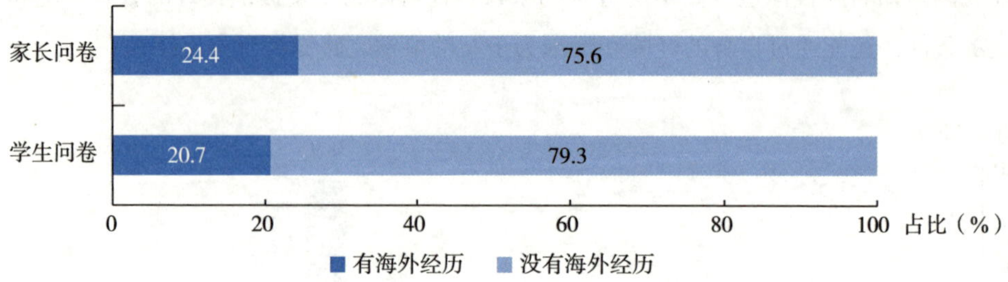

图 1–19 学生回答者父母和家长回答者的海外经历分布

图 1–20 显示了调研样本（学生和家长）家庭年收入的分布情况。根据学生回答者和家长回答者的反馈，大多数家庭的年收入为 20 万 ~ 60 万元，年收入超过百万的家庭相对较少，占比低于 10%，这表明在（意向）留学群体中，中等收入家庭占据了主流。这种分布反映了经济能力对出国留学选择的影响，同时体现了留学教育的普及化和大众化趋势。

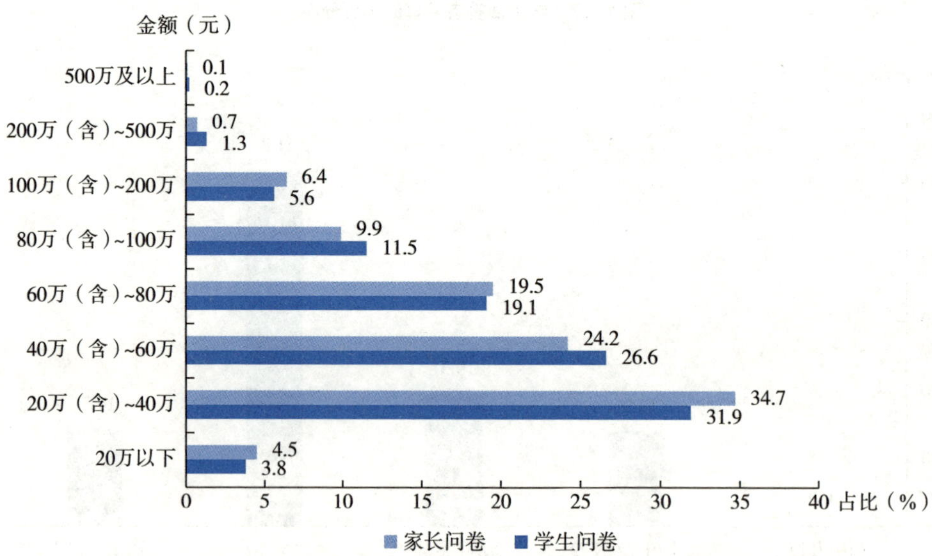

图 1–20 调研样本（学生和家长）家庭年收入的分布

通过对国内学生样本所在城市的分布，海外学生样本所在国家和地区的分布，不同留学状态下的样本分布，学生和家长的性别、年龄分布，学生的就学阶段分布，学生（中学生、本科生、研究生）就读年级、学校和专业类型的分布，学生回答者父母和家长回答者的学历与海外经历分布，以及调研样本（学生和家长）家庭年收入的分布等关键信息的介绍和分析，我们能够进一步了解不同地域、文化背景和家庭情况下人们的教育选择和求学趋势，而这些趋势无疑对于理解社会变迁、文化融合和全球化背景下的教育问题具有重要意义。

第一节
留学目标更为理性，留学选择更为多元

近年来，随着出国留学的回温以及留学目标的选择多元化，我国学生群体出国留学的目标更趋理性，一味追逐海外名校或“藤校”的社会心态整体有所改变。一方面，随着近年来经济形势下行，就业压力在全球范围内都比较突出，因此更多的学生与家长将就业率高的实用类专业作为首选。另一方面，随着中国学生与家长对海外学校了解的加深，他们的选择也更加理性，这是整个（意向）留学群体的心态日臻成熟的表现。

一、美国与英国依旧是中国学生的首选留学目的地之一

图 1–21 显示了中国学生和家长对留学目的地的偏好。根据家长回答者的反馈，在最受中国学生青睐的留学国家和地区中，美国（61.8%）、英国（58.2%）位居前两位。在学生回答者中，最受青睐的前两个国家和地区同样是美国（59.3%）、英国（57.5%）。与此同时，德国、法国、意大利、丹麦等欧洲国家和地区也占有不小比例，这与欧洲大多数国家和地区学费低廉有很大关系。

二、教育质量是选择留学目的地的首要考虑因素之一

在选择出国留学的学生规模越来越大的同时，选择出国留学的原因也越来越多样化。图 1–22 显示了中国学生和家长在选择留学目的地时考虑的主要因素。具体来说，分别有 74.3%、67.6%、65.9%、50.7%、46.9% 的家长回答者表示，其在选择留学目的地时主要考虑的因素是教育水平高、整体较安全、综合实力强、留学生政策包容、科技发达，而学时较短（24.6%）、他人建议（15.6%）和居住权与移民

较容易（9.9%）三个因素对其选择留学目的地的影响较小。在学生回答者中，有72.3%的学生表示，教育水平高是他们在选择留学目的地时考虑的首要因素，其次是综合实力强（65.1%），再次是整体较安全（64.7%），而学时较短（25.9%）、他人建议（16.8%）和居住权与移民较容易（7.3%）三个因素对学生群体选择留学目的地的影响同样较小。

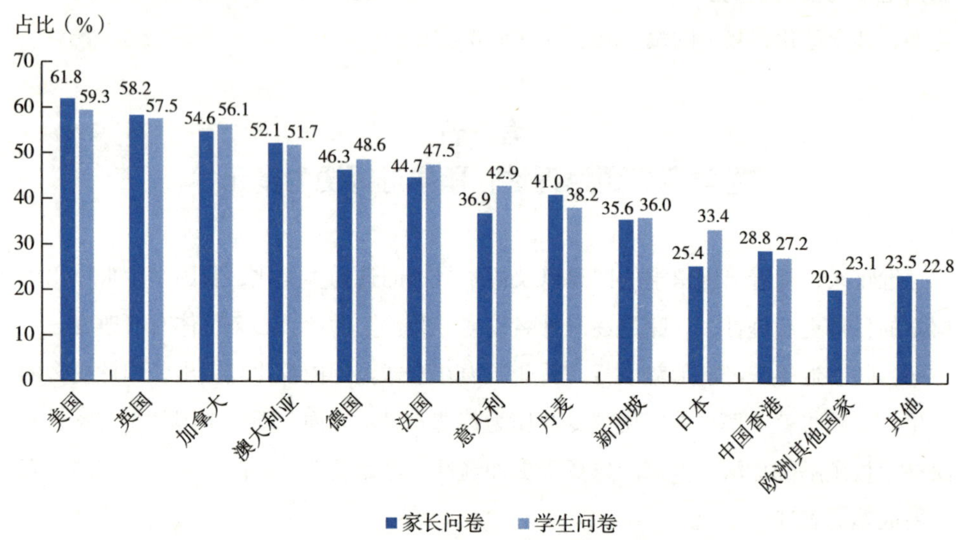

图 1–21　中国学生和家长对留学目的地的偏好

家长和学生回答者的反馈表明，教育水平高是影响他们选择留学目的地的首要因素，综合实力强、整体较安全、留学生政策包容、科技发达、名校多等因素也占据了重要地位，这体现了中国家长和学生对留学目的地的整体实力和科技、教育资源的关注。此外，气候环境舒适、没有强烈的文化冲突等因素也影响着他们对留学目的地的选择，这显示出他们在留学目的地选择中的个人偏好和对于文化适应性的考虑。

图 1–23 反映了中国家长和学生对留学院校的选择偏好。在家长回答者中，分别有45.2%、40.7%和38.7%的家长表示，其子女计划（已经）申请的海外学校排名为美国TOP31～50、美国TOP51～100和QS前50。根据学生回答者的反馈，在计划（已经）申请的海外学校中，QS排名前100、英国TOP20、QS排名前50的学校占比较高，分别为44.1%、42.5%、27.6%。值得注意的是，学生更倾向于选择QS排名前100和英国TOP20的学校，而家长则更关注美国TOP31～100的学校，这在一定程度上反映了家长和学生在留学院校选择上的不同侧重点，家长对美国学

校更青睐。

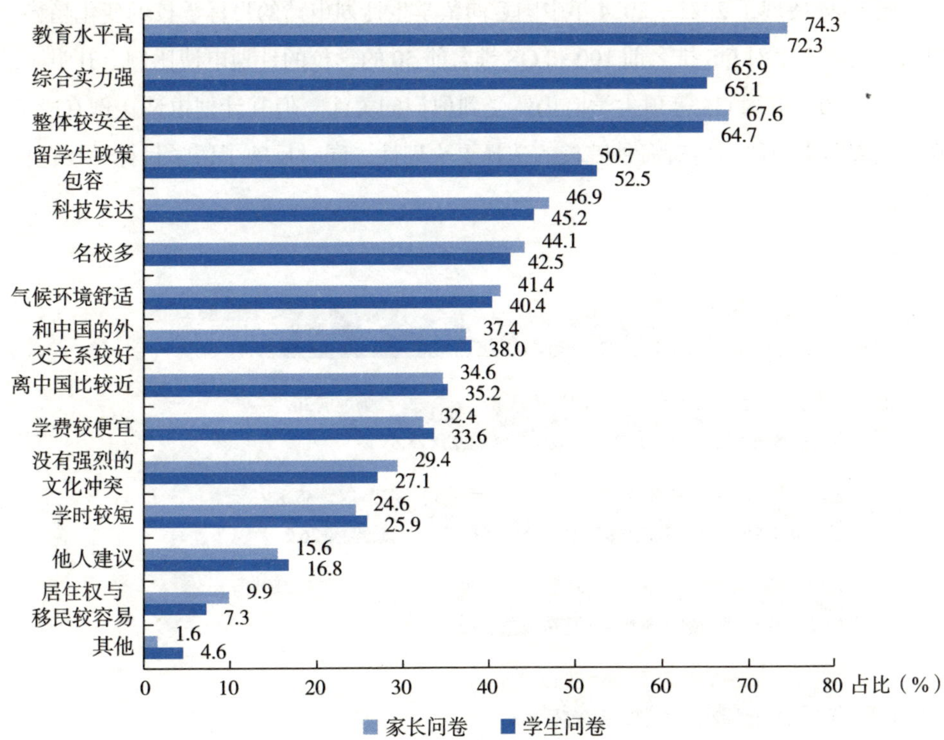

图 1-22 中国学生和家长在选择留学目的地时考虑的主要因素

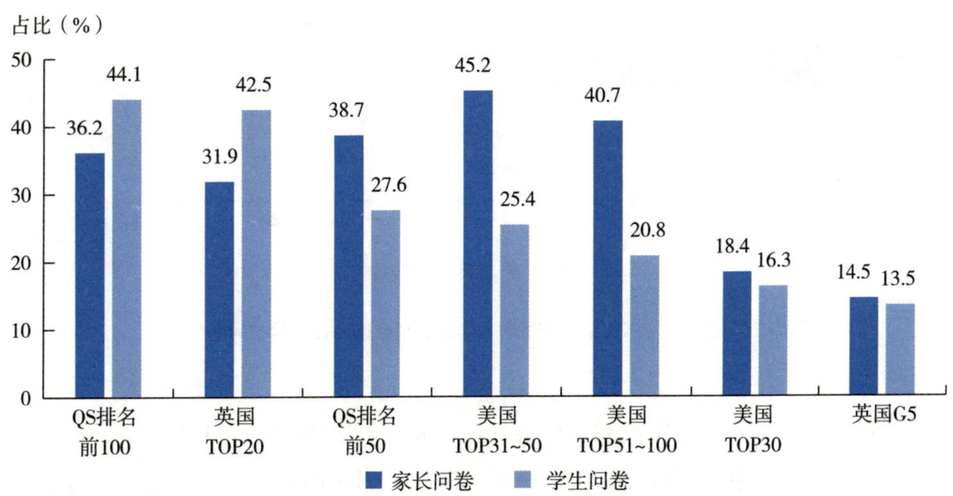

注：G5 是剑桥大学、牛津大学、帝国理工学院、伦敦大学学院和伦敦政治经济学院的统称。

图 1-23 中国家长和学生对留学院校的选择偏好

三、选择学校趋于理性，留学群体心态更成熟

图 1–24 展现了 2022—2024 年中国意向留学生计划申请的目标学校的变化趋势。中国意向留学生对 QS 排名前 100 和 QS 排名前 50 的学校的计划申请比例上升明显，美国 TOP30、英国 G5 等顶尖学府仍然受到他们的关注，但其计划申请比例有所下降。这表明中国留学生对海外院校的选择更为理性，同时反映了留学目标学校选择的多样化。

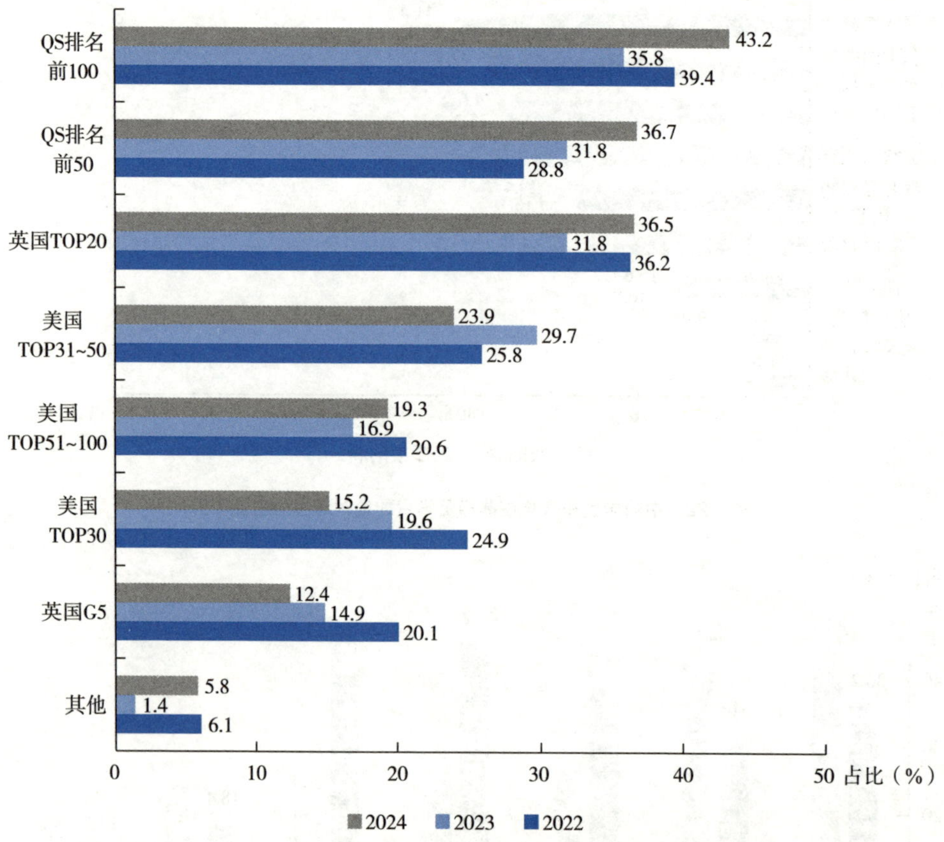

图 1–24　2022—2024 年中国意向留学生计划申请的目标学校的变化趋势

图 1–25 展现了中国家长和学生选择留学院校的影响因素。表 1–2 进一步对比了 2023—2024 年中国家长和学生选择留学院校的影响因素的变化，通过该变化我们可以洞察到留学决策背后的深层次考量。整体来看，学校综合排名和国内认知度在学生和家长回答者中的占比均高居前两位，这显示出品牌效应和社会声誉对留学

院校选择的重要影响。具体来看，在 2023—2024 年的问卷调查中，学校综合排名均为影响家长和学生回答者选择留学院校的首要因素，这表明国人在选择留学院校时对学校的整体实力持续性的看重。同时，在国内认知度这一因素上，无论是学生回答者还是家长回答者，其认可度均超过了 70%，学生群体对其更为看重。

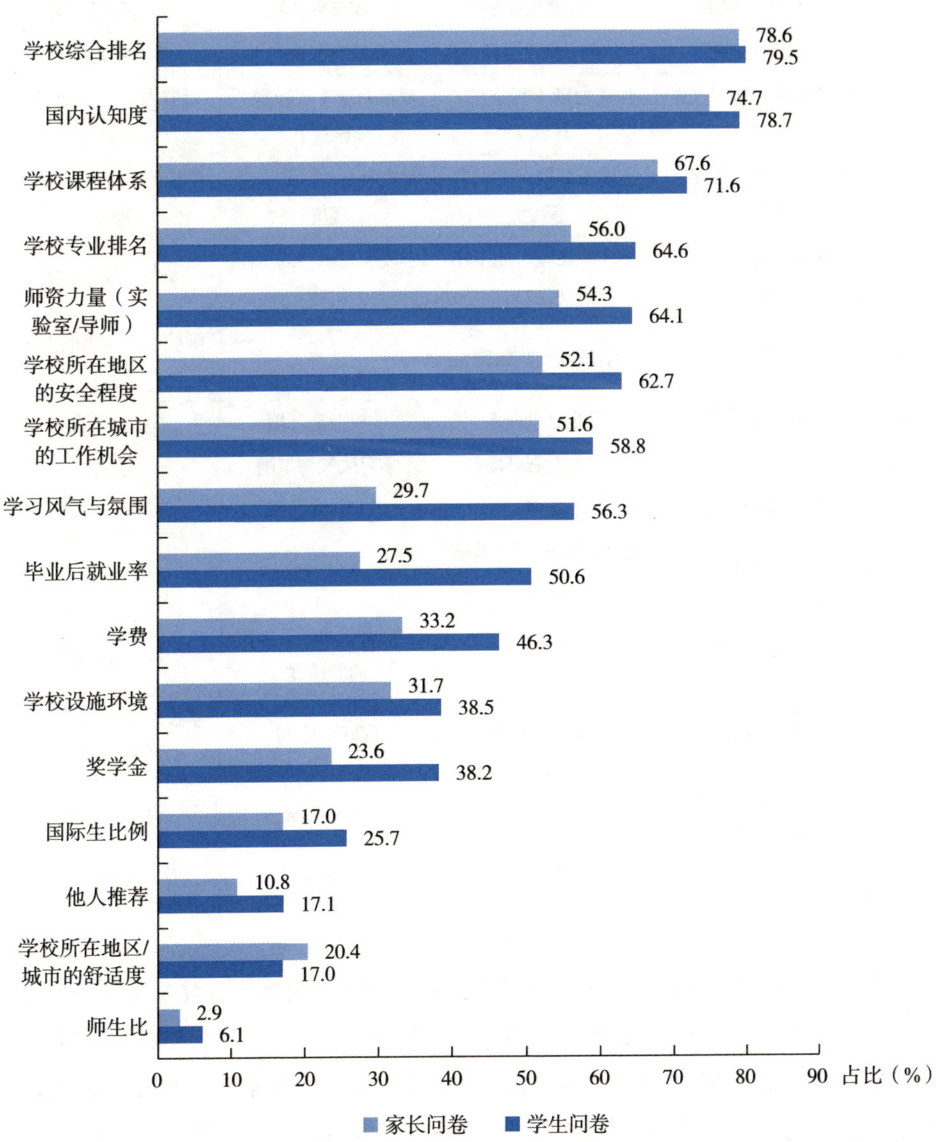

图 1-25 中国家长和学生选择留学院校的影响因素

表 1-2　2023—2024 年中国家长和学生选择留学院校的影响因素的变化

排名	学生问卷		家长问卷	
	2024 年	2023 年	2024 年	2023 年
1	学校综合排名	学校综合排名	学校综合排名	学校综合排名
2	国内认知度	国内认知度	国内认知度	国内认知度
3	学校课程体系	学校课程体系	学校课程体系	学校课程体系
4	学校专业排名	学校专业排名	学校专业排名	学校专业排名
5	师资力量（实验室 / 导师）	师资力量（实验室 / 导师）	师资力量（实验室 / 导师）	师资力量（实验室 / 导师）
6	学校所在地区的安全程度	学校所在地区的安全程度	学校所在地区的安全程度	学校所在地区的安全程度
7	学校所在城市的工作机会	学校所在城市的工作机会	学校所在城市的工作机会	学习风气与氛围
8	学习风气与氛围	学习风气与氛围	学费	学校所在城市的工作机会
9	毕业后就业率	毕业后就业率	学校设施环境	毕业后就业率
10	学费	学校设施环境	学习风气与氛围	学费
11	学校设施环境	学费	毕业后就业率	学校设施环境
12	奖学金	学校所在地区 / 城市的舒适度	奖学金	奖学金
13	国际生比例	奖学金	学校所在地区 / 城市的舒适度	国际生比例
14	他人推荐	国际生比例	国际生比例	学校所在地区 / 城市的舒适度
15	学校所在地区 / 城市的舒适度	他人推荐	他人推荐	他人推荐
16	师生比	师生比	师生比	师生比

进一步分析可以发现，学生与家长在选择留学院校时除了关注学校的硬实力，也注重学校所在地区和城市的安全程度与工作机会，以及学习风气与氛围。值得注意的是，学费在近两年选择留学院校的影响因素的调查中的重要程度均有不同程度的上升，这表明在全球经济增速放缓、人们经济压力增大的大背景下，中国（意向）留学群体对留学成本的敏感度逐步增强，选择留学院校时趋于理性。

综上所述，中国家长和学生在选择留学院校时，既关注学校的整体实力和国内认知度，也看重具体的学习环境和学术资源，同时成本仍然是他们不可忽视的考量因素。这些结果反映了留学群体在选择留学院校时的多元化考量，也为我们理解留学市场的发展趋势提供了有价值的参考。

第二节
留学需求变化明显，规划意识明显提高

近年来，随着我国经济社会的快速发展，影响人们选择出国留学的因素更加多元，既包括教育质量、国际视野等教育因素，也包括国内升学竞争激烈、接受多元文化等社会和个人发展因素，而家长和学生的不同关注点也反映了他们对于出国留学的不同期望和需求。在此次调查中，一个明显的特征是，无论是高中生、本科生还是研究生，他们（及其家长）都普遍具有留学规划意识。

一、获得国际化教育经历是出国留学的主要需求

如图 1–26 所示，中国家长和学生选择出国留学的原因具有明显的多元化特征。首先，对于家长和学生而言，分别有 63.6% 的家长回答者和 61.1% 的学生回答者选择了“获得国际化教育经历”这一原因，这主要是出于对个人发展、视野拓展或提高未来职业竞争力的考量。其次，“国外高校选择多 / 教育质量好”也是中国家长和学生共同看重的一个因素，家长回答者对该因素的认同度高于学生回答者，占比达到了 67.0%，学生回答者选择该因素的比例达到了 59.6%，这反映了国外教育资源和教育质量是驱动人们出国留学的重要因素之一。

值得注意的是，“国内升学竞争激烈”这一因素在中国家长和学生回答者中的认同度也较高，占比分别为 61.1% 和 56.1%。对于数量庞大的中国学生来说，出国留学逐渐成为他们寻求更多教育和发展机会的有力途径。

进一步对比家长回答者和学生回答者的数据，我们可以看到家长更看重“国外高校选择多 / 教育质量好”、“国内升学竞争激烈”等因素，而学生则相对看重“拓宽国际视野”、“有助于将来回国发展”等因素。这反映了家长和学生对于出国留学的不同期望和关注点：家长相对注重教育质量，而学生则相对注重个人视野的拓展和未来的发展潜力。此外，对于“受周围环境影响”这一因素，学生回答者的认同度也远高于家长的，这表明学生更容易受到同龄人和社会环境的影响，而家长则更多地从子女个人发展的角度来考虑出国留学的问题。

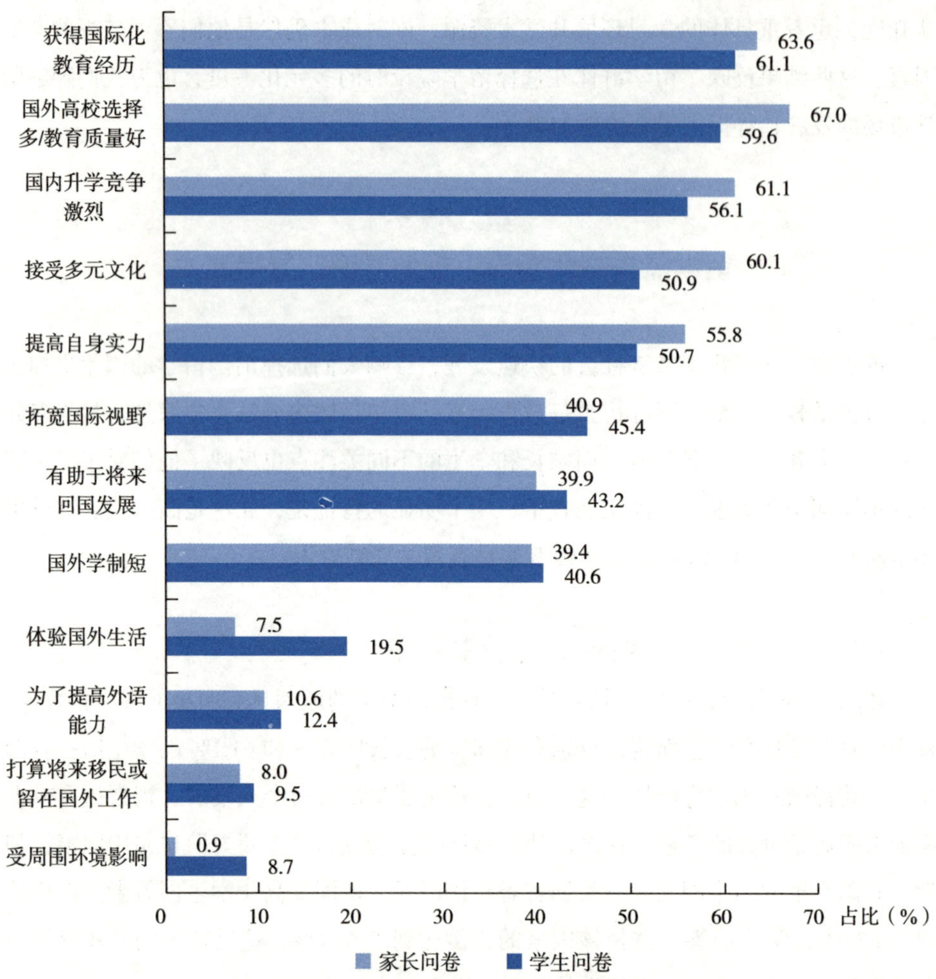

图 1-26　中国家长和学生选择出国留学的原因

综上所述，中国学生选择出国留学的主要动机围绕着追求国际化教育经历和优质教育资源、个人能力提升和文化交流等方面，这反映了学生对于留学的多元化需求和期望，也揭示了国内外教育环境和个人发展需求对学生留学决策的影响。

二、低龄求学需求增加，计划留学阶段分化明显

2023—2024 年，受世界形势的影响，我国低龄求学需求有所增加，计划留学阶段分化明显。这表现为中等收入家庭普遍延迟了子女的海外求学时间，而高收入家庭则将子女的海外求学时间提前，越来越多高收入家庭的子女成为低龄求学的主

力军。

图 1-27 展现了 2024 年我国家长对于适合子女留学的最早阶段的看法。从数据上我们可以看到，家长的观点呈现出广泛的分布，涵盖了从小学到研究生及以上的各个阶段。首先，本科阶段被家长回答者认为是最适合子女留学的最早阶段，该项占比达到 37.5%。本科教育在国际上通常被视为高等教育的基础阶段，家长比较看重国外大学的教育理念、师资力量以及更广泛的学科选择，认为在这个阶段出国留学能够为子女的未来职业发展打下更坚实的基础。

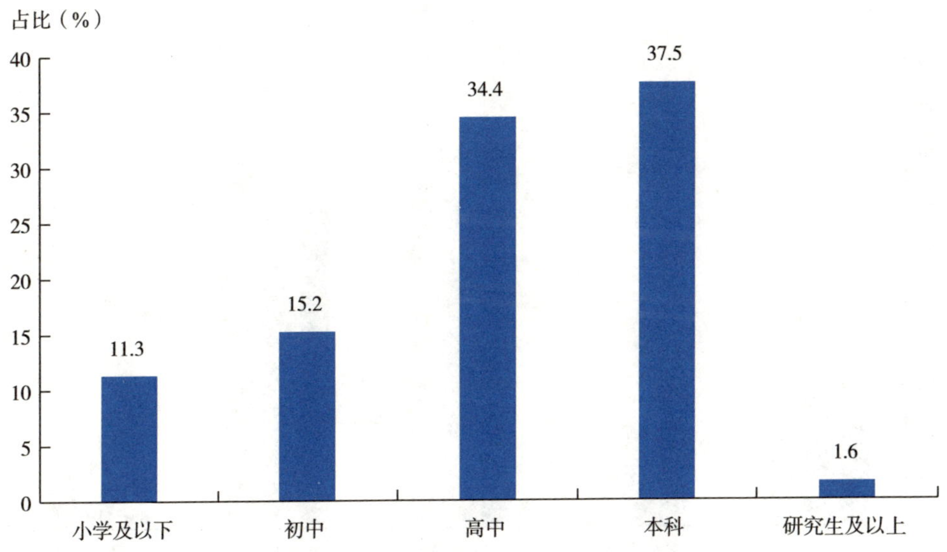

图 1-27　2024 年家长眼中适合子女留学的最早阶段

其次，有 34.4% 的家长认为适合子女留学的最早阶段为高中阶段。这与高中阶段的教育特点有关，它不仅是学生基础教育的巩固期，也是学生开始形成独立思考和选择能力的重要时期。家长往往认为，在这个阶段送子女出国留学能够更好地培养他们的国际化视野和独立生活能力。

初中和小学及以下阶段的占比相对较低，这与家长对子女年纪尚小，独立生活能力不足的担忧有关。然而，仍有一部分家长选择这两个阶段，这反映出部分家长对于子女早期国际化教育的重视。他们希望子女从小就能在多元文化环境中成长，认为早期接触不同的文化和教育体系有助于子女的长远发展。

图 1-28 进一步展现了 2022—2024 年家长眼中适合子女留学的最早阶段的变

化趋势。对比这三年的数据可以发现，我国低龄求学的需求在迅速增长，主要体现为初中和小学阶段占比显著提升。具体来看，首先，认为初中阶段是适合子女留学的最早阶段的家长回答者的比例大幅提升，从 2022 年的 5.2% 增长至 2024 年的 15.2%，这表明家长对于在初中阶段就送孩子出国留学的意愿持续增强。其次，小学阶段的占比也呈现出增长趋势。2022—2024 年，认为小学阶段是适合子女留学的最早阶段的家长回答者的占比从 6.8% 增长至 11.3%，这意味着我国越来越多的家庭有让子女低龄求学的意向。

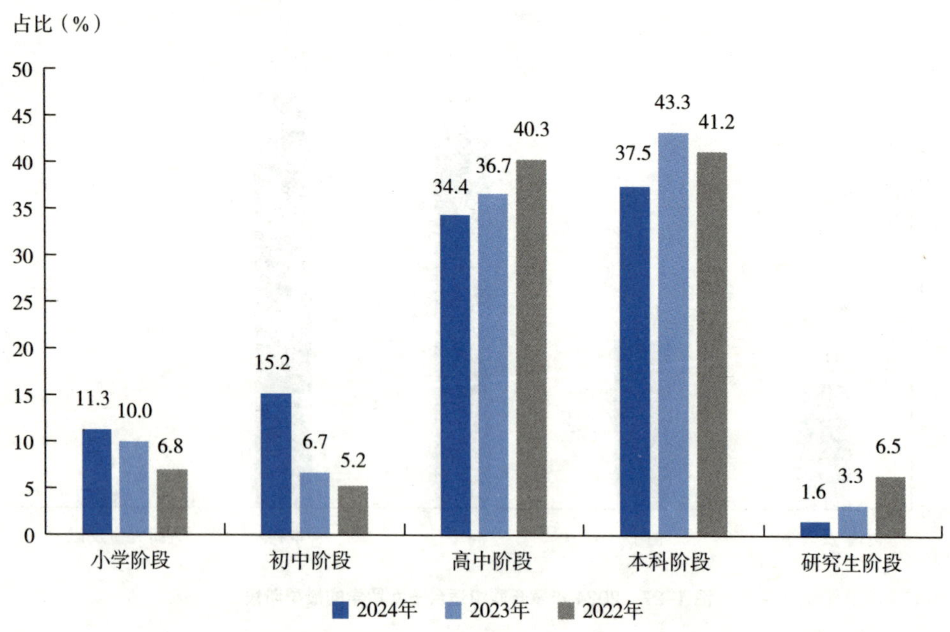

图 1–28　2022—2024 年家长眼中适合子女留学的最早阶段的变化趋势

图 1–29 展现了不同年收入的家长计划子女留学阶段的差异。从数据分布上，我们可以观察到一些显著的趋势和特征。首先，随着年收入的增加，家长计划在小学及以下阶段就送子女出国留学的比例逐渐上升。当年收入超过 100 万元时，这一比例达到最高值 14.7%。其次，随着年收入的增加，家长计划让子女在初中阶段留学的比例也呈现稳步上升的趋势，表现为从 34.2%（年收入 20 万元以下）上升到 50.6%（年收入 100 万元及以上），增幅显著。这与高净值家庭对子女早期教育的重视有关，它们更倾向于为孩子从小提供国际化的教育环境，以培养其全球视野和跨文化交流能力。而对于中等收入家庭来说，子女的计划留学阶段有普遍后延的趋

势，计划让子女在本科阶段留学的比例相对较高。

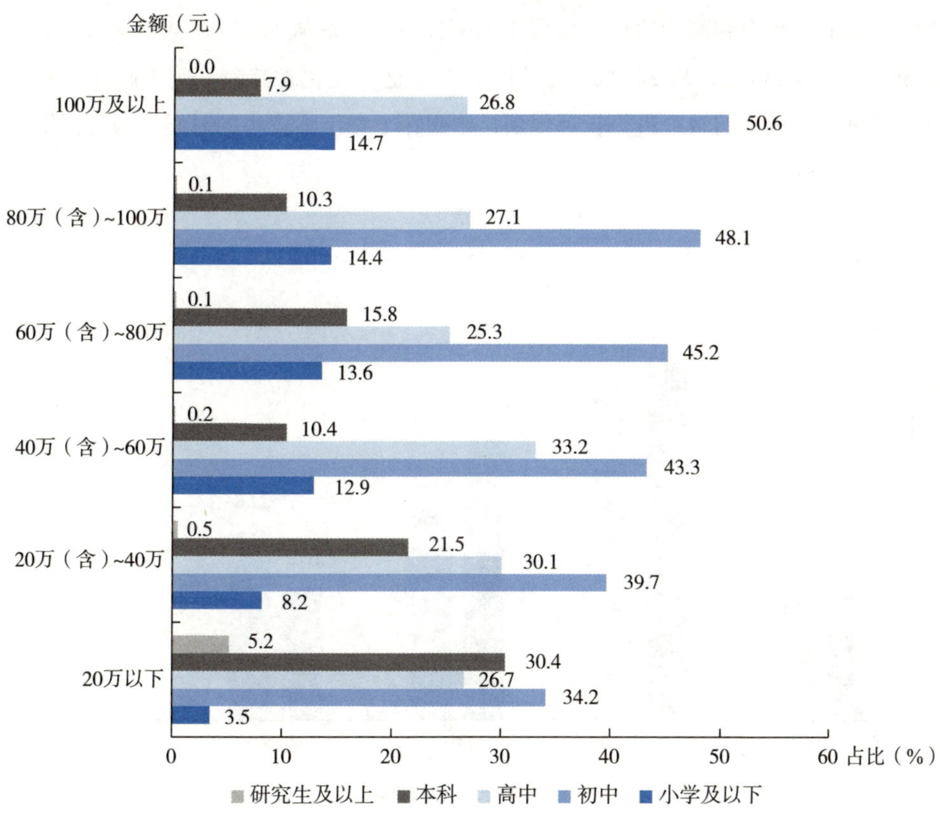

图 1–29　不同年收入的家长计划子女留学阶段的差异

总体而言，家长们对子女的留学阶段选择呈现多样化的发展趋势：高净值家庭更倾向于在更早的教育阶段送子女出国留学，低龄求学需求大幅增加，而中等收入家庭则相对更倾向于子女在本科阶段出国留学。这一趋势既反映了家长们对子女教育的多元化期望，也体现了他们对留学教育的不同理解。从社会学的角度看，这些选择不仅受到家庭经济条件、文化背景和教育理念的影响，也与家长对子女未来发展的期望和规划密切相关。

三、出国留学的早规划意识明显提高，择校因素更多元

调查结果显示，中国家长对子女国际教育路线的早规划意识明显提升，越来越多的家庭认为国际教育路线要从小抓起。图 1–30 展现了家长在子女不同阶段计划

让其留学的比例分布，对比 2023 年和 2024 年的数据可以发现：在较早阶段产生让子女出国留学想法的家长占比明显提高，从 2023 年到 2024 年，计划让子女在小学及以下、初中和高中阶段出国留学的家长占比分别从 10.1% 增长到 11.3%、从 40.5% 增长到 43.0%、从 24.6% 增长到 29.2%。这一变化意味着，越来越多的家长开始更早地为子女的教育进行长远规划，希望在子女年龄较小的时候就为其提供国际化的教育机会。

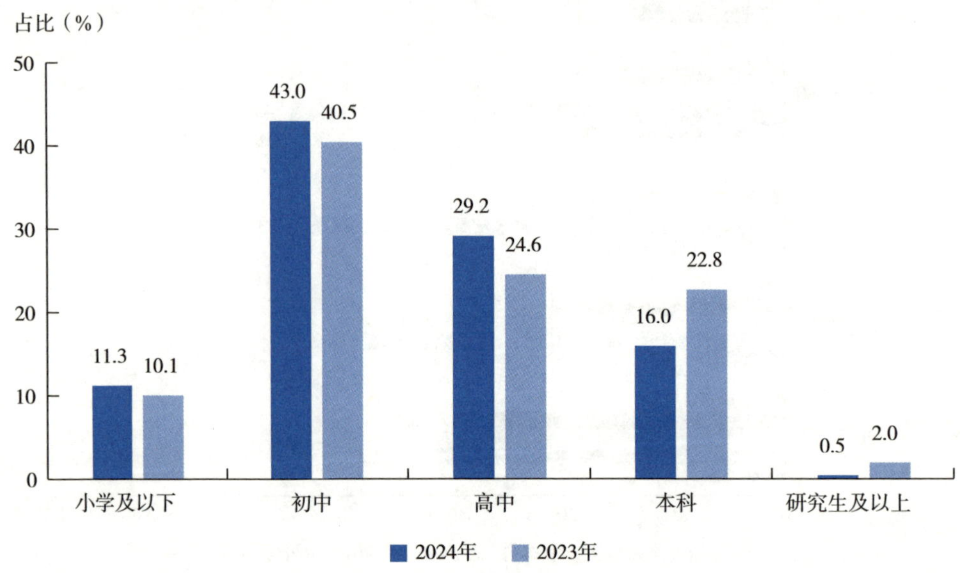

图 1–30　家长在子女不同阶段计划让其留学的比例分布

图 1–31 展现了学生回答者在不同学习阶段产生留学想法的比例分布，通过对比 2023 年和 2024 年的数据，我们可以观察到一些显著的变化。首先，无论是 2023 年还是 2024 年，本科阶段都是学生产生留学想法比例最高的阶段。2024 年有 56.2% 的学生回答者在本科阶段产生了留学想法，这一比例略高于 2023 年的 54.9%，这反映出我国一些学生在大学期间接触到了更多信息，开始规划自己的未来职业发展，并越发认识到留学对于提升个人竞争力和拓宽国际视野的重要性。

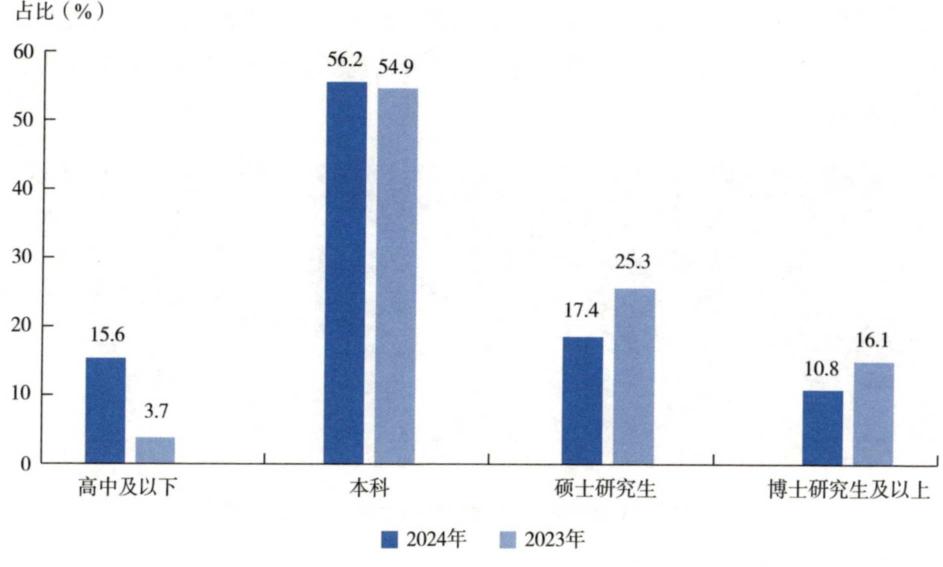

图 1–31　学生在不同阶段产生留学想法的比例分布

其次，在高中及以下阶段产生留学想法的学生回答者的数量同样显著增加，其占比从 2023 年的 3.7% 增长到 2024 年的 15.6%。这一变化表明，一方面，随着全球化的推进和教育国际化，越来越多的学生开始更早地考虑和规划留学事宜；另一方面，国内教育竞争的加剧促使学生倾向于提前为未来的教育路径做出选择和准备。

与此同时，在调研中我们发现，越来越多的高收入家庭认识到早期国际化教育的重要性，因此更倾向于在子女年龄较小时开始规划留学路径。部分家长对国内的教育压力存在一定的担忧，因此也会较早开始规划，为子女提供更广阔的教育机会和资源。在高中阶段的回答者中，早规划意识更为普遍，绝大部分高中学生与其家长都具有基本的规划意识。而本科阶段的回答者的规划意识虽不及高中阶段的回答者，但相比以前也有显著提升。

接下来，图 1–32 展现了计划让子女低龄求学的家长的择校标准的比例分布。首先，学校排名是家长择校时考虑的首要因素，有 95.8% 的家长回答者认同这一因素的重要性，其在所有因素中占比最高。紧随其后的是地理位置和名校录取情况，分别有 88.3% 和 76.5% 的家长回答者将其视为择校时的关键标准。这表明家长在挑选学校时，非常注重学校的整体声誉、便捷性和升学情况，他们大多认为排名靠前的学校通常拥有较好的教育资源和教学质量，能够为子女提供较好的教育环境。而地理位置的便利性关乎家长探访的难易程度和子女的生活环境适应性，因此成为家长较为关注的一个方面。与此同时，家长希望通过观察学校的名校录取率来评估学校的教学成果和对学生未来发展的助力。

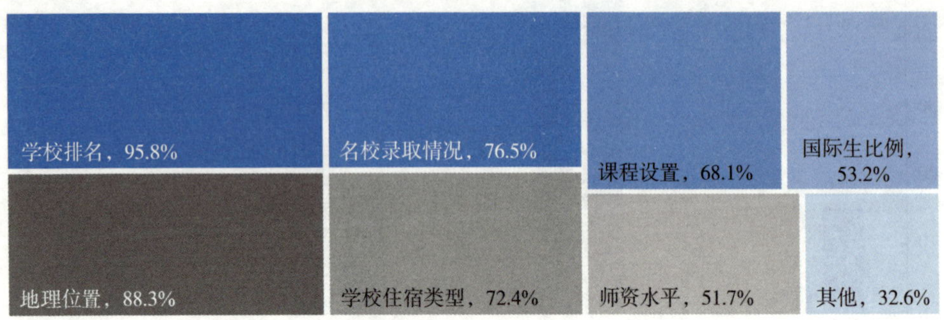

图 1–32　计划让子女低龄求学的家长的择校标准的比例分布

其次，学校住宿类型和课程设置也是家长择校时不可忽视的考量因素，分别有72.4% 和 68.1% 的家长回答者表示了对这两项因素的重视。对于低龄求学者的成长来说，良好的住宿环境和丰富的课程设置至关重要。因此，家长希望通过衡量这些因素来确保子女在海外能够有一个舒适安全的生活环境，并接受全面且富有挑战的教育。

相比之下，国际生比例、师资水平等因素虽然也被家长所考虑，但重视程度相对较低。这主要是因为家长认为，在学校排名和地理位置等因素已经有所保证的情况下，国际生比例和师资水平虽然也重要，但并不是影响子女未来发展的关键因素。此外，这些因素可能在一定程度上已经包含在学校排名这一综合性指标中了。

综上所述，计划让子女低龄求学的家长在选择学校时，比较看重的是学校排名和地理位置，其次是名校录取情况、学校住宿类型和课程设置，国际生比例和师资水平的受重视程度相对较低，而这些因素共同构成了家长择校时的主要考量框架。

图 1–33 展现了计划让子女低龄求学的家长所偏好的目标国家和地区的比例分布。从数据上我们可以清晰地看到，美国是最多家长回答者选择的低龄求学目的地，占比达到 67.2%，紧随其后的是加拿大，选择该项的家长回答者占比为 55.4%，这表明北美地区在计划让子女低龄求学的家长的心目中具有较高的教育地位和留学吸引力。而英国、澳大利亚和新加坡也是较为热门的低龄求学目的地，占比分别为52.1%、48.7% 和 46.3%。这些国家都以优质的教育资源和国际化的教育环境而著称，因此受到家长的青睐。以日本、德国、法国等国家为子女低龄求学目的地的家

长回答者同样占据一定比例，但相较于前述的英语系国家，比例相对偏低。这反映了家长群体对于英语系教育环境的偏好，同时这与非英语系国家的留学政策、文化差异和语言障碍有关。

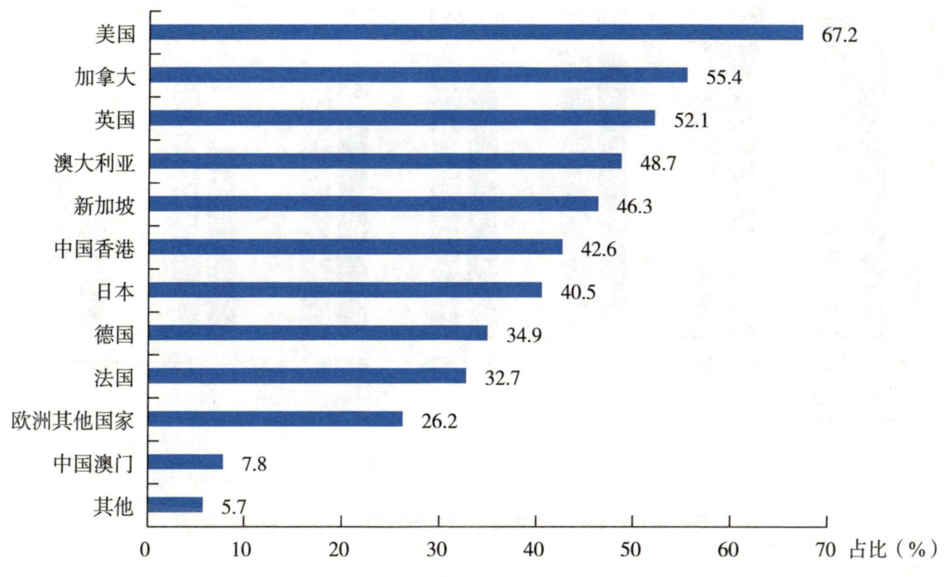

图 1–33　计划让子女低龄求学的家长所偏好的目标国家和地区的比例分布

四、课外活动参与度高，科研、竞赛和“夏校”社团类活动平分秋色

图 1–34 展现了 2024 年中国学生在出国留学前参与课外活动的状况。根据学生回答者的反馈，“海外交换生 / 短期国外交流 / 海外夏校”是最受欢迎的课外活动，选择这一项的学生占比最高，达到了 67.2%。这表明中国学生在准备出国留学时，非常重视通过海外交流项目来提升自己的国际视野和语言能力。紧随其后的是“科研实习”和“学生工作 / 社团工作”，分别有 66.1% 和 64.0% 的学生回答者表示参与过该项课外活动。这说明学生在出国前不仅注重学术能力的提升，还积极参与社会实践和社团活动，以丰富自己的经验和技能。

根据家长回答者的反馈，“海外交换生 / 短期国外交流 / 海外夏校”同样是最受其子女重视的课外活动，选择这一项的家长占比最高，达到了 72.3%，这一排名与学生样本的调查结果排名相一致。还有 65.4% 的家长表示其子女在出国留学前参加了学术竞赛，60.7% 的家长表示其子女在出国留学前参加了公益活动，这表明学术竞赛和公益活动同样在中国学生的课外活动中占有重要地位，它们是学生展示自己学术能力、性格与发展潜力的重要方式。

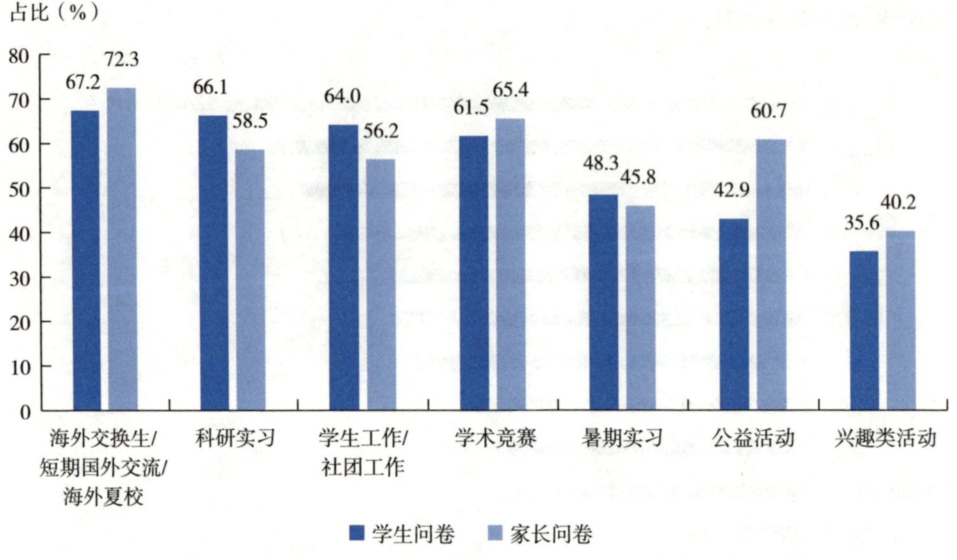

图 1–34　2024 年中国学生在出国留学前参与课外活动的状况

通过对比家长问卷和学生问卷的调查结果，我们可以发现一些有趣的差异。除了“海外交换生 / 短期国外交流 / 海外夏校”，家长还比较重视“学术竞赛”，而学生则相对重视“科研实习”和“学生工作 / 社团工作”。这反映了家长和学生在留学准备方面的不同侧重点和期望。同时，两类问卷都显示出对于兴趣类活动的相对较低的重视程度，如何在留学准备中更好地平衡学术和个人兴趣的发展是一个值得进一步探讨的问题。

概括来说，中国学生在出国留学前参与的课外活动呈现出多样化的特点。学生和家长都十分重视“海外交换生 / 短期国外交流 / 海外夏校”“科研实习”和“学生工作 / 社团工作”，以此来提升学术和社会实践能力，以及拓宽国际视野。同时，“学术竞赛”也是备受关注的课外活动之一，它作为申请理工科专业的必要考察条件，吸引着越来越多的学生参与其中。尽管“暑期实习”和“兴趣类活动”的参与度相对较低，但它们在学生全面发展中仍扮演着不可或缺的角色。这些数据为我们提供了关于中国学生在出国留学前参与课外活动状况的全面视角。

图 1–35 显示了家长回答者反馈的 2023—2024 年其子女在出国留学前参与课外活动状况的变化。首先，最引人注目的是“海外交换生 / 短期国外交流 / 海外夏

校”活动，2024 年有 72.3% 的家长回答者的子女参与了该项目，相较于 2023 年的 70.0% 略有提升。

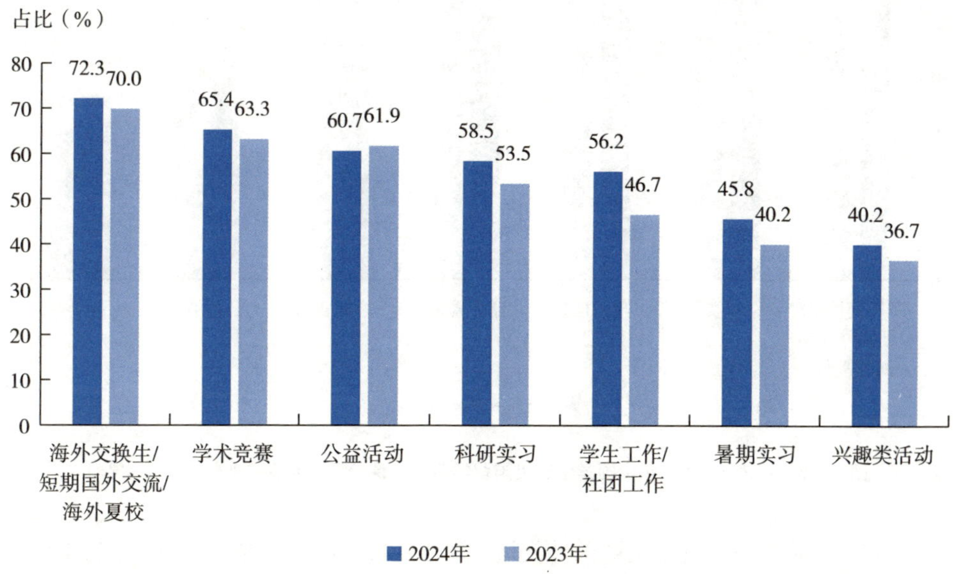

图 1–35　2023—2024 年中国学生在出国留学前参与课外活动状况的变化（家长问卷）

其次，“学术竞赛”的占比也相对较高，选择该项的家长回答者占比由 2023 年的 63.3% 略微增长至 2024 年的 65.4%。与此同时，“科研实习”“学生工作 / 社团工作”和“暑期实习”的占比均呈现上升趋势。其中，“科研实习”的占比从 2023 年的 53.5% 上升到 2024 年的 58.5%，“学生工作 / 社团工作”的占比从 2023 年的 46.7% 上升到 2024 年的 56.2%，“暑期实习”的占比从 2023 年的 40.2% 上升到 2024 年的 45.8%。

最后，“兴趣类活动”的占比在两年中都是最低的，先后分别为 36.7% 和 40.2%。这表明，在出国留学的准备过程中，家长更倾向于让子女参与那些对申请留学有直接帮助的活动，而相对较少关注子女个人兴趣和爱好的培养。这与留学申请的竞争压力有关，家长希望子女能够在有限的时间内尽可能多地积累与学术和职业发展相关的经验。

图 1–36 展现了学生回答者反馈的 2023—2024 年他们在出国留学前参与课外活动的变化。与家长问卷的调查结果相比，学生问卷的调查结果可能更直接地体现了学生的实际选择和偏好。

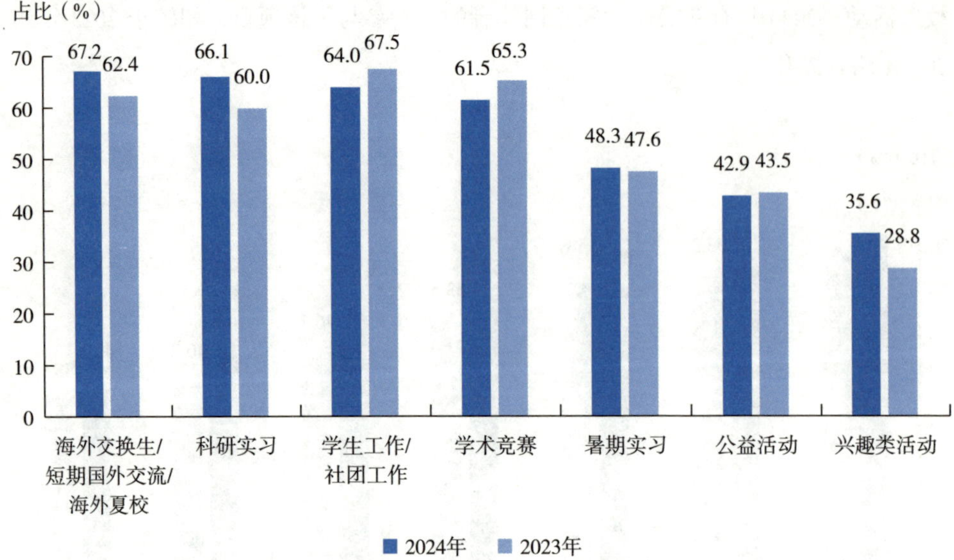

图 1–36　2023—2024 年中国学生在出国留学前参与课外活动状况的变化（学生问卷）

首先，“海外交换生 / 短期国外交流 / 海外夏校”的占比从 2023 年的 62.4% 上升到 2024 年的 67.2%，这一增长变化表明学生越来越认识到海外交流经验对于个人成长和留学准备的重要性。“科研实习”的占比从 60.0% 增长到 66.1%，这显示了学生对于实践经验和研究技能的重视。实习经历不仅能增强学生的实践能力，还有助于他们在留学申请中脱颖而出。

其次，两年间“学生工作 / 社团工作”的占比虽然从 67.5% 略微下降到 64.0%，但其依然保持在一个相对较高的水平。这反映了学生在校园生活中积极参与各类社团和学生工作的热情，这些活动不仅能锻炼学生的组织协调能力，还有助于学生构建社交网络。而“学术竞赛”的占比从 65.3% 下降到 61.5%，这与学术竞赛的竞争压力和准备成本有关。尽管学术竞赛在留学申请中相对重要，但过度的竞争会让学生望而却步。

最后，“暑期实习”和“公益活动”的占比在两年间变化不大，分别保持在 48.0% 左右和 43.0% 左右。“兴趣类活动”的占比则从 28.8% 增长到 35.6%，虽然它仍然是所有课外活动中占比最低的，但这一增长在某种程度上反映了学生越来越重视对个人兴趣和爱好的培养。

总的来说，从两类问卷的调查结果中我们可以看到，无论是家长还是学生，都越来越重视对实践经验和国际化视野的培养，这体现了当前教育环境下社会对于全面发展和国际化人才的需求。

五、学校组织的活动具有较高接受度，课外活动“走出去”倾向明显

图 1–37 展现了 2023—2024 年中国学生在留学前参加的海外项目类型及其比例分布。首先，在多种海外项目类型中，“学校组织的夏 / 冬令营”是最受学生青睐的热门活动，其占比从 2023 年的 37.5% 上升至 2024 年的 39.1%。这表明学校组织的集体活动在中国学生中享有较高的接受度和信任度，这主要是因为“学校组织的夏 / 冬令营”通常具有较高的安全性和便利性，能够为学生提供全面的海外体验。其次，“短期交换项目”在中国学生中也颇受欢迎，尽管参与过该项活动的学生占比从 2023 年的 35.0% 略微下降至 2024 年的 32.6%，但它依然具有强大的吸引力。这类项目的吸引力主要在于其短期特点，它既可以让学生体验海外生活和学习，又不会占用太多时间，适合想要在短时间内快速了解国外教育环境的学生。

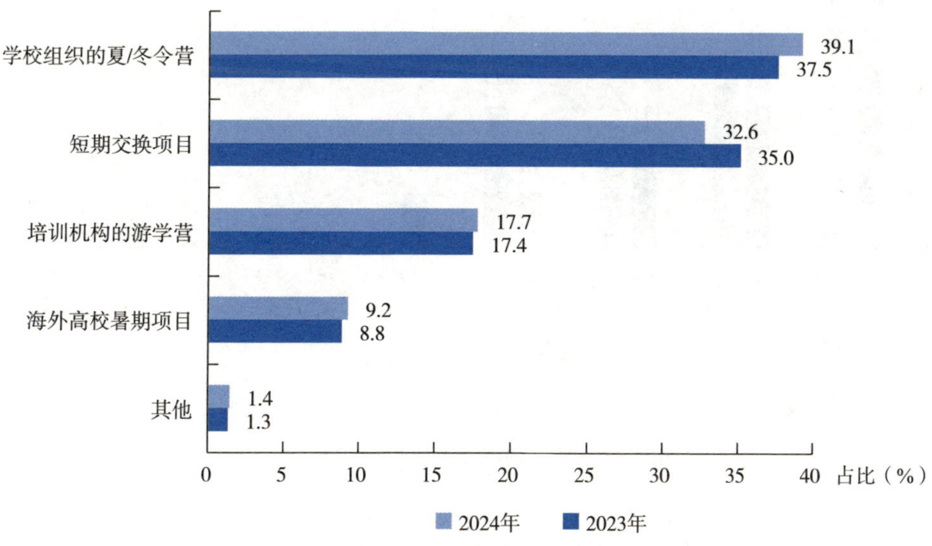

图 1–37　2023—2024 年中国学生在留学前参加的海外项目类型及其比例分布

与此同时，两年间选择“培训机构的游学营”和“海外高校暑期项目”的学生比例也有所上升，但增幅相对较小。这表明，虽然这些项目也受到留学生的关注，但相比“学校组织的夏 / 冬令营”和“短期交换项目”，它们的吸引力稍逊一筹。其中，主要的原因是，培训机构的项目通常需要更高的费用，而海外高校的暑期项目

更侧重于学术研究，不是所有学生都对此感兴趣。值得注意的是，“其他”类型的海外项目虽然比例最低，但是从 2023 年的 1.3% 略微上升至 2024 年的 1.4%，这表明中国学生在寻求更多元化、个性化的海外经历方面也有一定的需求。总体而言，这些数据为我们提供了关于中国留学生海外准备活动的宝贵洞察。

六、标化考试与个性化的课外活动是留学申请中的痛点

在留学申请过程中，学生和家长有各自认为的主要痛点。通过对比学生问卷和家长问卷的数据，我们可以分析出两者在留学申请关注点上的差异（见图 1–38）。

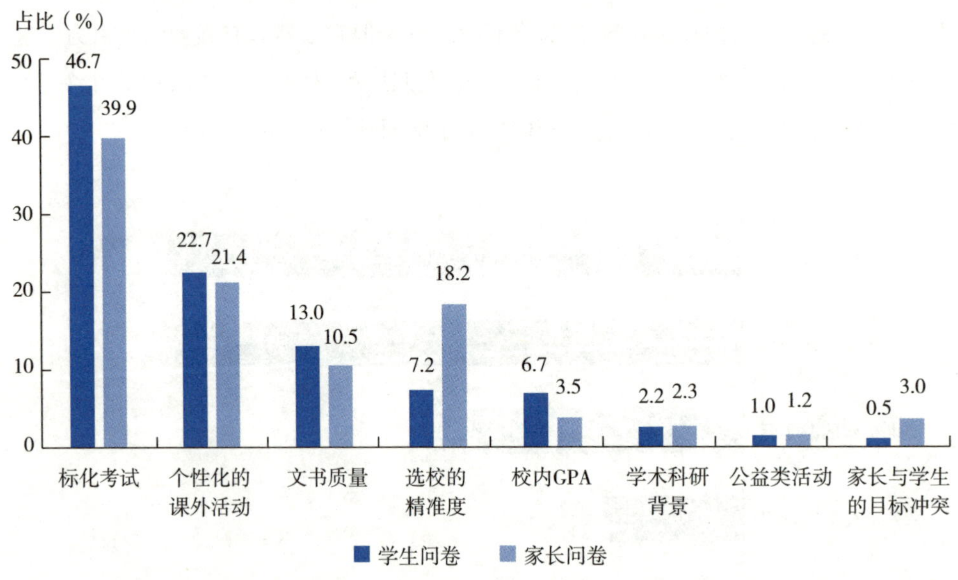

注：GPA 是指平均学分绩点。

图 1–38　留学申请中的关注点及其比例分布

首先，对于标化考试，有 46.7% 的学生回答者认为这是他们留学申请中的痛点，有 39.9% 的家长回答者认为这是他们子女在留学申请中的痛点。其次，在个性化的课外活动方面，分别有 22.7% 的学生回答者和 21.4% 的家长回答者表达了担忧。就文书质量而言，有 13.0% 的学生回答者和 10.5% 的家长回答者认为这是一个不小的挑战，这主要是因为学生在撰写申请文书时需要深入挖掘自己的经历和故事，并将其以吸引人的方式呈现出来，这是一个既需要创造力又需要写作技巧的过程。最后，选校的精准度、校内 GPA、学术科研背景等方面在一定程度上引起了不少学生

回答者和家长回答者的关注。

通过对比学生回答者和家长回答者的反馈，我们可以发现两者在关注点上的差异。除了标化考试、个性化的课外活动，学生群体更关注文书质量，而家长则更关注选校的精准度，对选校的要求更为严格和具体，这主要是因为家长更关心孩子未来的教育投资和职业发展。

为了更好地帮助学生和家长进行留学申请，相关机构应提供全方位的指导和支持，包括考试辅导、文书撰写、选校咨询等方面的服务，同时应加强与学生和家长的沟通与交流，了解他们的具体需求和关注点，以便提供更加个性化的服务。

七、"活动规划与背景提升"和"文书指导"是留学申请中特别需要的服务

图 1–39 展现了在留学申请中，学生和家长认为最需要的服务及其比例分布。对比学生和家长的选择，我们可以看到一些共性和差异。

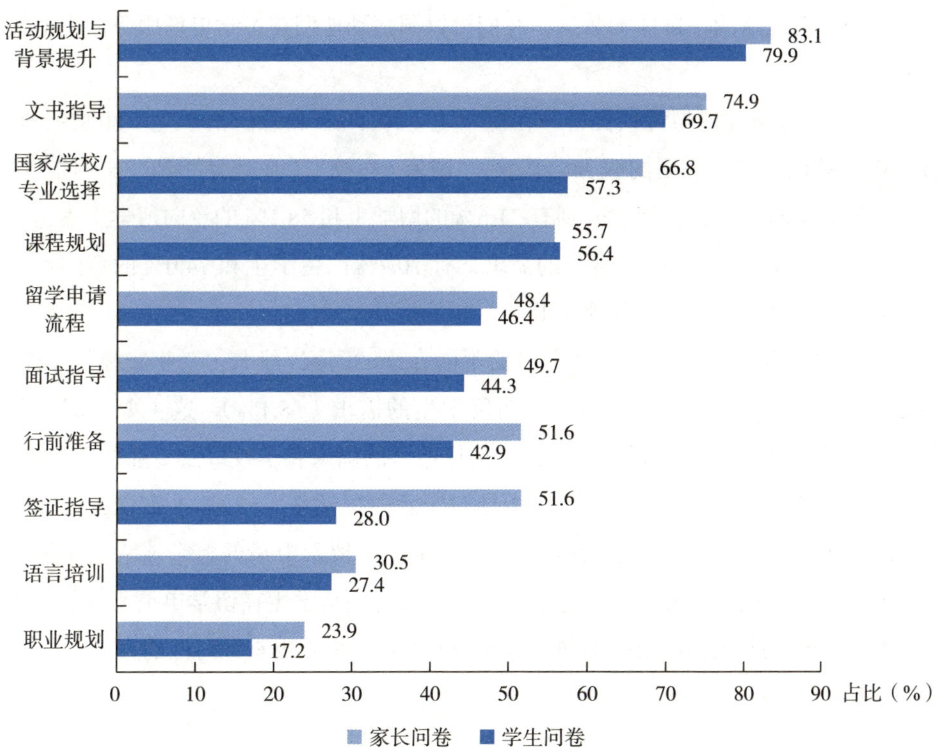

图 1–39 留学申请中需要的服务及其比例分布（学生和家长）

首先，无论是学生回答者还是家长回答者，他们对于“活动规划与背景提升”和“文书指导”服务的需求都非常强烈，这两项的占比均位于前列。这主要是因为个人背景的强化和文书的精心准备通常被认为是提高留学申请成功率的关键。

其次，“国家 / 学校 / 专业选择”对于学生（57.3%）和家长（66.8%）来说也是一个重要的服务需求。这表明在留学申请的早期阶段，对于目标国家和地区、学校以及专业的选择，学生和家长都需要专业的指导和建议。在“课程规划”方面，学生回答者和家长回答者的选择比例相当接近，分别为 56.4% 和 55.7%。这表明对于未来学习的规划，无论是学生还是家长都给予了高度的关注。

最后，在“行前准备”和“签证指导”方面，家长的选择比例明显高于学生。这主要是因为家长更关心孩子出国后的实际生活和安全问题，更重视与出国相关的实际准备和指导。这些发现有助于留学服务机构更好地了解客户需求，并提供更加精准和个性化的服务。

图 1–40 进一步展现了留学生和意向留学生在留学申请中需要的服务及其比例分布。通过对比这两个群体的数据，我们可以洞察到他们在留学申请服务需求上的差异。

首先，“活动规划与背景提升”在留学生（79.4%）和意向留学生（80.8%）回答者中都被认为是最需要的服务。其次，“国家 / 学校 / 专业选择”和“文书指导”方面的服务需求也非常强烈，分别有 71.6% 的留学生和 58.1% 的意向留学生表达了对“国家 / 学校 / 专业选择”服务的需求，有 70.7% 的留学生和 74.0% 的意向留学生表达了对“文书指导”服务的需求。

对比两个群体的选择，一个突出的不同在于“国家 / 学校 / 专业选择”方面，留学生的需求（71.6%）明显高于意向留学生的需求（58.1%）。这主要是因为留学生在留学过程中更加深刻地体会到了选择适合的国家和学校以及专业的重要性。值得注意的是，“留学申请流程”的指导对于意向留学生（53.6%）来说比留学生（51.0%）更加重要。这主要是因为意向留学生对于留学申请的整个流程还不够熟悉，更需要专业的指导和帮助。考虑到留学生和意向留学生在留学申请服务需求上的差异，留学服务机构应根据不同群体的需求特点，提供更具针对性的服务。

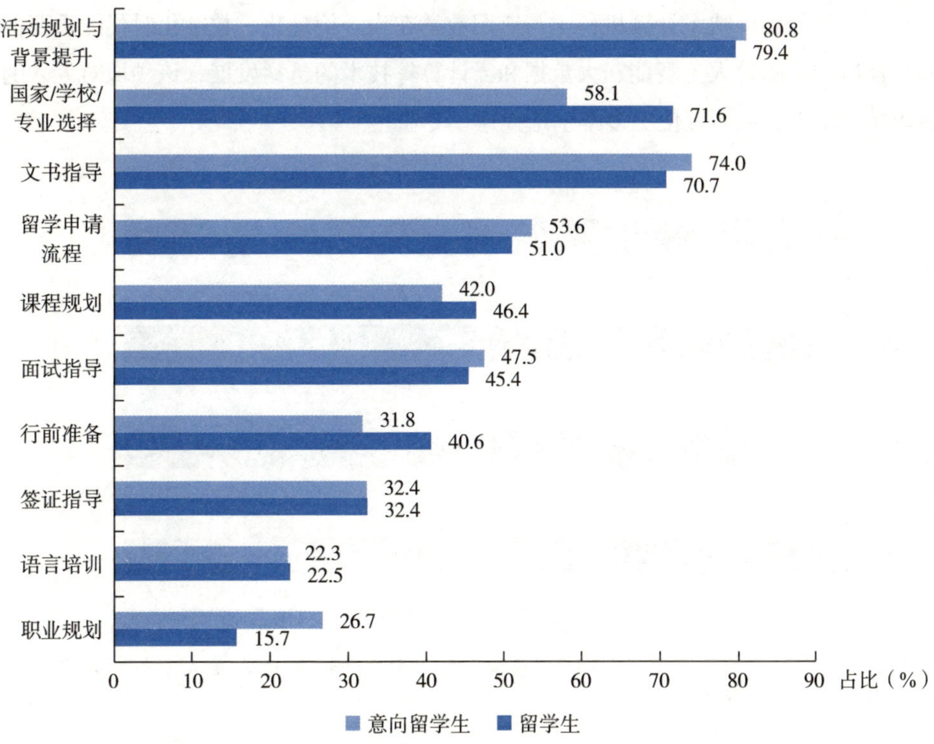

图 1–40　留学申请中需要的服务及其比例分布（留学生和意向留学生）

第三节
研究生留学需求持续增长，专业选择更为务实

中国在海外的研究生留学群体已连续三年超过本科留学群体。据美国门户开放网站统计，2023 年中国留美学生人数为 289 526，占美国国际生总人数的 27.3%，其中就读本科的有 100 465 人，占中国留美学生总数的 34.7%，而就读研究生的有 126 028 人，占中国留美学生总数的 43.5%，超过了本科留学人数。

一、实用性强的专业备受留学生青睐

图 1–41 展示了 2023—2024 年中国意向留学生和留学生的留学专业选择情况。首先，“计算机科学与应用数学”是这两年中国学生选择的最热门的专业，在意向留学生群体中，选择该专业的比例从 2023 年的 28.4% 上升到 2024 年的 30.8%；在留学生群体中，选择该专业的比例从 2023 年的 25.7% 上升至 2024 年的 27.0%。这

一显著上涨趋势反映了计算机科学与应用数学在当今信息化、数字化时代的重要性和广泛应用。随着人工智能、大数据和云计算等技术的迅猛发展，该领域对人才的需求持续增大，从而促使更多学生选择这一专业。

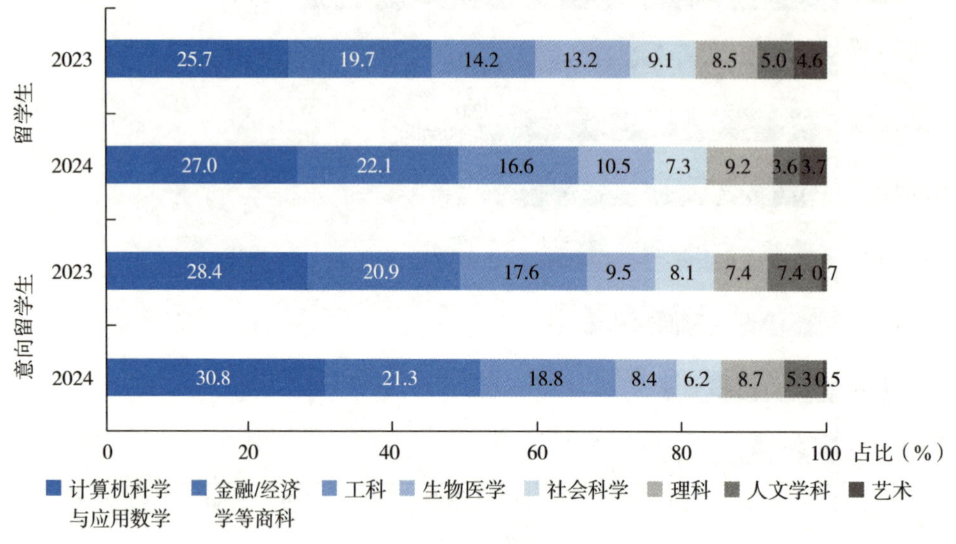

图 1-41　2023—2024 年中国学生留学专业选择的比例分布

其次，“金融 / 经济学等商科”也是备受中国学生青睐的专业。在意向留学生群体中，选择该专业的比例从 2023 年的 20.9% 微增至 2024 年的 21.3%；在留学生群体中，这一比例从 2023 年的 19.7% 上升到 2024 年的 22.1%。商科专业的热门程度与其广泛的就业前景和高薪潜力密不可分。此外，随着中国经济的快速发展和全球化进程的加速，市场对商业知识和技能的需求也日益增长，进一步推动了学生对这一专业的选择。

最后，值得注意的是，工科专业这两年也越发受到中国学生青睐。在中国的意向留学生群体中，选择工科专业的比例从 2023 年的 17.6% 增长到 2024 年的 18.8%；在留学生群体中，该比例则从 14.2% 上升至 16.6%。工科专业的实用性和就业前景是其受欢迎的重要原因。随着我国基础设施建设和制造业的不断发展，工科专业人才的需求量保持稳定。

综上所述，近年来中国学生在选择留学专业时，明显偏向于“计算机科学与应用数学”“金融 / 经济学等商科”和“工科”等实用性较强的专业。而“人文学科”的选择比例则呈现下降趋势。产生这些变化的主要原因是近两年全球就业形势严峻。

二、个人兴趣、专业质量和就业发展是影响专业选择的主要因素

图 1-42 显示了 2024 年中国留学生和意向留学生在选择留学专业时考虑的一些因素及其比例分布。首先，对于留学生群体和意向留学生群体来说，“自己感兴趣”是选择专业时最重要的影响因素，分别有 67.2% 的留学生回答者和 62.0% 的意向留学生回答者表示了对此项因素的关注。

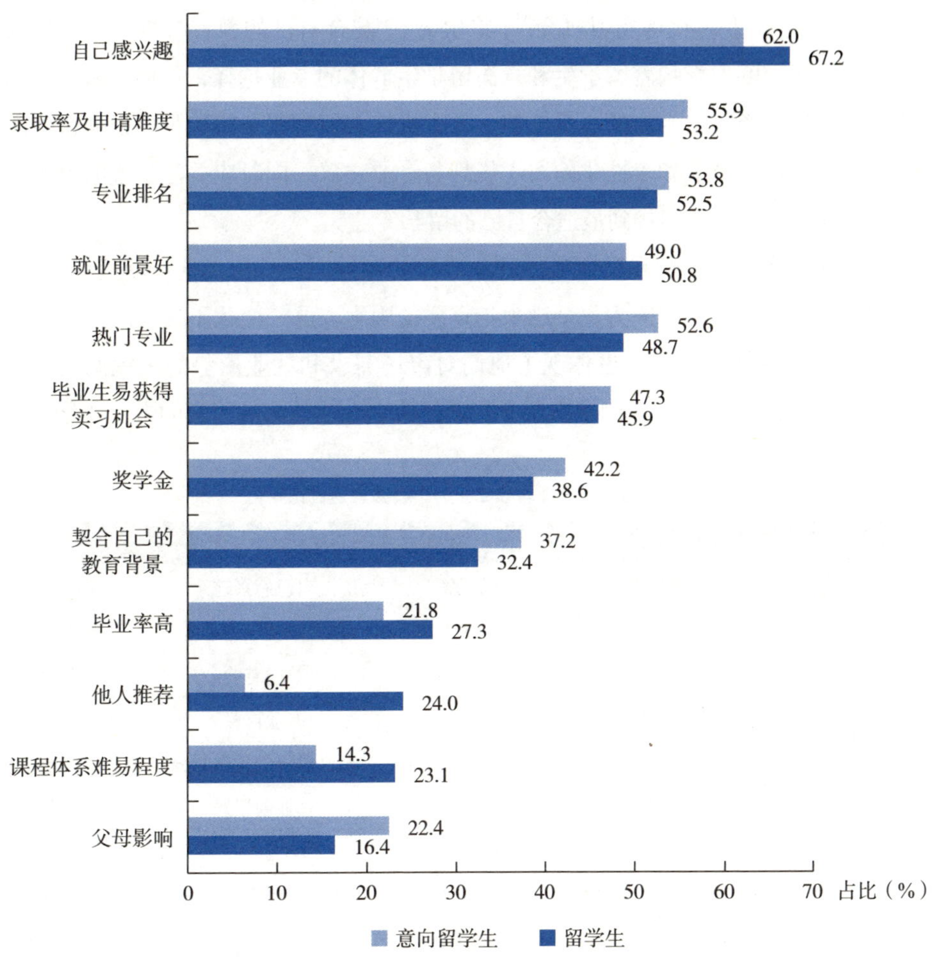

图 1-42　2024 年中国学生选择留学专业的影响因素及其比例分布

其次，“录取率及申请难度”和“专业排名”也对这两类学生的专业选择产生了显著影响。选择“录取率及申请难度”的留学生回答者占比和意向留学生回答者占比分别为 53.2% 和 55.9%，选择“专业排名”的留学生回答者占比和意向留学生

回答者占比分别为 52.5% 和 53.8%，这说明中国学生在选择留学专业时会综合考虑进入该专业的难易程度和专业的声誉。

再次，“就业前景好”和“热门专业”也是影响中国学生选择专业的重要因素，在留学生和意向留学生群体中，选择这两项因素的比例均在 50% 左右，这表明中国学生在选择留学专业时非常关注该专业未来的就业市场和职业发展前景，同时反映了学生的一种跟随潮流或从众心理——热门专业通常与较好的就业前景相关联。

最后，“毕业生易获得实习机会”“奖学金”“契合自己的教育背景”等其他因素，也在不同程度上影响着留学生和意向留学生群体的专业选择，这些因素共同构成了中国学生选择留学专业的决策框架。教育机构和留学服务机构可以根据这些因素为学生提供更加精准和个性化的留学规划与专业建议，同时应关注学生的个人兴趣和职业规划，帮助他们找到最适合自己的留学专业。

在全球经济形势下行和就业形势日益严峻的背景下，学生在选择就读专业时，对于就业前景的考量已经成为一个越来越重要的因素。这一变化不仅反映了学生对未来职业规划的现实考量，也体现了他们对市场需求和就业形势的敏锐洞察。表 1–3 揭示了 2023—2024 年中国意向留学生选择留学专业的影响因素的占比变化。

表 1–3　2023—2024 年中国意向留学生选择留学专业的影响因素的占比变化

排名	2024 年		2023 年	
1	自己感兴趣	62.0%	自己感兴趣	64.9%
2	录取率及申请难度	55.9%	录取率及申请难度	57.4%
3	专业排名	53.8%	热门专业	54.1%
4	热门专业	52.6%	专业排名	53.4%
5	就业前景好	49.0%	契合自己的教育背景	37.1%
6	毕业生易获得实习机会	47.3%	就业前景好	26.7%
7	奖学金	42.2%	毕业率高	21.1%
8	契合自己的教育背景	37.2%	父母影响	20.9%
9	父母影响	22.4%	毕业生易获得实习机会	18.2%
10	毕业率高	21.8%	课程体系难易程度	17.0%
11	课程体系难易程度	14.3%	奖学金	10.1%
12	他人推荐	6.4%	他人推荐	9.3%

具体来看，2023 年，“就业前景好”在意向留学生选择留学专业的影响因素占

比中排名第6，占比仅为26.7%；然而到了2024年，其排名升至第5位，影响力大幅提升，占比高达49.0%。这一显著变化表明，面对日益严峻的就业形势，学生越来越倾向于选择那些就业前景更为明朗的专业。同时，与就业前景紧密相关的“毕业生易获得实习机会”这一因素的排名也大幅提升。在意向留学生回答者中，选择该项的占比从2023年的18.2%上升到2024年的47.3%，这直接导致该项的排名从2023年的第9位迅速上升至2024年的第6位，排名的上升无疑反映了学生对于实习机会和职业技能培养的重视。此外，“奖学金”这一因素对意向留学生的影响程度也有显著提升，其排名从2023年的第11位上升到2024年的第7位。这表明，“奖学金”在吸引学生方面的作用越来越重要。

“契合自己的教育背景”“毕业率高”“课程体系难易程度”等因素虽然依旧重要，但其影响程度相对于“就业前景好”而言，呈现出一定的下降趋势。这意味着在严峻的就业环境下，学生更看重专业的实际应用和市场需求，总的来说，这些数据为我们揭示了留学生在规划出国学习时的复杂决策过程，以及他们如何在个人兴趣、专业质量和就业发展之间寻求平衡。

第四节
学业压力与实习难度并存

种种迹象表明，当前不仅是本科生，连研究生都面临前所未有的求职与实习挑战，而国际学生的处境则更加艰难。从对学生进行的压力调查与访谈中，我们可以明确地观察到一个显著的迹象，即学生在寻求实习机会的过程中，感受到的压力尤为沉重。

一、学业压力与寻找实习机会的压力是两大痛点

图1-43揭示了留学生及其家长对于留学过程中遇到的一些障碍的认知。通过对比学生回答者和家长回答者的反馈，我们可以洞察到不同群体对同一问题的不同看法及其背后的社会心理。

首先，从数据上可以看出，学业压力是留学生和家长共同认可的主要障碍，分别有82.1%的学生回答者和78.3%的家长回答者对此表示了认同，这反映了留学生在海外学习所面临的严格学术要求和竞争压力。其次，寻找实习机会也被学生和家长普遍认为是留学过程中的一个重要障碍，分别有76.7%的学生回答者和73.9%的

家长回答者对此表示了认同，这反映了当前就业环境的严峻性，以及实习与就业机会对留学生职业规划的重要性。

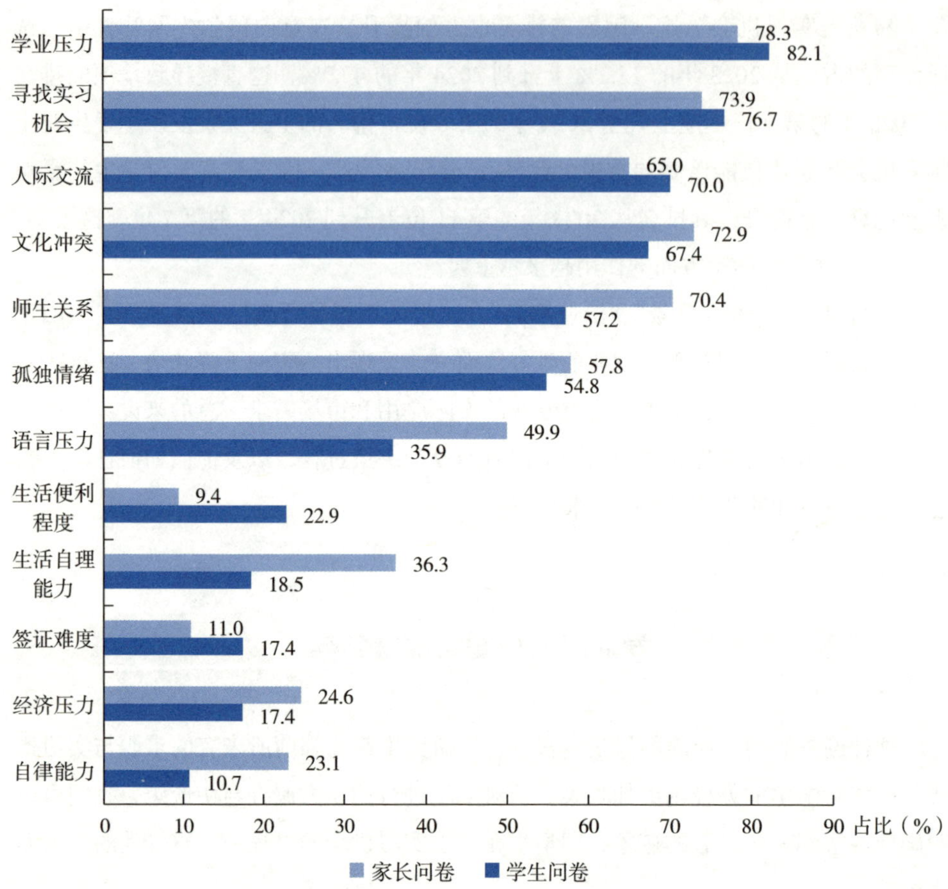

图 1–43　留学生在留学过程中遇到的障碍及其比例分布

接下来，人际交流和文化冲突也是留学生在留学过程中面临的重要障碍。在学生回答者中，遇到人际交流障碍的占比为 70.0%，家长回答者认为其子女遇到过人际交流障碍的占比为 65.0%，这表明在新的文化环境中建立有效沟通是留学生的重要挑战。同时，遇到文化冲突障碍的留学生占比也较高，这突显了跨文化适应的难度。而家长对此的感知略高于学生，这反映了家长对孩子能否融入新文化的担忧。

总之，图 1–43 的数据显示，学业压力、寻找实习机会、人际交流、文化冲突、师生关系和孤独情绪是留学生面临的主要挑战，各项的比例均超过了 50%，同时签证难度、经济压力、自律能力等也是留学过程中不可忽视的障碍。家长和学生在某些障碍方面的感知差异反映了不同角色的关注点和担忧。这些数据为理解留学生的心理和社会适应性提供了宝贵的视角。

图 1–44 对比了在留学前没有海外经历和有海外经历的两类人群在留学过程中遇到的障碍的差异。首先，学业压力是两类人群都认同的留学过程中的主要障碍之一，该项在没有海外经历的回答者中的占比为 79.5%，在有海外经历的回答者中的占比为 77.1%。这表明，不论是否有海外经历，学业压力都被普遍认为是留学生活中的一项重要挑战。另外，寻找实习机会也被视为一个重要的障碍，在有海外经历的回答者中，该项占比高达 79.8%，略高于没有海外经历的回答者的（78.1%）。这再次印证了留学生在职业规划和实践经验积累上面临的困难，以及寻找实习机会在留学生涯中的重要性。

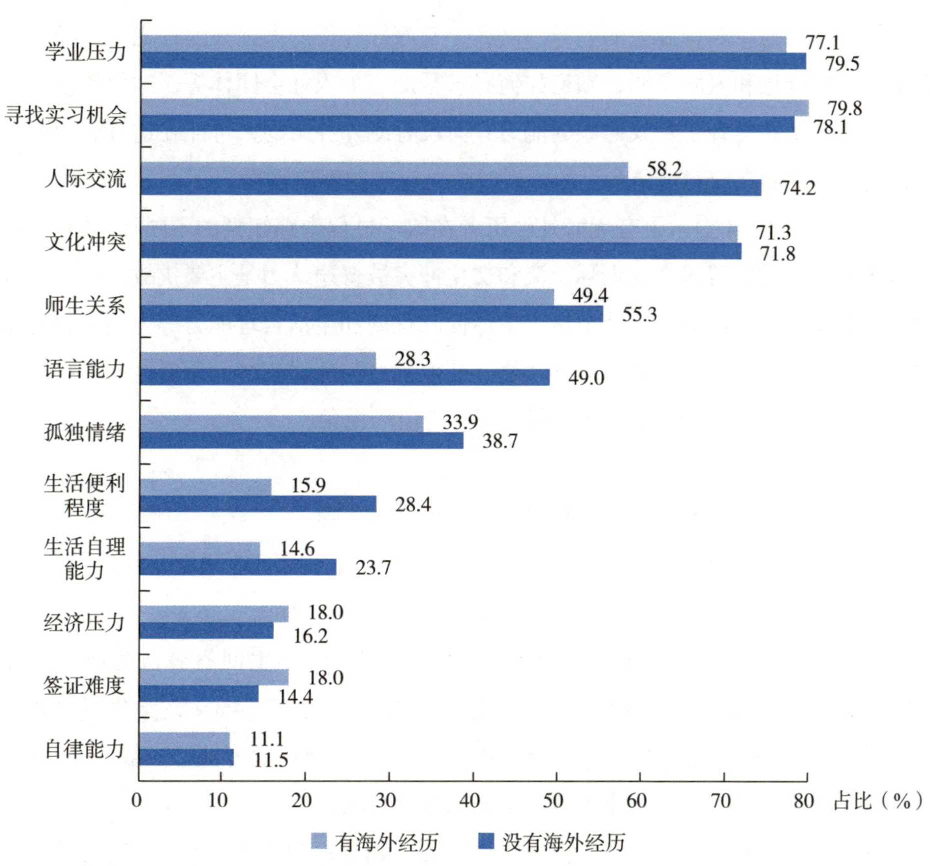

图 1–44　有无海外经历者在留学过程中遇到的障碍及其比例分布

其次，在人际交流障碍方面，没有海外经历的回答者对此的感知更为强烈（74.2%），而有海外经历的回答者遇到此障碍的比例为 58.2%。这种差异主要源于没有海外经历者对跨文化交流的适应难度较大，而有海外经历者已通过过去的实际经验逐渐适应了这种交流方式。文化冲突同样是一个显著的障碍，两类人群对此的感知非常接近（没有海外经历者占比 71.8%，有海外经历者占比 71.3%），这表明文化适应性是留学生在任何阶段都需要面对的重要问题。

再次，对于未曾有过海外经历的人群而言，语言能力是更为巨大的挑战。在没有海外经历的回答者中，遭遇过这一难题的占比达到了 49.0%，这一数据显著超越了有海外经历的回答者所反馈的 28.3% 的比例。这主要是因为实际的语言使用环境能够加速语言能力的提升，从而减轻语言带来的压力。

最后，在孤独情绪、生活便利程度和生活自理能力等方面，没有海外经历的回答者所反馈的比例同样高于有海外经历的回答者所反馈的比例，这主要源于两类群体在信息获取与应对资源上的差异。例如，有海外经历的人往往通过之前的经验积累了一定的信息和人脉资源，知道如何寻求帮助、加入社会团体等，这促使他们更快地适应环境并提升了自我照顾的能力；而没有海外经历的人可能在这方面相对欠缺，这导致他们在应对情绪和生活障碍时缺乏有效的解决途径。

总之，图 1–44 揭示了有无海外经历者在留学过程中感知到的不同障碍的差异。学业压力、寻找实习机会、人际交流和文化冲突被普遍认为是主要挑战。而不同海外经历群体在语言能力、孤独情绪、生活便利程度和生活自理能力等方面遇到的障碍的差异，则反映了提前熟悉海外环境、获取信息与应对资源的重要性。这些数据为理解留学生活的挑战和适应过程提供了有价值的视角。

二、留学预期基本满意，专业及教学都在理想预期之内

图 1–45 揭示了学生和家长对于所学专业是否符合预期的评价及其比例分布。无论是学生还是家长，大多数人都认为所学专业与预期相符。

首先，从学生问卷来看，分别有 22.9%、55.5% 的学生回答者认为所学专业“非常符合”“比较符合”他们的预期，这意味着近八成（78.4%）的学生回答者对他们的专业选择感到满意。另外，有 20.5% 的学生觉得所学专业“一般”，而仅有极少数学生（1.1%）认为所学专业与他们的预期有较大出入。

其次，在家长问卷中，我们可以看到类似的趋势：约八成的家长回答者认可子女的专业选择，只有 13.1% 的家长回答者觉得子女所学专业“一般”，而认为子女

的专业“比较不符合”和“非常不符合”预期的家长分别仅占 3.6% 和 1.4%。

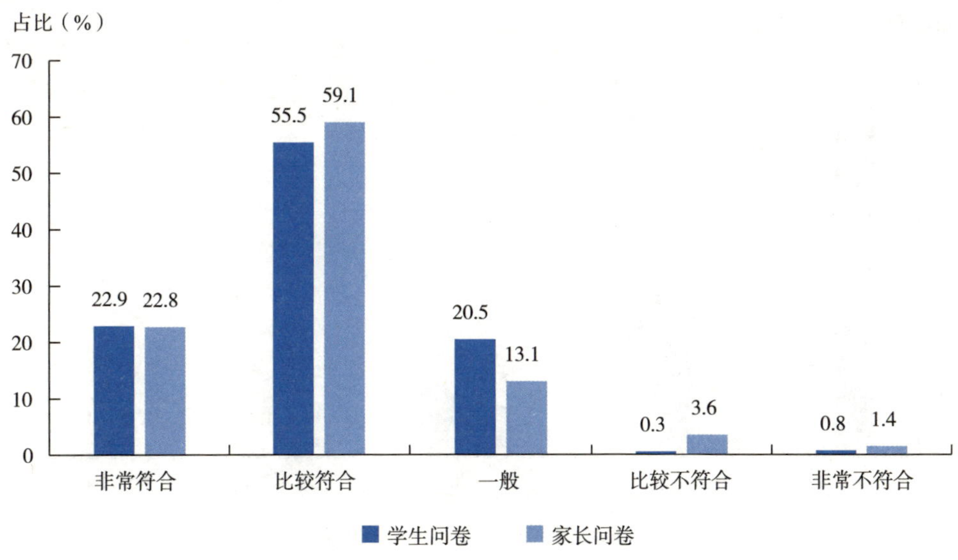

图 1–45　学生和家长对于所学专业是否符合预期的评价及其比例分布

最后，虽然大部分学生和家长对专业的符合度持正面看法，但家长选择“比较不符合”和“非常不符合”的比例略高于学生。这反映了家长和学生在专业选择和期望上存在的微妙差异，家长对子女的专业选择有更高的期望或更具体的职业规划考虑。

总之，图 1–45 的数据表明，绝大多数留学生及其家长认为所学专业与预期相符，这表明在大多数情况下，学生留学前的专业选择是经过深思熟虑的，且他们的实际学习体验与预期相差不大。而家长和学生在专业满意度上的细微差异也提醒我们，为确保获得最佳的留学体验和职业发展路径，在留学规划和专业选择过程中，家长和学生需要充分沟通并理解彼此的期望。

图 1–46 进一步展现了有无海外经历者对所学专业是否符合预期的评价的差异。首先，在没有海外经历的群体中，高达 52.0% 的人认为所学专业“非常符合”他们的预期，相较之下，在有海外经历的群体中，只有 18.6% 的人持相同看法。这种差异源于两个群体在接触和了解所学专业之前信息不对称。没有海外经历的学生更多基于理论和想象来构建对专业的预期，而有海外经历的学生拥有更广阔的视野和更多的职业选择，因此他们对专业的期望更加多元化，要求也更高。当实际所学与这

些高期望和高标准不符时，他们更认为专业与预期不符。

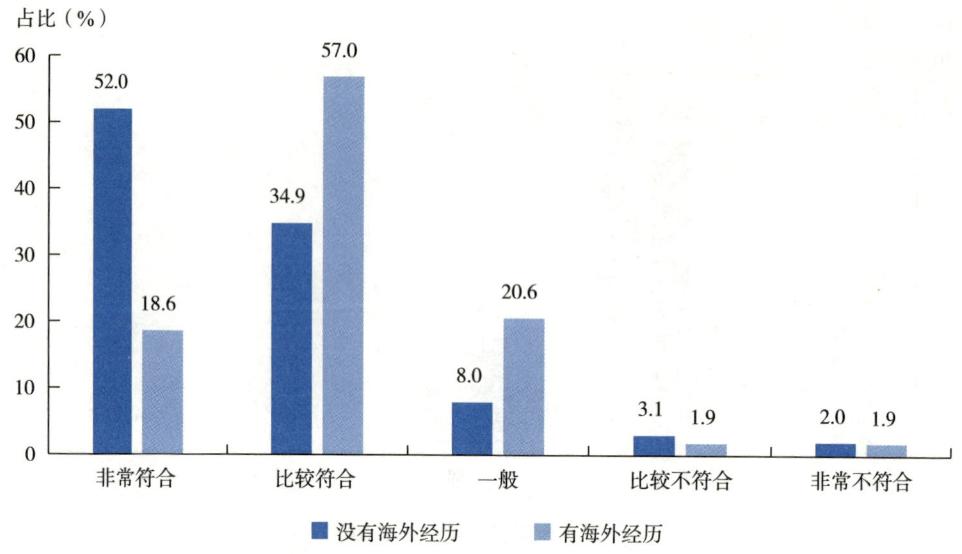

图 1–46　有无海外经历者对于所学专业是否符合预期的评价及其比例分布

其次，选择“比较符合”的有海外经历的回答者的占比高达 57.0%，远高于没有海外经历的回答者的该项占比。这表明，尽管有海外经历的回答者对于专业的完全满意度较低，但他们普遍认为所学专业与预期相差不大。此外，从数据上我们还可以看到，无论有无海外经历，学生认为所学专业“非常不符合”预期的比例都是非常低的。

总之，图 1–46 的数据揭示了有无海外经历的群体在评价所学专业是否符合预期时的显著差异。没有海外经历的群体更倾向于认为所学专业“非常符合”他们的预期，而有海外经历的群体则更倾向于认为所学专业“比较符合”他们的预期。这种差异源于两个群体在接触和了解所学专业之前信息不对称和实际体验不同，这些发现对于理解和改善留学教育服务具有重要的指导意义。

图 1–47 反映了留学生及其家长对所学专业授课方式是否符合预期的评价。从数据分布来看，学生和家长的评价呈现出一定的差异性。

在学生问卷中，“非常符合”和“比较符合”的比例合计为 69.1%，这表明近七成的学生对所学专业的授课方式表示满意，认为它与自己的预期相符。然而，也有将近三分之一的学生表示“一般”（19.1%）、“比较不符合”（5.3%）、“非常不符合”

（6.5%）。这些不满意的声音源于师生互动的质量较低、实践机会的不足，以及个人学习风格的差异。

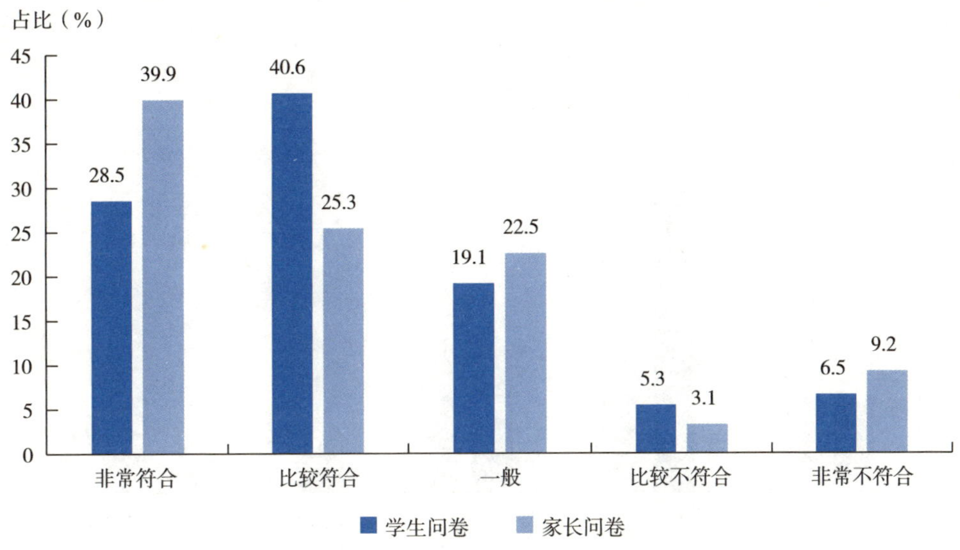

图 1–47　学生和家长对于所学专业的授课方式是否符合预期的评价及其比例分布

在家长问卷中，“非常符合”的比例高达 39.9%，明显高于学生的评价。同时，“比较符合”“一般”和“比较不符合”的比例分别为 25.3%、22.5% 和 3.1%。值得注意的是，“非常不符合”的比例为 9.2%，这主要反映了部分家长对授课方式的强烈不满或对子女教育的高度关切。

对比学生和家长的数据，我们可以发现几个有趣的点。首先，家长比学生更倾向于认为授课方式“非常符合”预期，这与家长和学生之间的信息不对称或期望差异有关。其次，家长对于授课方式的不满意程度（包括“比较不符合”和“非常不符合”）总体上高于学生，这反映了家长对于教育方式和质量的敏感和批判性。最后，无论是学生还是家长，“非常不符合”的比例都不容忽视，因此教育机构需要更细致地了解并满足学生和家长的不同需求和期望。

总之，图 1–47 揭示了留学生及其家长对所学专业授课方式的预期与实际感受之间的差异。虽然大多数学生和家长对授课方式表示满意，但仍有相当一部分人表示不满。这些不满源于多个方面，包括教学方式、师生互动、课程内容等。教育机构应深入分析这些不满的根源，同时加强与学生和家长的沟通，了解他们的期望和反馈。

图 1–48 展现了有无海外经历者对于所学专业的授课方式是否符合预期的评价。从数据上，我们可以观察到几个显著的差异。

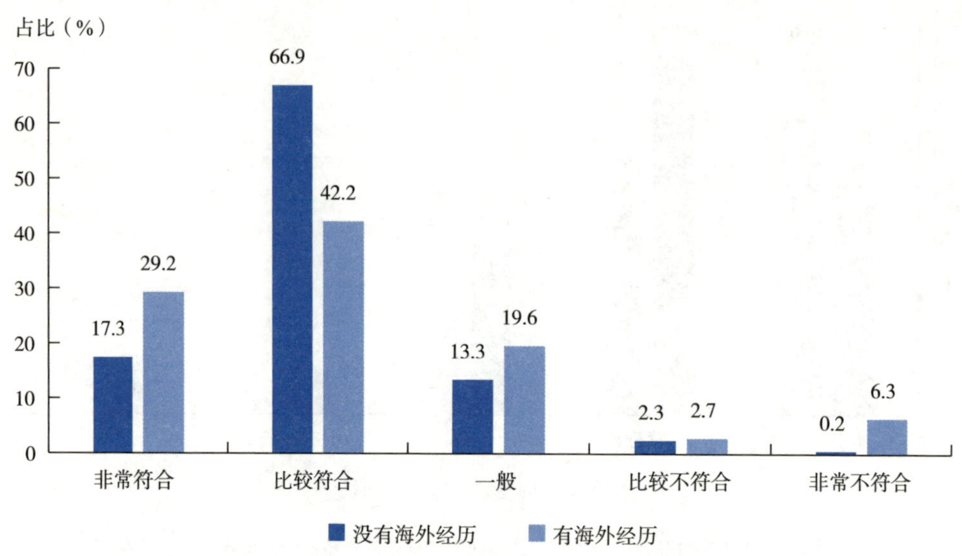

图 1–48　有无海外经历者对于所学专业的授课方式是否符合预期的评价及其比例分布

首先，对于没有海外经历的学生来说，“比较符合”的占比高达 66.9%，“非常符合”的占比为 17.3%，选择这两项的学生对授课方式的预期与实际体验相对吻合。没有海外经历的学生由于对授课方式的预期相对保守或缺乏足够的对比经验，因此较易感到满足。

其次，对于有海外经历的学生来说，“非常符合”的比例为 29.2%，这表明他们在海外学习的经历可能使他们更加欣赏或认同当前的授课方式。但值得注意的是，“比较符合”的比例为 42.2%，这意味着尽管他们中有不少人觉得授课方式符合预期，但相比没有海外经历的学生，满意度有所降低。

最后，在两个群体中，“一般”“比较不符合”和“非常不符合”的比例都相对较低，但有海外经历的学生选择“非常不符合”一项的比例明显较高，达到 6.3%，远高于没有海外经历的留学生（0.2%）。这意味着，有海外经历的学生由于接触过不同的教育环境和授课方式，对当前授课方式的期望更高或更为挑剔。

总体来看，有海外经历的学生在评价授课方式时表现出更高的标准和更多元化的期望。这与他们在海外获得的教育经验和对比不同教育体系的机会有关。没有海外经历的学生则更容易对当前授课方式感到满意，这主要是因为他们的期望较低或缺乏对比经验。

图 1–49 揭示了学生和家长对学业压力程度的感知。数据显示，学生和家长在评价学业压力时存在显著差异。

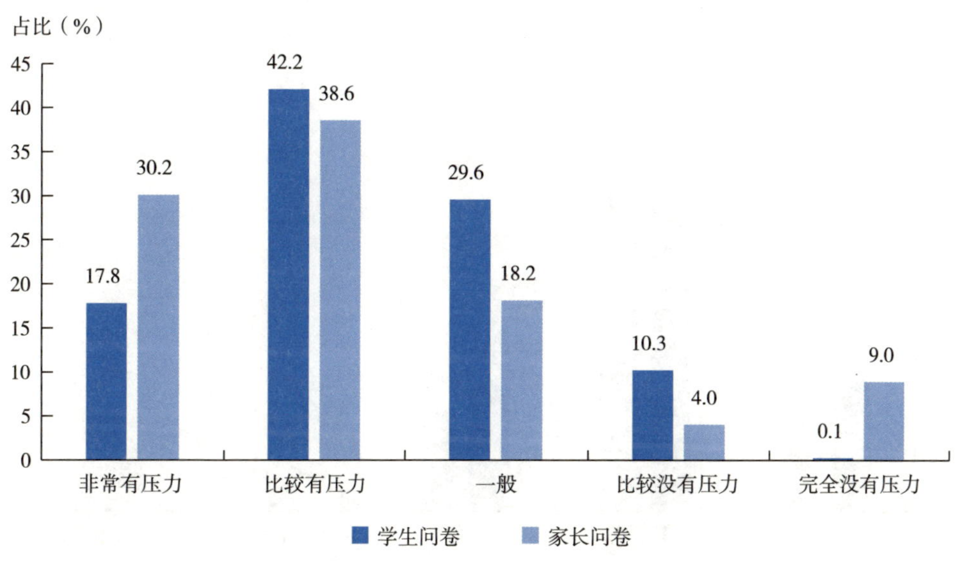

图 1–49 学生和家长对于学业压力程度的感知及其比例分布

在学生问卷中，有高达 42.2% 的学生表示“比较有压力”，这是所有选项中的最高比例，表明相当一部分学生在学业上感受到了不小的压力。在家长问卷中，值得注意的是，选择“非常有压力”的家长比例高达 30.2%，明显高于学生的 17.8%，这反映了家长对子女在海外求学的担忧和对学业负担的过高估计。与此同时，有 18.2% 的家长认为子女的学业压力“一般”，远低于学生的 29.6%。另外，有 4.0% 的家长选择了“比较没有压力”，而认为子女“完全没有压力”的家长占 9.0%。

总体来看，学生普遍感受到了学业上的压力，其中“比较有压力”是普遍的感受。学生和家长在评价学业压力时存在差异，家长更倾向于认为子女在海外求学面临着非常大的压力。这种差异源于信息传递的不完全性，家长对海外教育环境的不了解，或者家长对子女未来的期望过高。

对于学生而言，学业压力源于语言障碍、文化差异、适应新环境的挑战，以及高强度的学习任务。而对于家长来说，他们更多地考虑了子女在异国他乡面临的种种不确定性和挑战，从而放大了对子女学业压力的感知。

三、人际关系更为成熟，与老师沟通较为顺畅

图 1–50 展现了学生和家长对与导师沟通顺畅程度的评价。从数据上，我们可以观察到以下几点。

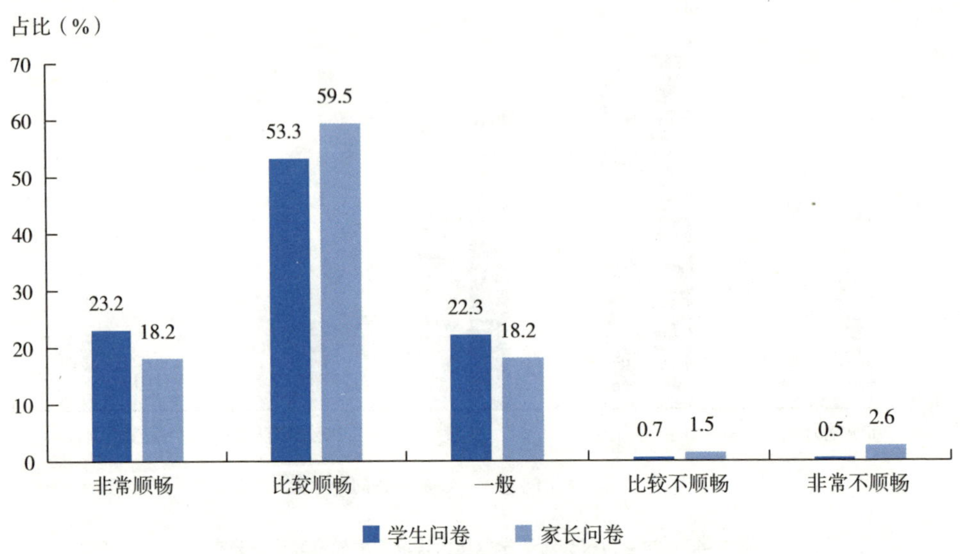

图 1–50　学生和家长对于与导师沟通顺畅程度的评价及其比例分布

首先，在学生问卷中，认为与导师沟通“比较顺畅”的学生回答者比例最高，占到了 53.3%。这表明大部分学生与导师的沟通比较顺畅，这有助于他们在学术上的进步和个人发展。选择“非常顺畅”和“一般”两个选项的学生比例相近，分别为 23.2% 和 22.3%。这表明一部分学生与导师的沟通非常顺畅，而另一部分学生则感觉沟通效果一般。这种差异源于不同学生的个性、沟通能力以及导师的风格和态度。值得注意的是，选择“比较不顺畅”和“非常不顺畅”的学生比例非常低，分别为 0.7% 和 0.5%。这两个极小的数据表明，尽管存在个体差异，但绝大多数学生与导师的沟通并没有出现严重障碍。

其次，在家长问卷中，认为子女与导师沟通“比较顺畅”的比例是最高的，占到了 59.5%，略高于学生问卷中的相应比例。这说明家长从孩子的反馈中感知到，

学生与导师的沟通总体上是顺畅的。然而，“非常顺畅”和“一般”的比例均为18.2%，相较于学生问卷中的相应比例有所降低。这说明家长和学生在与导师沟通顺畅程度的感知上存在差异。

最后，在家长问卷中，选择子女与导师沟通“非常不顺畅”的比例为2.6%，明显高于学生问卷中的0.6%。这一差异表明，部分家长对孩子与导师的沟通情况存在严重的担忧，或者他们更了解孩子没有直接表达出的沟通难题。

总体来看，无论是学生还是他们的家长，大多数人都认为与导师的沟通是比较顺畅的。这有助于留学生在海外求学过程中获得更好的指导和支持。然而，出于一定的个体差异，部分学生在与导师的沟通上遇到了一些挑战。这与学生的个性、语言能力、文化背景差异以及导师的教学风格和沟通技巧有关。

图1–51展现了有无海外经历者对于与导师沟通顺畅程度的评价及其比例分布。数据显示，有海外经历的学生选择“比较顺畅”的比例（50.6%）显著高于没有海外经历的留学生（38.2%）。这表明海外经历增强了学生与导师之间的沟通效果。

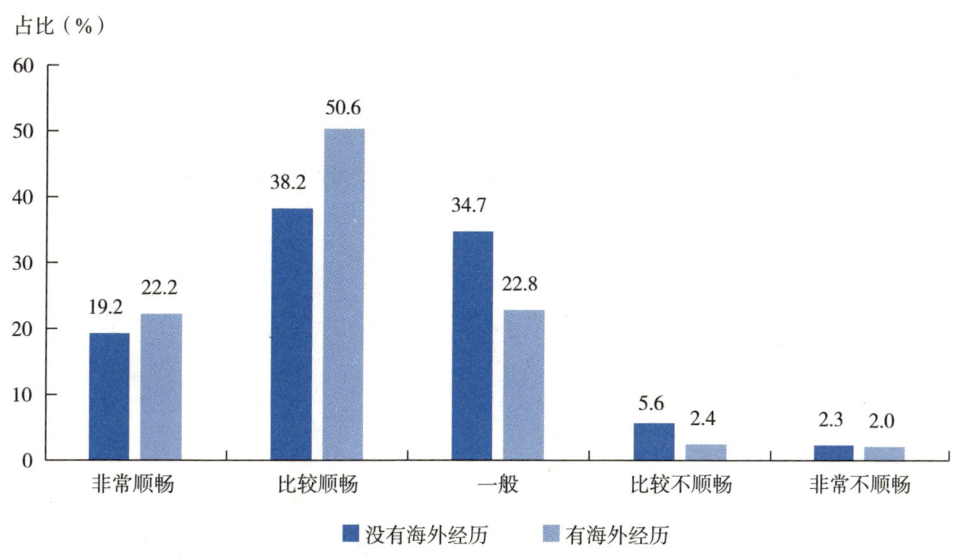

图1–51 有无海外经历者对于与导师沟通顺畅程度的评价及其比例分布

在“非常顺畅”这一选项上，有海外经历的学生的选择比例（22.2%）略高于没有海外经历的学生（19.2%）。同时，有海外经历的学生选择“一般”的比例（22.8%）明显低于没有海外经历的学生（34.7%），这再次印证了海外经历有助于学生更好地适应与导师的交流方式，从而提高沟通效率。至于“比较不顺畅”和“非常不顺畅”选项，两组学生的比例都非常低，且相差不大。这表明无论是否有海外经历，较少的学生会遇到与导师沟通严重不畅的情况。

究其原因，海外经历会使学生更加独立和主动，在与导师沟通时能够表达自己的观点和需求。而没有海外经历的学生在与导师沟通时相对保守或被动，从而导致沟通效果一般。但这并不意味着沟通不畅，只是缺乏一定的主动性和沟通技巧。

第五节
学成归国与海外求职的选择更为谨慎

留学从来都不是终点，而是一个新的开始。学业完成后，到底是留在海外就业还是直接回国？前几年国内创业环境一片大好，许多年轻人毫不犹豫地选择了后者。但在这几年全球经济低迷的环境下，不少人对未来的选择更为谨慎。毕竟，就业压力对于留学生而言，永远是一个不可逃避的问题。

一、近半学子选择回国发展

图 1–52 展现了 2024 年留学生毕业后的选择及其比例分布，通过对比学生问卷和家长问卷的结果，我们可以观察到一些有趣的趋势和差异。

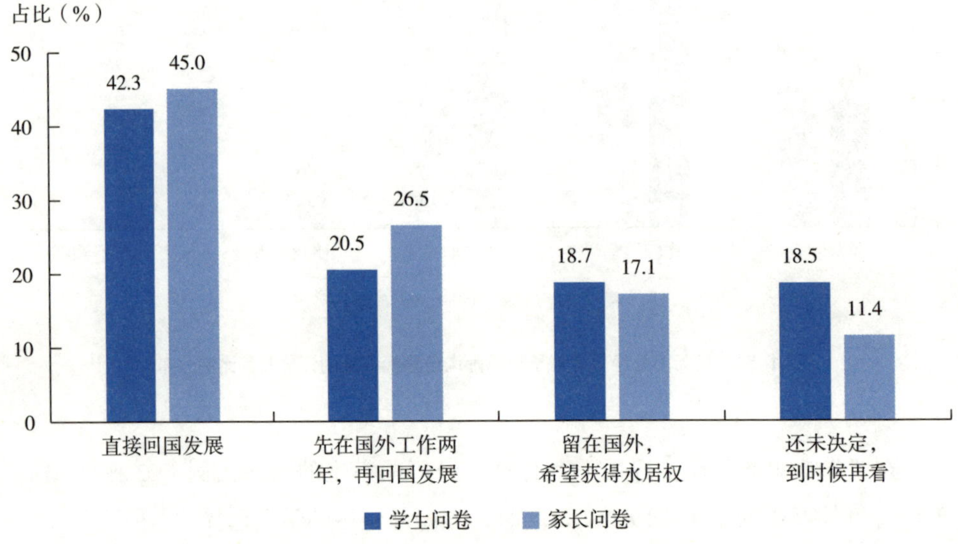

图 1–52　2024 年留学生毕业后的选择及其比例分布

首先，无论是学生还是家长，选择“直接回国发展”的比例都是最高的。学生问卷中这一比例为42.3%，而家长问卷中这一比例为45.0%。这一数据反映了留学生对祖国经济发展的信心以及对家乡无法割舍的情感。同时，家长更倾向于让孩子回国发展，以便家庭团聚和社会关系的维护。

其次，“先在国外工作两年，再回国发展”的选择在学生和家长回答者中也占有一定的比例，分别为20.5%和26.5%。这表明部分留学生希望在国外积累一定的工作经验之后再回国，以便更好地适应国内职场环境和提升自身竞争力。家长则更看重国外工作经验对孩子未来发展的积极影响。

再次，“留在国外，希望获得永居权”的选择在学生和家长中的比例相对较低，分别为18.7%和17.1%。这与留学生对国外生活的不确定性和挑战有所顾虑有关，或者他们更倾向于在熟悉的文化和社会环境中发展。

最后，“还未决定，到时候再看”的选择在学生回答者中占18.5%，而在家长回答者中仅占11.4%。这反映了年轻留学生在职业规划上的灵活性和开放性，他们更愿意根据未来的实际情况做出决定。相比之下，家长则更倾向于为孩子规划一个更明确和稳定的未来。

综合来看，图1–52揭示了留学生和家长对毕业选择的不同倾向。无论是直接回国发展还是先在国外积累经验，都反映了留学生对个人职业发展的深思熟虑。同时，家长和学生在某些选择上的差异体现了两代人在价值观和期望上的不同。

二、专业匹配度高、更适合自我发展是留在海外工作的主要原因

图1–53展现了2024年留学生毕业后想要留在国外发展的一些原因及其比例分布。首先，从学生问卷和家长问卷中我们都可以看到一个明显的趋势，即大部分人认为留在国外“更适合自己专业发展”。在学生问卷中，这一比例高达63.7%，而在家长问卷中其占到了63.1%。这一数据反映了国外在某些专业领域具有更先进的教学资源和研究环境，从而吸引留学生选择在国外发展。

其次，“国外工作机会多”是留学生选择在国外发展的一个重要原因。在学生问卷中，有62.2%的学生回答者选择了这一项，而在家长问卷中，这一比例为57.0%。这表明，相较于国内，国外的就业市场在某些领域提供了更多的职位和更好的薪酬待遇，从而吸引了留学生。

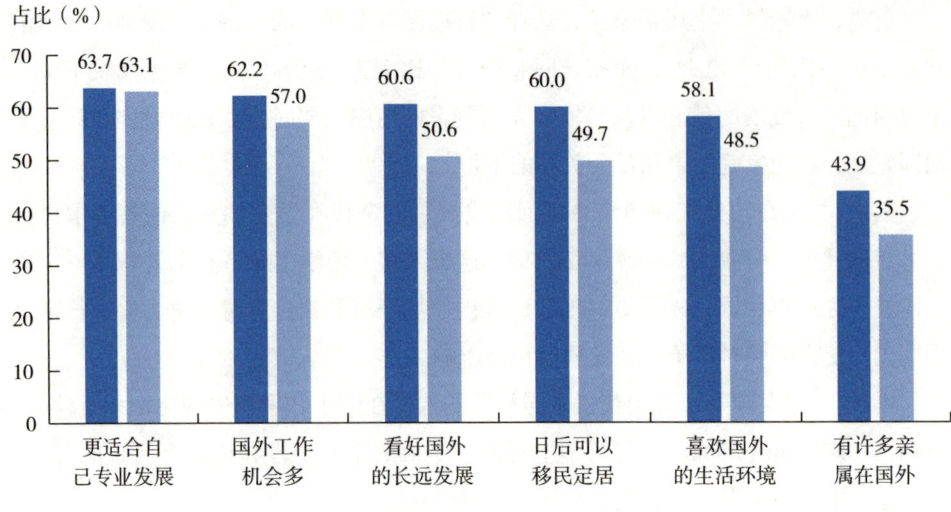

图 1–53　2024 年留学生毕业后想要留在国外发展的原因及其比例分布

再次，“看好国外的长远发展”和“日后可以移民定居”也是留学生和家长考虑的重要因素。这两项在学生和家长问卷中的比例都相对较高，这反映了留学生对国外未来发展的乐观态度以及对移民定居的期望。

最后，“喜欢国外的生活环境”也是一个不可忽视的原因。在学生问卷中，有58.1% 的留学生选择了这一项，而在家长问卷中，这一比例为 48.5%。这表明，国外的生活环境、文化氛围以及社会福利等方面在一定程度上吸引了留学生。

综上所述，留学生选择留在国外发展的原因是多方面的，包括专业发展、工作机会、长远发展、生活环境以及家庭和社会网络等因素。

图 1–54 展现了 2022—2024 年家长眼中留学生毕业后想要留在国外发展的原因的变化。首先，我们注意到“更适合自己专业发展”在三年中都保持了相对较高的比例，尽管在 2023 年有所下降，但在 2024 年又有所回升。这表明在家长眼中，子女留在国外的一个重要原因是寻求更匹配自己专业的发展环境。这种看法主要源于家长对国外某些专业领域教育资源和职业发展机会的认可。

其次，“国外工作机会多”和“看好国外的长远发展”的比例虽然整体上有所下降，但仍然保持在一定水平。这说明家长认为国外的就业市场和长远发展前景对留学生仍具有一定吸引力，尽管这种吸引力随着时间和国际形势的变化而有所减弱。

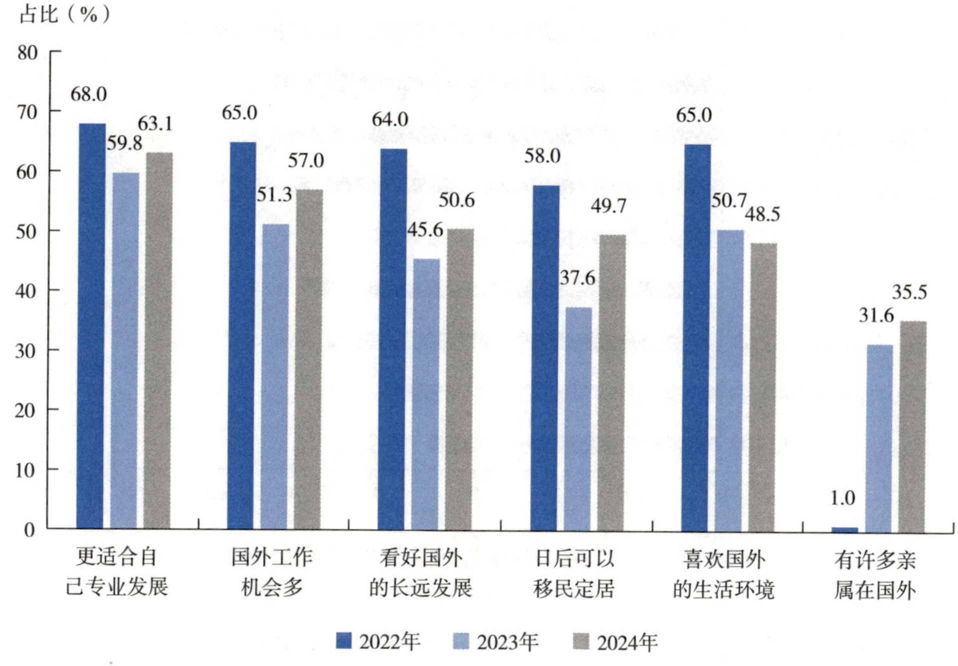

图 1–54　2022—2024 年家长眼中留学生毕业后想要留在国外发展的原因的变化

最后，“日后可以移民定居”和“喜欢国外的生活环境”的比例也在整体上有所下降，这表明在家长眼中，这两个因素对于留学生留在国外的重要性正在降低。这与国内生活质量的提高、个人发展机会的增多以及对家庭和亲情的考量有关。

综上所述，家长眼中留学生毕业后想要留在国外发展的原因呈现多样化趋势，其中专业发展和工作机会仍然是主要驱动力。然而，随着时间的推移，移民定居、生活环境以及家庭和社会网络的影响等其他因素也有一定的显现。

三、对国内就业环境预判不足是海归群体遇到的最大挑战之一

海归群体在回国就业时面临一系列挑战，图 1–55 揭示了海归群体在就业过程中遇到的一些困难。首先，他们遇到的最显著的困难是“对国内就业环境预判不足”，这一比例高达 61.2%，这表明多数海归在回国前对国内就业市场的快速变化和特定要求了解不足。这主要与海归在国外学习期间与国内就业市场脱节有关，或者他们过于依赖国外的就业经验，而未能充分准备以应对国内市场的特点和挑战。

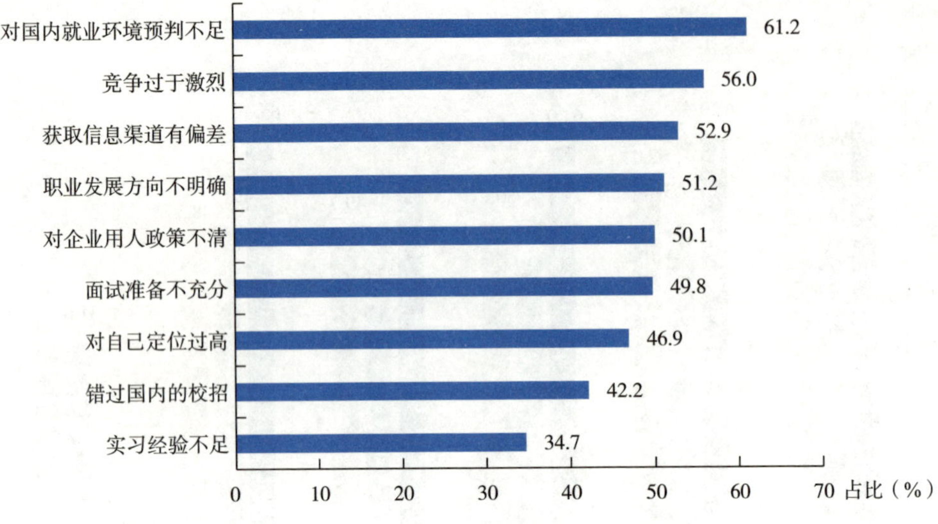

图 1–55　海归群体在就业过程中遇到的困难及其比例分布

其次，“竞争过于激烈”对海归群体来说也是一个不小的困难，占比达 56.0%，这反映了当前国内就业市场的竞争压力。随着越来越多的海归回国，以及国内高校毕业生的增加，就业岗位的竞争变得更加激烈。另一个值得注意的困难是“获取信息渠道有偏差”，占比为 52.9%。这意味着海归在搜索和筛选就业信息时存在一定的盲目性或误区，这导致他们无法有效地找到适合自己的工作机会。

再次，“职业发展方向不明确”（51.2%）和“对企业用人政策不清”（50.1%）也表明了海归在职业规划和对企业了解方面的不足。这些问题主要与他们在国外的学习和生活经历有关，他们在回国后面临一定的适应难题。

最后，还有一些其他困难被回答者提及，比如“面试准备不充分”（49.8%）、“对自己定位过高”（46.9%）、“错过国内的校招”（42.2%）和“实习经验不足”（34.7%）。这些困难主要与个人准备、期望管理和职业规划有关，海归需要在回国前对此进行更充分的了解和准备。

综上所述，海归群体在回国就业时面临多方面的挑战，其中对国内就业环境预判不足、竞争过于激烈以及获取信息渠道有偏差是主要挑战。为了解决这些困难，海归需要提前做好市场调研，明确自己的职业定位，并积极调整期望，同时加强面试准备和了解国内企业的用人政策。

四、安全稳定与生活舒适是选择回国的重要因素

图 1–56 展现了 2024 年留学生毕业后选择回国发展的原因及其比例分布。根据学生和家长的反馈，我们可以观察到一些显著的趋势和差异。

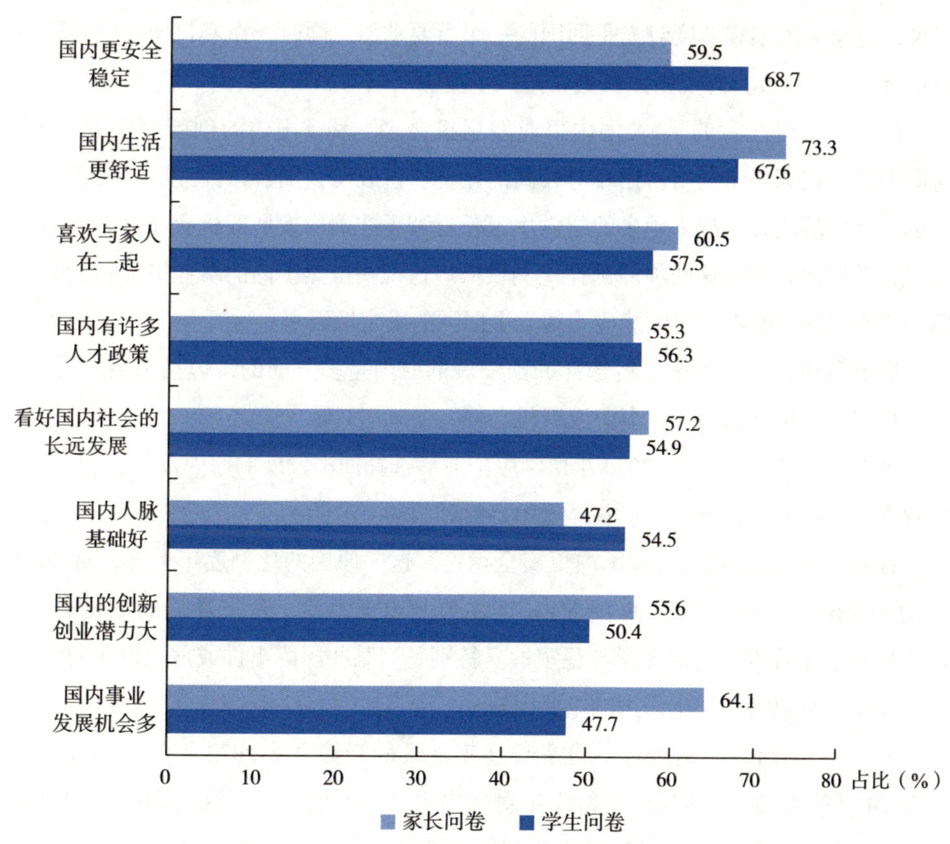

图 1–56　2024 年留学生毕业后选择回国发展的原因及其比例分布

首先，从两类问卷中都可以看出，“国内生活更舒适”是留学生毕业后选择回国发展的重要原因。在学生问卷中，这一比例高达 67.6%，而在家长问卷中其升至 73.3%。这说明无论是留学生自己还是他们的家长，都普遍认为国内的生活环境相较于国外更为舒适。这主要与国内完善的基础设施、便利的生活服务以及熟悉的文化环境等因素有关。

其次，“国内更安全稳定”也是留学生和家长共同关注的一项重要因素。在学生问卷中，有 68.7% 的留学生选择了这一项，这表明他们比较看重国内的安全和稳

定。对于家长来说，这一比例达到了 59.5%，这说明他们对孩子在国内的安全和生活稳定有着很高的期望。

再次，“喜欢与家人在一起”也是一个不可忽视的原因。在学生问卷中，有 57.5% 的留学生表示这是他们选择回国的一个重要因素。这表明，对于许多留学生来说，与家人团聚和共度时光是回国的一个重要动力。同时，在家长问卷中，这一比例达到了 60.5%，这说明家长更希望孩子能够回国与家人团聚。

最后，值得注意的是，“国内事业发展机会多”和“国内的创新创业潜力大”这两个选项在家长问卷中占据相对较高的比例。这表明，随着国内经济的快速发展和创业环境的改善，越来越多的留学生家长看到了在国内发展的机会和潜力。相比之下，学生回答者对这两项的选择比例较低。这说明虽然国内的事业机会和创业环境在不断提升和改善，但未能成为留学生回国的决定性因素。

综上所述，留学生毕业后选择回国发展的原因是多方面的，包括生活舒适度、安全稳定性、家庭团聚以及事业发展机会等。

图 1–57 展现了 2022—2024 年留学生毕业后选择回国发展的原因及其比例分布。从数据上，我们可以观察到一些显著的趋势和波动。

首先，值得注意的是，“国内更安全稳定”这一原因的比例逐年上升，从 2022 年的 51.9% 增长到 2024 年的 68.7%。这主要与全球政治、经济环境的变化有关，留学生越来越看重国内的安全与稳定性。特别是当某些国际事件或危机发生时，国内的安全环境成为留学生回国的重要因素。

其次，“国内生活更舒适”也呈现逐年上升的趋势，从 2022 年的 53.6% 增长到 2024 年的 67.6%。这反映了留学生对国内生活品质的认可，这与国内基础设施的改善、生活便利度的提高以及文化归属感的增强有关。另外，“看好国内社会的长远发展”这一选项的比例也有显著增长，从 2022 年的 40.0% 增长到 2024 年的 54.9%。这表明越来越多的留学生对国内未来的经济和社会发展持乐观态度，认为回国发展有更好的前景。

再次，“国内事业发展机会多”在 2023 年达到了一个高峰（62.6%），但在 2024 年又有所下降（47.7%）。这反映了国内就业市场在某一时期的繁荣与随后的调整。由于对国内市场的变化保持敏感，因此留学生在选择回国发展时也会受到这些变化的影响。“国内人脉基础好”这一选项的比例也在逐年上升，从 2022 年的 39.7% 增长到 2024 年的 54.5%。这主要与留学生在国外期间与国内保持紧密联系有关，也与他们在国内建立了更广泛的社会网络有关。相比之下，“喜欢与家人在一起”这一原因虽然始终保持在一个相对较高的比例（56.3%~59.2%），但变化不大，这说明家庭因素一直是留学生回国的一个重要考量。

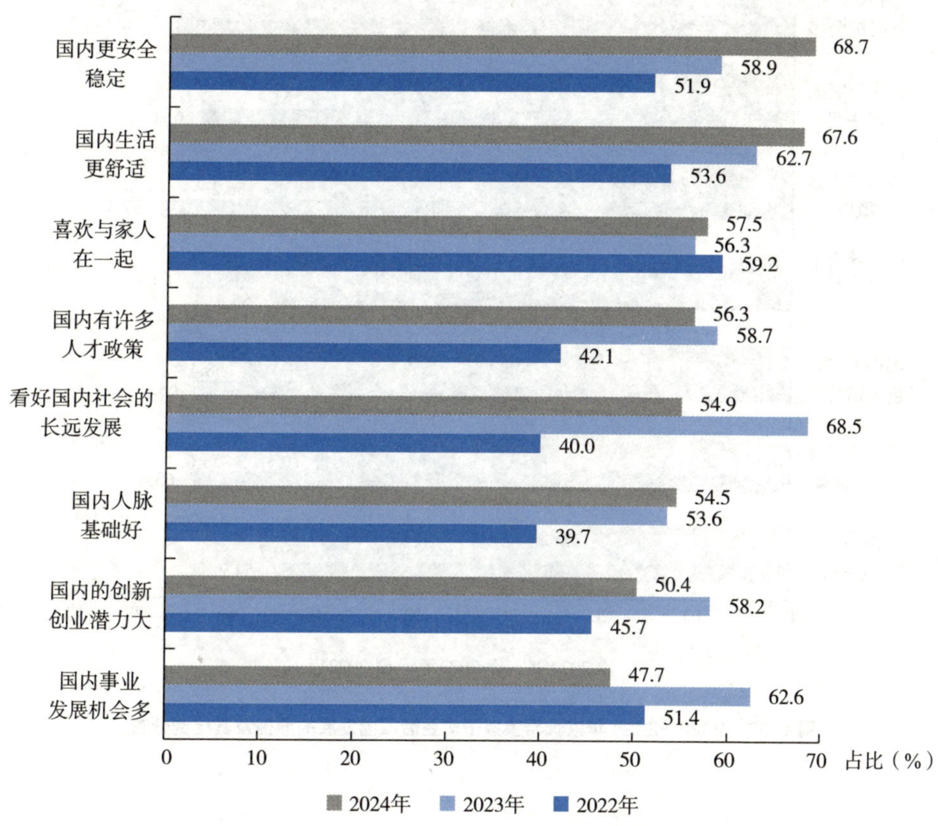

图 1–57　2022—2024 年留学生毕业后选择回国发展的原因及其比例分布

最后，“国内的创新创业潜力大”和“国内有许多人才政策”这两个原因的比例也有所增长，略有波动。这表明留学生对国内的创业环境和政策支持有一定的期待，但这并不是他们回国发展的主要驱动力。

综上所述，留学生毕业后选择回国发展的原因是多方面的，其中对国内安全稳定的看重、对生活品质的追求以及对国内长远发展的看好是主要原因。同时，就业市场的变化、人脉关系的考量以及家庭因素也在一定程度上影响着留学生的选择。

图 1–58 展现了 2022—2024 年家长希望孩子毕业后回国发展的原因及其比例分布。从数据上，我们可以观察到家长对于孩子回国发展的期望与考虑因素的变化趋势。

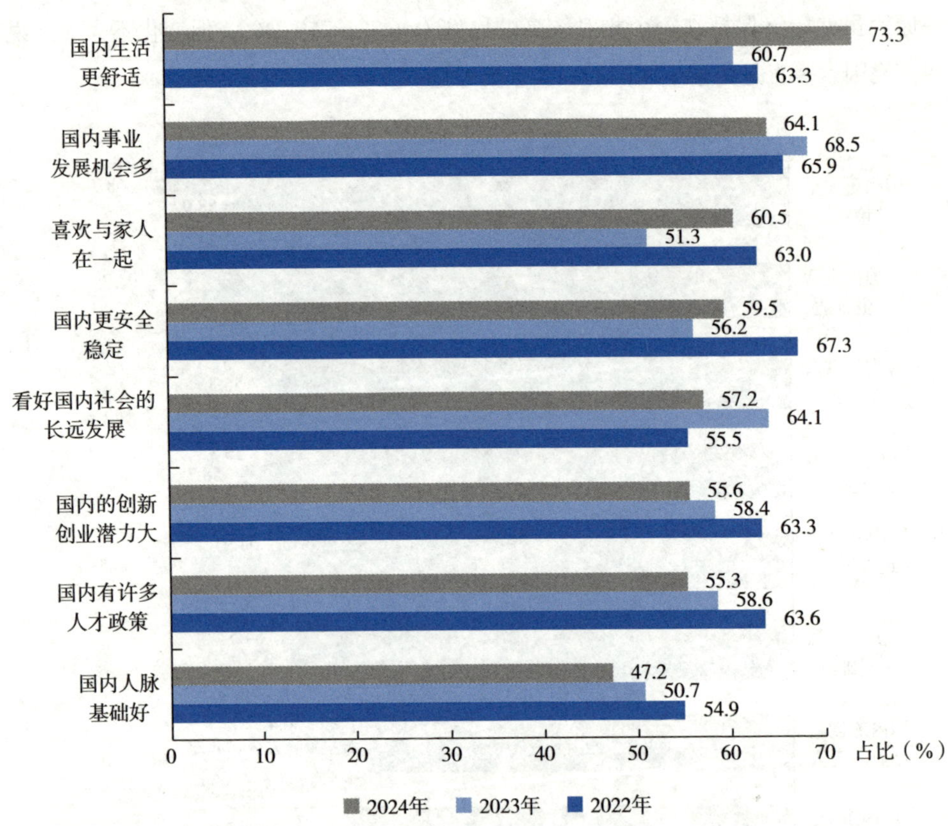

图 1-58　2022—2024 年家长希望孩子毕业后回国发展的原因及其比例分布

首先，最引人注目的是“国内生活更舒适”这一选项的比例在 2024 年大幅上涨，从 2022 年的 63.3% 增长至 2024 年的 73.3%，成为 2024 年占比最高的原因。这表明家长越来越看重国内生活的舒适度，主要包括环境质量、生活设施便利度、社区服务情况等多方面。随着国内生活水平的提升和城市化进程的加快，家长认为国内的生活环境已经能够为孩子提供更好的生活品质。

其次，“国内事业发展机会多”也是家长持续看重的一个因素，其比例始终保持在较高水平，从 2022 年的 65.9% 略升至 2023 年的 68.5%，再稍降至 2024 年的 64.1%。尽管有所波动，但这依然是家长考虑孩子回国的重要原因之一。这主要与国内经济的快速发展和不断增加的市场机会有关。

再次，“国内更安全稳定”对于家长来说也是一个重要的考量因素。这反映出家长对国内社会治安的信心，认为孩子在国内能够享受到更为安全的生活环境。

最后，“看好国内社会的长远发展”的比例虽有波动，但整体上有所增长，从2022年的55.5%增长至2024年的57.2%。这表明家长对国内未来的经济和社会发展持乐观态度，认为孩子回国后会有更好的发展前景。

综上所述，家长希望孩子毕业后回国发展的原因主要是看重国内生活的舒适度和事业发展机会等。同时，他们对国内社会的长远发展也持乐观态度。这些因素共同构成了家长希望孩子回国发展的主要动因。

五、薪酬待遇与职业发展前景是海归选择就业城市的首要因素

图1–59展现了海归在选择就业城市时考虑的一些主要因素及其比例分布。首先，薪酬待遇是海归在选择就业城市时最看重的因素，占比高达60.3%。这一结果反映了海归对于工作收入的重视，这主要与其在海外留学期间承担的经济压力以及对未来生活质量的期待有关。

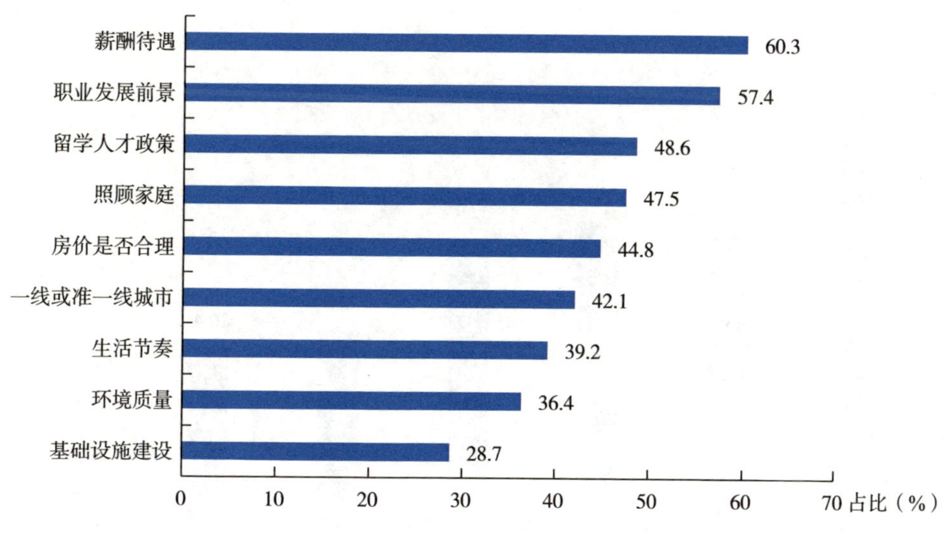

图1–59 海归选择就业城市时考虑的主要因素及其比例分布

其次，职业发展前景也是海归非常看重的一个因素，占比为57.4%，仅次于薪酬待遇。这表明海归在选择就业城市时，不仅关注当前的收入水平，还十分重视未来的职业成长和发展空间。

再次，留学人才政策是另一个被海归重点考虑的因素，占比为48.6%。这主要与海归希望利用针对留学人才的特殊政策（比如住房补贴、创业扶持等），更好地

适应国内环境并实现个人职业发展有关。照顾家庭这一因素的占比也相对较高，为47.5%。这说明海归在选择就业城市时会考虑家庭成员的需求和福祉，一般包括子女的教育、老人的照顾等。同时，房价是否合理也是海归群体关心的一个重要因素，占比为44.8%。合理的房价往往意味着更低的生活成本和更高的生活质量，这对于长期定居和职业发展都很重要。

最后，一线或准一线城市、生活节奏、环境质量和基础设施建设等因素也在海归的考虑范围之内，但相对来说权重略低。这些因素主要与海归对生活环境和生活品质的期望有关。

综上所述，海归在选择就业城市时，会综合考虑薪酬待遇、职业发展前景、留学人才政策、照顾家庭、房价等因素。这些因素共同构成了海归就业城市选择的综合评价体系。

图 1-60 展现了海归选择的就业方向及其比例分布。从数据上，我们可以观察到海归在就业方向上的偏好。

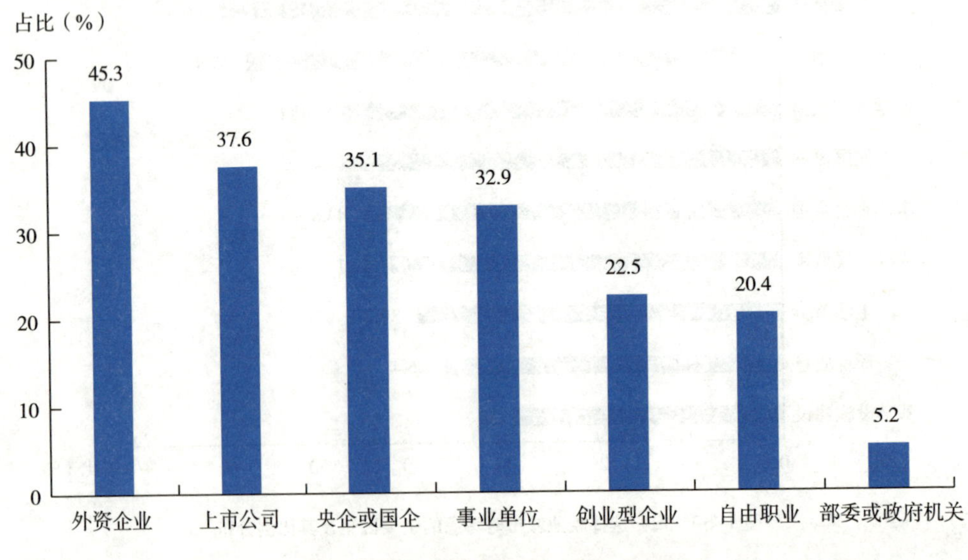

图 1-60　海归选择的就业方向及其比例分布

首先，海归选择外资企业的比例最高。这主要与海归在海外留学期间接触的国际化工作环境以及专业的匹配度有关，这使他们更倾向于选择具有国际化背景和管理模式的外资企业。此外，外资企业通常提供更具竞争力的薪酬待遇和更广阔的发展空间，这也是吸引海归的重要因素。

其次，上市公司、央企或国企也是海归就业的热门选择，分别占 37.6% 和 35.1%。从总体上看，选择央企或国企以及事业单位的海归占有较大比例，这主要与国内企事业单位的稳定发展以及不断提升的管理水平有关。

最后，值得注意的是，选择自由职业的海归占比为 20.4%，这表明虽然全球经济形势下滑，但仍然有不少海归倾向于大胆尝试，以更好地体现人生价值。而部委或政府机关这一选项的占比仅为 5.2%，是海归就业方向中选择比例最低的一项。这主要与海归对于政府工作的认知和期望有关，也受到招聘门槛、薪酬待遇、职业发展前景等多种因素的影响。

综上所述，海归的就业方向在保持多元化的同时，越来越倾向于福利待遇好、工作稳定的岗位。

|第二章|

低龄求学选择多，英美加澳备受青睐

近年来，低龄求学呈现明显的上升趋势，在意向留学人群中，14～17岁人群的留学倾向呈现上升趋势。这表明越来越多的中国家长提早规划孩子的教育问题。低龄求学需求增长，主要有以下三个方面的原因。一是出于更早地为孩子提供全面教育的考虑。海外的教育体系比较完善，能更好地促进学生综合素质的发展，并为其打下坚实的通识教育基础。二是家长普遍认为，让孩子从小在国外读书能为其提供更多的机会与优势，从而更容易进入世界顶尖大学。三是教育规划意识日渐增强，更多的家长开始提前进行国际教育规划。此外，一些家长由于自身有海外背景或移民计划，也会提前规划孩子的求学路线，以便他们能更好地融入目标国家的教育体系和生活环境。

英国、美国、加拿大和澳大利亚是选择低龄求学的中国家庭十分青睐的国家。

英国的教育体系以高质量和保守著称。英国的学校强调“全人教育”，注重学生的全面发展和自我实现。在基础教育阶段，英国的课程结构呈金字塔形，随着年级升高，学习课程逐渐减少，这样设计可以帮助学生筛选出自己喜欢或擅长的科目。此外，英国的学校也比较注重学生的行为礼仪规范和价值观培养。

美国的教育体系更加注重学生的个性化、自由化发展。美国的低龄教育是通识教育，能为学生打下坚实的知识基础并提供宽广的知识视野。这种教育模式特别适合个性活泼、兴趣广泛的学生。

加拿大教育体系完善，留学费用相对较低，社会环境相对安全，因此，对选择低龄求学的家庭具有较强吸引力。

除此之外，被誉为“黄金海岸”的澳大利亚，其求学难度和竞争激烈程度相对较低，因此，其高校适合作为冲刺英美名校的备选方案。澳大利亚的自然环境优美，生活压力较小，中国人较多，使留学生能够更快地适应当地生活，是低龄求学的理想国家。

总之，家长和学生选择以上四个国家的教育体系进行低龄求学，是基于这些国家成熟的教育体系、高质量的教育水平、多元的文化环境以及对留学生友好的政策。同时，这些国家的教育体系能够提供更为多样化的教育选择和发展路径，有助于学生的全面发展。

本章就英国、美国、加拿大和澳大利亚四个国家的低龄求学路径与要求，以及这四个国家在低龄求学阶段的教育特点进行全方位解读。

第一节 英国私立中学是精英制教学的典范

近年来，越来越多的家长将孩子送到英国读中学，英国成为低龄求学的首选地之一。据 BSA（Boarding Schools' Association，英国寄宿学校协会）2023 年统计，在英国低龄留学生中，中国学生的数量最多，多达 8 744 人。同时，选择小学求学的中国家庭占比从 9% 增长到 11%。这说明更多的中国家庭开始考虑让孩子在小学阶段就海外求学，以便让孩子提前感受到良好的语言环境以及英式教育的氛围。

中国低龄求学的主力军是来自私立学校和国际学校的学生。据 BSA 统计，只有 21.6% 的学生在国内的公立学校就读，而在 2021 年和 2022 年这项数据分别是 29% 和 25%。相比之下，私立学校和国际学校的占比最大，比例分别达到了 40.4% 和 34.5%。这些学生高中入学占比 41%，初中入学占比 48%，因此中学仍然占据主导地位。

一、英国中学的特点与吸引力

英国中学教育体系有五个阶段，中学有多种类型，比如公立学校、私立学校、公学、文法学校等。其中，最受留学生群体关注的是私立学校。英国有 7 000 多所中学，其中私立学校有 2 700 多所，大部分是 ISC（Independent Schools Council，英国私立学校协会）的成员。ISC 会对其管辖的学校定期进行监管和评审，比如每年对学校的数量、分布、学生数量、国际化进程以及升学表现进行评审以保证学校的稳定发展。伦敦地区的私立学校数量占英国全部私立学校数量的 53%。

英国之所以成为低龄求学首选，主要原因如下。

一是社会环境相对安全。英国是一个相对保守的国家，社会治安相对稳定。

二是英国私立学校的校风较为保守，学校对中学生的监管比较严格，对学生的手机使用时间、学习与休息时间、社交礼仪等都有严格的规定。

三是小班制教学的教学质量高。英国的大部分学校都是小班制教学，一个班级只有 8 ~ 9 人，就算是所谓的大班，最多也只有 20 人左右。在小班制教学下，师生关系更为紧密，学生可以得到更多的关注与照顾。

四是进入英国名校的概率相对较大。目前学生考取名校的竞争越来越激烈，尤其是牛津大学、剑桥大学这类顶级名校，而这类名校较为看重学生的GCSE（General Certificate of Secondary Education，英国普通初级中学毕业文凭）和A-Level成绩。因此，学生在以GCSE和A-Level为考试体系的英国中学就读，会有更多的机会进入英国名校。

五是能够得到全面的教育，可以避免学生过早地进入单一知识输入型的教育体系。据BSA 2023年度统计，在选择英国低龄求学的中国家庭中，超过70%的家庭希望孩子能接受更为全面的全人教育。

以下就英国公立学校和私立学校的特点进行比较分析（见表2–1）。

表2–1　英国公立学校与私立学校比较

学校类型	学校特点	学期分布	申请时间
公立学校	■ 政府统一管理 ■ 教学师资统一 ■ 学费较低 ■ 本地学生采取就近学区录取制 ■ 大多为男女混校 ■ 国际生申请时无须提供语言成绩，也不受就近学区录取限制	秋季学期： 9月至12月中旬（圣诞节前的最后一个星期五） 春季学期： 1月初至3月（复活节前的最后一个星期五） 夏季学期： 4月至7月初（从复活节后的第一个星期一开始，持续到学年结束）	建议提前1年申请
私立学校	■ 学校自主运营 ■ 学费较高 ■ 男校或女校学费更贵 ■ 部分为寄宿制 ■ 采取择优录取 ■ 需要提交语言成绩证明 ■ 有些学校需提交竞赛及特长证明 ■ 推荐信和文书（个人陈述）		建议提前1~2年准备

资料来源：根据学校官网公开资料整理。

二、英国严谨且完备的中学教育体系

英国的中学教育体系非常完备，分为五个阶段，其中初中阶段是第三阶段，GCSE处于第四阶段，A-Level处于第五阶段。

（一）初中阶段

初中阶段指的是英国 7 ~ 9 年级，学生年龄为 11 ~ 14 岁。学生在初中阶段学习的课程包括英文、数学、科学、音乐、电脑、历史、地理、经济、设计、宗教。大多数学校会开设 20 门左右的课程，学生需要在这些课程中选择 7 ~ 10 门进行学习。其中，英文、数学、科学是必修课。初中阶段的课程种类繁多，学生可以在优秀老师的引导下发散思维、开启智慧，尽情探索不同学科的学习方式，这个阶段可以说是向第四阶段的过渡。

（二）GCSE 阶段

这个教育阶段从学生年满 14 周岁开始，此阶段的学生需要学习包括英语、数学、科学在内的三门必修课程以及外语、商业研究、设计、音乐等选修课程。学生通常需要参加 8 门（也可多至 10 ~ 12 门）课程的考试，在考试通过后才能获得 GCSE 证书。

GCSE 证书是英国学生通过中等教育第一阶段会考后获得的证书，也可称作英国普通初级中学毕业文凭，但实际上，GCSE 的考试内容是英国中学 10 年级和 11 年级的课程，难度和要求都比国内初中阶段的考试高。从理论上说，国内的高一学生申请 GCSE 较为合适。经过两年 GCSE 的学习，学生方可进入 A-Level 阶段。学生的 GCSE 成绩是进入 A-Level 阶段甚至获得大学录取的参考指标。GCSE 阶段有一年制和两年制之分。

在 GCSE 阶段，学生通常用两年时间来学习 8 ~ 12 门课程。大多数学生都会学习学校规定的必修课，包括英文、数学、设计与技术、语言、自然科学、宗教、通信技术及体育等。选修课有艺术与设计、商务、戏剧、经济学、工程学、卫生与社会护理、休闲与旅游、音乐与物理等。学生在完成 GCSE 课程后，需参加统一考试。学生的成绩主要取决于考试，只有少数科目会根据学生全年的学习情况进行评分。GCSE 成绩等级从最高的 A* 一直到 G，还包括 U 与 X，U 是指不合格，X 是指缺考。

（三）A-Level 阶段

A-Level 的全称是 General Certificate of Education Advanced Level，是英国高中课程，也是英国学生的大学入学考试课程。这一阶段从学生 16 岁开始，面向那些已经获得 GCSE 证书，并且计划继续攻读大学课程的学生。在这个阶段，学生需要选择与未来大学教育相关的课程，通常包括三门以上的 A-Level 课程，学生凭 A-Level 成绩可申请世界上大多数名牌大学。

A-Level 证书几乎被所有英语授课大学当作招收新生的入学标准。A-Level 成绩分为 A*、A、B、C、D、E、U 七个等级，A 及以上为优秀，E 及以上为及格，U 为不及格。如果某门课程成绩不理想，那么学生可以选择重考。

A-Level 阶段的学制为两年。第一年称为 AS 阶段，学生通常选择自己最擅长、最感兴趣以及与未来所选专业有一定关联的 3 ~ 4 门课程，通过考试后获得 AS 证书。第二年称为 A2 阶段，学生可继续攻读 AS 阶段成绩优异的 3 门课，通过考试后获得 A-Level 证书。

A-Level 阶段包含 70 多门可供学生选择的课程，在 AS 阶段，学生一般会选修 3 ~ 4 门课程。A-Level 阶段的考试相对灵活，学生可以分阶段参加考试。比如，AS 阶段的学生可同时报考该课程在 A2 阶段的考试，A2 阶段的学生也可选修 AS 阶段的课程。每一门课程都允许学生参加多次考试，最终成绩按照最优异的一次计入。但是在同等水平下，重考同一考试的难度会根据不同科目的情况而有所增加。大部分大学更看好第一次就获得优异成绩的学生（见表 2–2）。

表 2–2　A-Level 评分标准

等级	百分比	定义
A*	90% 及以上	优秀，及格
A	80%~89%	优秀，及格
B	70%~79%	良好，及格
C	60%~69%	及格
D	50%~59%	及格
E	40%~49%	及格
U	40% 以下	不及格

资料来源：根据学校官网公开资料整理。

此外，英国的教育体系强调学生的个性化发展，鼓励学生根据自己的兴趣和能力选择课程，更加注重培养学生的自主学习和思考能力。

三、英国私立学校以全人教育为目标

ISC 发布的 2023 年《英国私立学校年度报告》指出，中国连续八年成为英国私立学校最大的国际生源地。2023 年，中国为英国本土私立学校输送了 16 917 名学生，其中中国大陆为英国本土私立学校输送了 8 744 名学生，较 2022 年增加了 742 人。

英国私立学校在英国教育体系中占据独特地位。尽管私立学校的学生人数只占总学生人数的 7%，但私立学校被视为培养社会精英的地方，因其优质的教育水平、全面的学生发展以及丰富的文化传承而闻名。英国私立学校不仅仅关注学生的学习成绩，更重视培养学生的品格、思维模式、行为方式以及提升学生的自我管理能力和综合素质。

申请英国中学需要提前较长时间做准备。以伊顿公学（Eton College）为例，学生需要提前三年注册并参加第一轮考试。因此，提前准备好申请材料，了解考试内容，对学生能否被录取至关重要。根据 ISC 统计，有超过 74% 的家庭把留学的准备周期延长至 1 年以上，仅有 4% 的家庭认为半年以内的准备周期是足够的。在前往英国求学的中国家庭中，69% 的家庭选择让孩子在 GCSE 阶段去英国留学，这反映出国内家长对 GCSE 阶段课程的重视程度。此外，有 18% 的家庭选择在小学阶段去英国求学。可以看出，绝大部分中国家庭在选择低龄求学时都会让孩子在高中阶段前出国，希望孩子能够提前感受语言环境，接受真正的全人教育。

英国私立学校的教育质量都很不错，每年英国各机构都会评选出顶尖私立学校，比如权威的《星期日泰晤士报》2024 年评估的英国前十私立学校的排名具有较强的参考性（见表 2–3）。

表 2–3 2024 年英国前十私立学校排名

序号	学校名称	英文名称	学校性质	学校类型	牛津大学、剑桥大学录取率
1	圣保罗女子中学	St Paul's Girls' School	走读学校	女校	49.00%
2	吉尔福德女子中学	Guildford High School	走读学校	女校	20.00%
3	圣保罗公学	St Paul's School	寄宿学校	男校	33.00%
4	北伦敦学院学校	North London Collegiate School	走读学校	女校	15.00%
5	伦敦城市女子学校	City of London School for Girls	走读学校	女校	21.00%
6	汤布里奇公学	Tonbridge School	寄宿 + 走读	男校	17.00%
7	国王学院学校	King's College School, Wimbledon	走读学校	混校	32.40%
8	莫德林学院	Magdalen College School	走读学校	混校	30.00%
9	威斯敏斯特公学	Westminster School	寄宿 + 走读	混校	49.90%

（续表）

序号	学校名称	英文名称	学校性质	学校类型	牛津大学、剑桥大学录取率
10	爱德华国王六世女子高中	King Edward VI High School for Girls	走读学校	女校	15.00%

资料来源：根据《星期日泰晤士报》公开资料整理。

四、英国九大公学彰显精英制教育的精髓

在英国的私立学校中，英国公学因其悠久的历史、高质量的教学，以及引以为傲的成就被视为英国精英制教育的典范。公学是专门为名门贵族服务的私立学校，目前英国有一百多所公学。公学一直保持着与众不同的传统，以彰显自己“高贵”的地位。

在众多公学中，最能代表英国精英制教育的是英国九大公学。这九大公学是由英国皇家授权、克拉伦登委员会指定的（见表 2–4）。

表 2–4 英国九大公学

序号	学校名称	英文名称	学校性质	学校类型	A* 成绩比例	牛津大学、剑桥大学录取率
1	威斯敏斯特公学	Westminster School	寄宿 + 走读	混校	46.70%	49.90%
2	圣保罗女子中学	St Paul's Girls' School	走读学校	女校	64.60%	49.00%
3	温彻斯特公学	Winchester College	寄宿学校	男校	52.50%	36.00%
4	伊顿公学	Eton College	寄宿学校	男校	45.50%	32.40%
5	麦钱特泰勒斯公学	Merchant Taylors' School	走读学校	男校	58.70%	14.40%
6	切特豪斯公学	Charterhouse School	寄宿学校	混校	34.00%	16.00%
7	什鲁斯伯里中学	Shrewsbury School	寄宿学校	混校	38.30%	14.70%
8	哈罗公校	Harrow School	寄宿学校	男校	40.00%	14.10%
9	拉格比公学	Rugby School	寄宿学校	混校	53.10%	10.40%

资料来源：《卫报》学校指南，https://ukguardianship.com/independent-school-a-level-rankings/。

这九所公学各有特点，它们的教育模式多样化、多元化，这会充分挖掘学生的特长与潜质。英国公学的寄宿制也是其另一大特点。英国人认为寄宿制学校管理严格、规则多，这有利于学生的人格培养、贵族风度养成以及品格塑造。

五、申请英国中学的步骤

英国中学的申请通常遵循先到先得的原则，因此建议学生至少提前一年到一年半申请。大多数英国中学，尤其是顶尖的私立学校，每年只有一个新生入学时间段，通常是在 9 月份。这些学校名额有限，因此需要提前申请增加被录取的概率。

（一）对英国教育标准局公布的官方数据进行研究

所有申请的第一步也是最关键的步骤，就是选校。学生可以阅读英国教育标准局发布的报告，查看各学校的考试成绩要求、区域地图信息、各项独立评估信息等。学生如果想更具体地了解某一所学校，那么可以访问学校官网，学校官网对学校的课程设置、硬件设施和课外活动等都有详细介绍。

（二）考察学校的录取习惯与背景

在选校过程中，学生应尽量避免申请名额过少的学校，并认真查看学校背景及录取习惯。例如，有些学校会为特长生开放特别通道，有些宗教背景的学校更青睐来自有宗教信仰家庭的学生，而大部分学校都比较重视校友后代申请。同时，学生需要了解自己应选择 GCSE 和 A-Level 的哪些课程，自己的优势、潜能是否能在这所学校得到充分发挥，自己是否喜欢该学校的校园文化，学校的课外活动能否满足和发挥自己的特长与兴趣。此外，学校的地理位置、周边环境等，都是学生需要考量的因素。整体而言，选校是对综合因素进行考量的结果。

（三）申请材料准备充足

一般英国中学要求学生提供的申请材料有：近两年的在校成绩单、雅思成绩单、学校推荐信、个人陈述等。其中，语言成绩特别关键，是最基本的录取条件。

英国中学的申请时间轴如图 2-1 所示。

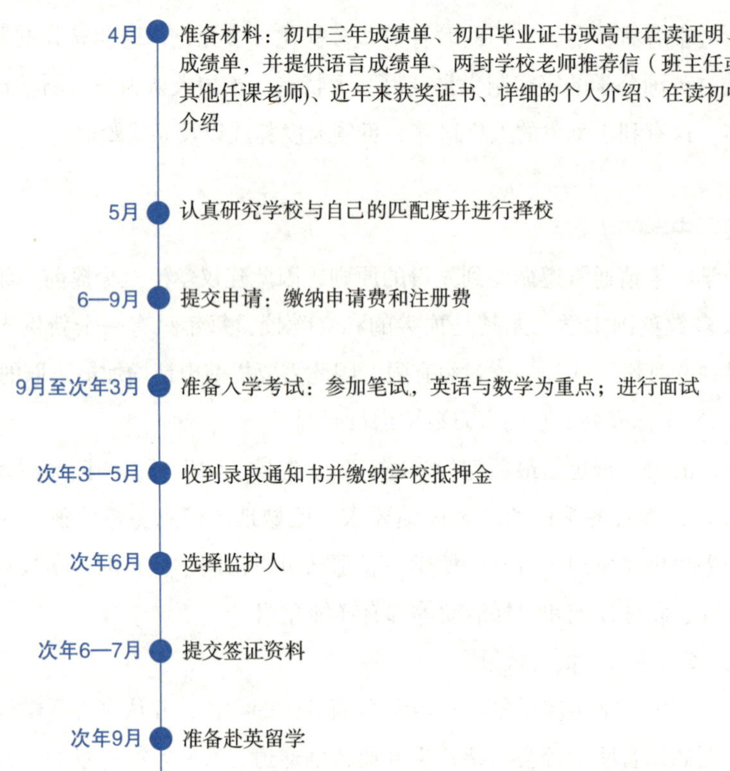

图 2–1　英国中学申请时间轴

（四）准备入学的笔试与面试

英国中学通常需要申请者参加笔试和面试，其中笔试一般是英语语言、数学、科学三门，有些学校还会考文学，而科学考试又细分为物理、生物和化学三部分。

六、英国中学录取的性格测评系统

与美国高中录取一样，英国也有通用的性格与职业测评系统来考查学生在学术与特长之外的性格特征，其中最常用的测评工具为 Morrisby 测试，该测试系统通过评估测试者的潜能、兴趣和性格，为测试者的学科培养、专业选择和职业发展提供适合他们的、有科学依据的未来决策和建议。超过 90% 的英国私立学校，如伊顿公学，都很重视学生的性格测试，并将性格测试作为学生专业选择和职业规划的评估工具。

Morrisby 成立于 1967 年，目前全球有超过 1 500 所学校使用该测试工具。Morrisby 测试包括：语言能力、数学能力、抽象能力、空间能力、机械能力、性格、兴趣、职业意愿倾向等。结束后，测试将会提供关于个人能力分析、学术课程选择和职业规划建议的综合报告。14 岁以上的学生均可通过该测试测评性格特征，测试时间为两个小时。

这项测试有以下四个功能：①可与 IB、A-Level、AP 课程体系进行对标，提出匹配建议；②明确学生理想和职业目标，帮助学生做出更合适和正确的专业选择；③同时提供关于能力分析、动力来源、个性分析、专业偏好的综合报告；④根据学生的报告匹配学科、专业和未来职业规划的优质资源。

第二节
美国私立高中彰显“扬长式”教育

美国学校教育的最大特点就是扬长式教育，充分尊重学生个性发展，让学生在不断的挑战中培养自信，并发现独特的自我。除此之外，学校不以标化考试成绩作为唯一录取标准，而是十分重视课外活动，这样的录取方式有利于有特长的学生脱颖而出。

总体而言，美国学校的多样化、包容性，学校和专业选择的自由度让广大学子有了更广阔的发展空间，并在这种包容的教育环境中找到自己的发展潜力。

美国的私立高中总共有 2 000 多所，而寄宿制私立学校大约有 300 所，仅占美国中学总数的 1% 左右[①]。美国的私立高中大多历史悠久，有着独特的传统，而且强调精英教育，注重学生的全面发展。

私立学校种类繁多，如寄宿制学校、寄宿—走读学校、军事学校、艺术学校等。但最常见的私立学校有两种：一种是广受国际生欢迎的寄宿制学校，一种是走读学校。走读学校主要针对美国当地学生。同时，美国私立学校也分男校、女校和混合学校。

优质的私立学校除了强调学习成绩，还注重学生在非学术方面的发展，比如领导力、全球视野、创新精神、批判性思维等，学生在这些方面能得到很好的训练与培养。申请者不仅要拥有极其优秀的才能，还要有超强的独立自主能力和利用资源来发展自己的能力，同时能够应对高难度的挑战和适应快节奏的学习与生活。因此，这类学校的申请难度极高，托福成绩超过 110 分，SSAT（Secondary School

---

① 2023 年《美国教育统计年鉴》数据。

Admission Test，美国中学入学考试；适用于美国、加拿大私立中学的入学）成绩达到总分的 95% 是基本门槛，录取难度堪称申请一所常春藤名校。这类学校每年在中国招收极少数学生，而且不是简单地根据学术成绩来招收。在入学申请的面试中，除了考查学生的标化考试成绩、全面的课外活动及学术表现，许多私立学校还要面试家长，所以家庭背景也是这些贵族精英中学所考察的指标之一。

一、美国私立高中的特点与优势

美国私立高中的优势主要体现在以下五个方面。

（一）私校名师如云，师资阵容强大

美国私立高中提供的高额薪酬和优厚福利吸引了许多来自名校的大学教授和讲师前来任教。其中拥有博士学位的老师更是比比皆是。这种强大的师资力量，是普通的公立高中无法相比的。美国私立高中在选拔老师时要求非常严格，因为对于声誉良好的私立高中而言，其最核心的资源就是师资力量。所以，这些学校在选拔教师时，不仅考查教师的教育背景、学术能力、教学水平，还考查其在艺术、体育等方面的特长。因为寄宿制私立学校的老师还会担任学校各种社团的辅导老师，所以多才多艺的老师自然会受到欢迎。

（二）课程体系先进，培养全面人才

美国的课程体系以扬长式教育为主，私立高中不仅注重学生的学术基础、兴趣发展，还非常注重学生的综合素质培养，尤其是精英教育中的领导力、人文教育等方面的内容。私立高中在假期会有许多合作项目，国际化程度非常高，这给了学生极大的自由与空间。私立高中所设的 AP 课程也很多，但除了 AP 课程，一些学校还与附近大学合作，学生可以直接修读大学课程并拿到学分，在申请大学时也将这些课程作为学分课程提交，以证明学生的学术潜力与能力以及学术兴趣。这种灵活的教育体系、丰富的教育资源，满足了学生的不同需求。

（三）硬件设施完备，堪比大学配置

许多私立高中都拥有非常先进的实验室设备，尽管这些设备非常昂贵。一些私立高中甚至拥有达到国际竞赛标准的游泳池等设施。例如，位于新罕布什尔州的全美顶级私立中学菲利普斯埃克塞特中学，每年都会吸引一大批对理工科感兴趣的学生。这所学校拥有非常完备的实验室设施，能满足学生日常研究的需要，吸引着热爱科学实验的优秀学子。硬件设施完备也是私立高中吸引一众优质生源的重要原因之一。

（四）校园管理严格，纪律保证安全

私立高中的管理严格程度基本上与其排名成正比，排名越高的学校管理越严格，可以说，学校的安全管理达到了极致。在有的寄宿制私立学校，轮值老师会住在学生宿舍一旁，学生可以随时找到老师处理问题，比如位于马萨诸塞州的康科德中学，就充分保证了学生的安全。从这个意义上考虑，优秀的寄宿制私立学校的确是国际生的首选。只有在严格的管理体系下，学生才能保证充分的学习时间，同时确保自身的安全。

（五）社会资源丰富，开拓高远视野

私立高中都有着声名显赫的校友。这些校友包括美国总统、华尔街精英、诺贝尔奖获得者、扬基棒球队的教练以及白宫发言人等。因为学校经常请自己的校友来举办讲座，所以学生的阅历与经历是超出想象的。这类学校的优势不仅体现在教学水平与教学环境上，还体现在更多丰富的教育资源上，这些能让学生视野开阔、目标高远。这样的社会资源，是其他学校不能相比的。

二、美国私立高中的入学条件比较严苛

美国前 30% 的私立高中录取要求非常严格，其录取的要求不亚于常春藤大学，而申请者都是很优秀的，并做了充足的准备。顶级私立高中录取的基本条件是托福成绩达 100 分以上，但很多学生的托福成绩都是 110 分以上甚至更高，所以托福成绩达到 110 分才具有竞争力。SSAT 达到 2 300 分、GPA 基本满分是很常见的。除了这些硬指标，录取条件中的软指标也非常关键。许多申请人在初中就与大学教授一起做项目，有的学生还有自己的专利和发明，他们大多获得过国际性大奖。这些学生在课外活动上，艺术、体育一个都不落下，还都很突出，并且获得国际数学奥林匹克竞赛、化学奥林匹克竞赛的金奖比较普遍，这是顶尖学校的基本要求。如果申请其他学校，那么条件会有所降低。

除了过硬的标化考试成绩、完美的 GPA，申请人还要有耀眼的课外活动成绩来体现自身的综合能力与素质。面试作为最后一关，也极为重要。总体而言，学校更愿意在看到学生申请材料或进行面试时，学生能展现以下特点：语言成绩优异，领导力突出，性格活泼开朗，对某领域充满好奇心，有运动或音乐特长。

（一）美国高中入学的标化考试类型

（1）SSAT。它由私立高中自行选用。该考试共 167 道题，分值范围为 1 500 ~ 2 400 分，考试时间共 185 分钟，分为数学、词汇、阅读三大部分。

（2）ISEE（Independent School Entrance Exam）。这是美国私立高中常用的独立入学测试。ISEE 由美国私立高中入学考试办公室和美国教育档案局主办，主要考查学生的语言和数学理解力及推理能力。这个考试通常由美国私立走读学校，特别是美国教育档案局会员学校采用，尤其是马萨诸塞州、纽约州和加利福尼亚州的走读学校。ISEE 分为四个级别，申请美国高中的学生应参加 Upper Level（高级）考试。

（3）托福考试。这是面向非英语国家留学生的英语考试。托福考试满分为 120 分，考试时间为 3 小时，分为阅读、听力、口语、写作四个部分，每个部分 30 分。托福成绩的有效期为考试日后两年内。

（4）小托福考试，即 TOEFL Junior，也叫初中托福。它是美国教育考试服务中心专为全球 11 ~ 17 岁学生开发的权威英语能力测试，为学生提高英语能力或者将来参加托福考试提供权威指导。小托福考试的分值范围为 600 ~ 900 分，考试总时长为 110 分钟，包括听力、语法和词汇、阅读。

（二）美国高中录取中的弹性指标

除了标化考试成绩与课外活动，面试等弹性指标也非常重要。

最普遍的三种面试方式如下：申请人到美国高中参加校园面试；招生官来中国开展面试；远程视频面试。校园面试通常是家长与学生参观校园 45 分钟，接着招生官会面试学生 30 ~ 45 分钟，面试家长 30 ~ 45 分钟。招生官到中国面试申请人，这种面试效果也非常好。招生官来中国面试学生通常会持续两三周，如果能面试到优秀学生，就会非常有成就感。

面试家长是因为中学生是未成年人，所以学校希望从家长的角度来观察学生的特点及成长背景与环境，面试内容包括家长对孩子未来发展的意愿和规划。家长面试没有学生面试重要，学生面试是决定性因素。在面试前，家长应进行充分准备，了解校园文化与学校诉求，了解学校是否与自己孩子的兴趣特长和发展目标相合。

三、申请美国高中需准备的材料

与申请美国大学一样，申请美国高中不仅需要硬实力，还需要软实力。硬实力包括在校成绩单、标化考试成绩单。软实力则包括学生的特长与课外活动、面试表现、写作能力，以及特色文书和学校老师的推荐信。

（1）在校成绩单和标化考试成绩单。美国高中招生办要求申请人提供过去两年及截至申请时的成绩单。在校成绩是美国高中申请材料中最重要的部分，其次就是标化考试成绩。标化考试分为托福和 SSAT。

（2）特长与课外活动。课外活动体现学生的软实力及兴趣目标，学校非常希望了解学生的特长、特点与性格等方面。

（3）面试。美国高中面试分为第三方面试和校园面试，其中第三方面试又分为维立克面试和初鉴面试。

（4）老师打过分或评价过的文章。这也是申请材料中的一项。申请人如果来自普通高中，没有发表过很多国际体系认可的文章，那么可以写一篇文章并让自己的英语老师给打分或评价。有些学校除了要求提交文章，还要求提交额外的打过分的数学作业或者科学作业。所以，申请人需要根据学校的不同要求来提交这些资料。

（5）特色文书。美国高中的文书题目五花八门，申请系统不同，文书题目则不同。现在最为流行的美国高中申请系统有 SAO（Standard Application Online，在线标准申请系统）、Gateway（目前支持 Gateway 的学校有 60 所，包括很多排名前十的学校，比如菲利普斯埃克塞特中学和菲利普斯安多佛中学）。除了 SAO 和 Gateway，有些学校还有独立网申系统。Gateway 和学校独立网申系统针对学校提供独立的文书题目。SAO 有统一的公共文书，但有些学校会要求提供补充文书。

美国高中的申请文书需要家长参与，每个申请系统和学校独立网申系统也有需要家长自己完成的文书。文书内容通常为父母把学生送到美国读高中的动机，对孩子在美国高中发展的期待和目标，并且需要说明孩子的性格特点、优势特长，以及需要提升的短板、家长可以为学校做哪些贡献等。

（6）推荐信。任课的指导顾问、数学老师和英语老师的推荐信是必要的。2021 年以来，学校要求再增加一门任课老师的推荐信，以更为全面地了解学生的综合能力。

四、寄宿制中学与走读制中学的比较

对于未成年的留学生而言，寄宿制私立学校是最理想的，吃、住、学全都在学校。寄宿制中学都有严格的管理制度并具有明显的优势：一是无论是在人身安全还是在隐性安全上，寄宿制学校都行使了部分监护人的职责，在管理制度上提供了很大的安全性；二是有利于学生与老师的密切沟通，以及与其他寄宿制同学的紧密联系；三是让学生有更加充分自由的时间投入紧张的学业，形成中学生应有的自律与学习习惯。以上三个方面，使优秀的寄宿制中学颇具优势。

寄宿制私立学校对学生的手机使用、外出都有极严格的控制，学生只要出校园，都要向老师请假并报备。周末集体活动，都会有值班老师跟随。

表 2–5 为寄宿制中学与走读制中学在学校特点、国际生比例等方面的对比，表

2–6 显示的则是两种学制在申请条件上的对比。

表 2–5　寄宿制中学与走读制中学特点对比

学校类型	特点	申请时间	师生比	国际学生比例
寄宿制中学	■ 学生素质一致 ■ AP 课程门类多 ■ SAT 或 ACT 平均成绩高 ■ 教育质量高，进入名校比例高 ■ 安全性高	春季入学： 7 月至 11 月 秋季入学： 10 月至次年 2 月	1∶9	15%～40%
走读制中学	■ 以本地学生为主，国际生比例小，语言环境好 ■ 教育质量较高，升学率不错 ■ 住在当地家庭，便于融入美国文化 ■ 费用适中，较寄宿制便宜	春季入学： 7 月至 11 月 秋季入学： 10 月至次年 6 月	1∶16	1%～8%

资料来源：根据学校官网公开资料整理。

表 2–6　寄宿制中学与走读制中学申请条件对比

学校类型	申请方式	语言 / 标化考试要求	面试要求	截止日期	录取时间
寄宿制中学	四种方式：学校申请系统，Gateway 系统，SAO 系统，Ravenna 系统	■ SSAT ■ 托福 ■ 多邻国 ■ TOEFL Junior ■ 许多学校要求同时提交托福与 SSAT 成绩	■ 第三方面试，如维立克 ■ 学校线上面试（可以约学校线下面试） ■ 部分学校要求参加以上两种面试	以学校官网为准	■ 多数学校 3 月 10 日统一发布 ■ 部分学校滚动录取，面试后 2 周内发布
走读制中学	三种方式：学校申请系统，SAO 系统，Ravenna 系统	■ SSAT ■ 托福 ■ 多邻国 ■ TOEFL Junior ■ ISEE	学校线上面试	以学校官网为准	■ 部分学校 3 月 10 日统一发布 ■ 多数学校滚动录取，面试后 2 周内发布

资料来源：根据学校官网公开资料整理。

五、找到适合自己的学校

美国的高中非常多，如何找到适合自己的学校，是有许多参考渠道的。以下是六个参考度较高的平台，学生可以进行研究比照，从不同角度来评估这些高中，确定申请的方向与目标（见表 2–7）。

表 2–7　美国高中评价网站一览

网站名	侧重点与主要功能
Great School	评分标准及权重包括学生进步评级、公平性评级、大学准备评级和考试分数评级
Niche	可以查询美国中小学以及大学的评分，针对公立和私立、小学和高中都有不同的考量标准
Finding School	信息比较全，有各种数据，包括课程、活动，也有地图功能，可以对比学校，也有周边学校搜索，有各种排名，有学校点评
School Digger	以标化考试成绩评分为主，网站会用自己的算法推出一个平均标准分，然后按照这个分数给出排名
Public School Review	有比较学校的功能，可以选取三个学校比较学校概况、学术成绩、学生总人数、不同年纪的学生人数、免费餐领取比例等
U. S. News	小学与中学的信息较少。主要以学术成绩为评价指标，对高中的评分标准分为 6 个维度，即大学准备度（30%）、大学课程广度（10%）、数学和阅读熟练度（20%）、数学和阅读表现（20%）、未服务学生表现（10%）、毕业率（10%）

资料来源：根据学校官网公开资料整理。

六、美国高中申请时间轴

美国高中申请时间轴（以 2025 年秋季入学为例）如图 2–2 所示。

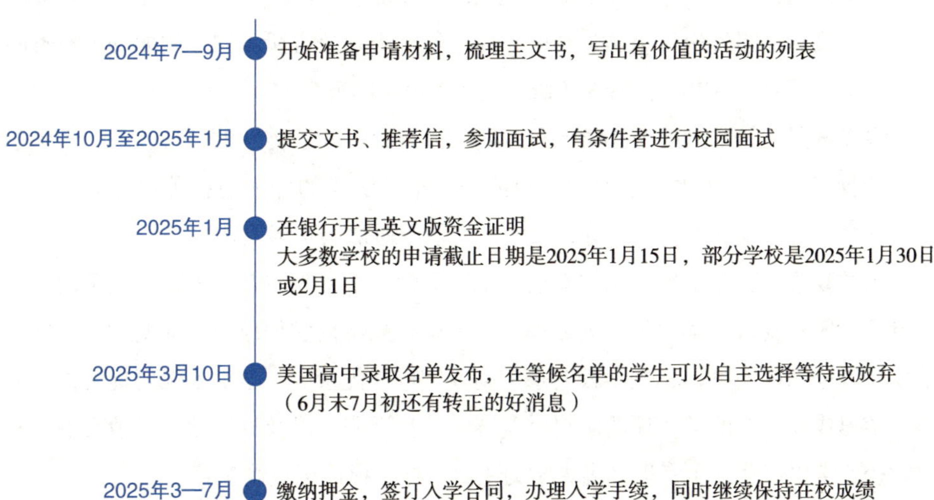

图 2–2　美国高中申请时间轴

第三节
加拿大中学秉承严谨务实的教学风格

加拿大一直是中国低龄求学家庭的主要目标国。加拿大不仅拥有优质的教育体系、严谨务实的学术风格，而且学科设置科学全面，在商科、工科、医学、理科等学科上具有独特的优势，受到广大学生的欢迎。加拿大移民局（IRCC）的最新数据显示，2019—2023 年，加拿大留学生的数量增长了 30%。近年来，中国留学生的数量保持着高速增长，2023 年中国留学生数量已经占加拿大留学生总人数的 43%。

加拿大的中学分为四类：公立学校、教会公立学校、私立国际学校和私立贵族学校。加拿大各省都有不错的私立中学，学生选择非常多，其中安大略省的优质高中最多，尤其是多伦多，聚集了大批高质量的私立名校。

一、加拿大中小学教育体系

加拿大的教育体系整体上注重学生的全面发展和个性化学习，提供了丰富的教育机会，以满足不同学生的需求和兴趣。

教育管理：加拿大的教育体系由各省级政府负责管理，没有联邦教育部。尽管各省教育体系存在差异，但它们都注重教育机会的公平，强调学生个性的发展，营造宽松的学习环境并注重学生能力的培养。

学制结构：加拿大中小学普遍实行 12 年制义务教育，分为幼儿园、小学和高中三个阶段。不同省份对小学、初中、高中的年级划分有所不同，例如安大略省的小学为 1～6 年级，初中为 7～8 年级，高中为 9～12 年级。

课程设置：加拿大的中小学课程强调全面教育，除了传统的学科课程，学生还可以选择参加各种文化、艺术和体育活动。小学阶段的课程包括英语、数学、科学、社会、艺术、健康与体育等，而法语的学习通常从 4 年级开始。

入学政策：公立学校采用“就近入学”原则，学生需住在学校辖区范围内。入学申请一般不复杂，学生不需要参加入学考试，只需提供相应材料证明学生住址在学校辖区范围内即可。私立学校要求较高，实行择优录取，学生不仅要提交语言成绩、学习成绩，有的学校还要求提供竞赛、特长证明，以及推荐信和申请文书。私立学校通常以培养学生考取知名大学为主要目标，提供精英制教育。

加拿大没有全国统一的教育制度，各省有权制定本省的教育体系。初中课程一般包括英语、社会、科学、数学、体育、艺术（视觉艺术、音乐、戏剧）、应用技术（商业教育、家政、科技教育）、法语等，不算学分。高中课程是在初中课程的基础上增加了课程的内容和深度，包含必修课与选修课，每所学校都有 150 多门选修课供学生选择，同时每所学校都有自己的特色课程。高中毕业的考核方式为学分制，即学生要想顺利毕业，就必须修满规定的学分。这些学分包含修读科目学分、社区义工服务学分、12 年级必修课程学分及毕业过渡学分。各省、区之间的教育制度也有差别。但总体而言，各省、区的高中教育体系差别不大。其中，安大略省是教育实力最强的省份，有着很大的影响力。安大略省的大学最多，名校如云。此外，它还有 900 所左右的中学，而小学数量是中学的 4 倍多，有近 4 000 所小学，可谓是学校众多。这也是加拿大高中无论是私立中学还是公立中学，班级容量都偏小，都可称为小班制教学的原因。表 2-8 对加拿大中学类型进行了比较。

表 2-8　加拿大中学类型比较

学校类型	学校特点	学制
国际私立	■ 为满足国际生升学需求开设的学校 ■ 课程紧张，对学生关注度高，有辅导课程 ■ 寄宿制，管理严格	全年多次循环滚动开课
贵族私立	■ 多为百年名校，享有盛誉 ■ 国际生以寄宿为主 ■ 学校资源丰富，硬件设施好 ■ 升学率和升名校率高，师资力量雄厚 ■ 申请难度很大	每年 9 月开学
当地私立	■ 多为走读制，在当地较有影响 ■ 比较重视体育、艺术等全面发展 ■ 申请难度不大	■ 每年 9 月开学 ■ 每年 9 月（秋）和次年 2 月（春）两个学期开学
当地公立	■ 多为本地生，走读制 ■ 学费较便宜，申请难度不大	■ 每年 9 月开学 ■ 每年 9 月（秋）和次年 2 月（春）两个学期开学

资料来源：根据学校官网公开资料整理。

二、加拿大中学的就读优势

加拿大治安环境良好，为学生提供了安全的学习和生活环境。作为一个多元文化国家，加拿大包容性强，为学生提供了理解与接触多元文化的机会。学生在中学阶段建立的人脉关系为毕业后的就业提供了先天优势，能够更好地融入当地社会，与当地学生和社区建立联系。

（1）高质量教育体系：加拿大的高中教育体系享有国际盛誉，其毕业文凭在加拿大和美国的大学广受认可，这为学生提供了更多的升学选择和优势。

（2）个性化学习：加拿大没有统一的高考制度，学生可以根据自己的兴趣和目标选择大学专业和课程，这种个性化的学习方式有助于学生更好地开发自己的潜能。

（3）综合能力培养：加拿大高中注重培养学生的合作协调能力，课程设置多样化且进度设置灵活，有助于学生全面提升综合能力。

（4）考试机制多样：加拿大的高中考试机制多样化，没有“一考定终身”的制度，有利于学生的全面发展。

（5）进入北美名校更容易：在加拿大读完高中后，学生更容易申请北美地区的大学，并且能很快适应当地的教育体系和语言环境。

综上所述，加拿大高中不仅提供高质量的学术教育，还注重培养学生的实践能力、创新思维，以及对多元文化的理解与尊重，为学生未来的发展奠定了坚实的基础。

三、加拿大高中具有代表性的三大课程体系

加拿大高中影响力最大、最具代表性的课程体系是OSSD课程体系（安大略省的课程体系）、不列颠哥伦比亚省的课程体系和魁北克省的课程体系。不过，其他省和地区也有自己的课程体系，如阿尔伯塔省。

（一）OSSD课程体系

加拿大安大略省高中课程体系以其优质、严格的教学管理在全世界享有高度认可。OSSD全称为Ontario Secondary School Diploma，即安大略省高中毕业文凭。安大略省的高中教育体系是加拿大优秀教育的典范，加拿大著名的中学在安大略省的居多（见表2-9）。安大略省的课程比不列颠哥伦比亚省的课程简单，门槛更低，其要求学生修满30个学分，包括必修课的18学分、选修课的12学分，还有40小时的社区服务，并通过该省10年级英语水平测试，之后即可取得高中毕业证书。海外国际学校的学生如果选了6门大学预科课程，就不用参加公开统一考试了，可以直接用这些课程的成绩申请加拿大、美国、英国、澳大利亚、新西兰等国家的大学本科课程。

表 2-9　加拿大前十名的公立高中

序号	公立高中名称	英文名称	省份
1	皇家基督高中	Regent Christian Academy	不列颠哥伦比亚省
2	查塔姆中学	Chatham Christian School	安大略省
3	王子基督高中	King's Christian Collegiate	安大略省
4	史密斯基督高中	Smithville District Christian High School	安大略省
5	爱普比中学	Appleby College	安大略省
6	布兰克森霍尔学校	Branksome Hall School	安大略省
7	班特伍德中学	Brentwood College School	英属哥伦比亚省
8	科林伍德学校	Collingwood School	不列颠哥伦比亚省
9	克里森特中学	Crescent School	安大略省
10	克罗夫顿学校	Crofton House School	英属哥伦比亚省

资料来源：根据学校官网公开资料整理。

加拿大高中课程设置是按未来目标进行分流。以安大略省为例，高中毕业生有两个选择：继续升学读大学或者直接就业。据此，9 年级和 10 年级的课程会被分成以下三种类型：学术型课程、开放型课程和应用型课程。

该省 11 ~ 12 年级的课程会被分为四种类型：大学预科课程（U 课程）、大学或大专的预科课程（M 课程）、大专预科课程（C 课程）、就业预科课程（E 课程）。

选修以上课程只能从高阶向下转移，不能从低阶向上转移，即 U 课程只能往 M 课程或更低阶的课程转移，而 M 课程或其他课程却不能向 U 课程转移。

OSSD 国际高中课程的学生都要参加 OSSLT（Ontario Secondary School Literacy Test，安大略省高中文学水平测试）。OSSLT 由教育质量监督委员会举办，通常一年两次，分别在 11 ~ 12 月和次年的 3 月末至 4 月初进行。OSSLT 主要是为了检测学生的文学水平（阅读、写作）是否达到安大略省高中生所需达到的最低标准，是重要的英语标化考试，对于在安大略省就读的 10 年级学生来说，通过该考试是获得高中毕业证书的必要条件。

OSSD 课程体系的特点如下。

（1）学分要求：学生需要修满 30 个学分，其中包括必修课的 18 个学分和选修课的 12 个学分。必修课程涵盖英语、数学、科学、社会和艺术等，而选修课程则提供更多样化的选择。

（2）非应试教育体制：OSSD 课程体系采用非应试教育体制，强调过程式评估。

学生的最终成绩由70%的平时作业成绩和30%的期末考试成绩组成，这避免了“一考定终身”的情况，给予学生更大的发展空间。

（3）强调实践应用：OSSD课程体系强调实践应用，鼓励学生将所学知识运用到实际生活和职业中。例如，在数学课程中，学生不仅学习理论知识，还会进行数学建模和问题解决实践。

（4）综合评价方式：该课程体系采用综合评价的方式对学生进行考核，除了传统的考试和测验，学生还需要完成项目作业、参与讨论和实验、展示技能等。

（5）重视个性发展：OSSD课程体系注重学生个性发展，鼓励学生在学习过程中发挥自己的特长和潜能。学生可以选择不同的选修课程和课外活动，丰富自己的学习经历。

（6）毕业要求：除了学分要求，学生还需要完成40小时社区服务，并通过OSSLT或选修安大略省语文水平课程。

（二）不列颠哥伦比亚省的课程体系

不列颠哥伦比亚省的课程相对较难，含金量更高，适用的大学也更多。该省的高中选修课程非常多，大多数学校提供150门以上的选修课，学生可根据自己的兴趣和未来选择的专业，选修相应课程。国际学校的学生如果参加不列颠哥伦比亚省的高中会考，那么会获得不列颠哥伦比亚省教育部颁发的高中文凭，其成绩也会被加拿大、美国、英国等国的大学广泛认可。

加拿大不列颠哥伦比亚省的高中课程体系具有如下特点。

（1）课程设置：不列颠哥伦比亚省的高中课程分为必修课和选修课两部分。学生毕业至少需要修满80个学分，其中48个为必修课学分，28个为选修课学分。必修课程包括英语、数学、科学、社会研究等，而选修课程则涵盖艺术类、商务类、理工科、人文社科等多个方向。

（2）毕业要求：除了学分要求，学生还需要完成30小时的社区服务，并通过不列颠哥伦比亚省的省考。省考科目包括10年级的英语、科学、数学，以及11或12年级的社会研究和英语。

（3）评分标准：学生在不列颠哥伦比亚省的课程中，要想通过某一门课，其成绩至少要达到C–（50分）以上。每门课的学分都是4分，最终分数依据学生的出勤、课堂表现、阶段考试和测验以及期中、期末成绩等确定。

（4）学分制：不列颠哥伦比亚省的高中教育实行学分制，每门课4个学分。学生在10～12年级至少需要修满80个学分才能毕业。

（5）学期设置：不列颠哥伦比亚省的中学有学期制和学年制之分。学生每学期至少选择 4 门课，夏校最多 2 门课。学生每学年最多修读 10 门课。

（三）魁北克省的课程体系

魁北克省的高中课程是学生进入大学预科或者职业教育的准备课程，兼具学术性和实用性。它更适合想去加拿大留学并有就业规划及移民想法的学生。课程难度较低，与大学预科衔接紧密。

（1）学制和毕业要求：魁北克省的高中学制为 5 年，从 7 年级到 11 年级。学生在这 5 年内需要修满至少 54 个学分，其中必修课程占 26 个学分，选修课程占 28 个学分。学生毕业无须通过省考，满足学分要求即可获得高中毕业证书。

（2）高中毕业后的选择：从魁北克省高中毕业后，学生有两个主要选择。一是直接进入职业培训学校，经过一段时间的培训后就业；二是通过 CÉGEP（普通与职业教育学院）学习两年，再进入大学深造。

（3）CÉGEP 教育：CÉGEP 是魁北克省特有的教育阶段，分为 Pre-university 和 Technical 两个方向。Pre-university 相当于大学预科，学制两年，学生毕业后可以申请大学的大一或大二课程；Technical 则提供职业培训，学制三年，毕业后相当于大专水平。

（4）大学预科教育：CÉGEP 的 Pre-university 旨在帮助学生做好进入大学的准备，包括理论课程和部分实践课程。学生在 CÉGEP 的学习过程中，可以根据自己的兴趣和职业规划选择课程。

（5）职业培训课程：CÉGEP 的 Technical 提供多种职业培训课程，如工程技术、医疗保健、食品技术等，旨在培养学生毕业后直接进入工作岗位的能力。

魁北克省的高中课程体系依据魁北克省教育部中学教学大纲设置课程，其中英语、数学、历史、科学为必修课程。学生修满 54 个学分即可取得高中毕业证书，其中最后一年必须修满 20 个学分，必修课每门 4 ~ 6 个学分，选修课每门 2 个学分。毕业生获得魁北克省颁发的高中文凭，可选择进入大学预科或专科学院学习，进而申请全球各国的大学或直接进入就业市场。

（四）阿尔伯塔省高中课程体系

加拿大阿尔伯塔省的高中课程体系具有以下特点。

（1）学分要求：阿尔伯塔省的高中毕业生需要修满至少 100 个学分，其中包括核心课程的 56 个学分和选修课程的 44 个学分。

（2）核心课程：核心课程包括 10 年级的英语、社会科学、数学、自然科学、体育、职业和人生规划，11 年级的英语、社会科学、数学、自然科学、物理、化学或生物，12 年级的英语、社会科学、数学、自然科学、物理、化学或生物。其中，英语课程至少修满 15 学分，社会科学至少修满 15 学分，数学至少修满 10 学分，自然科学至少修满10学分，体育至少修满3学分，职业和人生规划至少修满3学分。

（3）选修课程：选修课程包括艺术、戏剧、表演艺术、金融管理、市场营销、商学、法语、德语、西班牙语、服装设计、户外训练、职业和技术学习等。学生最多修满 25 学分的第二语言课程，并且最多修满 15 学分的职业和技术学习课程。

（4）学分计算：1 学分相当于 25 个课时，学生在学科成绩中只要获得 50% 的分数，就可获得此学科的全部学分。

（5）毕业要求：学生在高三修读的核心课程必须通过阿尔伯塔省教育部组织的统一考试（省考），方可获得高中毕业证书。

阿尔伯塔省的高中课程体系强调学术领先和综合平衡，旨在培养学生的学术能力和个人兴趣。该省教育质量很高，加拿大排名前十的私立中学中有四所来自阿尔伯塔省（见表 2–10）。

表 2–10　加拿大前十名的私立高中

序号	私立高中名称	英文名称	省份
1	东基尔多南高中	Kildonan East Collegiate	不列颠哥伦比亚省
2	迈尔斯麦克唐奈高中	Miles Macdonell Collegiate	曼尼托巴省
3	默多克麦凯中学	Murdoch MacKay Collegiate	曼尼托巴省
4	东河高中	River East Collegiate	曼尼托巴省
5	特兰斯科纳中学	Transcona Collegiate	曼尼托巴省
6	新西敏校区	New Westminster School District	不列颠哥伦比亚省
7	哈利恩利高中	Harry Ainlay	阿尔伯塔省
8	杰·伯西–佩奇高中	J. Percy Page High School	阿尔伯塔省
9	杰斯普·普雷斯高中	Jasper Place High School	阿尔伯塔省
10	莉莲·奥斯本高中	Lillian Osborne High School	阿尔伯塔省

资料来源：根据学校官网公开资料整理。

加拿大各省的高中课程体系都注重培养学生的实践能力和创新精神，提供多样化的课程选择，以满足学生的不同兴趣和未来发展需求。尽管每个省份的课程体系和毕业要求都有所不同，但都强调全面教育，注重学生的全面发展（见表 2–11）。

表 2-11　加拿大四省高中教育体系比较

课程体系	学分要求	必修课	毕业要求	评分制度
安大略省	修满 30 个学分，其中 18 个必修学分，12 个选修学分	英语、数学、法语（或中文）、加拿大地理、加拿大历史、体育、公民与职业教育	通过 OSSLT，完成 40 小时社区服务	70% 平时成绩，30% 期末测试
不列颠哥伦比亚省	至少修满 80 个学分，其中 48 个必修学分，28 个选修学分	英语、数学、科学（物理、化学、生物、电脑）、加拿大历史、加拿大地理、艺术、健康、社会学和职业发展等	除了学分要求，学生还需要完成 30 小时的社区服务，并通过不列颠哥伦比亚省的省考，包括 10 年级的英语、科学、数学，以及 11 或 12 年级的社会研究和英语	不列颠哥伦比亚省的课程评分标准基于学生的出勤、课堂表现、阶段考试和测验以及期中、期末成绩等。12 年级的省考成绩也计入
魁北克省	5 年内至少修满 54 个学分，必修 26 个学分，选修 28 个学分	英语、数学、历史、科学等	无省考与义工要求，只要修满学分即可毕业	课程难度较低，与大学预科衔接紧密
阿尔伯塔省	至少修满 100 个学分，其中包括 56 个核心课程学分和 44 个选修课程学分	英语、社会科学、数学、自然科学、体育、职业和人生规划等	学生 12 年级的核心课程必须通过阿尔伯塔省教育部的统一考试（省考）	阿尔伯塔省高中课程分为 1 学分、3 学分和 5 学分课程，学生每年最多可以选择 8 门课程，最多修读 40 个学分。每门课程只要获得 50% 的分数，就可以获得该学科的全部学分

资料来源：根据学校官网公开资料整理。

四、加拿大高中申请时间轴

加拿大高中申请时间轴（以 2025 年秋季入学为例）如图 2-3 所示。

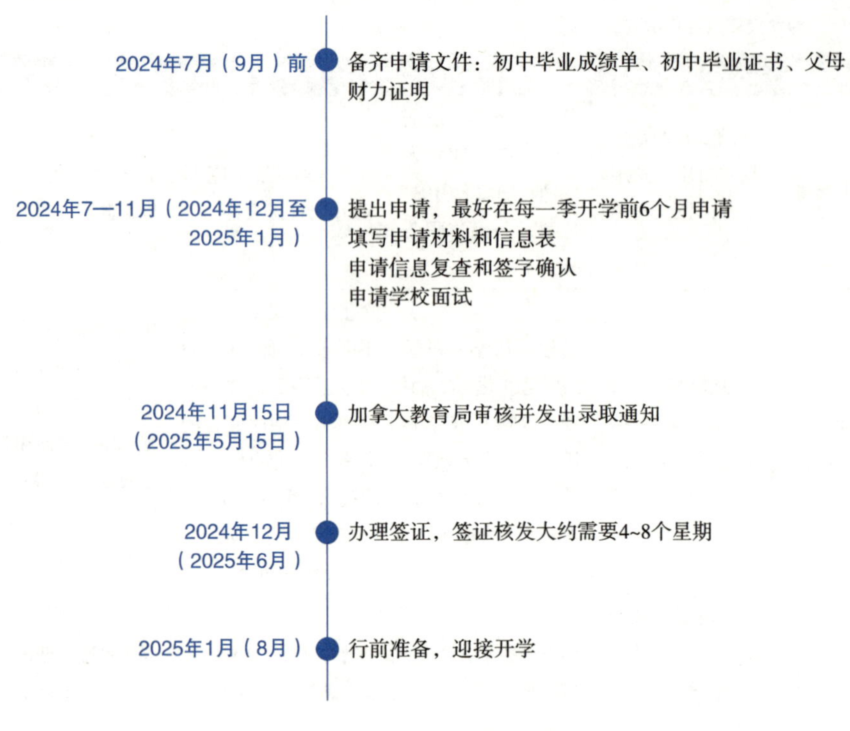

图 2–3　加拿大高中申请时间轴

第四节
澳大利亚中学尊重个性化的教育需求

澳大利亚的公立学校和私立学校均对国际生开放申请。私立学校对学生的管理更为严格，这使得学生会争取更好的高考成绩，表现得更为优秀。根据澳大利亚教育、技能与就业部的统计数据，过去十年全球赴澳留学人数保持稳步增长，2020—2022年受疫情影响增势被打断，2021年在澳大利亚的中国留学生人数为166 319人，但中国学生在在澳国际学生中的占比却达到了历史最高位（28.1%）。截至2023年，在澳中国留学生数量开始明显回升，人数达到162 826人。澳大利亚依旧是中国留学生最喜欢的国家之一。

一、澳大利亚教育体制自由灵活

澳大利亚的中学分为公立学校和私立学校。公立学校由政府掌管，对国际学生的管理相对较弱。私立学校则独立运营，部分私立学校可能隶属于教会。澳大利亚的学制为 12 年，1 ~ 6 年级为小学，中学教育一共 6 年，其中初中 4 年（7 ~ 10 年级）、高中 2 年（11 ~ 12 年级）。10 年级是高中过渡阶段，相当于国内的高一。

在课程设置上，高中可供学生选择的课程有上百门，除英语为必修课外，学生可以根据自己的兴趣和能力任选课程。学生只要修满规定的学分就可以了。

在教育特色上，澳大利亚高中教育鼓励创新，注重培养学生独立思考的能力。老师着重培养学生应用理论知识的能力。

考试制度也体现了澳大利亚自由开放的教育理念，高中2年，学生的平时作业、出勤率，以及平时考试、期末考试和最后的会考成绩都会影响学生高中毕业升大学的分数。

二、澳大利亚教育体系的包容性：公立学校与私立学校均可招收国际生

澳大利亚的留学目的地主要集中在维多利亚州、新南威尔士州和昆士兰州。维多利亚州和新南威尔士州拥有墨尔本、悉尼两座国际城市，可供学生选择的学校数量多，所以维多利亚州和新南威尔士州是大部分家庭择校的第一选择。

在澳大利亚，国际学生在 6 岁就可以入读一年级。澳大利亚的学年设置与国内略有不同，我国是当年 9 月到次年 6 月为一个学年，而澳大利亚是当年 1 月到 12 月为一个学年。澳大利亚一个学年有 4 个学期，分别在 1 月、4 月、7 月、10 月开学，学生可以选择任意时间插读（11、12 年级除外）。

澳大利亚的公立学校和私立学校均招收国际生。公立学校的师资和设施是由政府资助、州教育局统一管理的，当地学生按照学区就近入学，而国际学生申请则不受学区限制（个别学校除外），学费统一且性价比高。私立学校则独立运营，部分资金来自州政府和联邦政府拨款。无论是本地学生还是国际学生，都不受学区限制，学校采用择优录取的方式录取学生（见表 2-12）。

表 2-12　澳大利亚公立学校与私立学校对比

学校类型	优势与特点	申请时间	国际生比例
公立学校	■ 师资与教学统一 ■ 多为混校，学费便宜 ■ 本地学生执行学区就近入读 ■ 国际生不受学区限制 ■ 不需要语言成绩	建议提前 1 年准备	10% 左右

（续表）

学校类型	优势与特点	申请时间	国际生比例
私立学校	■ 学校独立运营，以优质教学声誉吸引学生，学费较贵 ■ 多为寄宿制学校，也有男校或女校 ■ 对所有学生实行择优录取 ■ 申请时提交学校成绩及语言成绩 ■ 优秀的学校还需提供竞赛、特长证明和推荐信，以及申请文书	建议提前 1～2 年准备	7% 左右

资料来源：根据学校官网公开资料整理。

三、澳大利亚高中申请的条件与要素

澳大利亚中学主要从学术能力、英语能力、面试表现三个方面来综合考查申请人。

从申请角度来看，国际学生在申请私立学校时，除了提供学术成绩，还需要提供可以证明语言能力的考试成绩，比如 AEAS（Australian Education Assessment Service，是澳大利亚教育评估服务机构为国际生开设的考试）成绩、雅思成绩，部分学校还会要求学生参加面试并提供推荐信，还要求学生有额外的体育或者艺术特长。优秀的私立学校的竞争比较激烈，建议申请私立学校的学生提早进入规划阶段，以提升竞争优势。

需要注意的是，学校必须有 CRICOS（澳大利亚联邦政府招收海外学生的院校及课程登记簿）代码，这样学生才能登记注册和获得学位认证。公立学校统一使用州政府的 CRICOS 代码，私立学校则拥有各自的 CRICOS 代码。不同学校对招收的海外学生的年级要求也不相同，部分学校招收 1～12 年级或 7～12 年级的海外学生，有些学校则只招收 10～12 年级的海外学生。

总体而言，申请澳大利亚中学的条件主要包括以下六个方面。

（1）成绩要求：公立学校的要求与私立学校不同，私立学校较为严格。学生申请公立学校需要准备在读证明、过往两年的成绩单，申请者如果有不错的 AEAS 成绩，那么可以提交给学校，以给自己的背景加分。澳大利亚的公立学校由各个州的教育部统一管理，申请材料也发往州教育部国际处，由其进行统一递交和处理。公立学校对学生的英语水平没有做出明确的录取规定，但在学生正式入学开始主课学习之前，学校会为学生安排 20～30 周的语言课程。

申请私立学校的学生需要准备在读证明、过往两年的成绩单、AEAS成绩报告。申请者如果有各类竞赛活动的参与证书或获奖证书、体育和艺术方面的证书，也可以提供。私立学校均为自主招生，入学申请直接递交给学校，学生被顺利录取后，会收到主课的录取通知。如果学生的语言成绩不满足直接入读条件，那么学生需要在开始主课学习前学习一定的语言课程。私立学校一般通过AEAS成绩报告来考查学生的英语水平，并根据成绩决定学生是否需要学习语言课程。

（2）年龄要求：入读10年级主课的学生年龄不得超过18岁，入读11年级主课的学生年龄不得超过19岁。所有留学生在澳大利亚中学留学的最短期限是18个月。

（3）直接入读年级限制：国际学生可以直接入读的最高年级为11年级，而且入读主课的时间不能少于16个月，学生不能直接入读12年级。

（4）语言成绩：学校对申请者并不要求提供雅思或托福成绩，但如果申请签证时年满16周岁，则需要提供至少4.0分的雅思成绩。对于大部分公立中学来说，主要考查的是学生的平时成绩，不需要提供雅思成绩。许多私立中学则需要学生的AEAS成绩或要求学生参加入学考试或面试，这些都包括对学生语言能力的考核。

（5）提交材料：学生需提交成绩单、毕业证书或在读证明、推荐信、护照或出生证明等材料。

（6）监护人要求：18岁以下的留学生必须与持监护人签证的父母同住，或者与经认可的监护人一起生活，或者与澳大利亚民政部审核通过的直系亲属同住。就读9年级以上的留学生还可以选择寄宿家庭。

四、澳大利亚高中申请时间轴

澳大利亚学校招收的海外学生均有限额，有赴澳留学意向的中学生，需要尽早地进行英语、学术、背景提升的规划，以保证自己在激烈竞争中脱颖而出。图2–4是澳大利亚的高中申请时间轴。

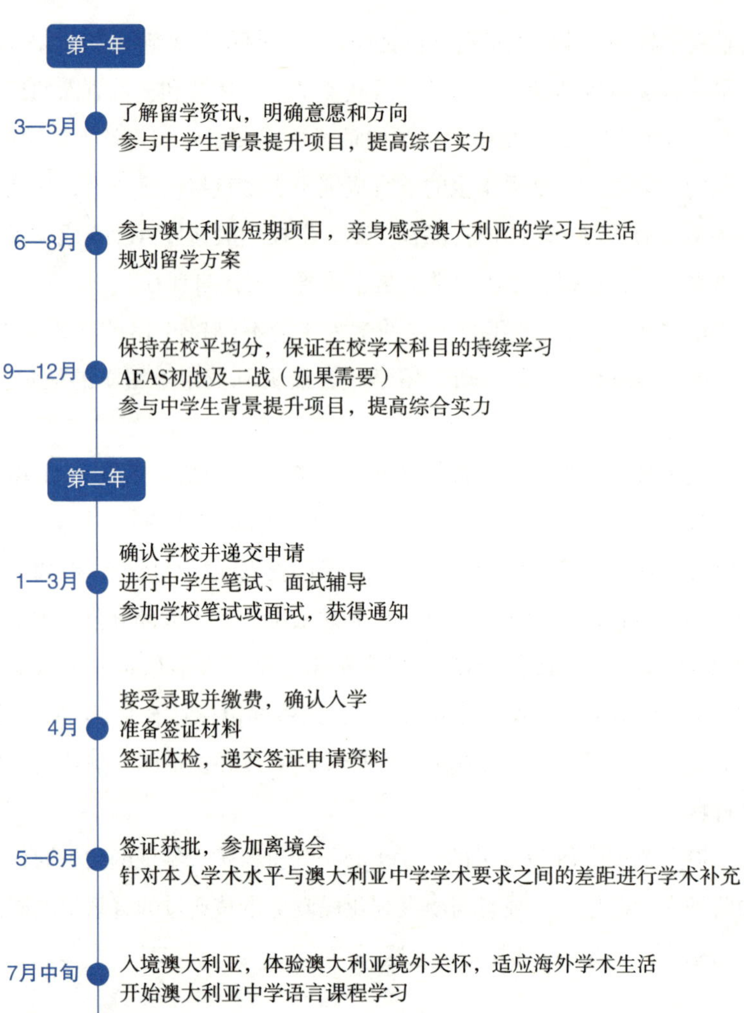

图 2-4　澳大利亚高中申请时间轴

| 第三章 |

本科留学依旧强劲，英国与美国颇具吸引力

《2023 美国门户开放报告》显示：2023 年美国高校国际生申请人数达到 1 057 188，在读国际生同比增长 11.5%。留学生比例创下近十年新高，达到 5.6%。有 198 793 名持有可选择实习培训（Optional Practical Training，OPT）身份的学生留美工作。就读本科的国际生人数达 347 602 人，较去年上升 0.9%。本科阶段的国际生增加了 95 681 人，研究生阶段的国际生增加了 168 920 人。中国留美学生达 289 526 人，占留美国际生总数的 27.3%。中国留美本科生为 100 349 人，同比减少 8.4%，占中国留学生总数的 34.7%。中国连续 14 年成为美国国际生的最大生源国。

而英国已成为中国学生的第二大留学目标国。英国官方大学申请系统——英国大学和学院招生服务中心（Universities and Colleges Admissions Service，UCAS）公布的最新数据显示，十年来，中国学生申请人数增长 200% 左右。今年共有 28 620 名中国学生申请英国大学，同期增长 910 人（去年为 27 710 人），占所有非欧盟国际申请者的 29.7%。

美国与英国之所以备受留学生青睐，尤其是中国留学生的喜爱，与这两个国家优秀的教育体系和良好的留学体验密切相关。本章将对英美两国的教育体系、大学特点、优势，以及在申请大学时如何展现自身优势进行详细解读。

第一节
英美教育体系对国际课程体系的选择偏好

各个国家对国际课程体系的接受度与评估标准不同，学生所选择的国际课程体系在某种程度上又决定了他们对未来留学国家的选择。

所谓的国际课程体系，就是大学预科课程体系，世界上最主要的三种大学预科课程体系是大学预修课程（Advanced Placement，AP）体系、国际预科证书课程（International Baccalaureate，IB）体系和英国高中课程（General Certificate of Education Advanced Level，A-Level，是英国全民课程体系、英国普通中等教育证书考试高级水平课程，也是英国学生的大学入学考试课程）体系。大学预科课程成绩在留学申请中可以起到非常重要的作用，它不仅能体现学生高中时期的平均学分绩点（Grade Point Average，GPA），还能体现学生的学习兴趣、学习能力与潜力，是英美等国家的大学在录取学生时的重要衡量指标。三种大学预科课程体系在课程设置和难易度上都略有不同，不同的学生可以根据自身的特点选择不同的课程体系。

IB 体系要求学生在开设该课程体系的高中学习，拿到课程证书，最终获得成绩。虽然一些学校也开设 A-Level 体系和 AP 体系的课程，但学生只要参加每年 5 月份举行的考试，便可获得成绩。

总体而言，英联邦教育体系与美国教育体系对这三大国际预科课程体系的评估标准与接受度是不一样的，这种差异源于英美两国教育体系的区别，这部分内容将在本章后两节进行详细比较。虽然三大国际课程体系在众多国家被认可，但美国的大学对 AP 体系的认可度更高。由于美国大学对此体系非常熟悉，因此它们在评估学生时拥有成熟的判断力。AP 体系的特点是文理兼备，可选择课程很多，学生能依据自身的学习能力与潜力自由选择。大学在招生时可通过学生所选 AP 课程与门类来评估学生的真实兴趣、学术能力和潜力。除了 AP 体系，在申请美国大学时 IB 体系也被广泛接受，并且由于其课程难度较高，能直观地反映出学生真实的学习能力与潜力。

A-Level 体系由于所学科目较少，在申请美国大学时不具备明显的优势，但如果有优质的课外活动作为补充，那么这能弥补课程较少的不足。近年来，随着越来越多 A-Level 体系的学生申请美国大学并得到了很好的录取结果，A-Level 体系在美国的信誉度与认可度逐渐增强。英联邦教育体系的国家与地区，尤其是英国和新加坡，对 IB 体系和 A-level 体系认可度较高。

很多学生和家长都在纠结三大国际课程体系的选择，同时很多学生在选择具体科目时非常困惑。下文对三大国际课程体系的特点与课程差异进行了比较。

一、AP 课程体系

AP 课程体系由美国大学理事会（College Board）设计，主要针对美国大学的申请，也被英国、加拿大等多个国家认可，是含金量很高的课程体系。AP 考试每年 5 月在全球 80 个国家举行，学生可以自选科目，科目数量不限，考试次数也没有限制。自 2020 年起，AP 考试的报名开放时间由原先的 12 月提前到了 10 月。2023 年大学理事会中国教育年会（2023 College Board China Forum）公布的数据显示，2022—2023 年，全球有超过 290 万名学生参与 AP 课程的学习，同时，全球开设

AP 科目的学校也突破了 22 000 所，相较 2017 年增长了 49%。除美国本土外，今年参加 AP 考试的学生数量较 2022 年增长了 29%，考试参与次数增长了 38%。亚太考区的考生数量今年增长了 55%，这一方面可能是因为此前受疫情影响的核心地区重新开放考试，另一方面可能是因为 AP 考点增加。根据美国大学理事会给出的数据，2023 年具备组织 AP 考试资格的学校相较 2022 年增长了 14%。此外今年中国的 AP 认证学校数量也有进一步提升，有资质为学生报考 AP 考试的中国学校共有 473 所。越来越多的学校重视学生在校内系统化学习 AP 课程的重要性。

（一）AP 国际课程体系科目概览

AP 科目共有 38 个，文理兼备，不论是什么专业的学生，都可以选到适合自己的科目。每个 AP 科目的满分为 5 分，最低分为 1 分。在换取学分时，大部分美国大学都只接受 3 分以上的 AP 考试成绩，有些学校甚至只接受 5 分的 AP 考试成绩。

很多大学都在官网表示，希望学生参加对自己来说有挑战性的课程。宾夕法尼亚大学官网指出，希望每个学生都能根据学校提供的课程资源挑战自己，因此在录取过程中，它会充分考虑学校的差异性，并以此来衡量哪些课程对学生来说具有挑战性。

以连续 14 年蝉联 U. S. News 排行榜排名第一的常春藤名校普林斯顿大学为例，普林斯顿大学独立日报 *The Daily Princetonian* 对 2026 级新生进行的问卷调查显示：有 73.9% 的学生在高中至少选修了 5 门 AP 课程，46.2% 的学生在高中至少选修了 9 门 AP 课程，而 28.4% 的学生在高中选修了 10 门以上的 AP 课程。在选修完这些 AP 课程后，69.8% 的学生至少参加了 5 门 AP 考试，41.8% 的学生至少参加了 9 门 AP 考试，还有 5.5% 的学生至少参加了 15 门 AP 考试。换言之，普林斯顿大学录取的新生中，有近七成的学生至少参加了 5 门 AP 考试，超过四成学生至少参加了 9 门 AP 考试。

（二）AP 科目需要均衡搭配

美国大学理事会官网显示，最受中国学生欢迎的 AP 科目主要包括微观经济学、微积分 BC 和宏观经济学，其次是数理化等与 STEM（科学、技术、工程和数学）科目相关的课程。中国考生在 AP 考试中的表现一向很好，2023 年中国学生 AP 考试成绩的平均分达到 3.69 分，高于世界平均水平 3.35 分。

在选择 AP 科目时，学生需要均衡搭配文理科目，并有重点地选择与自己专业相关的科目。常见的 AP 理科科目有微积分 BC、物理 1、物理 2、物理 C 力学、化学、生物、计算机科学 A 等，文科、社科科目则有微观经济学、宏观经济学、心理学、美国史等。在选择科目时，学生也可以了解每个 AP 科目往年的分数分布，在对科目的难易度有一定认识后再做选择。

（三）选择 AP 科目的基本原则

学生对于选择 AP 科目的选择，应与未来申请的大学专业密切相关。因此，选择 AP 科目的基本原则如下。

（1）经济学或商科专业：选择宏观经济学、微观经济学、统计学、微积分 BC 等科目，与经济学或商科相关的基础专业除了有经济学课程，还有数学、统计学等。微观经济学的 5 分率高于宏观经济学，所以学生应先学习微观经济学。

（2）化学与工程类专业：选择微积分 BC、物理 C、化学、统计学、计算机科学 A 等科目。

（3）物理专业：多选物理课程，并选择微积分 BC、计算机科学 A 等科目以展现个人在物理方面的学术能力与潜力。

（4）人文社科专业：选择历史、微观经济学、宏观经济学、心理学等科目。

无论选择以上哪种专业，学生都不能只选文科或理科，而要对文理科目进行平衡，文理皆选。

（四）AP 科目并非越多越好

美国大学对于申请时所需要的 AP 成绩并没有明确要求。正如耶鲁大学官网所强调的：学生在高中阶段的校内课程和成绩是衡量学生学术能力的重要依据。对于 AP、IB、A-Level 课程，学生可以根据自己的兴趣选择。大学更倾向于录取那些对特定学科和领域有激情的学生，而非盲目选择所有科目并试图取得全面成绩的学生。

AP 成绩体现了学生在高中阶段勇于探索高阶课程的精神，因此在选择 AP 课程时，学生需要参考自己的兴趣和未来专业方向。学生与其拥有多门表现一般的 AP 成绩，不如集中宝贵的精力，学习特定的几门 AP 科目，这样不仅可以更好地展现自己的学科兴趣，保证 5 分率，还能更好地展示自己的学习能力与潜力，以及对自我发展的清晰认知。此外，学生还要根据中学所开设的 AP 课程门类来判断所选科目的数量。美国大学理事会国际部副总裁 Rushi Sheth 在中国教育年会上指出，现在参加 AP 考试的学霸人均 10 门以上的成绩并不罕见。但是，这些学霸还兼有两个不容忽略的前提：一是 GPA 几乎满分，二是多门 AP 科目都是 4 分及以上的成绩。所以无论选了多少门 AP 课程，GPA 优秀是必要前提，学生必须在保证完美 GPA 的基础上进行 AP 选课与规划。另外，无论选了多少门 AP 科目，学生要确保所选 AP 科目的 5 分率，成绩至少在 4 分以上，这样才有意义。

（五）AP 课程的 5 分率

在最近一次 AP 考试中，总体上来说 5 分率有所上升，但科学类科目的 5 分率明显下降（比如物理 C 力学、物理 2、生物、环境科学）。从 5 分率变化来看：在 38 门 AP 科目中，共有 71% 的 AP 科目呈现 1% 左右的稳定增长。其中，涨幅最大的为汉语语言与文化，达到了 5%。其他热门科目如微积分 BC、微积分 AB、统计学、计算机科学 A、宏观经济学、微观经济学等均为 5 分率上升科目。微观经济学的 3 分率、4 分率、5 分率都有了明显提升，5 分率达到了 18%。

相比之下，5 分率降幅最大的科目是全球热门科目之一的物理 C 力学（5 分率 23%，较上一年下降 2.3%）。生物的 5 分率为 14%，稍有下降。全球约有 24 万名同学参加了生物科目考试，仅有 1 名同学获得满分。此外，环境科学的 5 分率降至 8%（见表 3–1）。

表 3–1　AP 考试 5 分率对比

5 分率最高的科目	5 分率最低的科目
汉语语言与文化（50%）	艺术与设计 3D（7%）
日语（47%）	物理 1（8%）
微积分 BC（42%）	环境科学（8%）
物理 C 电磁学（31%）	西班牙文学（8%）
计算机科学 A（27%）	英语语言和作文（10%）

资料来源：美国大学理事会官网，https://apstudents.collegeboard.org/about-ap-scores/score-distributions。

AP 选课要体现自己的专业兴趣与能力。除了选择与专业相关的科目，学生还要注意，美国大学更喜欢全面发展、兴趣广泛的学生，所以学生要文理皆选。

在过去几年，中国考生的 5 分率排序基本是：物理 C 力学、物理 C 电磁学、微积分 BC、微观经济学、宏观经济学、化学、统计学、物理 2、计算机科学 A。对于中国考生而言，5 分率最低的莫过于美国历史、生物和世界历史。

（六）AP 课程体系新变化

从 2023—2024 学年起，美国大学理事会推出了一门全新的 AP 课程——AP 初级微积分，该课程能够帮助高中学生更早地为高阶数学课做好准备。同时，两门备受欢迎的项目式教学的 AP 课程是计算机科学原理和研讨英语课，通过项目式学习的方式，低年级学生增加了进入 AP 课程学习的机会，并且这有利于他们对未来专业的申请。

二、IB 课程体系

IB 课程是目前认可度最高的国际课程体系之一。全球有 150 多个国家的多所高中开设了 IB 课程，我国许多知名的国际高中开设了 IB 课程。IB 课程分为大学预科项目（Diploma Program，DP）、中学项目（Middle Years Program，MYP）和小学项目（Primary Years Program，PYP）。大学预科项目适合 16 ~ 19 岁的学生，学制 2 年；中学项目适合 11 ~ 16 岁的学生，学制 5 年；小学项目适合 3 ~ 12 岁的学生，学制 5 年。我们通常提到的高中 IB 课程体系，指的就是 IBDP，即大学预科项目。

IBDP 课程主要集中在中学的最后两年。IB 体系希望学生具有以下特点：喜欢探究、思想开放、善于交流、全面发展、博爱包容、敢于冒险、自我反思等。IBDP 课程为期两年，多数中国学生需要提前完成至少 1 年的 Pre-IB（IB 体系先修课程）或国际普通中等教育证书（International General Certificate of Secondary Education，IGCSE）课程。IBDP 课程文理兼顾，但学生需要在一定范围内选课，因此灵活性相对 AP 体系来说较小。

（一）IBDP 课程三大核心课程和六大学科组

IBDP 的三大核心课程包括：知识理论（Theory of Knowledge，TOK）、拓展论文（Extended Essay，EE）和创意、行动与服务（Creativity，Action，Service），每门课各 1 分，总共 3 分。

IBDP 的六大学科组包括第一组语言 A（母语）、第二组语言 B（第二语言）、第三组个人与社会学科（地理、历史、经济学、哲学、商业研究、心理学等）、第四组自然科学（物理、化学、生物、设计与科技、环境系统等）、第五组数学（数学 HL①、数学 SL②、数学研习）、第六组艺术与其他（音乐、视觉艺术等）。通过考查三大核心课程和六大学科组，学生不仅能在学术能力（学习广度、调研能力、批判性思考能力）上获得提升，而且能在交流能力与自我管理能力上取得进步，因此无论是美国大学的博雅教育体系，还是更偏重专业精深程度的英国高校，IB 体系的学生都能较好地适应。

IBDP 课程分为 SL 和 HL。所有 IB 学生必须在规定的六个学科组中各选一门课程进行学习，每一门课程的分数从低到高为 1 ~ 7 分，包括至少 3 门 HL 和 3 门 SL，每个学科组满分 7 分，共 42 分。加上拓展论文和知识理论的 3 分（创新、行动与

---

① HL，即 Higher Level，意为高阶课程。

② SL，即 Standard Level，意为标准课程。

服务以活动小时数计算），三大核心课程和六大学科组加在一起，IBDP 课程满分共 45 分。

（二）IB 体系适合什么样的学生

IBDP 课程的学习需要运用调研与学术写作的能力，因此对英语的要求高。IBDP 课程在外语、人文、科学、艺术和社会服务等方面要求平衡发展，学生只有不偏科才能拿到良好的预估分，所以文理科同样优秀的学生可以选择 IBDP 课程，特别是写作能力和英语水平高的学生。如果学生偏科比较严重，那么 IB 体系并不适合，相对而言，A-Level 体系更适合。因此，学生在选择国际课程体系时，要认真评估自己是否有很强的自学能力和时间管理观念，是否能平衡三大核心课程和六大学科组之间的矛盾，最终获得美好的中学体验并获得优秀的 IB 预估分。

（三）IB 选课逻辑

什么情况下选 HL？

一是与未来大学申请专业高度相关的课程，比如申请物理专业的学生需注意帝国理工学院、伦敦大学学院和爱丁堡等大学要求数学课必须是 HL 课程。这些都是需要在选课之前提前了解并做好研究的。二是了解自己的优势，选容易拿到好成绩的课程。

什么情况下选 SL？

一是自己感兴趣但并非优势所在，学习起来并不轻松的课程。二是并非与未来大学申请专业高度相关的课程。

总体而言，IB 选课的关键是确定大学的专业方向，也就是说学生在 10 年级就要考虑未来的专业方向，在选课时考虑专业大类。一般不建议学生同时选择数学和三个科学科目，否则学业压力会很大。

（四）IB 考试 7 分率分布

2023 年国际文凭组织（International Baccalaureate Organization，IBO）官方公布的成绩显示，选择个人与社会类科目的学生最多；从得分率来看，7 分率最高的是语言类，最低的是艺术类。但是 6 分率和 7 分率低并不代表艺术类科目难度大，也有可能是因为选课人数少。中国学生最常选择的英语和中文的 7 分率并不高；社会类科目中 HL 历史的 7 分率最低；2021 年改革后的数学科目的难度有所提升，但总体来看，6 分率和 7 分率比较高，其中 7 分率最低的是 SL 数学应用与解释（Applications & Interpretation，AI），最高的反而是 HL 数学分析与方法（Analysis & Approaches，AA）；在科学类科目中，计算机、物理、化学的 7 分率相对而言较高，而生物的7分率最低。对多数中国学生来说，HL数学AA、历史、生物、心理、视觉艺术等科目较难拿高分。无论是选课人数很多的数学、物理、化学、历史等科目，还是其他相对小众的科目，想要拿到7分或6分的好成绩都很不容易。因此，IB体系在全球都是认可度较高的课程体系。

（五）IB全科文凭和IB单科证书

学生完成并通过6门IB学科课程和3门核心课程，即可获得IB全科文凭。但学生如果完成的学科课程数量不足6门或没有通过核心课程的考核，就只能获得IB单科证书。IB单科证书对于申请美国大学以外的多数大学都是不利条件。换言之，获得IB单科证书的学生的多数去向是美国。美国高校注重学生的学习过程和综合能力，获得IB单科证书的学生可以通过在校平时成绩，加上部分高中提供的美国高中课程文凭来申请美国大学，但如果申请其他国家的大学，则不具有任何优势。

拓展论文和知识理论是获取IBDP文凭的重要组成部分。从大学申请来看，有些大学（比如英国的大学）会将这两项课程的分数计入申请成绩要求，学生所在的高中也会出具包含这两项课程成绩的满分为45分的IB预估分。此外，拓展论文和知识理论也是申请文书的有利补充，对学生的写作内容、思路以及知识拓展有一定程度的积极作用。IB体系的拓展论文可作为补充材料提交，以证实学生在某一领域的能力和潜力。

因为IB考试在12年级春季学期，所以在11年级秋季学期申请大学时，学生提交的是学校提供的IB预估分。IB预估分直接影响大学的录取结果。在学生IB实考分出来后，如果其与IB预估分差别比较大，大学则会取消录取结果。

（六）IB课程体系重大改革内容

IBO宣布，共有五门IB课程将于2025年启用新考纲，分别是物理、化学、生物、计算机、哲学。

1. 物理

IB物理课程是一门知识点交叉融合的课程，所学物理知识可应用于生物学和医学领域，希望未来学习理科或应用科学相关专业的学生，可以选择IB物理。在IBO大纲后更新，首次IB物理课程的评估将于2025年5月进行。在课程结构上，IB物理新版课程内容大纲由旧版大纲的必修+选修单元调整为五大主题，每个板块再细分具体的主题。

2. 化学

IB化学课程建立在两个广泛的组织概念之上，即结构和反应性，IB化学研究结构如何影响化学反应性质，化学反应又是如何改变物质结构的。首次 IB 化学课程的评估将于 2025 年 5 月进行。更新后的课程更加强调技能和概念、设置和内容的相互依存，使得化学教育能够反映社会变革，加深学生深层次的学习和理解。

3. 生物

IB 生物课程基于四个广泛的组织主题，每个主题包含两个概念以及四个层次的组织，首次 IB 生物课程的评估将于 2025 年 5 月进行。在这次改版中，IBO 对生物课程进行了一系列关键性的调整：

IBO 建议，学习应该是概念性的。为了落实这一理念，IBO 修改了主题指南，意在为学生提供修改思维导图、增进理解、纠正误解和建立联系的机会。这一改变将有利于学生更为全面地掌握生物知识，培养学生在学习过程中运用概念性思维的能力。改革后的 IB 生物课程更加关注技能、概念、背景和内容的相互关系，以及反映社会变革，促进学生深度的学习和理解。

4. 计算机

IB 计算机新课程教学大纲以编程为核心，对伪代码的重视程度降低。同时，面向对象编程的主题内容被合并到 SL 和 HL 的课程内容中，而数据库被合并到 HL 的课程内容中。

5. 哲学

IB 新版的哲学课程鼓励学生以好奇和批判的方式探索复杂的哲学概念和问题，同时鼓励他们对所遇到的问题表达独特的见解。首次 IB 哲学课程的评估将于 2025 年 5 月进行。

所有 SL 和 HL 的哲学学生都将遵循一个统一的课程大纲，该大纲鼓励学生以探究和思考的方式探讨哲学概念和问题。IB 哲学课程包括一个核心主题、一个可选主题和一个指定文本的研究，并要求学生完成内部评估练习。此外，HL 的学生还须学习一个额外的可选主题，以便他们接触到更广泛的哲学概念和问题，并学习到 HL 扩展主题——哲学与当代问题。

三、A-Level 课程体系

A-Level 课程体系是英国高中课程体系，与 AP 课程体系和 IB 课程体系相比，更适合英国、澳大利亚、加拿大、新加坡等国家，即英联邦教育体系的留学生。许多美国大学认可 A-Level 课程体系，允许学生用 A-Level 成绩换取大学学分，但在美国大学申请中，A-Level 课程体系的优势并没有在英国大学申请中那么明显。

A-Level课程体系共开设40多门课程，常见的有进阶数学、化学、计算机、英语语言文学等。A-Level课程体系学制共两年，分为AS阶段（第一年）和A2阶段（第二年）。AS阶段选择3～4门课，不计入最终成绩，A2阶段选择3门课，计入最终成绩。每门课的成绩分为A、B、C、D、E、U六个等级，A为最高，U为不合格，格外优秀的学生还可能获得A*的成绩。想要申请英国G5大学，包括牛津大学、剑桥大学、伦敦大学学院、帝国理工学院、伦敦政治经济学院，学生每门课通常要获得A～A*的成绩（见表3–2）。

表3–2　英国TOP50大学对A-Level成绩的基准要求

学校类别	大学	A-level的基准要求
第一梯队	牛津大学、剑桥大学	基准A*A*A，通常要求4科
第二梯队	帝国理工学院、伦敦政治经济学院、伦敦大学学院	基准A*A*A，通常要求4科
第三梯队	爱丁堡大学、曼彻斯特大学、伦敦大学国王学院、其他TOP10大学	基准A*AA～AAB，通常要求3科
第四梯队	TOP20大学	AAA～BBB
第五梯队	TOP50大学	AAB～CCC

注：基准要求是指大学对入学的最低要求。

资料来源：根据各学校官网公开资料整理。

中国的国际学校通常会开设10门左右的A-Level课程，学生需要从中选择3～5门自由学习。中国学生的常见选课组合包括数学、高等数学、物理、化学和经济。

上述三种课程体系在课程广泛度与难易程度上各不相同，因此，拥有不同特点的学生适合的课程体系也不尽相同。学生在选择课程体系时一定要扬长避短，充分研究。

虽然三大国际课程体系在大多数国家都被认可，但在某种程度上，选择课程体系就是在选择未来留学的目标国。近年来，令家长困惑的是在申请大学时，多个国家同时申请，应选择哪种国际课程体系。实际上，选择的关键是如果主要申请美国兼申英联邦体系的国家，则选美国认可度最高的课程体系；如果主要申请英国兼申美国，则选择英国认可度最高的课程体系。但无论如何，前提是根据学生自己的优势来做出决定。

第二节
美国和英国教育体系的差异与特点

对于家长和学生而言，中国留学生最主要的留学目标国依旧是美国和英国。近年来，许多学生会同时申请美国和英国两个国家的大学。但是两个国家的教育体系有着很大的差别，只有在了解两国教育体系的差别后，才能在规划学生的留学途径时，做出更好的判断与选择。

美英两个国家在教育体系、教学方式、学制和人才培养体系上的区别是非常明显的。本节将对美英两国教育体系的差异化从多维度进行分析比较。

一、美英两国在申请与录取政策上的差异

美英两国的大学各有千秋，美国学校的主要优势体现为选择多，换言之，好学校的容量与体量大。同时，学生在专业和学校上的选择自由度大，既可转专业，又可换学校，这给予学生极大的探索自由。另外，美国大学的前沿学科多，博士生项目基本都有奖学金。英国学校的优势在于本科和硕士阶段的学制短，学费相对便宜，且本科教育扎实。此外，英国学校更重视学术表现，在某种程度上，这有利于专注学术表现的学生，尤其是现阶段，有些理工专业也受到影响，因此理工科学生在选择留学国家时也可以考虑这一因素。

申请美国大学具有很大的灵活度和自由度，第一，在申请专业上，学生申请时所填写的都是意向性的专业，进入大学后并非一定要读这个专业，可以在大二结束时再定专业。第二，学生申请大学的数量没有严格控制，可以申请多所学校。中国学生申请十几所大学是比较普遍的。第三，在录取政策上，美国大学不仅要考查学生的平时成绩与标化考试成绩，还要评估学生的课外活动。第四，美国大学录取学生，基本都是直接发放录取通知书。

相对而言，英国大学限制性因素较多。第一，申请英国大学时的专业与入学后的专业必须一致，即使所选专业并非意向专业，入学后也很难换专业。第二，英国大学最多只能申请五所学校。第三，在录取政策上，英国只评估学生的学术能力与潜力，即只看学生的标化成绩与学术竞赛，不将课外活动中的软性指标作为录取依据，也就是学生的兴趣特长和公益活动都不在评估范围内，这是与美国大学录取政策的一大差别。第四，英国大学录取学生，绝大多数发放的都是有条件录取，即在12 年级期末的 IB 大考、A-Level 大考和 AP 考试全部结束后，达到要求才能真正被

转正录取，达不到要求则取消录取。但英国大学也有突出的优点，就是中国学生在申请英国学校时，理工科专业没有过多限制。

二、美英大学在教学体系上的差别

美国大学是四年本科学制，因为大学的教育体系对本科生具有很大的包容性，鼓励学生能在大一和大二期间自由探索自己真正的兴趣，所以美国大学的教学体系很吸引人。具体表现在以下四个方面。一是美国大学在大一、大二阶段主要进行通识课程教育，学生选课自由空间大。他们可以自由选择自己喜欢的课程，尤其是像麻省理工学院和密歇根大学安娜堡分校这类大学，几乎对选课不设限，因此美国大学生同时读两个专业甚至三个专业的情况并不少见。二是学生专业选择空间大，美国大二结束才定专业，给予学生两年探索时间，使学生能找到真正的兴趣所在。三是学生在大一和大二期间可以转学，除了加利福尼亚大学需要满足一定学分，只能在大二转学，大多数的美国大学大一就可以转学。四是美国大学的教学更注重理解与应用。

英国的大学除了爱丁堡大学这样位于苏格兰寒冷地区的大学依旧是四年学制外，大多数大学基本都是三年本科学制。英国大学本科基本没有通识课程教育，大一即开设专业课。在选课自由度上比较小，相对而言，是较为刻板的教学体系。此外，英国大学入学后所学专业即为申请时提交的专业，转专业与转学的可实现度非常小。英国大学的教学还注重学术逻辑及推理训练，这与美国的教学目标有着很大的区别。

三、学校选择的自由度与未来发展广度上的差别

美国大学无论在自由度还是包容度上都有着显著的优势，由于美国大学多达 4 000 多所，其中又有以综合性研究型大学和小班精英制教学为特征的文理学院两种不同类型，因此在申请美国大学时，有着大量的优秀学校可供学生选择，选择自由度与选择空间大。

英国申请大学时，一方面英国只允许填写五所大学或者大学与专业加起来不超过五个，限制性很大，另一方面由于英国国土面积小，大学总量少，所以选择的自由度并不大。

在未来规划和发展路径上，美英大学也有一些差别。美国大多数学校都需要学生做充足的准备才能申请研究生项目。英国大学普遍采取的是，只要达到本校 GPA

的一定要求即可直升硕士研究生，许多大学是四年本硕连读。

表 3–3 对美英两国大学的申请与录取、教学体系与学制、工作机会等方面进行了差异化比较，我们可以看到两国大学之间的显著差异。

表 3–3　美英大学的主要差异

差异	美国	英国
申请与录取	申请的专业暂定，可以换专业	专业基本固定，申请时定夺
	申请学校数量限制少，可以多申请	申请学校受限制，只能填写五个
	申请硬性指标加软性指标，课外活动很重要	申请硬性指标很关键，学术背景很重要
	申请资格很灵活，大多无硬性要求	申请资格要求严，硬性指标需达标
	本科录取基本上是直录	本科录取基本上是有条件录取
	优秀大学多，学校容量与数量大，可选择面广	G5 非常强，学校数量与容量有限
教学体系	大一和大二可转学，自由度大	很难转学
	大一和大二学期通识课程多	大一直接就是专业课
	选课自由度大，可自由探索	选课自由度小
	教学重理解与应用	教学重逻辑推理
学制	本科四年	本科三年（绝大多数）
	硕士两年	硕士一年
	博士四到八年	博士三年
	博士奖学金多	博士奖学金机会相对少
工作机会	美国读书打工受限制	英国读书可打工
	美国就业机会多，容量大	英国就业机会少，容量小

资料来源：根据美英大学官网公开资料整理。

综上所述，无论是美国大学还是英国大学，学生都需要基于自身性格特征和优势，全面权衡利弊，做出更适合自己的选择。

第三节
美国大学兼顾软实力与硬实力

作为移民国家，美国整体社会环境是包容和多元化的，无论从国际生容量还是从教育质量上看，其他国家都很难取代它的地位。

美国拥有世界上最多的一流大学，全美拥有4 000多所大学，其中有相当数量的私立与公立（州立）大学，有综合性大学，也有小班精英制的文理学院。每一名学生都可以找到适合自己的大学，享受美好的大学时光。

一、美国大学的学术包容度与自由空间

美国大学具有强大的包容度与自由度，独特的教育体系给予了本科生极大的探索与试错空间，这是吸引学生赴美就读的重要因素之一，以下三点最为独特。

（1）美国大学具有强大的包容度与自由度。在美国大学教育体系中，大一、大二是通识课程，学生除了选择规定的文科、理科通识课程，还可以选择自己感兴趣的专业课程，以充分了解自己的真实兴趣。在大二下学期期末考试后，学生才最终确定专业，除了部分热门专业设置的门槛很高，学生比较难转专业，其他专业都较易选择。所以，在申请美国大学时所填的是倾向性专业，而非最终决定的专业，学校会给学生两年时间来纠偏与纠错。这种体系给予了学生很大的包容度与自由度，让学生能真正选择自己喜欢的专业。

（2）有容错与试错空间，未来一切皆有可能。并非所有学生在申请季都能进入理想学校，但美国学校不仅允许学生换专业，还允许学生转学。学生在大一或大二可以转学至心仪的学校。这样的试错机会给了年轻学子更多的选择。学生只要踏入大学门槛，抓住学习机会，努力提高学习成绩，就有可能转入当年没有申请到的学校，而且大一、大二有多次机会。除了加利福尼亚大学体系下的几所分校需要学生有足够的学分才允许其转入，即大二才可转入，其他学校基本上都允许学生在大一转入。

美国本科院校的转学录取率并不低，有时甚至高于常规申请的录取率。一般而言，公立大学放出的转学名额要远远高于私立大学，其转学录取率是相对较高的。比如，著名的“分控”名校密歇根大学安娜堡分校在本科录取时，以“高冷”著称，标化考试成绩要求很高，录取难度大，所以申请大学时很难录取。然而，在转学方面这所学校却表现得相对宽松。由于这两年转学的学生非常多，那些在截止日期前才迟迟提交申请的学生被录取的概率已逐渐减少。但即使学生在高中申请本科阶段未申请到理想的大学，他们也有两年时间积累经验并提升自我，从而为进入更好的大学做准备。这种包容度与自由度，以及在青春时代给予年轻人的试错机会，都是美国大学体制中非常亮眼的优势。

（3）自由的选课制度将扬长教育式发挥到极致。美国大学的学生许多都会选双

专业，或者主修一门专业的同时再辅修一门专业。比如密歇根大学安娜堡分校这样在美国声誉极强的老牌名校，专业设置超过 200 个，其中 100 多个专业的排名位居美国前十，这足以证明其强大的学术基础与扎实的本科教学实力。该校以其对本科生的包容和友好著称，全校 400 多个实验室全部向本科生开放，在本科阶段给予了学生极大的自由空间。所以该校的本科生选择 2 ~ 3 个专业并不罕见。同样著名的麻省理工学院的选课制度也极为自由，几乎不设限，可以跨专业、跨学科、跨学院自由选课。美国大学的这个特点是其他国家的教育体系中所缺乏的。表 3–4 列示了一些最受国际生欢迎的美国大学。

表 3–4　最受国际生欢迎的美国大学

排名	高校名称	所在州	国际学生数量
1	纽约大学	纽约州	24 496
2	东北大学	马萨诸塞州	20 637
3	哥伦比亚大学	纽约州	19 001
4	亚利桑那州立大学	亚利桑那州	17 981
5	南加利福尼亚大学	加利福尼亚州	17 264
6	伊利诺伊大学厄巴纳 – 香槟分校	伊利诺伊州	14 680
7	波士顿大学	马萨诸塞州	13 281
8	普渡大学 – 西拉法叶分校	印第安纳州	11 872
9	加利福尼亚大学 – 伯克利分校	加利福尼亚州	11 719
10	加利福尼亚大学 – 圣迭戈分校	加利福尼亚州	10 431
11	密歇根大学 – 安娜堡分校	密歇根州	10 411
12	华盛顿大学	华盛顿州	10 198
13	加利福尼亚大学 – 洛杉矶分校	加利福尼亚州	9 725
14	得克萨斯大学 – 达拉斯分校	得克萨斯州	9 582
15	约翰斯 · 霍普金斯大学	马里兰州	9 322
16	宾夕法尼亚州立大学	宾夕法尼亚州	9 161
17	卡内基梅隆大学	宾夕法尼亚州	9 009
18	加利福尼亚大学 – 欧文分校	加利福尼亚州	8 984
19	宾夕法尼亚大学	宾夕法尼亚州	8 614
20	威斯康星大学 – 麦迪逊分校	威斯康星州	8 567
	其他学校	—	802 253

资料来源：根据《2023 年美国门户开放报告》公开资料整理。

二、美国独有的大学教育体系：文理学院

除了综合性研究型大学，美国大学教育体系中的文理学院也独具一格。文理学院是美国本科精英制教学的典范，其特点包括扎实的教学风格，小班制精英教学，教授对教学的全心投入，学校、老师与学生之间的黏合度，以及安全的校园环境，这些都使其成为美国精英阶层家庭的首选。很多文理学院有着上百年的历史、优秀的师资团队、出色的本科教育，其名气在美国本土并不逊色于常春藤名校等综合性大学。

美国的文理学院有以下突出优点。

（1）学校规模小（全校学生人数通常在几千人左右），没有设立研究生院，学位以文科为主，可以定位为教学型大学。

（2）教学质量高，突出特征为小班制教学，文理学院学生较少，大部分学校的师生比在 1∶8 左右。虽然有些课程是大班授课，但班级人数通常也控制在三四十人左右。小班制教学意味着老师与学生互动多，学生受到的关注多。老师与学生之间彼此了解，师生关系比较密切。

（3）文理学院没有研究生院，而是以卓越的本科教学质量脱颖而出。所以，文理学院的毕业生在申请研究生院时录取率很高。由于文理学院专注于本科教育，这有利于它将全部的精力致力于本科学生的培养上。

（4）文理学院地理位置较偏僻，只有极少数在城市中，大多处于乡村地带，因此是理想的学习之地，并且安全度也相对较高。

（5）文理学院有着较强的校友文化，校友捐款通常会比普通综合性大学的多。因此，文理学院的奖学金、助学金比较容易拿到。

三、独特的“3+2”项目成为众多学子的“捷径”

美国绝大多数文理学院的工程专业都有“3+2”项目，“3+2”项目在一些学校被称为双学位项目（Dual-Degree Program），是指文理学院与一些美国顶尖大学达成联合培养意向，在文理学院学习 3 年，再转到顶尖大学学习 2 年，学生毕业后获得这两所大学的毕业证书和学位证书。但有的大学这五年也有不同的组合，比如达特茅斯学院。

“3+2”项目通常是文理学院和综合性研究型大学（以下简称大 U）之间的合作项目，有时也涉及大 U 和大 U 之间的合作。该项目易被忽视，却特别适合在文理学院与大 U 之间犹豫不决且具有名校情结的同学。参与此类项目，学生可以在文理

学院拿到文学学士（B.A.）学位的同时在另外一所美国综合性名校拿到一个工程系的理学学士（B.S.）学位。

作为对接出口的大U会对接很多学校，比如常春藤名校哥伦比亚大学就是第一批设立工程双学位项目的大学之一，采取的是“3+2”模式，并且合作院校非常广泛，其对接的合作学校多达150所，其中排名前50的文理学院中有27所都在合作名单之中。在文理学院开设的“3+2”项目中，几乎所有合作的大U都是名校，其中不乏麻省理工学院、加州理工学院、哥伦比亚大学、华盛顿大学圣路易斯分校、密歇根大学安娜堡分校等一众名校。这对于有着名校情结的众多理工科学子而言，是一个不错的选择。

四、美国大学申请中的硬性指标

美国本科院校录取的主要硬性指标包括GPA、语言能力水平测试成绩、学术测试成绩和大学预科课程（AP、IB、A-Level）成绩等。

（一）GPA成了筛选学生的第一道门槛

GPA是指学生的平均学分绩点。GPA制是大多数国外中学以及大学采用的记录学生平时成绩的方法。学生在学校每修一门课程，都会获得相应的绩点。在申请本科时，美国大学通常会要求学生填报9～12年级的GPA，并附上成绩单作为依据。

1. GPA是重中之重

近年来，随着有选择性地提交标化成绩政策的执行，GPA的重要性超过了其他硬性指标，因为它体现了一个学生大学四年的学术表现与潜力，以及所在高中同级生中的大致排名。耶鲁大学在官网上说，优秀的GPA可以弥补语言能力水平成绩的不足，但好的语言能力水平成绩却无法弥补GPA的不足。因此，GPA是录取过程中的核心指标，对录取结果有重要的影响。

2. GPA应该保持稳定上升的趋势

在美国大学录取环节，招生官会查看学生从9年级到申请时的所有成绩。除了保持良好的GPA，学生还必须保证GPA稳定上升的趋势，以展示自身的长期发展潜力，特别是11年级的GPA，这是重中之重。

芝加哥大学的招生官曾在招生说明会上明确表示，四年GPA呈上升趋势的学生往往比GPA呈下降趋势的学生更容易被录取。前者虽然可能在刚进入高中时因不适应学习节奏而没有获得理想的成绩，但是通过不断调整与适应，最终提升了自己的成绩。

很多美国大学在官网公示了被录取学生的平均 GPA，以供未来的申请者参考。比如，南加利福尼亚大学 2019—2020 学年申请季录取的学生，高中平均 GPA 高达 3.76。这需要学生的大部分课程成绩保持在 A，极少部分课程可以得 B。因此，学生需要高度重视自己在学校的学术表现，保持有竞争力的 GPA。全 A 是进入美国名校的基本标配。通过 GPA，招生官了解的绝不仅仅是学生的学术水平，更是学生的学习兴趣与认真程度。保持稳定且呈上升趋势的 GPA 对申请美国大学至关重要。

（二）多种语言能力水平测试

语言能力水平测试的重要性仅次于 GPA。语言能力水平测试有很多种，美国大学多以托福为主，英国、澳大利亚、加拿大等国的大学则多以雅思为主。近年来，一些新型语言能力水平测试也崭露头角，被很多大学列为认可的测试类型，比如多邻国英语测试（Duolingo English Test），但多邻国英语测试只是权宜之计，即托福与雅思实在考不出成绩时可以参加多邻国英语测试，因为其认可度与接受度远低于托福和雅思。大部分美国排名前三十的大学对托福成绩的最低要求是 100 分，但事实上，从录取情况来看，110 分以上的托福成绩更有竞争力。学生如果想要申请美国排名前十五的学校，那么可能需要取得 115 分以上的托福成绩。有些大学还对托福单项成绩有要求。比如，约翰斯·霍普金斯大学要求学生的口语成绩至少达到 26 分。因此，学生在备考时，应充分了解学校要求，有目标地进行准备。

（三）SAT 或 ACT 提交要求的转变

自 2023 年 3 月起，SAT 机考在全球范围内正式推行，取代了纸质考试（美国境内机考于 2024 年 3 月开始）。在 2023 年，大约有来自 180 多个国家和地区的 14.3 万多名国际学生参加了 SAT 机考，同比增加 13%。

除了加利福尼亚州取消了提交美国大学入学考试 SAT 和 ACT 成绩，在前几年采取可选择性提交成绩的大学，现在越来越多地学校要求提交或者建议申请者提交 SAT 或 ACT 的成绩。可以预见的是，未来会有更多的大学选择恢复提交标化成绩作为录取学生的有力参考依据。

今年，耶鲁大学、达特茅斯学院、布朗大学都开始要求学生提交标化成绩。同时，普渡大学、乔治城大学、圣母大学、麻省理工学院、佐治亚理工学院、佐治亚大学、佛罗里达大学等大学也都恢复或此前就已存在提交标化成绩的要求。

参加学术测试的学生要做到以下两点：第一，了解 SAT 和 ACT 的特点，扬长避短，选择最适合自己的学术测试；第二，了解学校政策与目标分数，做好充分准备。学生无论处于哪个年级，都要满足一个共同的前提条件——必须保持良好的

GPA 和标化成绩，这是重中之重。

五、美国大学申请中的软性指标

软性指标是指 GPA 和标化这些硬指标之外能体现学生个性化特点的内容，这些内容在大学招生录取中占到 25%～35% 的比重。软性指标让学生不再以单一的标化成绩为衡量标准，而是让学生能够在四年高中的活动参与和个性化发展等方面得到回报与认可。

在本科申请中，软性指标主要指课外活动、文书写作、推荐信、面试和其他附加要求等，这些能够反映学生综合素质的指标都可以称为软性指标。软性指标是在学生拿硬性指标这块敲门砖进入大学后，让学生脱颖而出能“被看到”。软性指标的作用如下。

（1）课外活动可以体现学生在某方面投入的热情，学生的兴趣，服务社区和社会的能力，关注的社会问题以及在某个领域的潜质与创造力。

（2）文书不仅显示申请者的英文写作能力，更重要的是体现学生的性格特点和价值取向，以及对社会的认知与思考。学生在申请大学的过程中，文书无疑是非常重要的。通过适用于所有学校的主文书和每所学校要求的独特的补充文书，学生可以从多方面展示自己的个性与特长，以及对目标学校的向往与展望。招生官将通过这些文书，将一份份资料还原成鲜活、有个性的申请人，从而更加真实、立体地了解学生。所以在文书写作中，切勿宏大叙事，要从小事写起。一篇优秀的主文书有三大特点：真实、有细节、打动人。

（3）推荐信是来自第三方的证明，以补充学生的能力、潜力和特点。美国本科申请中的推荐信必须由高中的指导顾问（相当于班主任）和两名任课老师来写，补充推荐信并不是必需的，但如果有有力的补充推荐人和推荐信，也会起到较好效果。补充推荐人是没有职业要求的。有的学校也允许提交同学的推荐信，比如达特茅斯学院。还有的学校可以补充父母的推荐信，比如罗切斯特大学。

（4）面试是招生部门与学生面对面直接交流。面试官通常希望在交流中看到学生与其所提交的资料相吻合，并进一步挖掘学生身上的闪光点。在大学申请中，面试非决定性因素，其成功与否并非录取学生的必要条件。

（5）补充材料用以补充学生在申请系统中所不能完全展现的内容。补充材料的形式非常多样化，可以是论文摘要，也可以是作品集，还可以是短视频，只要能有效补充学生希望被招生官看到的特点即可。

软性指标没有统一的评价体系，每名学生都可以根据自身的特点，个性化地向招生官展示自己的特长、潜力及个性。

第四节
全链条规划是进入名校的解决方案

ChatGPT 的出现，对美国大学造成一定的困扰，同时对大学的录取工作也带来一定影响。佐治亚理工学院招生办主任称："由于 ChatGPT 等人工智能软件的出现和普及，我预计会有更多的大学要么取消提交主文书，要么通过扩大学生表达意见和表达兴趣的形式，以展示他们的能力。"这种说法具有一定的预见性。事实上，为了丰富学生表达意见与表达兴趣的形式，以展示他们的能力，一方面需要通过课外活动来呈现，另一方面则需要在申请过程中通过多种表现形式呈现学生的优势与个性。这两者都是全链条规划中的重要内容，本节将重点解读这两部分内容，并寻找解决方案。

美国大学在录取学生时，除了考察标化成绩这一硬性指标，还会考察软性指标，如学生的课外活动，软性指标的比重会占到 25% ~ 35%。课外活动能够充分展示申请者的兴趣、实力和综合素质，它和能够展现申请者性格的文书结合在一起时，形成了招生官对申请者的初步印象。招生官可以更加全面、立体地了解申请者的性格、兴趣和热情，以及其在某方面的特长、领导力和创造力。

一名优秀的申请者，能够在课外活动中体现领导力、创造力、服务意识、学术能力与潜力，以及给学校带来多元文化的潜力。特别需要强调的一点是，优秀的课外活动一定是长期坚持的活动，需要学生长期付出时间和精力。仅仅为了丰富活动列表，一蹴而就地完成一项活动，虽然增加了活动的广度，但是严重削减了活动的深度。学生不仅无法取得较好的成绩，本身的收获也有限，写文书时也会缺乏素材和深度。

一、全链条规划的依据

从几年级开始规划以及高中四年到底需要做哪些准备，才能满足美国名校的基本要求，是学生和家长面临的挑战。在有限的三个暑假中，学生要把大量时间分配给托福、SAT 或 ACT，尤其是 IB 体系的学生在 11 年级还有大量的论文要写。因此，深入了解课外活动的类型及投入的时间，对学生而言非常关键。

全链条规划包括硬性指标的考试完成度与软性指标的规划设计与呈现。关于硬性指标不再赘述，而软性指标规划的重点是无法用考试成绩呈现的，但在大学申请中占有很大比例，并对文书与面试产生很大影响。软性指标也即课外活动规划，课外活动包含学术类活动（竞赛类与非竞赛类）和非学术类活动（兴趣特长、公益活动、领导力活动等）两类。

在进行活动规划时，通常会出现这样的认知偏差：活动需要高大上，尤其要有名人加持，最好是能越洋参加。但这些恰恰是规划课外活动的误区，是应该着力避免的。2020 年，哈佛大学等 315 所美国大学的招生办主任联合发布了 2021 年招生指引，该招生指引至今依旧是美国大学有共识的招生录取标准，其中的一些理念与原则从侧面反映了美国教育所重视的特质。在招生指引中，招生办主任们提出了五大核心理念：公平（equity）、平衡（balance）、自我照顾（self–care）、照顾他人（care for others）、有意义的学习（meaningful learning）。同时，它还提出了招生的五大标准：自我照顾、学术表现（academic work）、服务和对他人的贡献（service and contributions to others）、家庭贡献（family contributions）、课外活动和暑期活动（extracurricular and summer activities）。其中，涉及非学术类课外活动的标准有四个：自我照顾、服务和对他人的贡献、家庭贡献、课外活动和暑期活动。涉及学术类课外活动的理念和标准有三个：有意义的学习、平衡、学术表现。

习惯于高大上活动的家长可能很不理解为什么家庭贡献、服务和对他人的贡献、自我照顾会成为招生标准。我们从美国大学的价值观和招生逻辑上就能很清晰地了解这一点：在课外活动中，美国大学非常看重学生因自己的贡献而推动社区进步或给社区带来改变。在申请文书中，不同的大学都会问同一个问题，虽然提问的方式不同，但其内核是一样的，即请描述你在入学后如何丰富校园文化？你觉得你可以采取哪些措施来使校园更加多样化？这些问题考查的都是学生在课外活动方面的能力。

醉心于大人物、名人、大事件等课外活动，是一个非常大的误区。设计优秀的课外活动的逻辑更像是“一屋不扫，何以扫天下”，在中学校园、自己的社区、自己的城市，有许许多多需要年轻人投入其中并为之努力的地方。所以，家长和学生在规划课外活动时，应从 9 年级开始，确保学生至少参与 15 个以上的学术类和非学术类活动，以便他们在提交申请材料时呈现出一个清晰、印象深刻的人物画像。

二、全链条规划的主要内容

真正的规划其实从9年级就要开始，否则后面时间都很紧迫。美国的高中是9~12年级，相当于中国的初三至高三。这四年是一个漫长且需要努力的时期，学生在学业、课外活动、竞赛、社区服务以及个人兴趣上的发展与努力，决定了其未来的大学申请结果。在每年申请季的早申请阶段，许多学生会面临令他们感到无比痛苦的事情：在绑定式早申请（Early Decision，ED）、非绑定式早申请（Early Action，EA）、限制性提前申请（Restrictive Early Action，REA）等提前申请中，学生必须填写活动列表，除了五项奖项，还要填写十项课外活动，而且课外活动是分类别的。这些都并非一日之功，学生从9年级就要开始积累。

全链条规划内容主要包括学术类活动规划，兴趣类、公益类、领导力类与创造力类等非学术类活动规划，学术类活动与非学术类活动形成两条规划主线。

（一）学术类活动决定规划中的学科兴趣主线

虽然美国大学都是大二结束后确定专业，但在大学申请时，学生仍需填写意向性专业，且所填写的专业必须与学生的学术活动方向及选课计划相吻合。因此，学术类活动规划要建立在学生提早确定自己学科兴趣及目标的基础上。如果没有及早确定自己的学科兴趣，这条学术主线的规划就很难进行。

学术类活动主要分为学术竞赛和学术研究两种。除此之外，一些以学术为核心内容的夏校（Summer School）和暑期训练营也属于学术类活动。有竞争力的学术类活动需要学生花费大量时间。

学术竞赛主要指被多所海外大学认可的国际竞赛，其种类繁多，每个竞赛设置的科目种类也很多（理科偏多）。优秀的竞赛奖项能体现学生出色的学术能力与敢于挑战的个人素养，从而为学生的申请增色不少。学术研究大多指国内外高校自身的研究项目，学生可以利用假期参与。参与这些项目，学生可以在提高自身能力的同时获得一定的项目成果。

学术类活动是学生了解感兴趣的学校或专业的机会，学生可以在低年级多涉猎一些活动，以便更好地了解自身兴趣所在。同时，在11年级暑假，学生可以参加目标学校的夏校活动，以增强对学校的了解。通常来说，申请门槛越高的夏校，其含金量也越高。

（二）领导力类活动体现学生参与社区服务的动力

在考查一名申请者是否有参与社区服务的动力时，通常会通过领导力类活动来体现。领导力类活动是指能体现学生领袖精神和领导能力的课外活动。体现领导力类活动的形式很多，校内活动包括学生会与社团管理，竞赛类活动包括模拟联合国、模拟法庭等。领导力类活动不是孤立的，当参加公益活动、学术兴趣小组时，学生所体现的组织管理能力等都属于领导力范畴。学生可以在学校创办各种社团，从而体现作为发起人的领导力，也可以参加美国大学的青少年领导力峰会，组织公益服务等，通过这些活动来体现自己的组织能力与领导能力。

（三）兴趣特长类活动丰富申请者形象

前两类活动分别体现了学生的学术能力、服务意识和领袖精神。而兴趣特长类活动则回归学生个人兴趣，向招生官展示每名学生的爱好与特点，丰富申请者的形象。兴趣特长类活动包括但不限于艺术类、体育类活动，有时还可以是学生独特的“冷门”兴趣。比如，某学生对明清瓷器感兴趣，于是独立研究中国明清瓷器的种类与制造特点，对其进行整理、翻译并发表。某学生对人机交互设计格外上心，于是学习计算机知识，成功设计了一些作品等。这些不常见的兴趣爱好都可以写到活动列表中，让招生官看到学生更真实有趣的一面。

学生在高年级时，不要为了保证学习时间而放弃自己的爱好与特长，因为这样可能会降低兴趣特长类活动的质量，尤其是体育类活动（比如加入校队或打比赛），只要时间允许，应该坚持参与，因为学生对一项活动长期保持热情是评价课外活动的一个重要指标。

（四）公益类活动彰显学生社会服务意识

公益类活动主要是指志愿者活动、慈善活动以及社区服务活动。有强烈社区服务意识和公益意识的学生在申请中更受欢迎。学生需要找到真正愿意投入热情的事情，这样学生不仅有丰富的课外活动经历，为文书提供有用的素材，还能真正培养自己的综合能力以及社会责任感、同情心。一个优秀公益类活动应有的特点：持续性、热情、责任感、领导力，通过自己的行动推动社区进步并带来改变。

三、活动规划的基本步骤与原则

Common Application 系统（美国大学最常用的网申系统，以下简称 CA）需要申请者填写 5 个奖项和 10 项课外活动列表，而加利福尼亚大学系统需要申请者填写 5 个奖项和 20 项课外活动列表。虽然活动列表内容太多对学生来说是一大挑战，但他们能展示自己的机会也随之增多，因此学生需要选择一些能真正打动心灵的活动，并将其展示给招生官。活动列表上的每一项都不是简单列举，活动的含金量对自我提升以及文书撰写都很重要。

申请系统的活动列表其实已经给学生指明了规划重点，即本节上述的四大类活动。真正的规划与设计定位，并非一蹴而就。学生需要有提前规划的意识，从 9 年级开始学生就要不断探索自己的学术活动主线定位及人物形象活动定位。当然，这一切都是以保证良好的 GPA 为前提。

9 年级：在课业并不繁重的 9 年级，学生可以将重点放在提早参与公益类活动和发展兴趣特长类活动上。同时，对于有着明显学科倾向的学生，可以选择参加针对低年级的学术竞赛以锻炼自己的能力。虽然含金量高的夏校通常不向低年级学生开放，但学生可参加一些训练项目来探索自己的兴趣。

10 年级：10 年级的学生需要将 AP 考试提上议程，如果就读学校未在 10 年级开设 AP 课程，学生可以提前自报两到三门容易得高分的 AP 课程，自学并参加考试，这样到 11 年级时就没有那么重的负担。AP 考试是检测学生学习能力与潜力的一个重要指标。

进入 10 年级的学生开始接触较难课程，这个阶段的重点是学生除了继续深化公益类活动、兴趣特长类活动，发展与体现领导力外，还要进一步确定自己的学科兴趣，参加学科类的竞赛与活动。对于理工科学生而言，要将活动规划与重点放在创新性创造类的科研活动上，并非每一名学生都能拿大奖，但学生在参与活动时所表现出的创造力同样会被认可。除此之外，在此阶段标化成绩也要重点提升。10 年级寒假建议完成托福考试。如果英语优秀，最少托福成绩能为 103 分，以便申请美国夏校。

11 年级：11 年级的学生已接触到高阶课程，这个阶段学生课业压力大，有各种标化及国际课程的大考需要面对。此阶段的 GPA 会对申请大学产生直接影响，因此确保 GPA 的稳定和优秀至关重要，同时，学生应努力备考标化考试以取得优异成绩。此外，学生应在暑期参加学术活动提升学术背景，同时打造人物画像也是此阶段的重中之重。

12 年级：12 年级已进入申请季，但 12 年级的 GPA 依然非常重要，因为无论是正常批次录取，第二轮绑定式录取，还是加州大学的录取，都需要 12 年级上半学期的 GPA 来支撑大学录取申请。

除了以上几点，12 年级的学生如果获得新的成就，都需要及时更新申请材料，将更新后的申请材料提交至大学。加州大学等学校承认所有 1 月 1 日之前的标化成绩。

四、课外活动规划的“加减法”原则

课外活动的设计与规划有四个重要的原则：质量比数量重要；各个活动之间要有内在逻辑与联系，不能是“各自为战”；无须复制他人活动，不“神圣化”任何活动，活动都是个性化的；避免“宏大叙事”，从身边的小事做起，产生看得到的改变。所以，课外活动的规划应当是在活动深度和丰富度上做“加法”，在活动主线上做“减法”。

在申请大学时，学生需要在申请表上填写 5 个奖项与荣誉、10 项活动。这 15 项内容，其实就是活动申请中的两条主线：一条是学生的学术兴趣与动力，也就是学术主线；一条是申请者内在的潜质、性格，即申请者的画像，也就是非学术主线。

（一）课外活动的“减法原则”：为申请者画“简笔画”

课外活动是展现学生的兴趣与热情、是否具有领导力，以及未来为社会做贡献、推动社会进步的愿景的一个重要环节。课外活动是建立在“硬条件”的基础上的一幅学生“画像”，而让招生官能一眼从众多申请材料中看到该学生的特点与画像，是课外活动规划的最高境界。所以，课外活动所描绘的画像不能是浓妆重彩的油画，也不能是朦胧诗意的中国山水画，应该是令人一眼就印象深刻，能捕捉到人物特点的简笔画。

课外活动做减法，最核心的是要简化规划线条，确保活动与学生的兴趣和能力紧密相关，而不是泛泛地堆砌一些华而不实的活动。如何简化活动？可以先从以下几方面检查一下活动的合理性。

第一，认真梳理、分析活动是否包括学术和非学术两大类，是否还有一些不相关的活动。

第二，找到短板，这主要体现为质量和数量是否达到要求，活动与申请专业方向的相关性如何，活动的深入性是否足够。

第三，聚焦活动内容，做减法。做减法主要是为了提升专业相关度，即把与申请专业的匹配度不足的活动直接放弃。同时，将学术研究与实践活动相结合。在活动设计上，学术类活动需展现学术成果，非学术类活动要展现其带来的社会影响力，即为家庭、学校、社区带来的改变。

真正漂亮的课外活动规划是通过课外活动的两条主线清晰展现学生的独特形象。如果观察学生的活动列表，无法清晰地认识学生，那么很难说这是一个出色的规划。学生的活动规划应当与文书相呼应，共同勾勒出一个完整的学生形象。比如，一个极其热爱摇滚乐的学生，申请的是数学专业，那么在撰写文书时一定要突出音乐类活动，并在领导力类、公益类等其他活动中寻找与音乐相契合的元素，以展示该学生的多元才能。这样塑造出来的申请者形象就是疯狂热爱数学的摇滚男孩。相信这样的“画像”会给招生官留下深刻印象，想进一步地去了解这名学生的其他特点，下文中所阐述的申请中的“加法原则”所附加的材料才会被看到。

（二）大学申请中的“加法原则”：丰富申请者的立体形象

大学申请中的“加法原则”是扩大学生的表达意见与兴趣的有效形式。

除了申请系统上要求学生必须提交的资料外，一些学校或专业也会要求学生额外提供一些附加材料。尽管这些材料并非强制要求，但学生也可以自行上传一些附加材料，以便更充分地展示自己多方面的能力。一般情况下，学校都会接受并将这部分材料作为参考，来综合考量学生的申请。常见的附加材料有简历、视频、研究资料、作品集等。

以上在申请材料中的“加法原则”，会让招生官看到一个丰富立体的申请人形象，从而加深对申请者的印象，并最终脱颖而出。

五、留学规划中不可忽视的金融节点

本科留学申请过程中的几个金融节点请勿错过。

12 年级的 11 月 1 日之前冻结（至少）70 万元，冻结时长为 6 个月。此资金必须预留在账户中（因为在美国除 ED 以外的学校均要求 5 月 1 日决定是否准予学生就读并收押金）。

12 年级下半学期的 5 月 1 日前后重新冻结 70 万 ~ 120 万元（根据学校学费要求而定），用以申请 I–20（可以冻结到 7 月底，办理签证时使用）。

7 月底至 8 月底，不同大学开始要求交学费。

在不同阶段冻结资金是美国本科申请的要求，其他国家并没有类似的硬性要求。

六、美国大学申请时间规划轴

9 ~ 11 年级的时间轴如图 3–1 所示。

9年级

9年级上学期
关注在校成绩，保持良好的 GPA
打好词汇基础，提高感兴趣方向的书籍阅读量，培养阅读习惯

9年级寒假
加强英语学习
深度探索自己感兴趣的领域，查漏补缺

9年级下学期
保持良好的在校成绩，准备中考或高中升学
积累词汇量和阅读量，加强英语学习

9年级暑假
参加低龄夏校，了解国外授课模式和大学氛围，提高适应力，正式学习托福
参加课外活动，参加美国等国家面向10年级以下学生的竞赛

10年级

10年级上学期
保持优秀的GPA，先报名两门能考到5分的AP考试
选择性地参加校内活动，理工科学生尽快参加竞赛，文科学生要参加经济学竞赛
写作极好的学生考虑申请写作夏校，抓紧时间准备托福

10年级寒假
托福强化阶段学习
参加有质量的课外活动，准备托福考试和AP考试
托福90+的学生可以考虑参加AP课程学习

10年级下学期
参加托福考试，托福考出基准分后开始SAT或ACT学习
准备5月份的AP考试
申请夏校

10年级暑假
参加探索型夏校
参加个人独立项目
参加学术实践课程、比赛、辩论等，准备小课题
继续进行托福学习并考出高分

11年级

11年级上学期
保持优秀GPA，11年级的GPA最重要，GPA永远是第一位
托福冲刺阶段学习，SAT或ACT强化阶段学习
多报几门AP考试，开始申请夏校，有些项目截止得很早

11年级寒假
准备SAT或ACT考试
准备AP考试
准备申请夏校
拓展校外活动

11年级下学期
保持良好的GPA，最重要的一次GPA切勿下滑
参加SAT或ACT考试，托福考试冲刺
准备5月份的AP考试
如前期未录取，继续申请夏校
继续参加校内活动，暑期补充缺少的活动，可参加学术提升活动

6月份为进入申请季做准备

图 3-1　9～11 年级的时间轴

11 年级下半学期至 12 年级申请季的时间轴如图 3-2 所示。

5—6月

进行AP考试
参加托福或雅思考试
参加ACT或SAT考试

6—7月

继续冲刺托福或雅思考试（考到成绩满意为止）
暑期是最后的课外活动补充时间，如果还未去夏校，建议做深度背景提升，查缺补漏，深化活动，尤其是文科方向比较容易补充
主文书初稿

7—8月

专业背景的提升（课外活动、夏校、实习等）
学校初选名单要最终确定下来，开始准备相关文书资料
按不同学校的要求提前进行WES或ECE认证（认证时间较长，需要提早进行，认证时要同教育部保持积极的沟通）
确定推荐信老师并与老师保持沟通
冲刺SAT或ACT考试（如未出分继续报名再考）

9月

托福成绩没有达到预期目标的学生，可以接着参加考试
定稿主文书，开始补充文书
保持优秀的GPA

10月

开始填写CA系统的内容，并认真打磨活动列表
修改、打磨补充文书
提交在此期间截止申请的学校申请资料
注册面试，并提前进行第三方面试

10月15日前开60万元存款证明，冻结半年（申请学校数量+3份）

11月

通过CA系统或者学校独立的平台提交申请资料，联系学校
未参加第三方面试的同学，提交申请资料前需进行面试（部分学校需要）
11月1日部分早申请截止，开始准备加利福尼亚大学的申请

12月

开始陆续收到早申请录取，积极准备相关面试和其他学校的补充材料
准备补充文书；定稿加利福尼亚大学的文书并提交，12月1日加利福尼亚大学申请截止
准备好早申请阶段的所有文书和申请材料并提交
在此期间如有新的标化考试成绩，请提交至申请学校

次年1月

准备期末考试，必须保持良好的GPA，甚至要提高GPA
1月1日部分早申请材料提交截止
寒假可进行补充材料的准备，1月1日前可以向加利福尼亚大学申请系统补交标化考试新成绩
提醒老师提交这学期成绩

1—3月

尽早提交推荐信，争取转正
提交视频、作品集等补充材料

3—4月

选定最终就读学校，接受学校录取，交付押金
在录取院校教学系统中注册学生账户及邮箱

4~5月份开具60万元存款证明，冻结3个月（2份）

准备申请签证材料，预约签证
接种疫苗，申请宿舍
提交毕业证、学位证、高三成绩单等

5—6月

5月份开具60万~100万元存款证明，冻结3个月（2份）

新生见面会、入学前考试等通知都会在学校注册的邮箱中接收到
开始选课
购买赴美机票
官网选课

7月

7—8月份根据每所学校要求支付学费，支付方式多为电汇，请携带学校发送的银行账户信息到银行办理转账手续

图 3–2　11 年级下半学期至 12 年级的时间轴

第五节
英国大学重视学术能力与潜力

目前英国已成为中国第二大留学目标国，选择英国留学的原因主要有以下三点：第一，英国教育质量相对较高并且实行精英制教育，注重个性化培养；第二，英国学制相对较短，大多数学校为三年本科，一年硕士，所以本硕连读是四年，相比美国更为经济实惠；第三，在国际形势风云变幻的今天，安全系数相对较高。

据2024年英国UCAS官方统计，在本季大学申请中，英国热门专业收到的申请份数分别为：商科与管理相关专业共77 140份；社会学相关专业共55 330份；工程相关专业共48 000份。由此可见，就业需求高、薪资高是国际生申请这些热门专业的主要原因。而中国学生在申请英国大学时有所不同，依旧首选理工科专业。

一、英国大学更注重学术表现

英国大学的教育体系是典型的注重学生学术表现的大学教育体系，英国大学在招生和录取时，基本以单一的学术表现作为评价标准，这与复杂的美国录取体系有着本质的差别。

一方面，申请英国大学的官方平台UCAS申请系统，只有五个空格允许学生填写申请的学校及专业，而且共用一篇文书，这极大地限制了专业选择的灵活性。学生所选专业必须保持一致或者相关度很高，否则很难撰写出符合要求的文书。

另一方面，英国大学相对公平的录取机制是建立在单一的评价体系之上的，即只考查学生的标化成绩和学术竞赛类活动。

另外，在英国G5学校的面试中，一个重要的环节是老师当场出题测试，这实际上相当于另一次学术测试。对于设有前置性考试的大学，也会用这种学术考试直接进行前期筛选。这样的学术测试，确保学校能够选到最适合自己教育理念的申请者。

所以，要去英国留学的学生，一定要将自己的学术表现放在第一位，而其他课外活动，比如领导力、公益与兴趣特长等活动，在英国教育体系中基本不会被考查。因此进行英美同申的学生，需要提早做出合理规划。

二、前置考试政策复杂且严格

牛津大学、剑桥大学等名校的前置考试政策很复杂，它们对学生的筛选也很严格。所有申请者必须参加面试，但取得面试资格的前提条件是通过前置考试。学校根据考试成绩给予学生面试邀请，没有收到面试邀请说明学生在前置考试中未达标，也意味着学生提前被拒录了。

大部分前置考试于每年秋季举办，但也有个别考试在夏季，所以学生需要了解清楚每年的考试时间。该考试的专业性很强，许多内容超出高中课程范围，因此学生最好参加专门的培训以提高通过率。目前在英国通用的前置考试主要有以下15类：数学入学考试（Mathematics Admissions Test，MAT）、第六学期考试（Sixth Term Examination Paper，STEP）、剑桥计算机入学考试（Cambridge Test of Mathematics for University Admissions，CTMUA）、思维能力入学考试（Thinking Skills Assessment，TSA）、经济学入学考试（Economics Admissions Assessment，ECAA）、工程入学考试（Engineering Admissions Assessment，ENGAA）、物理入学考试（Physics Aptitude Test，PAT）、自然科学入学考试（Natural Sciences Admissions Assessment，NSAA）、地理入学考试（Geography Admissions Test，GAT）、历史入学考试（History Aptitude Test，HAT）、语言入学考试（Modern Languages Admissions Test，MLAT）、英国文学入学考试（English Literature Admissions Test，ELAT）、生物医学入学测试（Biomedical Admissions Test，BMAT）、法律入学考试（National Admissions Test for Law，LNAT）、哲学入学考试（Philosophy Test）。

牛津大学、剑桥大学、帝国理工学院、华威大学、伦敦政治经济学院的一些专业要求学生参加前述15类考试中的一类或多类，所以在申请英国学校时，学生应提前在官网上认真查看所需参加的前置考试。

三、英国G5大学的录取标准与学术型面试

英国作为历史悠久的欧洲国家，孕育出了许多富有文化底蕴的百年名校。其中，最优秀的学校有五所，就是并称为“G5超级精英大学”的牛津大学、剑桥大学、伦敦大学学院、帝国理工学院、伦敦政治经济学院，这五所学校也是我国留学生的主要目标学校。

英国大学的申请从准备到提交，流程上简单了许多，但限制性因素也相对多一些。在UCAS系统中，学生只能填写五个空格，这意味着学生在申请季最多只能申请五所英国大学。学生如果想多申请一所，就只能在2月份申请。本节重点介绍英国大学的申请流程与所需材料，特别是中国家长和学生青睐的G5大学的录取标准与条件。

（一）英国 G5 大学录取标准分析

牛津大学和剑桥大学在大学申请时只能申请其中一所，不能同时申请，而且这两所大学的申请截止日期要比其他学校早三个月左右，截止日期为每年 10 月 15 日。更重要的是，申请这两所学校的学生必须参加面试。由此可见，在 G5 大学申请中，实际上学生最多只能申请四所大学。如果再划分理科和文科，那么大多数学生在 G5 中只能申请三所大学，而且每所大学对学生的语言测试和学术测试都有着明确的分数要求。

需要注意的是，同一所学校的不同专业对学生的要求也会有所不同。有些学校还要求学生参加与专业相关的学科测试或提交相关学术论文，比如牛津大学和剑桥大学。在申请前，学生应了解清楚自己意向专业的要求，做好充分的准备。牛津大学、剑桥大学和帝国理工学院等学校通常会有面试环节。所有学校的面试类型均为学术型面试。可见，英国大学教育体系是以学术为重的。

（二）学术型面试的典型代表：牛津大学和剑桥大学

牛津大学和剑桥大学的面试极为关键，作为录取学生的最终筛选环节，堪称“人才淬金石”，是名副其实的学术型面试。下面将两大名校做一比较（见表 3–5）：

表 3–5　牛津大学与剑桥大学对比

类别	牛津大学	剑桥大学
面试比例	通过前置性考试筛选出 50% 的申请者参加面试 面试者中，33% 左右的学生会被录取。其中，生物学录取率仅为 20% 左右；宗教与东方研究专业，录取率超过 50%	75% 的申请者会拿到面试通知 面试者中 26% 左右的学生会被录取
面试形式	邀请面试者进行校园面试，每场面试两个面试官，面试官为面试者申请学院的讲师或教授，有些专业有附加面试	校园面试与海外面试（上海） 校园面试的面试官是面试者所申请学院的讲师或教授
面试内容	第一部分学生需进行个人陈述并阐述申请这所学校及专业的原因 第二部分是重点，专注于学术水平的测试。面试官给学生出题并要求学生当场回答问题。理工科学生需当场推导与演算。部分题目为超纲内容	考查学生学术水平，面试难度大，有些有 20~60 分钟测试 第一场面试讨论个人兴趣，同时解答所提学术题 第二场面试讨论学术问题，学生解答学科问题。物理专业的题目大多涉及英国物理、奥数比赛题目

资料来源：根据学校官网公开资料整理。

四、英国大学的申请及各大学优势专业分析

UCAS 系统通常在每年 8 月初开放（牛津大学、剑桥大学以及医学、牙科学、兽医科学、B 类艺术专业除外）。学生在系统上填写完申请材料后，这一份材料会同时递交给所申请的五所大学，每所大学收到的材料都是一样的。

（一）需提交的各项申请材料与要求

UCAS 系统要求学生提交的申请材料主要有个人陈述、学术成绩和推荐信三项，国际生还需要提交语言能力水平测试成绩。

1. 个人陈述

与美国大学的主文书不同，英国本科申请需要学生字数限制在 4 000 个字母或 47 行以内全面地介绍自己。学生需要阐述自己的申请原因、学术特长、意向专业选择原因、活动经历、获奖经历等多方面的信息。英国大学的申请文书强调为什么申请这个专业，学生为这个专业做了哪些准备与积累，取得了哪些成绩，它更像是一篇专业文书。

2024 年，UCAS 系统有新的要求，目前已确定了新版文书的六个关键项：

- Motivation for the course（申请动机）。
- Preparedness for the course（申请准备情况）。
- Preparation through other experiences（通过其他经历所做的准备）。
- Extenuating circumstances（任何情有可原的情况）。
- Preparedness for study（对学习的准备程度）。
- Preferred learning style（喜欢的学习方式）。

UCAS 系统还要求学生在个人陈述部分提及课外活动的内容。因此，申请英国大学的学生在填写个人陈述时，不仅要写一篇完整的文章，还要系统地说明自己的课外活动与其他经历，从而使学校全面了解自己。UCAS 系统在官网上为学生提供了个人陈述的参考文件，也为学生提出了一些建议，以帮助学生更好地完成个人陈述，具体要求如下：

- 行文简洁自然，不要过于复杂。
- 追求独特，但需注意幽默的引用或其他特殊用语的使用，有时招生官的幽默感可能与你不同。

- 重点描述与大学看重的品质有关的个人信息，可以参考课程简介。
- 注意字数限制，4 000 个字母或 47 行以内。
- 注意检查字词，邀请老师、家人、朋友复查，再根据意见进行调整，避免出现拼写和语法错误等问题。

2. 学术成绩

学生需要在 UCAS 系统上提交学术成绩。学生需要自行将分数汇报给学校，并提交成绩单。同时，因为申请季开始于最后一学年的第一学期，所以学生需要预估第二学期的分数，将其一并汇报给学校。如果学生所在的学校没有开设 A-Level 和 IB 这两种课程，那么学生除了提交平时成绩外，还需要提供其他学术测试成绩，以满足申请要求。大部分英国大学接受 SAT、ACT、AP 等美国本科申请常用的学术测试成绩，近年来，中国高考成绩也逐渐被包括剑桥大学在内的部分英国院校接受。本节列出了 G5 大学的部分学术要求，以及其他英国大学各个专业的具体成绩要求，学生可以在各学校官网上查询。

3. 推荐信和补充材料

英国大学只要求学生提交一封推荐信。推荐信可以来自任课教师、升学指导老师或其他对学生的学术水平有一定了解的专业人士。需要提醒的是，英国大学要求学生先提交一封推荐信，之后才能提交申请材料。

- 英国大学只需要一封推荐信。
- 字符要求：4 000 字符以内（加空格）。
- 不管推荐人是谁，都应该以高中的角度（类似高中的指导顾问）去推荐学生。也就是说，如果推荐人是任课老师，那么推荐信的内容不能限制在学生在此学科上的学习表现，而是要整体评价学生，比如学生所学课程的难度、学生的整体学术水平等。
- 说明为什么该学生适合学习他所选择的大学专业，并说明为什么认为学生可以在该专业领域成功。如果有可能，最好看一下学生的个人陈述，从而使推荐信内容跟学生的申请材料相匹配。
- 推荐信中不要重复学生个人陈述中的内容，除非老师是对其加以评价。

除了以上材料，包括 G5 在内的一些学校要求学生额外提供针对本校的补充材料。例如，学生在UCAS系统提交申请材料后，剑桥大学会通过电子邮件向学生发送补充问卷。同时，剑桥大学还针对不同专业的学生设立了不同科目的入学考试，学生的成绩会影响录取结果。

（二）各大学优势专业分析

除了G5，英国还有许多非常优秀的大学，表3-6对英国著名的大学及优势专业进行了分析比较，学生在申请英国大学时可以作为参考。

表3-6　英国著名的大学及优势专业比较

大学名称	大学的优势专业
牛津大学	计算机、经济学、会计金融、艺术设计、商科、临床与健康、医学、地理、历史与政治学、考古、英语语言与文学
剑桥大学	计算机、经济学、会计金融、建筑、商科、人类学、考古、化学、解剖学、生理学、英语语言与文学、地理、历史、生物科学、机械工程、临床医学
帝国理工学院	计算机、经济学、会计金融、艺术设计、土木工程、机械工程、化学工程、数学、生命科学、临床与健康
伦敦大学学院	计算机、经济学、会计金融、建筑、艺术设计、传媒、医学、法律、机械工程、教育研究
爱丁堡大学	计算机、经济学、会计金融、建筑、传媒、旅游与酒店管理
曼彻斯特大学	计算机、经济学、会计金融、商科、物理、医学、数学
伦敦国王学院	医学、牙科、药剂学、法律、心理学
伦敦经济政治学院	计算机、经济学、会计金融、商科、传媒、法律、国际关系、政治学、人类学、社会学、社会政策与管理、社会心理学
华威大学	计算机、经济学、会计金融、商科、数学、工程、物理
布里斯托大学	物理、牙科、数学、经济学、航空航天工程
格拉斯哥大学	会计金融、法学、化学、计算机、物理
南安普敦大学	计算与信息科学类、工程类
杜伦大学	物理、化学、法律、社会学、心理学
伯明翰大学	物理和天文、化学工程、计算机、会计金融
圣安德鲁斯大学	考古、天体物理、地球环境科学、心理学、管理学、文学
利兹大学	商学院、传媒、制药与药理学、医学、语言学、艺术设计
谢菲尔德大学	建筑、传媒、图书馆与信息管理、考古、地理

资料来源：根据大学官网公开资料整理。

（三）英国大学申请时间轴

英国本科申请时间轴（以 2024 年英国大学秋季入学为例）如图 3-3 所示。

2023年5月17日	UCAS系统正式开放，意味着2023年申请季正式开始
2023年9月6日	2023年UCAS本科申请正式开放，学生可以递交申请
2023年10月15日	2023 年牛津大学、剑桥大学及医学、兽医、牙医专业截止申请
2024年1月25日	大部分英国大学本科专业截止申请（除了申请截止日期为10月15日的专业）
2024年2月23日	UCAS系统补申、额外申请开放
2024年7月5日	UCAS系统补录申请开放
2024年9月21日	2023年本科入学申请截止（不管是什么申请，这都是最后期限）
2024年10月17日	UCAS系统补录申请与录取最终截止（至此，2023年英国本科申请全部结束）

图 3-3　英国本科申请时间轴

|第四章|

本科留学目标多元化，欧洲、亚洲等各有优势

中国学生的求学目的地呈现出明显的多元化态势。根据美国国际教育协会的不完全统计，2023 年中国学生在高等教育阶段的热门求学地分别为美国（289 526 名）、英国（158 335 名）、澳大利亚（140 111 名）、加拿大（100 075 名）、日本（85 762 名）、德国（40 055 名）、法国（27 479 名）、意大利（15 872 名）等。本章就欧洲、亚洲等地区的热点求学目的地进行解读，以帮助读者做出清晰的判断。

第一节
热度不减的加拿大、澳大利亚

虽然加拿大和澳大利亚的气候截然相反，在地理位置上又相距甚远，但它们同属英联邦教育体系，也是中国学生非常喜欢的两个求学目的地。

一、宽进严出的加拿大高等教育制度

加拿大高校绝大多数是公立大学，本科学制一般为 3 ~ 4 年。硕士学位在取得学士学位后才可申请，一般需要 1 ~ 2 年；攻读博士学位一般需要 3 年。全日制高校的学制不完全一样：有的大学一年设有两个学期，即 9—12 月为秋季学期，1—4 月为春季学期；有的大学只设 5—8 月的春夏学期。

（一）加拿大高校的四大类别

根据办学规模、学术重点、地理位置和资金来源等因素进行分类，加拿大高校通常可分为四大类：基础类大学、综合类大学、医博类大学和专业或应用艺术与理工学院（见表 4-1）。其中，基础类大学注重本科教育，相比其他大学，硕士及博士项目较少。综合类大学除本科教育外，还设有一些硕博专业，相比基础类大学，更注重科研。医博类大学有最全面的硕士和博士项目，并且拥有医学院，其重点在于学术研究。而专业或应用艺术与理工学院提供特定的专业教育和技术培训。四类大学各有特点，其中，医博类大学是中国学生的首选。

表 4-1　加拿大高校分类

类别	特点	主要大学
基础类大学	主要专注于本科教育，提供较少的研究生课程	特伦特大学、湖首大学、布兰登大学
综合类大学	提供多样的本科和研究生课程，可能包括一些专业学位课程，但不提供医学博士课程	滑铁卢大学、西蒙弗雷泽大学、卡尔加里大学
医博类大学	提供广泛的本科、研究生和博士课程，包括医学博士课程	多伦多大学、麦吉尔大学、英属哥伦比亚大学
专业或应用艺术与理工学院	提供特定的专业教育和技术培训，比如艺术、设计、技术、护理等	谢尔丹学院、乔治布朗学院、不列颠哥伦比亚理工学院

资料来源：根据各学校官网公开资料整理。

（二）加拿大教育体系特点

1. 典型的宽进严出制度

这种制度体现了学术严谨性。虽然入学条件相对宽松，但加拿大高校在学术上保持高度严谨，课程要求严格，考核标准明确，学生需要达到一定的学术水平，才能继续学习以及最终毕业。例如，多伦多大学是有名的宽进严出的大学，每年都有不少学生因无法达到学术要求而被退学。

2. 大学的 CO-OP 项目

这是一种将学术学习与实际工作经验相结合的教育模式。这种模式允许学生在学习期间轮流在学校学习和在相关行业工作，从而获得宝贵的实践经验。CO-OP（带薪实习）项目通常被工程、计算机科学、商业和其他技术或应用科学领域所采用。

加拿大宽进严出的教育制度旨在为不同背景的学生提供教育机会，同时保持高标准的学术水平。这种制度鼓励学生发展自我管理能力、批判性思维和专业技能，从而为毕业后的职业生涯做好准备。

图 4-1 所示的是加拿大本科申请时间轴。

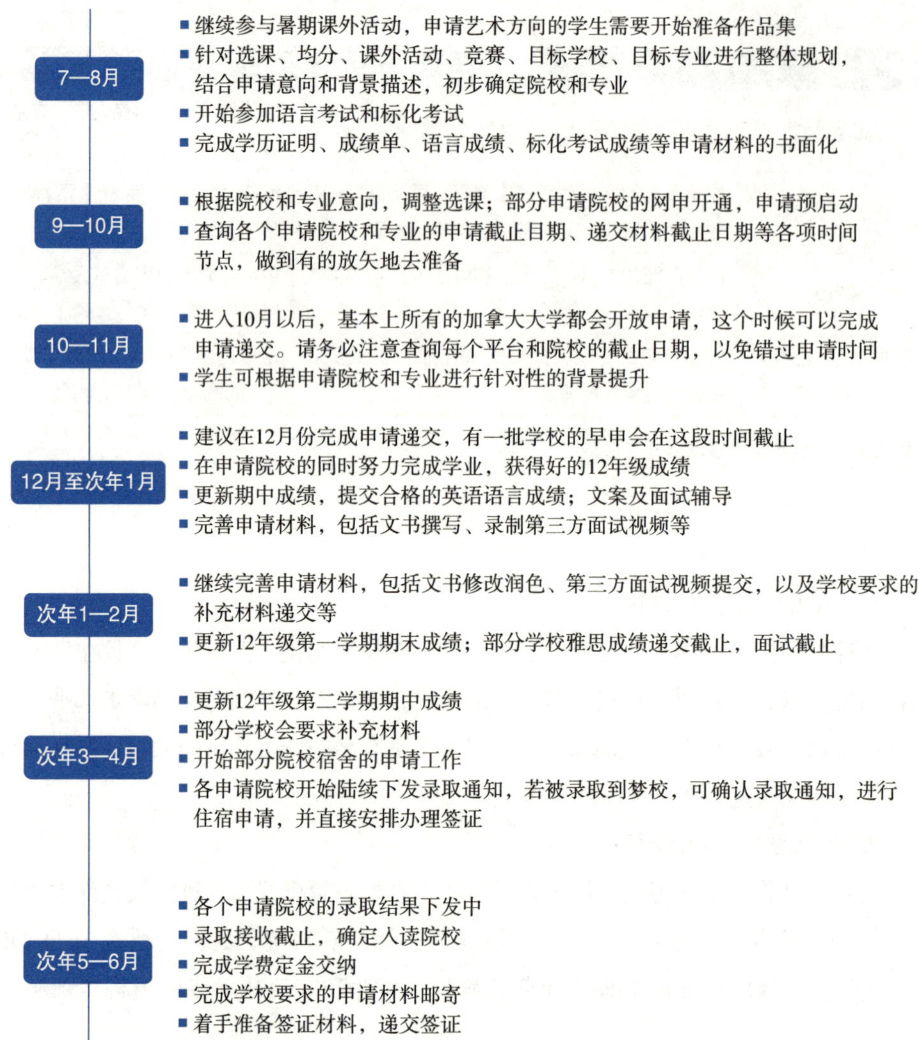

图 4–1　加拿大本科申请时间轴

二、包容自由的澳大利亚高校教育体系

在 2024 年度的 QS 排名中，澳大利亚的墨尔本大学、新南威尔士大学和悉尼大学名列前茅，这增强了澳大利亚的留学优势，而中国和印度是澳大利亚最大的留学生来源国，其中中国留学生占澳大利亚国际生的 21%，人数达到 162 826 人。

澳大利亚共有 42 所大学，这些学校在各类世界大学排名中都表现不俗。在 QS 2024 世界大学排名中，澳大利亚有一半以上的大学跻身世界大学 500 强的行列，有

9 所大学入围前 100 强。其中，墨尔本大学是澳大利亚排名最高的院校，位列全球第 14 位。澳大利亚接受国际生入澳就读已有 60 多年的历史，目前，有来自全球 200 多个国家和地区，共 50 多万国际生在澳学习、生活。

（一）澳大利亚教育体系的三大优势

由英士国际商学院、新加坡人力资本领导能力研究院和德科集团联合发布的《全球人才竞争力指数》（Global Talent Competitiveness Index）报告显示，澳大利亚的人才竞争力排世界第 9 名，教育实力更是达到世界一流水平。

1. 优势一：澳大利亚对国际生管理严格

澳大利亚政府 1986 年便开始落实招收自费学生的政策，在此政策的基础上，对国际生给予更多的照顾。澳大利亚政府要求所有教育机构都要向有关部门登记、注册提供给留学生的课程，并接受监管。学生如果遇到课程未登记问题，可直接向澳大利亚政府有关部门反映、投诉。

2. 优势二：澳大利亚教育制度弹性大

留学生有权根据自己的需要选择申请日期、入学时间以及就读课程年限的长短，比如，澳大利亚的本科生和研究生一般于每年的 2 月和 7 月入学，个别大学允许学生在 3 月入学。难以适应新学习环境的学生，可以相应地延长课程的学习时间。非英语国家的学生可以选择先就读英语课程，然后上专业课。而学习能力较强的学生则可选择多修课程，比如修双学位课程。学生如果想早一点毕业，则可选择夏校，以提前修完学分，提前毕业。

3. 优势三：澳大利亚录取条件人性化

虽然名校众多，但是澳大利亚的录取条件却非常人性化。在语言要求方面，澳大利亚不仅承认雅思成绩，还认可托福、培生等考试成绩，且申请者无须参加其他考试，比如 GRE、GMAT 等美国研究生入学考试。澳大利亚八大名校的入学条件也不高，申请周期相对较短，十分适合想进入名校的中国学生。需要注意的是，虽然这些名校的入学门槛低于英、美等国家的名校，但是申请者仍然需要付出很多努力，因为名校往往都遵循宽进严出的规则。

（二）澳大利亚本科入学条件较宽松

澳大利亚的本科课程是由专业课和选修课组成的，某些院校还会进行独特的专业课程和学科单元设计。因此，学生在报考院校和选择专业前，做充分调查和对比是十分有必要的。

学生在完成本科课程后，还可以继续修读澳大利亚的荣誉学位课程。荣誉学位课程是学生在本科学习中可以获得的最高级别的教育和培训资源，其将课程内容与基于实践或者基于论文的研究项目相结合，能够让学生为接下来的研究生就读做准备，一般需要一年的学习周期。

澳大利亚院校录取本科生时，主要审查的是学生的学术背景及语言水平。高中生在申请澳大利亚本科时，只要 GPA 达到申请大学的要求，就可以向该大学提交申请。若托福、雅思等语言成绩未达到该学校的直接录取标准，学生可以在入读前先进行一段时间的语言课程学习。当然，许多澳大利亚院校也开设了语言直升班，通过该班所有考试的学生，无须提交托福、雅思等语言考试成绩，可以直接进行正式课程的学习。澳大利亚本科院校类型及基本信息如表 4–2 所示。

表 4–2　澳大利亚本科院校类型及基本信息

类别	特点	学费（澳元）	开学时间
大学教育	■ 学术水平高 ■ 教育质量由联邦政府控制管理，相对平均	每年 2 万 ~ 3 万	一般为每年 2 月、7 月
职业教育	■ 相当于我国的职业学校、技校、中专和高等专科学校 ■ 以就业为导向 ■ 学成后可获得大专文凭 ■ 学制多为两年	每年 1 万 ~ 1.4 万	一般为每年 2 月、7 月，少数为 10 月
私立商业专业学校	■ 提供长、短期的广泛的职业培训课程，包括证书课程和文凭课程（内容包括电脑、商业、秘书、美容、美发及飞行员训练等） ■ 文凭课程一般时长是 40 周以上，科目很广泛，主要以学习专业技能为主 ■ 能获取证书课程的项目和院系少，短期项目多 ■ 学生可以得到专业科目的证书文凭，以方便求职	视专业难度和授课时长而定	没有固定日期

资料来源：根据各学校官网公开资料整理。

（三）八校联盟是澳大利亚高校教育的典范

澳大利亚八校联盟（Group of Eight，简称 Go8 或 G8），又称澳大利亚八大名校或澳大利亚八校集团，是澳大利亚著名的高校联盟，包括澳大利亚国立大学、墨尔本大学、悉尼大学、新南威尔士大学、昆士兰大学、蒙纳士大学、西澳大学、阿德莱德大学。

除了八大名校，澳大利亚还有许多不错的大学，为学生提供更多选择。但总体而言，中国学生去澳大利亚留学，基本上选择的都是这八大名校。这些学校各具优势专业（见表 4–3），学生在选择学校与专业时需要认真比较。

表 4–3　澳大利亚排名前 10 学校的优势专业

澳大利亚大学排名	中文名称	英文名称	优势专业
1	澳大利亚国立大学	The Australian National University	哲学（QS 学科排名第 3） 人类学（QS 学科排名第 6） 地理学（QS 学科排名第 7） 政治与国际研究（QS 学科排名第 11） 历史学（QS 学科排名第 12）
2	墨尔本大学	The University of Melbourne	法律（QS 学科排名第 12） 教育学（QS 学科排名第 12） 心理学（QS 学科排名第 17） 医学（QS 学科排名第 20） 会计与金融学（QS 学科排名第 21）
3	悉尼大学	The University of Sydney	体育相关学科（QS 学科排名第 4） 护理学（QS 学科排名第 12） 解剖与生理学（QS 学科排名第 12） 药剂与药理学（QS 学科排名第 14） 法律（QS 学科排名第 16）
4	新南威尔士大学	The University of New South Wales（UNSW Sydney）	土木工程（QS 学科排名第 13） 法律（QS 学科排名第 14） 石油工程学（QS 学科排名第 17） 会计与金融学（QS 学科排名第 20）
5	昆士兰大学	The University of Queensland	体育相关学科（QS 学科排名第 2） 矿物与采矿工程（QS 学科排名第 4） 农业与林业（QS 学科排名第 16） 环境科学（QS 学科排名第 19）
6	蒙纳士大学	Monash University	药剂与药理学（QS 学科排名第 1） 教育学（QS 学科排名第 13） 护理学（QS 学科排名第 14） 矿物与采矿工程（QS 学科排名第 22）
7	西澳大学	The University of Western Australia	矿物与采矿工程（QS 学科排名第 5） 体育相关学科（QS 学科排名第 23） 解剖与生理学（QS 学科排名第 24） 地球与海洋科学（QS 学科排名第 30）

（续表）

澳大利亚大学排名	中文名称	英文名称	优势专业
8	阿德莱德大学	The University of Adelaide	石油工程学（QS 学科排名第 10） 矿物与采矿工程（QS 学科排名第 19） 牙科学（QS 学科排名第 25）
9	悉尼科技大学	University of Technology Sydney	网络安全（QS 学科排名第 90） 信息技术（QS 学科排名第 58）
10	伍伦贡大学	University of Wollongong	工程（QS 学科排名第 212） 商科（QS 学科排名第 151） 计算机（QS 学科排名第 251） 体育（QS 学科排名第 101）

资料来源：根据各学校官网公开资料和 QS 学科排名等整理。

（四）澳大利亚本科申请要求及流程

澳大利亚大学遵循早申请、早录取的滚动式录取原则，有些热门专业会因为申请人数过多而提前结束录取。因此，有意向申请的学生要尽早准备。本科申请的基本要求有以下四个方面：

- 学历要求：申请者至少高中毕业或者大专毕业，所读的院校必须是经过国内教育部门认证的全日制院校。
- 年龄要求：申请者的年龄要与实际情况相符合，不能太大或者太小，毕业年龄区间为 18 ~ 30 岁，超出年龄或者毕业太久的申请者都无法申请。
- 语言要求：如果申请者想直接就读本科，雅思需为 6 分以上，托福需为 80 分以上。
- 资金要求：申请者的资金不少于 60 万元。

图 4-2 所示的是澳大利亚本科申请时间轴。

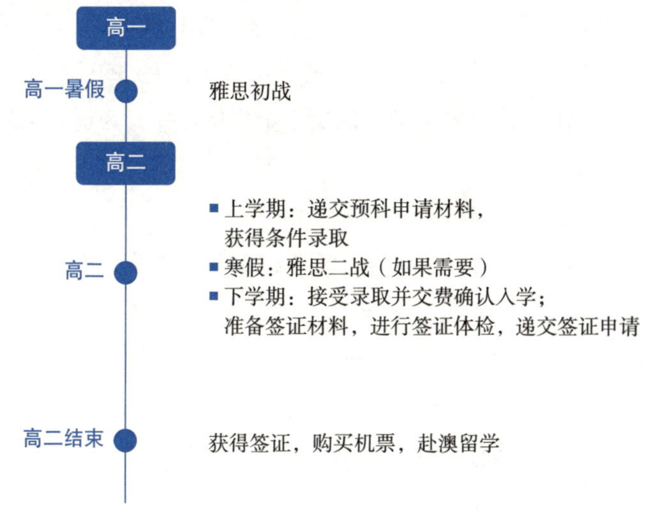

图 4–2　澳大利亚本科申请时间轴

第二节
留学欧洲性价比高——德国、法国与丹麦

根据 QS 2024 世界大学排名，在全球前 200 名的大学中，欧洲的大学占四成以上。教育在很多欧洲国家仍然是一项福利，它们没有像英、美、澳等国家那样将高等教育过度产业化。欧洲有很多国家仍实行免学费或低学费的高等教育政策。

为鼓励国际学生赴欧留学，欧洲各国政府为留学生提供了多项福利补贴，例如，法国政府向留学生发放社会保险、住房、交通等方面的优惠补助，意大利政府给予留学生医疗保险方面的补助，丹麦提供全民公共医疗健康体系，这些都为留学生在欧洲的基本生活提供了强有力的保障。

一、扎实严谨的德国大学教育

德国大学以治学严谨、文凭含金量高而闻名世界，但德国从来不对大学进行任何形式的排名。德国有 427 所国家承认的高校，提供约 19 000 门课程，英语教学的国际课程（以硕士课程居多）也在不断增加，尤其是在工程科学和自然科学领域，这为不同教育程度的人提供了多样化的选择，留学生也因此获益良多。德国高校有超过 14% 的国际学生，国际化氛围良好。

德国的教育资源很多，而且留学费用低，性价比很高。德国大部分公立高校都免收学费，只有巴登－符腾堡州（非欧盟学生每学期 1 500 欧元）和某些国际课程及硕士课程收费，留学生只需付一笔很低的学杂费（100～350 欧元）。此外，德国学术交流中心（DAAD）是世界上最大的奖学金机构之一，为优秀国际学生提供金额不低的奖学金补助。

（一）德国大学具有独特的教育体系

德国有公立大学（约 60%）、私立大学（约 30%）和教会资助高校（约 10%），大部分学生选择就读免学费的公立大学，约 7% 的学生选择就读学费较高的私立大学（多为应用科学大学），但这两类高校的教学质量并无差异。私立大学凭借小班授课、国际化课程设置以及与经济界的紧密合作受到学生的欢迎。

德国的高等教育院校按任务性质分为三种类型，各具特色，其中综合大学与应用科学大学的区别如表 4–4 所示。

表 4–4　德国综合大学和应用科学大学对比

对比项	综合大学	应用科学大学
课程设置	学科较多、专业齐全，包括工科、理科、文科、法学、经济学、社会学、神学、医学、农林学等	开设专业有限，集中于技术、经济、农林、设计、社会福利、护理、传媒。教学实习几个月到半年
毕业学位	▪ 学士（学制 3 年，180 学分，个别 4 年，240 学分） ▪ 硕士（学制 2 年，120 学分） ▪ 法律、教育、医学、药学等需通过国家考试	▪ 学士（学制 3～4 年） ▪ 硕士（学制 2 年） ▪ 学分要求同综合大学，30 个学时 1 学分，每学期 30 个学分
攻读博士	毕业生可以申请读博（学制 2～5 年）	优秀毕业生可申请进入综合大学读博
科学研究	科研与教学并重，强调基础研究和理论知识系统化	除掌握必要的基础理论外，从事一定的应用性研究
学校规模（学生人数）	15 000 人左右	4 000 人左右
课程选择	各个专业的学习条例规定了学习内容和需要完成的教学模块，每个教学模块会开设不同类型和主题的课程，学生根据需要自由选择修哪些课程，成功完成一个教学模块的课程任务就会获得一定的学分，达到总学分要求后即可毕业	
上课形式	研讨课、练习、实习／实践、讲座	
学分评级	1～5 分（从高到低），4 分及格	
考试形式	笔试、课堂报告、书面家庭作业、口试	

注：表中所列的学制是推荐学制，仅供参考。很多学生不能在推荐学制内完成学业。
资料来源：根据各学校官网公开资料整理。

综合大学：以科研为导向的大学，专业设置广泛，教授专业理论知识以及具体的学习和研究方法，其毕业生通常都有较强的独立工作和科研能力。在德国，只有综合大学有博士授予权。综合大学既有慕尼黑大学、海德堡大学和柏林自由大学这样的“精英大学”（13 所），也有德国理工大学联盟（TU9），包括亚琛工业大学、汉诺威大学、斯图加特大学等 9 所大学，还有师范类、体育类、医学类、行政管理类和国防大学等专业领域大学，例如汉诺威医学院、科隆德国体育学院。

应用科学大学：以应用为导向的大学，伴随现代工业经济的飞速发展而生，相对于理论知识，更侧重于传授符合具体职业需求的实践经验。其教学密切联系实际，毕业生除掌握必要的专业理论知识外，还有很强的实践能力，因此应用科学大学的毕业生备受企业的欢迎。代表性大学有亚琛应用科技大学、安哈尔特应用技术大学等。

艺术、电影和音乐学院：致力于培养艺术人才以及艺术领域的学者和教育工作者。学生被艺术、电影和音乐学院录取的前提是通过专业能力测试，证明自己具有特别的艺术才能。学历不够但通过“天赋测试”的学生可以被破格录取。艺术、电影和音乐学院通常只提供德语授课的课程。代表性大学有富克旺根艺术大学、柏林艺术大学等。

（二）留学德国的要求

来自中国国际学校和 DSD[①] 学校的中学毕业生，若通过了 DSD 二级考试且高考成绩达到满分的 70%，则具备德国大学直接入学的资格；若通过了 DSD 一级考试且高考成绩达到满分的 70%，则可以申请德国大学的预科。成功获得 IB、A-Level、AP 课程体系毕业证书的学生，也有可能获得德国大学的入学资格。

（三）赴德留学的语言要求

赴德留学一般要求申请者具有扎实的德语基础知识和较好的听、说、读、写能力，学生入学前须通过德语语言考试。目前，有多种考试及语言证书得到德国大学的承认：

（1）TestDaF：德福考试，由德福考试院统一命题，每年在全球范围内举行多次。德国大学一般要求申请者在听、说、读、写四个部分都达到 TDN4 的水平（个别专业除外）。

（2）DSH：德国高校外国申请者入学德语考试，定期由各所德国大学自己命

---

① DSD，是 Deutsches Sprach-Diplom 的缩写，指德语语言证书。

题，每年举行两次。德国大学一般要求申请者达到 DSH2 的水平（个别专业除外）。

（3）DSD II：这是提供给开设了德语作为第一外语或者第二外语相关课程的学校（DSD 学校）的学生的考试。

此外，通过了由德国的业余大学以及私立语言学校举办的“Telc Deutsch C1 Hochschule”德语考试者，或者获得歌德语言证书 C2 的申请者，无须提供其他的德语语言证明。有很多德国大学也接受歌德语言证书 C1，还有个别大学接受将 B2 作为语言证明，具体要求请以德国大学官网信息为准。

德国越来越多的院校开设了国际课程，目前有超过 2 000 个此类课程，授课语言为英语或英德双语，学生可分别攻读学士、硕士和博士学位。除个别文科专业外，英语授课的课程一般不需要学生提供德语语言证明。双语课程通常第一年用英语授课，第二年用德语授课，学生在申请时通常需要提供英语成绩（托福或者雅思）。

（四）德国留学热门专业分析

中国学生赴德学习选择的主要专业包括工程科学、经济学、社会科学、法学、数学、自然科学、语言学、文化学、体育、艺术、医学、健康学、农业、林业、营养学、兽医等。德国留学热门专业及推荐院校如表 4–5 所示。

表 4–5　德国留学热门专业和推荐院校

专业	优势	推荐院校
机械制造	德国是传统工业强国，号称“车轮上的国家”，知名汽车品牌奔驰、大众、宝马、奥迪、保时捷代表了德国顶尖的汽车制造水平，学生实习机会较多	德国理工大学联盟中的院校，比如慕尼黑工业大学、亚琛工业大学、卡尔斯鲁厄理工学院的卡尔－奔驰工程学院等
电气工程	电气工程是高新技术工程领域的核心学科，吸引了众多工科申请者。德国作为最早发展电子电气工程的国家，知名品牌有西门子、施乐百等	慕尼黑工业大学、卡尔斯鲁厄理工学院、亚琛工业大学、柏林工业大学、德累斯顿工业大学等
建筑	德国建筑是世界建筑业的典范之一。德国有世界一流的建筑设计机构，比如 BRT、ARCHITECS、GMP 建筑事务所等	慕尼黑工业大学、柏林工业大学、魏玛包豪斯大学等
化学材料	化学工业是德国第四大支柱产业，传统三大优势领域包括基础有机化学品、初级塑料产品和药品。德国知名化工品牌有巴斯夫、拜耳、德固赛、汉高等	德国纽伦堡大学、柏林工业大学、德累斯顿工业大学等

（续表）

专业	优势	推荐院校
经济管理类专业（商科）	GDP占欧盟三分之一的德国是“欧洲经济的火车头”。企业经济学专业最受中国留学生欢迎，也是德国发展得最好的专业之一。中德企业需要大量具有专业素养和国际视野的管理类人才，薪酬也相当可观	曼海姆大学、慕尼黑大学、科隆大学、法兰克福大学、明斯特大学、基尔大学、柏林洪堡大学、柏林自由大学等
教育类	受中国文科生欢迎的对外德语专业，偏重德语教学实践，实用性更强。学生毕业后可在教育机构当老师，在德国学术交流中心、德国大使馆、德国高校、机构、企业以及基金会在中国设立的办事处工作	慕尼黑大学、图宾根大学、柏林洪堡大学、汉堡大学、柏林自由大学、比勒菲尔德大学、多特蒙德大学、不来梅大学、杜伊斯堡艾森大学、基尔大学、埃尔朗根－纽伦堡大学
法学	中国和德国都是大陆法系国家，德国更是大陆法系的代表国家。德国法典是很多大陆法系国家制定法典的参考依据。中国法学专业学生适合去德国留学	明斯特大学、弗赖堡大学、波恩大学、曼海姆大学、不来梅大学、科隆大学、奥格斯堡大学、海德堡大学等
新闻传播	德国是现代新闻发源地，其传媒教育具有历史悠久、专业设置齐全、研发实力雄厚、国际化氛围浓厚等诸多优势	不来梅大学、波恩大学、图宾根大学等

资料来源：根据各学校官网公开资料整理。

（五）德国留学时间规划

德国大部分院校要求学生冬季学期入学（10月开学），少部分要求学生夏季学期入学（4月开学）。申请冬季学期入学的时间一般在每年初，截止申请时间是4—7月，非欧盟申请人一般建议在3月15日前提交。申请夏季学期入学的时间为每年10月至次年1月。不同专业的申请时间段有差异，请以学校或学院官网信息为准。学生申请去德国留学至少需要提前半年到一年做准备，因为除了准备文书材料、进行背景提升，申请者还需要提交APS（德国驻华大使馆文化处留德人员审核部）审核证书，而APS审核处理周期一般为3～4个月甚至半年。

申请者可通过德国学术交流中心官网查阅德国的大学和专业，或通过德国联邦教育和科研部的门户网站了解各专业在德国高校的开设情况，还可以通过课程检索数据库来搜索专业和课程，以确定想就读的专业和意向大学。

二、工商并重的法国高等教育

法国是全球第五大留学生输入国。在法国高校就读的国际学生占法国大学生总数的 10%，中国留学生人数位居第二且呈逐年递增的趋势，每年都有超过 1.1 万名中国学生赴法国留学。

（一）法国教育体系呈现多样性

法国完善的高等教育体系可以满足各种教育需求，有科研水平颇高的公立综合性大学，有以工科见长的工程师院校，有培养商业精英的高等商学院，也有培养美术、设计、音乐、厨艺等各行业专业人才的一流院校。法国拥有 78 所公立综合性大学、近 250 所工程师院校、220 所高等商学院、120 所艺术学院、20 所建筑学院及 273 所博士生学院和 2 500 所其他院校，提供近 1 600 个英语授课项目，遍及所有学科和各个层级。每年在法国留学的学生有 4 万人左右，其中有 40% 以上的学生选择公立综合性大学，30% 以上的学生选择高等商学院。①

1. 公立综合性大学

法国公立综合性大学的学士学制通常为 3 年（180 学分），硕士学制为 2 年（120 学分），博士学制为 3 年（180 学分），主要提供 9 个学科门类，分别是艺术、文学、语言、人文科学、法律与政治学、科学、经济与管理、体育科技与运动学、医学。大部分公立综合性大学免收学费，学生每年只需要交两三千欧元的注册费用。公立综合性大学的 LMD 文凭［学士（licence）、硕士（master）、博士（doctorat）］制度是大多数欧盟国家一致实行的学制。

2. 工程师院校

法国工程师院校涵盖多个工程师专业，既有国立大学深厚的学术背景，又兼具工程师教育的灵活性。法国社会各界对工程师院校的教育质量高度认可，工程师学院的毕业生有着很高的就业率，这主要是因为这种教育体制培养了既掌握尖端技术又精通管理的高素质人才。工程师院校的工程师文凭（MS 文凭）可被认证为硕士文凭。

3. 艺术院校

艺术院校的定义非常宽泛，包括建筑学校、应用艺术学校、平面设计学校、服装学校、设计学校、电影学院等。这些院校的特点是非常注重艺术操作和实践，而公立综合性大学的艺术教学则侧重于理论知识。学生获得高中会考文凭后，可通过考试或材料审核进入该类院校就读，该类院校颁发的文凭覆盖各个层级。公立艺术院校文凭包括 DNAP 法国国家造型艺术文凭（学士）、DNSEP 国家高等造型艺术表现文凭（硕士）。私立艺术院校文凭包括 BTS 高级技术文凭（Bac+2，大专）、DMA

① 资料来源：法国高等教育、研究与创新部公开数据。

艺术行业文凭（Bac+2，大专）、DSAA 高等实用艺术文凭（Bac+5，硕士）。

（二）法国留学条件与申请类型

1. 去法国学习语言

想去法国学习语言的学生可以直接申请语言学校。法国语言学习留学签证包括 3 个月以下的短期签证和 3 ~ 18 个月的长期签证。

2. 申请专业预录取

（1）语言加专业预录取。法语初学者（法语 A2 或 B1 水平）到法国后可先学习一年法语，以提高法语成绩，为进入法国大学学习专业课做准备。

（2）预科加专业预录取。国际预科主要针对国际学生，比如普瓦提大学和雷恩第一大学的经济管理专业、圣埃蒂安美术学院或南特美术学院的艺术专业等，都提供预科项目。申请者可以在学习法语的同时学习一些专业课程，比如经济管理预科会教授数学、宏观经济学、微观经济学等课程，艺术设计预科会教授艺术史、作品集辅导、艺术实践等课程。还有一些预科直接对口大学，比如格勒诺布尔大学预科就直接对口该大学。无论第一学期就读的是语言学校还是预科，申请者如果想在第二学期进入大学学习的话，都需要在通过考试后再次提出申请。预科有一定的风险，不可控因素较多，比如学生会因未通过考试而无法转正。

3. 申请直入专业项目

申请者在语言达到要求后，可以根据意向专业，申请法国公立综合性大学本科一年级及以上、法国高等商学院 SAI 项目、法国工程师院校（IP 工程师联盟、巴黎高科、IMT 工程师联盟、N+i 项目）等。法国高等教育的选择非常广泛，申请者可以通过法国各大学的网站来了解学校与专业，也可以参加法国高教署组织的高校招生宣传会，向招生官面对面咨询。

（三）法国大学申请要求

申请法国大学的基本要求如下：

（1）教育背景：有高中及以上毕业文凭的申请者一般只需要提供高考成绩（达到二本分数线）；大专、本科及以上学历的申请者，英语成绩优异可直接申请攻读硕士或博士；高中毕业生需要提供高中毕业证和大学录取通知书，大学在读学生需要提供大学成绩单，本科毕业生需要提供学位证书及大学期间完整的成绩单。

（2）年龄限制：有些法国学校对应届生有年龄限制，比如要求申请本科的学生年龄为 18 岁以上 22 岁以下。个别艺术院校要求应届生年龄不超过 26 岁。

（3）GPA：一般要求 GPA 在 2.5 分（满分为 4 分）以上，GPA 越高，申请学校时越有利。

（4）专业匹配：法国公立大学一般要求学生有相关的专业背景，高等商学院 GE 项目一般不要求专业背景。

（5）语言条件：不同类型的院校对语言的要求也不一样，以公立大学的研究生课程为例，文科类专业要求学生至少达到 C1 水平，理科类专业一般要求学生达到 B2 水平。法语考试主要有 TCF 或 TEF（法语水平考试）、DELF（法语学习文凭考试）或 DALF（高级法语文凭考试）、SIM（管理类研究生需参加的考试）等，英语考试有雅思、GMAT 等。英语授课的硕士课程要求学生的雅思成绩不低于 6.5 分或 7.0 分。

（6）申请材料：提前准备可以证明自己能力的申请材料至关重要，包括个人简历、个人陈述、相关证书、三封相关学科的推荐信和成绩单。

（7）资金要求：银行活期存款流水余额 7 020 欧元以上。

（8）申请时间：不同专业的截止时间不同，公立综合性大学是秋季入学，所以截止申请时间一般为 3—6 月，一些工程师院校和高等商学院的 MBA 专业每年分批次开放申请。

（四）法国大学申请流程

法国高等商学院和工程师院校的申请流程不同，但高等商学院和工程师院校多为硕士项目，因此本部分暂不描述，而在研究生章节描述。

表 4-6 所示的是法国艺术院校申请流程及要求。法国艺术院校有时需要申请者参加面试，所需申请材料与其他院校差别不大，但其对语言成绩没有太多要求。

表 4–6　法国艺术院校申请流程及要求

	公立艺术学院与美术学院	私立艺术设计类院校	公立大学艺术相关专业
开设专业	艺术类有国画、油画、版画、雕塑；设计类有平面、空间、产品设计等	时装设计、视觉传达、建筑景观设计、室内设计、工业设计、电影、摄像、产品设计、游戏设计、动漫设计	造型艺术、视觉设计、产品设计、多媒体、艺术管理、艺术理论研究、遗产文物修复（偏理论学习和研究）
学制	本科 3 年，硕士 2 年	本科 3 年，硕士 1~2 年	本科 3 年，硕士 2 年
文凭	DNAP 法国国家造型艺术文凭、DNSEP 国家高等造型艺术表现文凭	BTS 高级技术文凭、DMA 艺术行业文凭、DSAA 高等实用艺术文凭、DU 大学文凭	普通学士、职业学士、普通硕士
申请方式	CampusArt（校园艺术）平台申请或院校直接申请，可能需要面试		
申请材料	简历、动机信、学历材料、作品集（有具体要求）、护照及电子照、法语成绩单		

资料来源：根据各学校官网公开资料整理。

法国公立大学的申请流程及要求并不复杂（见表 4–7），一般会在 3—6 月截止申请。

表 4–7　法国公立大学申请流程及要求

	直入本科一年级或医学专业	直入本科二年级及以上（博士除外）
申请程序	DAP Blanche 申请系统	HORS DAP 申请系统
申请要求	已获得或即将获得高中文凭，提交 TCF DAP 或 DELF/DALF 法语成绩单	应届或往届大专生、本科生、硕士生，提交 TCF DAP 或 DELF/DALF 法语成绩单
材料清单	护照、照片、高中毕业证或在读证明、高中三年成绩单、高考成绩单（如有）、标化考试（TCF DAP 或 DELF/DALF）成绩单、简历、动机信等	护照、照片、毕业证、学位证或在读证明、在校成绩单、高考成绩单、标化考试（TCF/TEF/DELF/DALF）成绩单、简历、动机信等
申请流程	材料准备—递交申请—材料审核—（面试）—最终结果	
申请方式	E-Candidate 是法国公立大学最常用的申请系统，申请流程都在系统里面操作，一次最多可申请五个专业。有些学校有特殊要求，需要邮寄纸质材料	

资料来源：根据各学校官网公开资料整理。

三、低调务实的丹麦高等教育

丹麦的高等教育主要由丹麦科技创新部、教育部和文化部负责管理。

（一）丹麦高等教育学校类别和学习项目介绍

丹麦的综合性大学有 8 所，由丹麦科技创新部负责管理，这些大学侧重学术研究，一般开设本科和研究生课程，可以颁发学士、硕士和博士学位。艺术类院校由文化部负责管理。大学学院（10 所）等其他教育机构由教育部负责管理。大学学院一般开设学制为 3 年至 4 年半的专业性本科课程，颁发职业学士学位，主要涵盖教师培训、工程、护士、健康、商务以及社会工作等学科。高等职业教育学院开设学制为 2 年至 2 年半的职业教育课程，或者与大学合作，开设一些本科课程。丹麦大学的本科教育和职业学院的绝大多数专业用丹麦语授课。丹麦高等教育院校为国际学生开设了约 700 个高质量英语授课的学位课程，但以研究生教育为主。丹麦高等教育学校类别与学习项目对照如表 4–8 所示。

表 4-8 丹麦高等教育学校类别与学习项目对照

学校类别及特征	学习项目
■ 大学学院、高等职业教育学院 ■ 主要特征（专科）： 2~2.5 年（120 ECTS 学分） 应用学习和职业技能教育；与商业和工业密切合作；实习	2~2.5 年学院专业课程（专科） 学院专业课程把理论与实践相结合，适合商业和工业领域的职业发展，在商业、技术、信息技术、多媒体、食品产业、旅游等专业领域设有相关课程
■ 研究型大学、艺术类大学 ■ 主要特征（学士）： 3 年（180 ECTS 学分） 研究型教育；理论主导型学习；为硕士学习做准备	3 年学士课程（本科） 学士课程为研究型教育，为学生提供广泛的学术基础知识和专业知识，使学生有足够能力进入职场或者继续深造（研究生）
■ 大学学院、海事教育和培训学院 ■ 主要特征（专业学士）： 3.5~4.5 年（180~270 ECTS 学分） 面向特定行业；理论与实际结合；学院专业（2 年）+ 衔接学士学位课程（1.5 年）	3.5~4.5 年专业学士课程（专科 + 专升本） 专业学士课程在一系列专业（包括商业、教育、工程、信息技术、护理、社会工作等）领域开设，实行理论学习与实践应用相结合的教学方式，实习一贯是课程的一部分，让学生为进入专业领域工作做好准备
■ 研究型大学、艺术类大学 ■ 主要特征（硕士）： 2 年（120 ECTS 学分） 研究型教育；以职业发展为导向	2 年硕士课程（硕士研究生） 硕士课程为研究型教育，为学生提供理论知识，培养学生将知识应用到实践中的能力。完成课程后，学生可以进入职场或继续深造（博士）
■ 研究型大学、艺术类大学 ■ 主要特征（博士）： 3 年（180 ECTS 学分） 研究；需要教学	3 年博士课程（硕博连读 5 年） 博士课程以研究为基础，包括独立研究、教学、参与研究社交以及在其他机构（多为外国研究机构）实习。此外，博士课程拥有各种获得资金支持的机会。个别大学可以提供更灵活的博士课程

资料来源：丹麦科技创业中心。

（二）专题研习与问题导向型的学习模式

丹麦的教学模式是传统授课与教师指导的专题研习相结合，课堂上鼓励学生积极参与学术讨论。这种模式的特色是基于问题的项目学习和研究。学生与小组成员一起参加讲座并承担项目，这既能锻炼独立思考能力，又能加强团队合作，让学生学会利用新知识来解决现实世界中的复杂问题。

一周的课程通常包括 10 小时的课堂学习和大约 30 小时的课下准备，具体安排取决于高校的类型。学校将通过口头和书面考试的形式对学生的学习过程进行持续评估。

丹麦大学鼓励发展学生组织，以充分调动学生的主观能动性，使之积极参与学校管理和教学方面的事务讨论。不仅有学生论坛，还有专门举办各种活动的学生团体和社团，每个专业还会选举学生代表参加教学委员会，定期组织会议，学生可提出教学过程中的问题或为教学设计进言献策。

（三）丹麦大学入学要求

1. 入学资格评估

申请丹麦大学需要具备相当的学历，并且学历需要提前几个月申请丹麦高等教育科学局的官方评估，评估结果仅供丹麦教育机构录取参考。此外，学生需要提供经过认证的带有原始印章和签名的教育资格副本，有些机构的要求是直接从发证机构处获得文件。额外测试和学分转换信息可以咨询院校招生办公室。

2. 英语语言要求及其他要求

丹麦的所有高等教育课程都要求较高的英语水平。学生申请英语授课的本科和研究生课程，必须证明自身英语水平至少与丹麦高中（高级中学）的“英语 B”相当。有些课程需要学生的英语水平达到“英语 A”，比“英语 B”高一级（见表 4–9）。学生需要提前查询各个机构不同项目对英语分数或级别的要求。此外，具备同等程度英语能力证明的申请人可以联系学校的国际学生招生办公室，确定英语水平是否达到要求。

表 4–9　丹麦英语等级对比

雅思	托福	剑桥高级英语
英语 B：至少 6.5 分	英语 B：笔考分数为 550～583 分，或机考分数为 213～237 分，或网考分数为 79～93 分	英语 B：高级英语证书（CAE）
英语 A：至少 7 分	英语 A：笔考分数为 587～610 分，或机考分数为 240～253 分，或网考分数为 94～101 分	英语 A：熟练英语证书（CPE）

资料来源：根据丹麦各大学公开资料整理。

表 4–10 所示的是丹麦大学入学申请基本信息。

需要提醒的是，丹麦国家教育补助通常只授予丹麦居民。然而，国际学生也可以在国家教育补助条件下申请“平等地位”。在读的中国留学生可以根据相关法规尝试申请一下，每个月有约 6 000 丹麦克朗。

表 4-10　丹麦大学入学申请基本信息

项目	本科
基本要求	■ 获得与丹麦高中毕业证书相当的入学考试证书 ■ 英语能力证明 ■ 某些课程有额外的入学要求：某些科目达到特定水平（丹麦教育体系用 A、B 和 C 分级，其中 A 为最高级）；某些科目合格；毕业时 GPA 达到最低标准；通过入学考试或面试。具体要求参见各个大学官网招生专业描述
申请时间	对于本科项目，8 月或 9 月开始的课程，录取截止日期为当年 3 月 15 日。少数学校在 1 月或 2 月有额外的录取名额，对应的截止日期是 9 月 1 日。申请表可在截止日期前约两个月从各院校获得，也可从 www.optagelse.dk 获得在线申请表格
申请方式	直接联系丹麦大学国际学生招生办公室，按照专业申请的要求准备申请材料
学制学位	丹麦本科为 3 年学制，每学期 30 学分，修满 180 个学分后可取得本科学位
学费	丹麦的高等教育对丹麦公民、持永久居留证和拿工作签的居民及其子女是免费的，对来自欧盟或欧洲经济区和瑞士以外的学生收取学费，每年学费为 6 000~16 000 欧元（45 000~120 000 丹麦克朗）

资料来源：根据丹麦各大学公开资料整理。

3. 丹麦的学分制度

丹麦的学分制度适用于所有院校。根据欧盟的欧洲学分转换和累计制度，七分制可以很轻松地将丹麦的学分转换为欧洲学分（见表 4-11）。在某些情况下，丹麦教师会用及格或不及格代替分数。教师会根据某门学科或某个课程的学术目标对学生进行评估。

表 4-11　丹麦七分制和欧洲学分制及旧学分制对比

分数	说明	欧洲学分制	旧学分制
12	各个方面表现非常出众，没有或仅有很少的缺点	A	13 11
10	各个方面表现非常优秀，仅有很少的缺点	B	10
7	各个方面表现优秀，仅有一部分缺点	C	9 8
4	各个方面表现中等，仅有一部分缺点	D	7
2	仅满足最低要求	E	6
0	无法满足课程最低要求	Fx	5 3
-3	各方面表现很差	F	0

资料来源：根据丹麦各大学公开资料整理。

4. 丹麦大学的优势学科

丹麦有很多不错的大学，这些学校各具特色（见表 4–12）。学生留学丹麦有着多样化的选择。

表 4–12　丹麦大学优势学科及特色项目一览表

学校	优势学科	特色项目
哥本哈根大学	兽医（QS8）、体育（QS11）、农业与林业（QS16）、药剂与药理学、解剖与生理学、生物科学、牙科学、人类学、传媒学、发展研究、政治学、社会学、考古学、石油工程、地球物理学、地理学、地质学、地球与海洋科学、环境科学、医学、历史学、哲学、统计与运筹	■ 硕士学制 2 年（个别 1 年制），申请费 100 欧元，根据专业不同，学费每年为 53 500～125 000 丹麦克朗（丹麦大学的情况基本类似） ■ 欧盟 EM 项目：可持续森林与自然管理、可持续热带林业
丹麦技术大学	石油工程（QS3）、化工、土木工程、机械工程、环境科学、电子电气工程、工程技术、材料科学	■ 英语授课本科（学制 3 年）：工程学（生活系统、网络系统、先进材料、未来能源） ■ 北欧 5 所理工大学（N5T）联合项目，与中国、德国、瑞士、韩国合作教育项目 ■ 硕士奖学金：（1）DTU 学费减免奖学金；（2）The Gen Foundation 基金助学金，资助自然科学、食品科学或技术专业学生，金额为 500～5 000 英镑；（3）Global Study Award Scholarship 全球学习奖学金（硕士），金额 10 000 英镑；（4）Tech makers Scholars Program，针对技术工程相关专业的女性学生，金额为 7 000 欧元
奥胡斯大学	考古学（QS19）、人类学、传媒学、农业与林业、考古学、社会政策、政治学、牙科学、艺术 & 设计、地理学、护理学	■ 英语授课本科（学制 3 年）：经济与工商管理、全球化管理与制造
奥尔堡大学	石油工程、建筑与建造环境、电子电气工程、工程技术	■ 英语授课本科（学制 3 年）：化学工程和生物科技、应用工业电子产品 ■ 英语授课硕士，各个领域都有众多项目可供选择 ■ 硕士奖学金：每年提供 30 个左右的学费减免名额 ■ EM 奖学金项目：数字传播领导、媒体艺术文化、社会工作

（续表）

学校	优势学科	特色项目
南丹麦大学	社会政策与行政管理	■ 英语授课本科（学制 3~3.5 年）：工程领域 8 个（电子、机械、工程等），人文领域 6 个（商业、经济、管理、欧洲研究等）
哥本哈根商学院	商业管理与研究（QS14）、社会科学与管理学、会计与金融（在《金融时报》欧洲商学院排名中，哥本哈根商学院排第三十名）	■ 英语授课本科（学制 3 年）：工商管理、商业、语言与文化、国际商务、国际运输和贸易等 ■ 英语授课硕士双学位项目：创造性业务流程管理（CBP）、创新和业务发展管理（MIB）、应用经济学与金融学（AEF）等，奖学金包括学费减免和 7 000 丹麦克朗 / 月的生活费 ■ MBA 工商管理硕士（学制 1 年）：要求 3 年工作经验，学费 330 000 丹麦克朗，注册费 16 200 丹麦克朗，可申请奖学金，奖学金最多包括 30% 学费
丹麦皇家美术学院 + 设计学院	艺术 & 设计（QS19）	■ 英文授课本科（学制 3.5 年）：玻璃和陶瓷工艺 ■ 英文授课硕士：建筑学和极端环境、视觉游戏与媒体设计、图形传播设计、建筑计算机体系、时装、服装及纺织品、新景观、空间设计、城市化与社会变迁等
丹麦皇家音乐学院	表演艺术（QS14）	■ 英文授课本科（学制 3 年）：管弦乐器、钢琴、吉他与手风琴、声乐、作曲、录音师、教会音乐 ■ 英文授课硕士：管弦乐器、合奏指挥、声乐、作曲、钢琴、吉他与手风琴、早期音乐、录音师、教会音乐、风琴。可申请 RDAM’s Scholarship 奖学金，包括生活费和旅行费，最多包含 50% 的学费

资料来源：根据各学校官网公开资料整理。

第三节
留学亚洲适应快——新加坡和日本

新加坡安全的社会环境以及独一无二的地理优势，具有很强的吸引力。完成本科学习后，有 45% 左右的留学生会申请到南洋理工大学和新加坡国立大学攻读研究生。新加坡的学历在世界范围内认可度很高。

一、严谨务实的新加坡高等教育

（一）新加坡大学的类型

公立大学是新加坡最优秀的高校教育体系，这与中国、日本等亚洲国家是相同的。新加坡有六所公立大学，分别为新加坡国立大学、南洋理工大学、新加坡管理大学、新加坡科技设计大学、新加坡理工大学和新跃社科大学。其中，前两所为综合性研究大学，后四所为专业研究型大学。新加坡有五所政府理工类院校，除了著名的南洋理工大学，分别是新加坡理工学院、义安理工学院、共和理工学院、淡马锡理工学院。新加坡理工类院校和人们通常认为的“大专”不同，其文凭在全球范围内都广受认可。理工类院校的申请成功率和就业率也较高，因此选择就读理工类院校的学生数量也在稳步增长。在这五所政府理工类院校中，南洋理工大学是申请难度最大的大学。

新加坡的私立大学相对于公立大学来说，门槛较低。同时私立大学制度灵活，大部分学校都受中国教育部的认可。

（二）新加坡的“黄金跳板”作用

新加坡对于中国留学生来说更像是一个“黄金跳板”，这种优势是别的国家所没有的。相较于美国和欧洲国家，中国留学生更容易融入新加坡社会。首先，新加坡社会治安良好，其严厉的法律使得犯罪率一直维持在较低水平。其次，作为拥有双语学习环境的国家，新加坡与中国同属儒家文化圈，这方便了中国留学生的交流和融入。最后，新加坡留学具有很高的性价比。新加坡大学的学位认可度非常高，且相比于其他国家高昂的学费，新加坡大学的学费较为低廉。除了学校设立的多种奖学金或助学金项目，政府还针对留学生设有补贴政策。强大的学术能力与良好的社会环境使新加坡成为许多中国留学生的首选，因此，近年来新加坡国立大学与南洋理工大学的申请条件也有所提高，比美国排名前三十的不少学校的录取标准还严格，比如南洋理工大学的申请难度几乎等同于美国卡内基梅隆大学的申请难度。可见，新加坡这两所公立大学的吸引力不容小觑。

（三）入学条件分析

新加坡国立大学采取学年制，每学年有两个学期，通过学分和总成绩来计算学生的 CAP（加权平均分），并根据学生成绩发放荣誉证书。在新加坡国立大学，学生可以选择攻读一个本科学位和一个辅修学位，也可以同时攻读两个本科学位，还可以同时攻读一个本科学位和一个研究生学位。为了方便学生探索、发现自己感兴趣的专业，新加坡国立大学给大一新生开设了不记分的选修课，学生最多可以选择八门不记分的选修课。学校设有通识课程来帮助学生实现全面发展，学生也可以自主选择和设计两门课程。新加坡国立大学设有 60 多个专业和 130 多个联合或双学位项目，其中生物科学、社会政策与行政管理、计算机科学与信息系统、建筑学、通信媒体以及化学工程专业较强。

南洋理工大学在学术领域的研究成果被广泛认可，其申请难度高于新加坡国立大学。其材料科学、高分子材料、能量与能源等专业皆位于世界前列，化学、计算机等专业在亚洲的排名非常靠前，机械、航空与制造、传播学与媒体研究、图书馆信息管理等专业也处于亚洲领先地位。

南洋理工大学的工学院是世界顶尖的研究机构，它由六所侧重点不同的二级学院组成，各所学院都非常重视技术创新。六所二级学院分别为电气与电子工程学院、化学与生物工程学院、土木与环境工程学院、材料科学与工程学院、计算机科学与工程学院、机械与宇航工程学院。南洋理工大学的工学院仅次于麻省理工学院、斯坦福大学和剑桥大学的工学院，在亚洲位列榜首。南洋理工大学的理学院以生物、化学、数学以及环境科学四个专业为主，下设三所二级学院，研究多种跨专业的社会、科学问题。三所二级学院分别为亚洲环境学院、生物科学学院、物理与数学科学学院。这三所学院提供的科目多样，并致力于跨学科合作，以帮助学生全面提升发现与研究难题的能力。

表 4-13 对两所学校的优势学科及各课程体系录取条件进行了比较。

表 4-13　新加坡国立大学与南洋理工大学本科入学条件对比

	新加坡国立大学	南洋理工大学
2023 年 QS 排名	世界排名 11，亚洲排名 1	世界排名 19，亚洲排名 4
录取率	16%	36%
国际生比例	19.5%	23.9%
优势学科	生物科学、社会政策与行政管理、计算机科学与信息系统、建筑学、通信媒体、化学工程	材料科学，高分子材料，能量与能源、化学、计算机、机械，航空与制造、传播学与媒体研究、图书馆信息管理
IB 体系	满足专业学科要求	3 门 HL 和 3 门 SL 的分数 >5，含知识理论和拓展论文

（续表）

	新加坡国立大学	南洋理工大学
高考	■ 超过一本线 60～100 分，并符合专业学科要求，同时语言考试成绩合格 ■ 语言成绩要求：托福 >92 分或托福纸质版 >580 分或 PTE>62 分或雅思考试 >6.5 分，且阅读与写作部分 >6.5 分	■ 超过一本线 60～100 分，并符合专业学科要求，同时语言考试成绩合格 ■ 语言成绩要求：托福 >90 分或 PTE>55 分或雅思考试 >6 分，且阅读与写作部分 >6 分
A-Level	3 门 A 成绩或预测 A 成绩，并符合专业要求	3 门 A 成绩（不接受预测成绩），并符合专业要求
国际体系	■ 完成语言考试：ACT>29 分且写作 >8 分或 SAT>1 260 分，阅读与写作 >600 分，数学 >650 分 ■ 提交 3 门 AP 或 3 门 SAT 科目考试成绩： AP：一门微积分 BC 和其余任选的两门科目考试（不包含微积分 AB、研究与研讨会） SAT 科目考试：一门 2 级数学和其他两门科目考试（不包含 1 级数学）。这三门考试都必须在 12 个月内完成，并且不允许混合分数 ■ 申请文书和推荐信	■ 完成语言考试：ACT>30 分（含写作）或 SAT>1 250 分 ■ 提交 3 门 AP 或 3 门 SAT 科目考试成绩，且成绩需要符合专业要求 ■ 申请文书和推荐信
预估费用（每年）	16～20 万元（无奖学金）	16～20 万元（无奖学金）

资料来源：根据各学校官网公开资料整理。

二、东西教育融合的日本大学体验

中国留学生占所有在日留学生的 47.1%，人数达到 11 万多人，远超人数排名第二的越南。由于同在东亚文化圈，有着相似的文化背景以及教育体系，中国留学生能够迅速适应日本学习生活并获得良好的留学体验。

（一）日本大学类型

日本大学分为三类：国立、公立和私立。日本有国立大学 86 所、公立大学 93 所、私立大学 603 所。

日本国立大学由政府出资，并由政府运营。日本综合排名前十的大学大部分都为国立大学，包括东京大学，东北大学等。公立大学因为直接由政府出资，不仅教学质量优良，学费也是三类大学中最便宜的。因此，日本国立大学的申请难度是最高的。

日本公立大学的资金通常来自地方各种公共团体或者公立大学法人，因此其更容易受到地方公共团体的政治影响。相比于其他两类大学，公立大学的招生规模更小，学费与国立大学基本持平。

日本私立大学则无政府投资，部分或全部的经营费用皆源自学费或捐赠人。因此，私立大学会招收更多学生以补充学费收入。相较于国立大学，私立大学更重视社会实践活动，有更加完备的基础设施，课程设置也更加灵活且贴近市场发展。私立大学的学费基本上是公立大学的两倍以上。

日本大学的教育质量是非常优秀的。东京大学、京都大学、东京工业大学、大阪大学、东北大学、名古屋大学、九州大学、北海道大学与私立双雄早稻田大学和庆应义塾大学都稳居日本前十。日本大学在物理、化学、医学等领域的成就被世界广泛认可。

（二）日本大学入学考试

申请日本本科留学需要选择以下两种方式中的一种：参加 EJU 考试（日本留学生考试）或申请 SGU 项目（日本超级国际化大学项目）。

EJU 考试又叫留考，是为欲考取日本大学本科的外国留学生设置的语言能力和学科基础能力考试。该考试每年举行两次，分别在 6 月和 11 月，学生可以参与两次考试并提交最佳成绩。EJU 考试的成绩是日本国立大学、公立大学录取学生时主要参考的成绩（见表 4–14）。

表 4–14　EJU 考试简介

考试目的	为外国留学生考取日本大学本科设置的语言能力和学科基础能力考试
考试频率	每年 6 月和 11 月举行
成绩用途	日本国立、公立大学录取时主要参考的成绩
考试科目	日语、理科综合、文科综合、数学
日语考试内容	听力阅读（400 分）、写作（50 分）
理科综合	从物理、化学、生物中选择两科（200 分）
文科综合	考查文学能力、辩证思维、经济、历史、社会知识（200 分）
语言选择	除日语外，其他科目可选择英文考试
适用对象	适合英语能力较弱，对用英语授课的 SGU 项目不感兴趣的学生

资料来源：根据日本政府公开信息整理。

除了日语，其他科目都可以选择用英语进行考试，但也有一些学校不接受英语考试的成绩。EJU 考试适合英语语言能力较弱，对用英语授课的 SGU 项目不感兴趣的学生，是学生提高能力、适应新环境的过渡考试。在确认心仪的语言学校后，学生可以向学校提交申请，并参加校方面试。面试通过后，学校会列出学生所需要提交的材料，学生可提交至入管局等待审核。通过审核后，学生便可以交纳学费、收取在留资格（日本法务省颁发的允许入境许可证）并申请签证了（见表 4–15）。

表 4–15　EJU 考试相关信息一览表

适用对象	英语语言能力较弱，对用英语授课的 SGU 项目不感兴趣的学生
考试地点	中国、日本
语言学校	为留学生设置的学习日语的机构
入学机会	每年 1 月、4 月、7 月、10 月
学制	一般为 1 ~ 2 年
课程内容	日语及 EJU 考试题目讲解
申请流程	提交申请、参加面试、提交材料（毕业证书、入学理由书、收入证明等）
审核与签证	材料提交至入管局审核，通过后交纳学费、收取在留资格并申请签证

资料来源：根据 EJU 官网公开信息整理。

（三）大学出愿材料的准备

在拿到 EJU 考试成绩后，学生需要向心仪的大学提出申请并提交材料，这个过程叫作“出愿”（见表 4–16）

表 4–16　日本大学出愿材料的准备和相关流程

出愿目的	向心仪的大学提出申请并提交要求的材料以备大学审查
招生简章发布时间	大部分日本大学 7 ~ 8 月会在官网刊出招生简章
招生简章内容	包含招生条件、报名费用、报考资料、EJU 分数要求和校内考试时间
出愿流程	按照时间表，通过网络、邮寄或亲自将学校所要求的材料送到大学
通常要求提交的材料	EJU 考试成绩、高中毕业证书、请愿单、报名费
额外要求	有些大学要求提交托福或雅思的考试成绩
语言能力要求	申请顶尖大学通常需要熟练掌握日语和英语两门外语
校内考试和面试时间	通常在 11 月到次年 2 月举行
录取通知时间	大部分学校会在考试或面试结束一个月后通知学生是否被录取
录取后准备	被录取的学生可以开始准备 4 月份的入学手续

资料来源：根据日本各大学官网公开信息整理。

（四）EJU 考试成绩的入学要求

各大学有其不同的录取分数线，但不会公开录取者的分数。学生提交的材料被审核通过后，学校会向学生发出面试邀请，面试成功的学生才会拿到录取通知书。表 4–17 是日本名校录取的基本条件比较。

表 4–17　日本大学入学条件一览表

学校名称	EJU 考试要求	托福和雅思要求
东京大学	日语 350+，文综 190+，理综 180+，数学接近满分	托福 90+，雅思 6.5+
京都大学	日语 350+，文综 190+，理综 180+，数学接近满分	托福 90+，雅思 6.5+
大阪大学	总分 680+，日语 350+，数学 170+，文综 180+，理综 160+	托福 80+，雅思 6+
东北大学	总分 680+，日语 350+，数学 170+，文综 180+，理综 160+	托福 80+，雅思 6+
名古屋大学	总分 680+，日语 350+，数学 170+，文综 180+，理综 160+	托福 80+，雅思 6+
北海道大学	总分 680+，日语 350+，数学 170+，文综 180+，理综 160+	托福 80+，雅思 6+
九州大学	总分 680+，日语 350+，数学 170+，文综 180+，理综 160+	托福 80+，雅思 6+
早稻田大学	总分 680+，日语 350+，数学 170+，文综 180+，理综 160+	托福 80+，雅思 6+
庆应义塾大学	总分 680+，日语 350+，数学 170+，文综 180+，理综 160+	托福 80+，雅思 6+

资料来源：根据各大学官网公开信息整理。

（五）申请 SGU 项目是另一种选择

日本除了竞争激烈的 EJU 考试，还有一种留学选择，那就是申请 SGU 项目。SGU 项目是日本教育部门为了提升日本大学的国际化程度和国际竞争力而推出的面向留学生的政策。日本政府从全国的 700 多所正规大学中挑选出 37 所进入 SGU 项目，并为它们提供了 7.7 亿日元的资助。

SGU 项目中的大学分为两类：A 类顶尖型大学和 B 类国际创新型大学。A 类大学是日本有潜力进入全球排名前 100 的大学，共有 13 所，包括 11 所国立大学和 2 所私立大学。国立大学包括东京大学、京都大学、大阪大学、北海道大学、东北大学、筑波大学、东京医科齿科大学、东京工业大学、名古屋大学、广岛大学、九州大学。私立大学有庆应义塾大学和早稻田大学。B 类大学则是创新型大学，是领导日本大学国际化的大学，共有 24 所。

SGU 项目是申请制度，学生只需提供相关材料供学校审核，再通过面试即可。SGU 项目旨在使日本大学更加国际化，因此对日语水平没有要求，并采取全英文授课，学生可以直接提交托福、雅思或托业成绩进行申请。作为由日本政府出资资助的项目，SGU 设有多种类型的奖学金制度，还有可能随录取信附赠高额奖学金。SGU 项目的入学时间一般在 4—10 月，学生可以通过学校官网进行资料递交。在日本本地的学生可以到学校进行线下面试，考试机会会更多。

大部分 SGU 项目的侧重点和申请条件各不相同，但都会要求学生满足以下几点：（1）已经完成 12 年及以上的教育并获得高中毕业证书；（2）有符合要求的英语语言考试成绩；（3）有标化考试成绩，如 SAT、ACT、IB、A-Level 等。大部分 SGU 项目都会要求学生托福成绩在 85 分以上，雅思成绩在 6.5 分或 7 分以上。少数接受托业考试的学校则要求学生成绩在 800 分以上。学校也会对学生的高中成绩进行审查。每所学校的 SGU 项目都包含不同的专业，所以专业课要求也不同。想要申请 SGU 项目的学生应当提前查看大学网站上与项目和专业相关的信息。

日本本科留学时间规划轴如图 4–3 所示

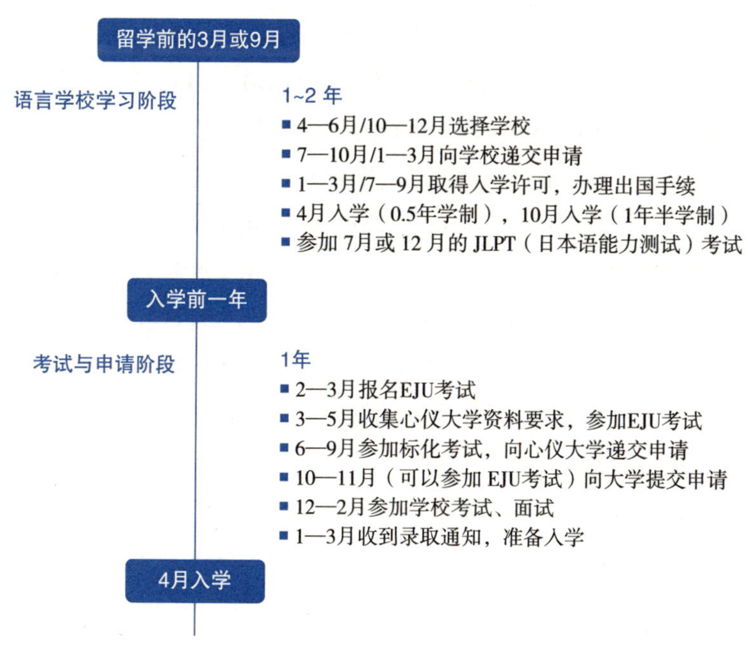

图 4–3　日本本科留学时间规划轴

第四节
不出国门享受优质教育——香港

越来越多的学生开始选择就近求学，而香港作为不出国门的最佳选择备受学生与家长的青睐。香港教育局的报告显示，香港非港籍学生有 4.1 万人，其中 2.9 万人来自内地，这个趋势还在增长中。出于历史原因，香港早期采用的是英国的教育体制，把大学本科设置为三年制，硕士则是一年或两年制。1997 年以后，为了与内地的四年学制接轨，香港开始逐渐改变原来的教育体制。现在香港高校的本科是四年制，硕士则分两种：一年制的授课型硕士和两年制的研究型硕士。香港高校的教育质量非常高，从性价比与安全度等方面综合考虑，也是内地学生非常理想的选择。

一、以商科、医学和法学著称的香港高校教育体系

香港高校在商科、医学和法学领域具有显著的优势。

香港高校在商科领域非常突出，其中作为 AACSB① 和 EQUIS② 双重认证的大学，香港科技大学在商科领域表现突出。该校提供多个商科专业，包括国际管理、全球金融理学硕士等，这些专业在全球范围内享有较高的声誉。而香港中文大学的金融学专业颇具声誉，为应届毕业生和初级专业人士提供坚实的金融和量化技能基础。香港大学、香港城市大学、香港理工大学和香港岭南大学等也提供各种商科专业，包括金融工程、商业分析等，这些专业对学生数学能力和计算机能力有较高的要求。

香港高校在医学领域同样表现出色。例如，香港大学的医学类专业排名较高，拥有牙医等优势专业。香港中文大学和香港理工大学的医学类专业种类较多，实力与香港大学相比毫不逊色。

香港高校在法学领域也有显著优势。香港大学的法学专业在国际上享有较高的声誉，提供全面的法律教育和研究机会。香港中文大学的法学专业也表现突出，为学生提供扎实的法律知识和实践技能。

总体而言，香港高校在商科、医学和法学领域的教育质量和研究成果都处于国际领先水平，但在理工学科建设上还有空间。这也与香港本地的就业方向有关，换言之，这几大优势领域的形成均与就业导向有关。

---

① AACSB，美国标准，在整个学校层面对管理学科的认证，关注的是管理学教育的教学质量和发展前景。

② EQUIS，欧盟标准，关注商学院 MBA 项目以及管理学科的发展水平和实力。

二、香港高校的优势与吸引力

香港高校的吸引力在近年来显著增强，主要表现在以下四个方面。

（1）求学意向的增长：近年来，内地学生去香港求学的意向逐年上升，不出国门就近求学成了许多家庭的选择。

（2）内地学生的增加：近五年来，香港高校向内地学生颁发的学士及硕士学位数量保持稳定增长。2023 年有逾 15 000 名内地学生申请香港高校，其中高考生申请人数同比增长 100%。

（3）人才引进计划的成效：在 2022 年年中至 2023 年年中，香港人口净流入达到 17.4 万。在此期间，香港特区政府共收到超过 20 万份人才引进计划的申请，其中超过 12 万份获批，8 万人已抵港。这一数字远超每年至少引入 3.5 万名人才的目标。

（4）国际排名的提升：香港高校在国际高等教育研究机构 QS 发布的排名中表现良好，QS 2024 排名前 100 名有五所香港高校榜上有名，分别为香港大学、香港中文大学、香港科技大学、香港理工大学和香港城市大学。

香港高校在教育水平和未来就业认可度方面具有显著优势，吸引了越来越多的学生和人才。同时，香港特区政府的积极引才政策也为其高等教育的发展提供了强大的支持。

表 4–18 对八所大学的世界排名、优势学科进行了对比分析。

表 4–18　香港八大名校基本信息对照表

名称	QS 排名	优势学科
香港大学	26	法律、工商管理、新闻学、金融、语言和政治学
香港科技大学	60	电子工程、土木工程、计算机科学和统计学
香港中文大学	47	人类学、工商管理、中国语言和文学、哲学、社会学、法律、中文教育和政治与公共行政学
香港城市大学	70	银行学、金融学、法律、传播与媒体、专业会计与企业管治
香港理工大学	65	酒店管理、工程学、专业会计学、咨询科学、设计学
香港浸会大学	295	国际新闻学、大众传媒、信息管理学、多媒体管理、计算机
香港岭南大学	641	工商管理、会计、文学
香港教育大学	教育专业在亚洲排名第 3	教育学

资料来源：根据各学校官网公开资料整理。

三、香港八所大学的入学条件与要求

香港高校接受各种国际文凭，如 A-Level、AP、SAT、ACT 和 IB 等，拥有国际文凭的学生可以于每年 9 月至 10 月期间，在学校开放申请窗口的时候上官网进行申请。除了标化成绩，学生还需要额外提供一篇个人陈述，告诉大学自己选择专业的原因和专业兴趣所在。高中老师的推荐信、活动列表或个人简历也可以作为辅助材料提交。一些学校采取滚动录取的规则，所以提前报名会增加录取概率。

（一）A-Level 体系学生录取条件

根据表 4–19 可以看出，对于 A-Level 体系学生来说，大部分学校都要求至少 3 门考试的成绩（不包含英语或中文等语言成绩）。

表 4–19　A-level 体系学生的录取条件

学校名称	基础要求	建议成绩
香港大学	2A*+1A—2A1B，科目符合专业要求	3A*—4A*
香港科技大学	1A*2A—3A*，科目符合专业要求	1A*2A—3A*
香港中文大学	3AL/2AL+2AS，成绩高于 C，科目符合专业要求	3A
香港理工大学	3AL/2AL+2AS，科目符合专业要求	2A1B—3A，分数换算为 136 ~ 160 分
香港城市大学	3 门 AL 成绩，成绩高于 E（2 门 AS 可以换算为一门 AL），科目符合专业要求	2A1B—3A
香港浸会大学	3 门 AL 成绩，科目符合专业要求	2A1B，分数换算为 112 ~ 144 分
香港教育大学	3 门 AL 成绩，成绩高于 D，科目符合专业要求	2B1C
香港岭南大学	3AL/2AL+2AS，科目符合专业要求	2B1C—1A2B，分数换算为 80 ~ 152 分

资料来源：根据各学校官网公开资料整理。

（二）IB 课程的录取条件

除了 A-Level，香港的各个高校也接受 IB 的文凭。根据表 4–20 可知，虽然基础要求相近，但不同专业的要求有所差别，有的专业差别还很大。

表 4-20 IB 课程的录取条件

学校名称	基础要求	建议成绩
香港大学	有包含拓展论文和知识理论成绩在内的 IBDP 文凭，基础要求 31+/45，工科 33+，商科和理科 37+，牙医 41+，医学 43+，科目符合专业要求	总成绩为 40+，医学专业建议更高
香港科技大学	有包含拓展论文和知识理论成绩在内的 IBDP 文凭，科目符合专业要求	总成绩为 37～42 分
香港中文大学	有包含拓展论文和知识理论成绩在内的 IBDP 文凭，基础要求 30+/45，科目符合专业要求	总成绩为 37～42 分
香港理工大学	总分 24+，2 门 HL 没有低于 4 分	总成绩为 31～36 分，健康科学等科目成绩为 36+
香港城市大学	具备 IB 文凭，基础要求 30+/45	总成绩为 31～39 分
香港浸会大学	具备 IB 文凭	总成绩为 30～36 分
香港教育大学	具备 IB 文凭，无具体要求	总成绩为 29～35 分
香港岭南大学	有包含拓展论文和知识理论成绩在内的 IBDP 文凭	总成绩为 29～34 分

资料来源：根据各学校官网公开资料整理。

（三）美国课程体系的申请要求

美国课程体系含金量高，认可度也比较高，所以香港高校非常欢迎学生用此体系申请。根据表 4-21 可知，各大学的基础要求都不算高，但实际录取分数并不低。

表 4-21 美国课程体系的申请要求

学校名称	基础要求	建议成绩	语言成绩
香港大学	SAT：1 350+，理科学院 1 450+，法学院 1 500+ ACT：29+ AP：3 门课的考试成绩满足专业要求 SAT 科目考试：至少 3 门课的考试成绩满足专业要求 符合专业要求	至少 3 门 AP 5 分成绩，SAT1 500+，ACT33+	雅思 7+ 托福 93
香港科技大学	SAT：1 290+ ACT：27+ AP：3 门 3+ 成绩 SAT 科目：3 门 600+ 成绩 符合专业要求	至少 3 门 AP 5 分成绩，SAT1 420～1 490 分，ACT32+	雅思 6+ 托福不适用

学校名称	基础要求	建议成绩	语言成绩
香港中文大学	SAT：1 190+ ACT：24+ AP：2门3+成绩 SAT科目：2门600+成绩 符合专业要求	至少3门AP 5分成绩，SAT1 450+，ACT32+	雅思6+ 托福80+
香港理工大学	SAT：1 190+ ACT：24+ AP：2门3+成绩 SAT科目：2门600+成绩 符合专业要求	至少3门AP 4分成绩，SAT1 360+，ACT30+	雅思6+ 托福80+
香港城市大学	SAT：1 190+ ACT：24+ AP：2门4+成绩 SAT科目：2门600+成绩 符合专业要求	至少2门AP 4分成绩和1门AP 5分成绩，SAT1 360+，ACT30+	雅思6.5+ 托福79+
香港浸会大学	SAT：1 190+ ACT：23+ AP：3门3+成绩	至少2门AP 4分成绩和1门AP 3分成绩，SAT1 330+，ACT28+	雅思6+ 托福不适用
香港教育大学	SAT：1 190+	至少1门AP 4分成绩和2门AP 3分成绩，SAT1 300+，ACT28+	雅思6+ 托福80+
香港岭南大学	SAT：1 190+	至少1门AP 4分成绩和2门AP 3分成绩，SAT1 280～1 330分，ACT28+	雅思6.5+ 托福79+

资料来源：根据各学校官网公开资料整理。

|第五章|

研究生留学需求巨大，各地区留学优势互补

根据美国国际教育研究所（Institute of International Education，IIE）发布的《2023美国门户开放报告》，自2014—2015学年以来，前往美国就读的国际学生人数首次出现全年龄段的普遍增长。其中，研究生阶段的留学生就读人数增幅最大，共有467 027名国际学生赴美攻读硕士、博士等学位，同比增长了21%。这是历年“美国门户开放报告”中的研究生阶段留学生总人数的最高纪录，其中以硕士生人数的增长最为明显。中国研究生在读人数为126 028人，研究生留学人数占在美中国留学生总人数的43.5%，远超其他学术阶段的留学生人数。

近年来研究生留学申请的竞争日趋激烈，申请过程变得更加复杂和多元。几个显著的新趋势包括：名校和热门专业的申请集中化；更多在职人士加入留学申请竞争行列；多专业及多国混合申请的策略流行等。为了应对这样的趋势，申请人的策略和准备也进行了相应调整。例如，应届毕业生更加注重实习、科研项目等实践经验的积累；在职人士在申请材料中更加突出自己的工作经验和对行业的深入理解；申请人需要更加全面地了解各个项目的申请要求和截止日期，合理规划申请时间表，以确保申请工作的顺利进行等。

本章深入剖析了近两年研究生留学申请的核心原则、关键要求以及趋势的演变，涵盖了北美、欧洲、澳大利亚及亚洲地区研究生项目的留学趋势、课程设置、招生特点等，同时探讨了常见专业的申请门槛及其对应的职业发展前景。这些分析可以为读者提供精准、清晰的指导，助力他们在日益激烈的留学竞争中脱颖而出，迈向更加广阔的未来。

第一节
研究生申请的新趋势与显著变化

近年来，随着全球范围内研究生留学申请的竞争日益激烈，申请形式每年都呈现出新的变化。对于有意向申请海外研究生项目的学生来说，密切关注每年的申请动态，及时调整自己的规划和申请策略变得尤为重要。以下是一些近期较为关键的变化趋势。

一、各大院校开设新项目

每年，海外各大院校会根据就业市场的变化、学生的进修需求以及招生情况，对自己提供的项目进行相应的调整。许多知名院校会定期推出新的研究生项目，以适应不断变化的学术环境和职业环境。例如，从 2024 年申请季开始，芝加哥大学商学院新开设了管理学硕士项目，杜克大学新开设了游戏设计、开发与创新硕士项目等。这些新项目的信息通常在每年的 6—8 月公布，因此学生在这一时间段需要特别关注各大院校的官方网站，以便及时获取最新的项目信息，并根据这些信息适时调整自己的申请院校名单和申请策略。

二、地缘优势凸显：名校、地处大城市的院校竞争激烈

近年来，中国留学生选择院校展现出两个明显趋势：一是对名校的热衷；二是偏爱地处大城市的院校。近两年，由于全球经济形势下行，学生无论是在选择专业上还是在选择就读学校地理位置上，都明显将就业与实习机会放在首位。

在名校选择方面，学生更为关注各类大学排名，尤其是 QS 世界大学排名。

U.S.News 美国大学排名和软科学世界大学排名，以及国内各级政府机关、用人单位公布的留学生招聘、留学生落户院校名单，与学生未来回国就业的情况密切相关，因此留学生在选择时应特别关注自己就业意向地区和用人单位的相关政策。今年，中国香港也出台了落户大学名单。这些排名和名单都在影响学生们的选择。

留学生普遍考虑的第二个选校依据是地理位置。大城市，如美国的纽约、洛杉矶、波士顿、旧金山，加拿大的多伦多和温哥华，英国的伦敦，法国的巴黎等，都是受留学生偏爱的城市。大城市可以提供更多的就业和实习机会、丰富的文化和社交机会，以及便利的交通和生活条件。

三、出现研究生录取分数膨胀现象

由于竞争的加剧，出现了显著的研究生录取分数膨胀现象，即录取平均分数线逐年上升，尤其是在那些备受追捧的院校和专业中，申请标准的提升速度常常超出预期，GPA 3.9、GRE 330 以上的成绩并不鲜见。在麻省理工学院金融工程专业录取的学生中，成绩为 GPA 3.9 的学生占 90%，而且 90% 的本科学生具有 STEM 背景。

面对这样的趋势，申请者需保持优异的成绩以适应更为激烈的竞争环境，并且

在选择申请的学校和专业时，要采取更为稳妥的策略，避免盲目追求热门院校、热门专业，只有这样才能确保整体申请方案的成功。

四、先修课要求更加严格

随着竞争的加剧，研究生项目对学生的先修课要求也变得更加严格，具体体现在先修课要求的课程数量的增加和课程难度的提升。例如，约翰霍普金斯大学的应用经济学硕士项目就更新了其 2024 年申请季的先修课要求，从原本的微观经济学、宏观经济学、微积分扩展到包括微观经济学、宏观经济学、多元微积分和统计学在内的多门课程。因此，学生需要提前规划自己在大学期间的选课策略，对于那些在本科院校不开设的课程，应当及时寻找在线学分课程或官方暑期学分夏校等资源来补充，确保在申请时满足所有先修课要求。

五、标化考试要求逐渐恢复

前几年，因全球性公共卫生事件，众多院校对标化考试的要求做出了临时调整，其中包括取消对某些考试的要求或接受家庭版考试成绩。但近两年，一些项目正在重新审视这些政策，并逐步恢复对标化考试的要求。例如，纽约大学工程学院和康奈尔大学商学院的某些项目重新将 GRE 成绩列为申请必备条件。哥伦比亚大学的国际与公共事务学院和卡内基梅隆大学的计算机科学学院等已经明确表示，它们将不再接受家庭版标化考试成绩。

六、文书题目更加复杂

近年来，研究生申请中的文书要求的演变呈现出一种明显的趋势——复杂性的提升。众多项目，尤其是商科类项目，正在摒弃传统的个人陈述，转而采用一系列命题作文。这些作文不仅在长度上有所增加，而且在内容上更加复杂和深入，题目也更加具有创新性和独特性。

下面是西北大学整合市场营销硕士 2024 年秋季申请文书的要求。

西北大学整合市场营销硕士 2024 年秋季申请文书要求

We look forward to reading your personal statement so we can best learn who you are as an applicant and how the IMC (Integrated Marketing Communications) program will enhance your career plan. Be sure to address the following questions (3, 000 words or fewer):

我们期待阅读你的个人陈述，以便更好地了解你作为申请人的身份，以及 IMC（整合营销传播）课程将如何促进你的职业规划。请务必回答以下问题（3 000 个英文单词以内）：

In your view, what differentiates IMC from other marketing and communications? What experiences in your life have led you to pursue an IMC degree? Why do you want to study IMC and how will it help you achieve your professional goals?

在你看来，IMC 与其他营销和传播专业有何不同？你生活中的哪些经历促使你决定攻读 IMC 专业？你为什么想学习 IMC，它将如何帮助你实现职业目标？

How will your background, identity and professional experiences help you co-create an inclusive and enriching learning experience with your classmates and faculty in the IMC program?

你的背景、身份和职业经历将如何帮助你与 IMC 课程的同学和教师共同创造一个包容、丰富的学习体验？

Describe one setback you faced in your professional life (for example, in a job, class or internship). How did you respond, what did you learn from the experience, and how will that lesson help you in the future?

描述你在职业生涯中（例如在工作、课堂或实习中）遇到的一次挫折。你是如何应对的？你从中学到了什么？

Describe a time when you received critical feedback (for example, in a class, job or internship). What was the feedback, how did you respond, and what did you learn from the experience?

描述一次你收到批评性反馈的经历（例如在课堂、工作或实习中）。反馈的内容是什么，你是如何回应的，从中学到了什么？

Additional Information (optional): If there is anything in your application that you would like to address (e.g., GRE or GMAT scores, GPA, lack of marketing or other work experience) or any additional information you would like to include (e.g. information an award or scholarship, gap year, etc.), please submit an essay of 300 words or less to upload in the bottom of the "Additional Information" section.

补充信息（可选）：如果你在申请中有任何需要说明的地方（例如，GRE 或 GMAT 的分数，GPA，缺乏市场营销或其他工作经验），或者你希望涉及的任何其他信息（如获奖或奖学金信息、空档期等），请提交一篇 300 个英文单词以内的文章，并将其上传到“附加信息”部分的底部。

七、面试环节更加普及化与多元化

越来越多的研究生项目在申请过程中加入了面试环节，尤其是商科类项目。人机面试、视频录制等各类新型面试方式的涌现，极大地提高了学校的面试效率，使得学校能够在短时间内完成大量申请人的面试工作。纽约大学职业研究学院在2023年的申请季，针对整合市场营销专业引入了人机面试，进而在2024年的申请季为该学院的所有专业都增设了人机面试要求。一些学校采取了更为综合的面试策略。例如，哥伦比亚大学的职业研究学院要求所有申请人首先完成人机面试，然后初步筛选，再为部分申请人安排真人面试。

八、非应届生申请人数明显增加

每年的留学申请竞争情况通常受到当年经济环境和就业市场的动态变化的影响。近年来，一个显著的趋势是越来越多的非应届生选择重返校园，继续深造。这些申请人由于拥有多年的工作经验、对行业的深入理解、明确的职业目标和学习动机，在申请过程中显得更具优势，也给应届生申请人带来了更大的竞争挑战。

九、多国混合申请策略更加常见

多国混合申请的策略为申请人开辟了更为广阔的院校和专业选择空间，还可以帮助申请人有效分散诸如政策变动等风险，进而提升整体申请的成功概率。

十、博士申请人数不断增加

随着全球经济和科技的迅猛发展，各国、各行业对高级研究人才的需求不断增长，使博士学位持有者在就业市场上具有更强的竞争力。同时，由于就业市场的不确定性，不少学生决定继续攻读博士学位，以回避激烈的就业竞争形势。在这些因素的综合作用下，近年来博士申请的竞争变得愈加激烈。

申请人必须在本科阶段就取得专业领域的优秀成绩，积累丰富的科研经验，并取得一定的科研成果，得到科研导师的有力推荐，这些都是确保在激烈的博士申请竞争中脱颖而出的关键。

第二节
研究生留学的基本原则与要求

采用申请审核制的海外高校在评估申请人时考查的内容非常全面。除了课程和分数等硬性指标外，学校还考虑科研能力、实习经验等因素，以及申请人对专业学习的热情、沟通能力、领导力和个性特质等。如果学生打算同时申请多个专业或不同国家的项目，那么背景提升方案和申请材料准备的复杂性将成倍增加。

为了在这场角逐中脱颖而出，申请人需要从大学一年级开始就有意识地规划学业路径，精心安排每个学期和假期的生活与学习，确保在课业、标化考试和课外活动等方面都能保持均衡发展，任何一环都不容忽视。随着研究生阶段的专业划分更为精细，不同专业的申请准备工作也呈现出差异化，这就要求学生必须明确自己的目标，据此制订出个性化的计划，并付出有针对性的努力。

一、研究生申请的考查要素

本科学术背景、标化考试成绩和课外活动经历构成了研究生留学申请的三大核心支柱。其中，本科学术背景是考查核心，标化考试成绩是重要补充，课外活动经历是竞争重点。这些要素不仅反映了申请者的学术能力和专业潜力，还展现了其全面发展的综合素质。申请人可以通过有针对性地优化这些要素来提升申请竞争力，从而实现留学梦想。

（一）本科学术背景

在研究生申请的评估过程中，学生的学术水平是学校在招生时最为关注的焦点，而大学期间的学术表现则是评估学生的关键指标。

1. 本科毕业院校

许多国外知名院校在录取时会优先考虑本科毕业于知名院校的申请者，这一趋势在英国、新加坡、中国香港等国家和地区的研究生申请中尤为明显。例如，部分高校在招生时会优先考虑本科阶段在海外院校就读或在中国内地 985、211 高校就读的学生。因此，计划在研究生阶段出国留学的学生应慎重考虑自己就读的本科院校，必要时可以考虑通过本科阶段转学至海外高校来提升自己的第一学历，从而为后续的研究生申请打下坚实的基础。

2. GPA

GPA 是衡量学生学术表现的重要指标之一。GPA 是指将学生在每门课程中所获得的分数或等级转换为相应的绩点，然后将这些绩点加总，再除以所修课程的总数得出的平均值。

GPA 是学生学术水平的直观反映，一个较高的 GPA 意味着学生在本科阶段展现出了良好的学术能力和学习习惯，从而在申请中具有显著的优势。根据录取标准，通常可以将 GPA 与申请竞争力大致划分为 8 个评级（见表 5–1）。

表 5–1　本科 GPA 的梯队划分（以美国大学四分制为准）

对应评级	GPA	申请竞争力及选校策略
A	3.9 及以上	属于无可争议的顶尖水平，具备极强的竞争力，申请任何学校和专业均具有显著优势
A/A-	3.7（含）~3.9	属于杰出学生，并且各科目表现均衡，具有相当的优势，有能力冲刺顶尖项目
A-/B+	3.5（含）~3.7	处于中上等水平，整体表现尚佳，但个别学科稍显不足，可尝试申请名校及优势项目
B+/B	3.3（含）~3.5	处于大学生平均水平，表现中规中矩，有条件冲击部分名校，但选校策略应以稳妥为主
B	3.0（含）~3.3	达到合格标准的学生，部分科目存在明显不足，勉强达到研究生申请的基本要求，选校时应以稳健为原则
B/B-	2.7（含）~3.0	在学习上存在一定的问题，但仍可尝试申请部分研究生院校和专业
B-/C+	2.5（含）~2.7	学术表现存在较明显的缺陷，难以适应大学的学习难度，可选择的研究生院校和专业非常有限
C	2.5 以下	学习上存在诸多问题，学术表现堪忧，不建议申请研究生课程

资料来源：根据公开资料整理。

在评估申请人的 GPA 时，招生委员会不仅仅会关注其数值本身，更会综合评估 GPA 的构成因素，包括本科院校的评分标准、学生所选课程的难度，以及 GPA 的整体走势。

首先，因为不同大学的评分标准存在显著差异，所以招生委员会会更倾向于考查学生的相对排名，或将其成绩与同专业、同校学生的成绩进行对比，以此来评估申请人在整体申请者中的竞争力水平。

其次，招生委员会会充分考虑学生所选课程的难度。高难度的课程往往能够提供更为深入的学术训练，学生在这些课程中取得的高分更能凸显其学术能力和专业潜力。

最后，GPA 的整体走势也是一个重要的考虑因素。许多研究生院校特别重视学生大三、大四的成绩，因为这两个年级的课程通常更为专业和深入，更能反映学生近期的学术能力和专业发展情况。

3. 本科专业与课程规划

绝大多数研究生项目对申请人的本科专业背景有特定要求，通常倾向于招收具有相同或相关专业背景的学生。例如，纽约大学的计算机科学硕士项目要求申请人的本科专业为计算机科学、数学、工程学相关专业。密歇根大学安娜堡分校的计量金融与风险管理项目要求学生来自数学、统计学、物理学、工程学、计算机科学和经济学等量化专业。

有些研究生项目虽然并未强制限定申请人的本科专业，但会对申请人的大学课程进行细致核查，要求申请人在入学前必须完成特定的先修课程或具备某些知识、技能基础。例如，哈佛大学公共政策硕士项目要求申请人选修过大学经济学、统计学或微积分课程来证明自己的量化分析能力；哥伦比亚大学的市场科学硕士项目要求学生在入学前修读过大学统计学课程，并掌握 Python 或 R 等编程语言技能。申请人在本科阶段完成学校要求的相关课程并取得优异成绩，将会极大提升录取概率。

海外高校对申请人的课程选择和安排极为重视，要求学生就相关专业打下扎实的基础，并在大学四年的学习过程中逐步构建起学校所要求的课程体系。这些课程往往需要从基础到高级逐步完成。

所以，学生在充分了解目标院校的要求并据此规划好课程计划之后，如果发现自己所在的学校未开设某些所需课程，那么可以通过多种途径获取相关学分。所以说，在本科阶段，特别重要的一个环节是做好课程规划。

（二）标化考试成绩

标化考试是一种旨在测评考生学术能力和知识水平的评估工具，常见的海外留学相关标化考试包括托福、雅思、GRE、GMAT 等。

1. 语言类考试

国外院校对语言类考试通常设定了明确的分数要求。在研究生申请阶段，国外院校要求的托福考试的最低分通常在 90 分及以上，要求的雅思考试的最低分通常在 6.5 分及以上。对于申请顶尖研究生院的学生，建议托福成绩达到 100 分及以上或雅思成绩达到 7 分及以上。某些学校或专业还对语言考试中的单项科目有特定的最低分数要求，因此在准备考试时，学生需要根据具体要求有针对性地进行备考。

2. 学术性考试

为了进一步评估申请人的学术能力和潜力，尤其是数学、逻辑分析和写作能力，部分海外高校要求学生提供学术类考试成绩，其中最常见的为 GRE 和 GMAT。

GRE 包括分析性写作、言语推理和定量推理三部分，要求学生具备较强的逻辑思维能力、词汇量和数学基础，适用于申请理工科、人文社会科学等学科的研究生。GMAT 包括综合推理、定量推理、言语推理和写作四部分，要求学生具备较强的逻辑推理、数据分析和商业知识，考试设计专注于商业和管理领域，适用于申请商业和管理类专业的学生。

除了 GRE 和 GMAT，部分特定学科领域还设有专项研究生入学考试，如法学院入学考试（Law School Admission Test，LSAT）、医学院入学考试（Medical College Admission Test，MCAT）以及药学院入学考试（Pharmacy College Admission Test，PCAT）等。这些考试旨在评估申请者关于各自领域的知识基础、分析能力和批判性思维等关键技能。例如，LSAT 着重考查逻辑推理、分析性阅读和写作能力，MCAT 侧重于评估申请者在自然科学、心理学和社会科学方面的知识，PCAT 则聚焦于考查药学基础知识、批判性思维和沟通能力等。

（三）课外活动经历

一份丰富的申请简历通常需要包含至少 2 ~ 3 段科研或实习经历，搭配专业相关的项目经历、奖项以及各类社团活动经历等。这些活动的规划应该像课程学习一样，从广泛到专业、从简单到复杂，循序渐进，并且各项活动之间应紧密相关，相互铺垫，以展现学生在大学期间的持续成长轨迹。

许多课外活动要求申请者提前进行准备和申请。例如，暑假实习通常要求申请者在前一年的秋季就完成申请和面试，而一些科研项目也会提前 3 ~ 4 个月开始招生审核。因此，学生必须提早规划并留足时间来准备申请材料和面试等。

1. 科研经历

对于想要申请基础及理论学科（如理论物理、理论数学）、学术型硕士学位，以及未来想要攻读博士学位、进入科研机构或高校从事科研工作的申请者而言，本科阶段的科研经历是其学术旅程的关键基石，也是留学申请材料的重要组成部分。

为了系统地发展科研能力，建议学生首先在大学期间修读科研方法论相关课程，掌握科研的基础原理、标准流程，以及撰写严谨的科研论文的技能。在此基础上，学生可以通过参与科研项目，协助经验丰富的科研人员以实践所学理论。众多高校和研究机构设有科研实验室，常招募本科生担任科研助理，参与科研项目的基础工作，这通常是本科生涉足科研领域的起点。

随着对科研流程的深入理解和对科研技能的积累，学生可以着手开展个人独立负责的科研项目。无论是国内高校对其本科生的毕业论文或毕业设计要求，还是国外高校为其本科生提供的荣誉论文（honors thesis）机会，都是学生进行独立科研的绝佳尝试。

2. 实习经历

对于有意申请专业型硕士项目或应用型专业（如管理、市场营销）的学生来说，本科期间的实习经验是个人背景中不可或缺的一部分。

实习带来的好处是多方面的。首先，实习让学生有机会亲身体验自己感兴趣的行业和职位，对那些在大学初期对专业和未来职业了解不深的学生尤其重要。其次，实习可以让学生将在学校学到的理论知识应用于实践，通过完成具体的工作任务和取得的职业成就，向海外院校展示自己对专业知识的掌握程度。最后，优秀的实习表现需要申请者具备综合的素质和能力，这通常会促使学生在专业技能、团队协作、沟通交流和时间管理等方面全面成长，这些素质和能力与研究生阶段所需的素质和能力紧密相关。

在确保实习内容与专业相关、时长充足且工作内容丰富的基础上，学生应尽可能地选择规模较大、知名度较高的企业。顶尖企业对实习生的筛选标准更为严格，能够进入这些企业本身就证明了学生的竞争力。大型企业通常拥有更规范的人事流程和较高的信誉度，因此它们提供的实习证明和推荐信也更可信。

3. 全职工作

具有全职工作经验的申请人通常在申请 MBA 等商科项目时非常受欢迎。为了吸引这类申请人，部分海外院校降低了它们的申请门槛，例如对 GPA 的要求更为宽松，或者免除对标化考试成绩的要求等。因此，对于那些在学术成绩等硬性条件上有所不足的申请人来说，先积累几年的全职工作经验，取得一定的职业成就，然后再申请研究生留学，无疑是一个值得考虑的策略。

二、研究生申请流程与准备材料

在研究生申请阶段，不仅不同国家的院校申请流程和材料要求存在差异，甚至同一学校、同一学院内的不同专业项目的申请流程和材料要求都可能各不相同。与其他学术阶段（如高中阶段、本科阶段）以“学校”为单位的申请审核体系相比，研究生阶段的留学申请往往是以“项目”（program）为中心的申请审核体系。因此，对于研究生留学申请人来说，充分掌握各个项目的具体申请要求，区分不同项目各自的申请侧重点就变得非常重要。

本节以美国的研究生申请要求为例，介绍留学申请中最常见、最普遍及最重要的流程和材料要求。只要满足以下条件，申请人通常可以申请大多数海外院校采取“申请审核制”招生的研究生项目。

（一）网申系统

目前，大多数海外院校都采用了在线申请系统，使得整个申请过程都可以通过电子方式完成。这样的流程不仅方便了申请人，还提高了审核的效率和速度。

由于各大院校普遍使用独立的网申系统，申请人需要为每个意向项目分别提交一份在线申请表。个别专业配有统一的申请平台，允许申请人一次性上传所有申请材料，申请人通过一个系统提交多所学校的申请材料，大大简化了申请过程，节省时间。例如，法律专业设有 LSAC 系统，公共卫生专业设有公共卫生学院申请服务（Schools of Public Health Application Service，SOPHAS）系统等。

（二）个人陈述

研究生申请的个人陈述与本科申请的不同，着重于展现自己在专业方面的学术积累与科研或实习的积累，以及在此过程中的提升与认识。

（三）简历

申请海外高校研究生的简历通常包括教育背景、科研经历、实习经验、学术成就、语言及专业技能、其他相关课外活动等内容。申请人在写作时应确保简历清晰、简洁、格式一致，并且突出与意向项目最相关的经验和技能。针对硕士申请，简历的长度建议为一页，但经验丰富的申请人的简历可以适当扩展到两页。博士申请的简历通常不限制长度，而是以能够充分展现申请人的科研背景和科研经验为首要原则。

（四）目的陈述

目的陈述是申请材料的“灵魂”，它是申请人提交给学校的各种基础信息的重要补充，为申请人提供了额外的机会来展示自己的专业兴趣、职业规划以及独特的竞争力。

下面是斯坦福大学研究生项目的陈述要求。

> 斯坦福大学研究生项目的陈述要求
>
> Describe succinctly your reasons for applying to the proposed program at Stanford, your preparation for this field of study, research interests, future career plans, and other aspects of your background and interests which may aid the admission committee in evaluating your aptitude and motivation for graduate study. The maximum recommended length is 1, 000 words.
>
> 简明扼要地描述你申请斯坦福大学意向项目的原因，你在这一研究领域的准备情况、研究兴趣、未来职业规划，以及你的背景和兴趣的其他方面，以帮助录取委员会评估你的研究生学习能力和动机。建议篇幅不超过 1 000 个英文单词。

（五）命题短文

在某些海外院校的申请过程中，除了目的陈述，还可能要求申请人提交额外的命题短文，有时甚至用这些命题短文来替代目的陈述。这些命题短文要求申请人就一个特定的题目或一系列问题进行写作，需要申请人根据自己的经历和观点，回答关于个人兴趣、职业目标、生活经历、文化背景等方面的问题，以此来展示他们的思维深度、个人见解和表达能力。

下面是杜克大学管理学硕士（MMS）的命题短文要求。

> 杜克大学管理学硕士命题短文要求
>
> Required Short Answer Questions 必答简答题
>
> Why are you pursuing the MMS degree at this stage in your professional development?
>
> What are your immediate career goals after completing the MMS program?
>
> Life is full of uncertainties, and plans and circumstances can change. As a result, navigating a career requires you to be adaptable. Should the immediate goals that you provided above not materialize, what alternative directions have you considered?
>
> 在你职业发展的这个阶段，你为什么要攻读 MMS 学位？
>
> 完成 MMS 课程后，你的近期职业目标是什么？
>
> 人生充满了不确定性，计划和环境都可能发生变化。因此，在职业生涯中，你需要有很强的适应能力。如果上述近期目标无法实现，你考虑过其他哪些方向？
>
> Required Essay 1 必写短文 1
>
> The "Team Fuqua" spirit and community is one of the things that set the Fuqua experience apart, and it is a concept that extends beyond the student body to include faculty, staff, and administration. When a new person joins the admissions team, we ask that person to share with everyone in the office a list of "25 Random Things About Yourself". As an admissions team, we already know the new hire's professional and academic background, so learning these "25 Random Things" helps us to get to know someone's personality, background, special talents, and more.
>
> In this spirit, the admissions committee also wants to get to know you—beyond the professional and academic achievements listed in your resume and transcript. You can share with us important life experiences, your likes and dislikes, hobbies, achievements, fun facts, or anything that helps us understand what makes you who you are.

"福库团队"精神和社区是福库商学院与众不同的地方之一，这一理念已超越学生群体，延伸至教职员工和行政人员。当一个新人加入招生团队时，我们会要求他与办公室里的每个人分享一张"关于你自己的25件小事"清单。作为一个招生团队，我们已经了解了新员工的专业和学术背景，因此了解这"25件小事"有助于我们了解每一个人的个性、背景、特殊才能等。

本着这种精神，招生委员会也希望了解你 — 除了简历和成绩单上列出的专业和学术成就，你可以与我们分享的重要的人生经历、好恶、爱好、成就、趣事或任何有助于我们了解你的东西。

Required Essay 2 必写短文2

For our MMS: Foundations of Business class, the admissions team is looking for students who are eager to engage with, and learn from, their classmates. This learning takes place both inside and outside the classroom, as extracurricular engagement is an important part of the MMS experience. Describe how you would plan to be engaged outside of the classroom and how your unique perspective, experiences, and passions will add to the MMS community.

对于我们的MMS课程，招生团队正在寻找那些渴望与同学接触并相互学习的学生。这种学习可以在课堂内外进行，因为课外活动是MMS体验的重要组成部分。请描述你计划如何参与课外活动，以及你的独特视角、经历和热情将如何为MMS社区增光添彩。

（六）推荐信

推荐信为申请材料增添了来自第三方的视角——通过推荐人对申请人的直接观察和了解，来评价和证明申请人的学术能力、专业技能、个人品质和职业潜力。在研究生申请阶段，申请人通常需要提交2~3封推荐信。

推荐人应该是那些能够公正、客观地评价申请人的专业人士。根据推荐人和申请人的关系，可以将推荐人分为两类：学术推荐人（academic reference）和职业推荐人（professional reference）。

学术推荐人通常是指与申请人之间有直接的学术联系的推荐人，如教授、讲师或研究指导教师。学术推荐信侧重于介绍申请人的学术能力、研究成果、学习态度、学术潜力、课堂参与度和专业成就等。

职业推荐人通常是工作中的上司、同事或行业内的专业人士，他们与被推荐人有职业上的联系。职业推荐信侧重于介绍被推荐人的工作表现、职业技能、团队合作能力、领导能力、工作态度和职业操守等。

（七）其他补充材料

除了以上所述的常见申请材料外，某些专业可能会要求提供额外的补充材料，以展示申请人的专业技能和水平。例如，人文社科类专业可能要求提交符合专业内容和格式要求的学术写作样本；艺术设计类专业可能要求提供该领域或学生擅长领域的作品集；表演类专业可能要求参加试音或试镜等。

（八）面试

对于那些设有面试环节的学校而言，面试在申请审核中的重要性不容忽视，甚至在很大程度上能够影响申请人的最终申请结果。因此，申请人应当给予面试环节足够的重视，并做好充分的准备，包括了解面试流程、练习回答常见问题、准备自我介绍等，以确保在面试中能够充分展示自己的专业技能、沟通和表达能力、与申请项目的匹配度等。

较为常见的面试类型所下。

1. 人机面试

这种面试通常在在线平台上进行。申请人需要在规定的时间内回答电子系统随机挑选的一系列预设问题，也有可能附加笔试部分。最终申请人回答问题的录像以及写作的文章会被系统记录并整理，随后传输到申请人的网申系统中。

2. 视频录制

某些院校在公布网申要求时会预先公布一个题目，要求申请人录制一段限时视频，回答特定问题或展示某些技能。这种视频录制的面试方式给予申请人充足的时间进行提前准备和多次录制，以便最终挑选出理想的成品提交给学校。

3. 真人面试

这是最传统的一种面试形式，申请人与招生人员进行面对面或在线的交流。真人面试通常更加灵活，申请人可以就申请材料中的内容同招生人员进行更深入的讨论，也可以向招生人员提问以获取更多关于申请项目的信息。

三、研究生申请规划时间轴

研究生申请是一个涉及多个方面的复杂筹备过程。为了能够申请到理想的研究生项目，学生需要尽早开始做准备，根据目标研究生项目的要求来规划课程的选择、标化考试备考、科研活动的参与以及相关实习经验的积累，从而有充足的时间来提升自己的申请竞争力。美国大学研究生项目申请规划时间轴（以 2025 年秋季入学为例）如图 5–1 所示。

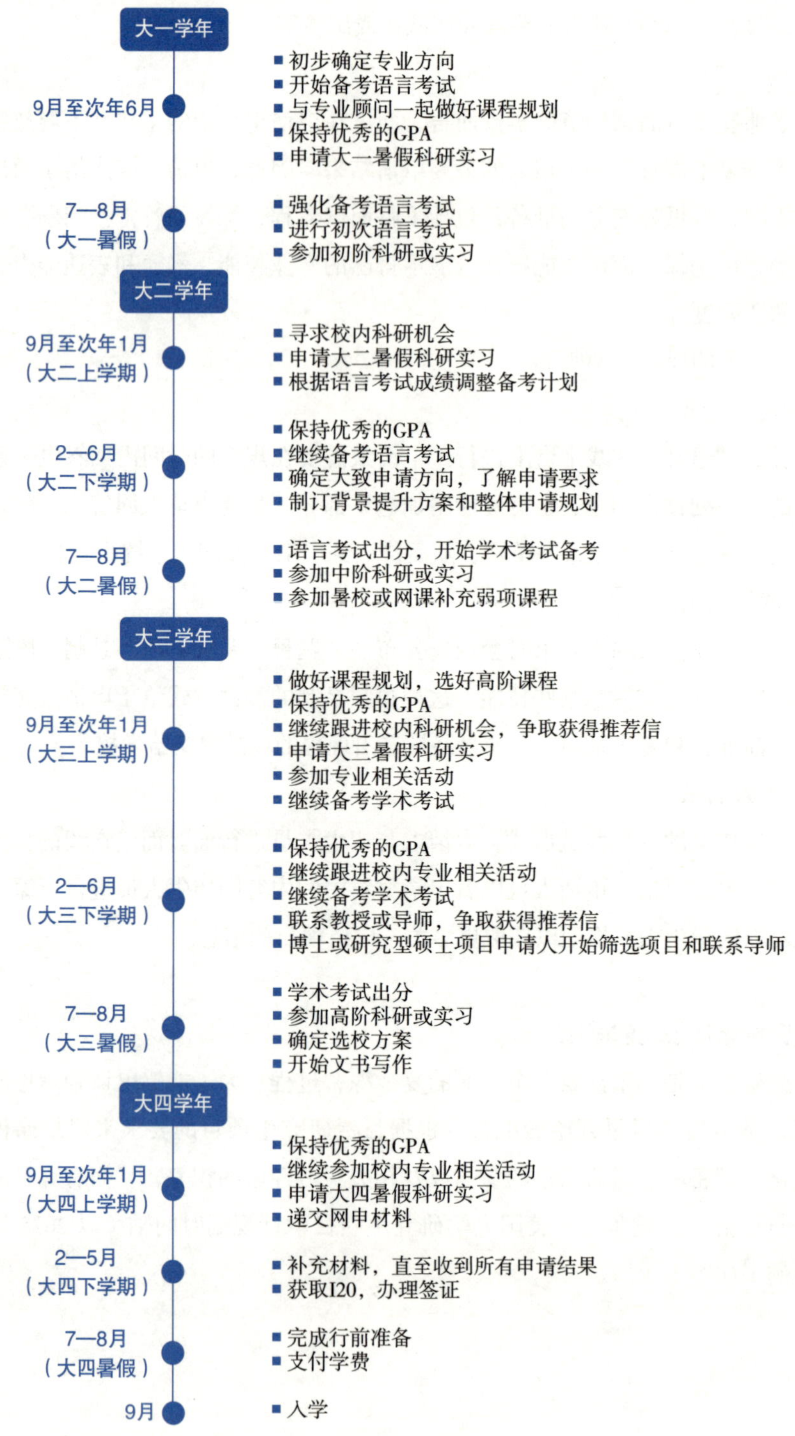

图 5-1　美国大学研究生项目申请规划时间轴（以 2025 年秋季入学为例）

第三节
各地区研究生留学申请及项目特点

一般而言，各国、各地区研究生申请的流程与要求都大同小异，尤其是在研究生成为最大的留学群体后，导致了普遍的分数膨胀和软条件膨胀，甚至英联邦教育体系的代表——英国、新加坡在招收研究生时，要求的条件开始与美国趋同，这也意味着研究生申请难度在增加。

本节就主要国家与地区的研究生留学申请特点做分析比较。

一、北美地区

北美地区因其显著的优势而成为留学申请竞争最为激烈的地区，其申请过程较为复杂，考查因素多样，并且各高校的申请流程相互独立，要求申请人进行综合、全面的准备。此外，北美地区的留学成本较高，可以说是全球留学成本最高的地区之一，因此学生需要确保有足够的资金来承担这些费用。

（一）美国

1. 留学趋势

美国拥有众多全球顶尖的高等学府，包括哈佛大学、斯坦福大学、麻省理工学院和加州理工学院等。在 2024 年 QS 世界大学排名中，美国大学在前 100 名中占据 27 席，位居各国之首。这些学术巨擘不仅在教学质量、科研能力和学术创新方面处于世界前列，而且在全球教育标准的制定、科技创新的推进以及对国际事务的参与和影响等方面具有举足轻重的地位。

由于美国对 STEM 专业的留学生提供留美就业的政策支持，这些专业一直是中国留学生的首选。2022—2023 学年有超过一半的赴美中国留学生选择了 STEM 领域，占比达到 51.3%。

在招生政策方面，美国的研究生招生普遍采用整体审查（holistic review）制度，综合考虑学生的各方面条件，而不仅仅是硬性条件。因此，在申请美国的研究生院时，学生除了要保持高 GPA 和标化考试成绩外，还需要注重提升科研、实习等软性能力。

2. 项目设置

美国的硕士学位种类繁多，涵盖了不同的学术领域和专业方向，这主要可以分为两大类：学术导向型和专业导向型。学术导向型硕士学位主要包括理学硕士

（Master of Science，MS）和文学硕士（Master of Arts，MA）两类，通常需要 1～2 年的时间完成。一般而言，理科专业学生会获得理学硕士学位，如数学、统计学、物理学、化学、计算机科学等；人文社科类专业学生会获得文学硕士学位，如心理学、教育学、政治学、历史学、哲学等。学术导向型学位既可以是纯粹的学术研究型，也可以是结合实践的职业型，或者是两者兼具的混合型。

专业导向型硕士学位更加注重实践和对专业技能的培养，从而帮助学生在特定专业领域获得就业资格和就业机会。常见的专业导向型硕士学位包括工程学硕士（Master of Engineering，MEng）、工商管理硕士（Master of Business Administration，MBA）、法学硕士（Master of Law，LLM）、艺术硕士（Master of Fine Arts，MFA）。除了上述学位，还有许多其他专业硕士，如会计学硕士（M.Acc）、建筑学硕士（M.Arch）、教育学硕士（M.Ed）、公共管理学硕士（M.P.A）等。

此外，还有许多院校设置了双学位（Dual Degree）和联合学位（Joint Degree）项目，这些项目指的是由两个不同的学院分别或联合授予学位，为学生提供跨学科的学习机会。

3. 签证政策

在读期间，留学生可以在校内或校外工作。校内工作不限制工作内容，也无须额外申请工作许可；校外工作的内容则必须与学生的专业学习直接相关，并且需要向学校申请名为 CPT（Curricular Practical Training）的工作许可。无论学生是在校内还是在校外工作，每周的工作时间最多为 20 个小时，放假期间可以参加每周 40 个小时的全职工作。

留学生可以在毕业后 60 天内申请名为 OPT（Optional Practical Training）的工作许可，在美国参加全职的实习或工作。OPT 期间的工作没有公司类型或薪酬限制方面的要求，但其工作内容必须与学生在美国就读的专业方向相关。标准的 OPT 持续时间为 12 个月，而 STEM 专业的 OPT 可以延长至最多 36 个月，意味着 STEM 专业的毕业生将有长达 3 年的时间在美国积累工作经验。目前，美国移民局已经将 400 多个专业划归为 STEM 专业。继 2022 年美国移民局宣布在 STEM 类别中增加 22 个专业后，2023 年又增加了 8 个专业，包括景观建筑学、语言学与计算机科学、发展与青少年心理学等，旨在吸引更多高技术人才赴美深造。

使用 OPT 在美国工作期间，留学生还可以向雇主申请 H–1B 工作签证。H–1B 签证的初始有效期通常为 3 年，可以延长至 6 年，在特定情况下可以进一步延长。H–1B 期间的工作内容必须与学生在美国就读的专业方向相关，并且 H–1B 签证有年度配额限制，每年通过抽签过程分配。

（二）加拿大

1. 留学趋势

加拿大在全球高等教育领域占据着领导地位，拥有诸如多伦多大学、不列颠哥伦比亚大学、麦吉尔大学等一批世界顶尖的高等学府。加拿大高校在医学、工程学、环境科学和社会科学等多个学科领域表现卓越，尤其在癌症治疗、航空航天、气候变化等关键全球议题上取得了显著的研究成果，为全球性挑战提供了科学支持和创新性解决方案。

根据加拿大移民、难民与公民部（Immigration，Refugees and Citizenship Canada，IRCC）2023 年发布的最新数据，2022 年赴加拿大留学的国际学生总人数达到了 551 405 人，其中来自中国的留学生人数位列第二，达到 52 000 人。目前，在加拿大境内的中国留学生总人数超过了 10 万人，中国成为加拿大留学生的第二大生源国。

加拿大的许多大学与工业界、政府和其他非营利组织建立了紧密的合作关系，因此这些大学能够为研究生提供多种形式的实习工作机会。合作教育（Co-operative Education）是其中一种常见形式，允许学生在学习期间交替进行学术学习和相关行业的实习，确保学生能够获得与其学术领域和职业目标相关的实践经验，增强他们的就业竞争力和职业发展潜力。

加拿大的研究生申请难度在很大程度上取决于学校和专业的热门程度。由于大学数量相对较少，国际学生认可的名校有限，因此扎堆申请现象更为明显。金融、会计、统计和计算机等热门专业由于就业前景良好，申请者众多，导致竞争格外激烈。总体而言，加拿大研究生院的招生政策和申请流程更加注重学生的全面发展和实际应用能力。

需要注意的是，加拿大的每个省份都设有自己的教育体系和要求，每个省份的高等教育机构也有其特定的录取标准和程序。因此，学生在申请加拿大的留学项目时，需要了解自己选择的省份和学校的具体留学规定与要求。

2. 项目设置

加拿大的硕士学位主要分为两大类：研究型硕士（Thesis/Research Master's）和专业型硕士（Coursework Master's）。研究型硕士适合希望就所选专业方向进行深入研究或打算进入博士阶段学习的学生，项目设置以研究专项课题为主，需要完成指定的修课学分和研究学分，同时需要研究生跟随导师进行课题研究、完成毕业论文并通过答辩才能获得学位。研究型硕士的毕业时间主要取决于课题的研究进度以及导师对毕业的要求。

专业型硕士适合打算硕士毕业后直接就业的学生，项目设置以授课为主，学生仅需修课、完成学科作业和通过考试即可毕业。部分学校要求研究生做毕业设计，但不需要参加答辩。毕业时间取决于修课的快慢以及学校对毕业学分的要求，一般 1 ~ 2 年可以毕业。

3. 签证政策

留学生在加拿大就读期间可以在校内工作，没有工作时长限制。在加拿大政府指定的部分学习机构全职学习的留学生有资格参加校外工作，在学期内每周可以工作最多 20 个小时，放假期间可以全职工作。

在加拿大认证过的教育机构完成至少 8 个月课程的留学生，在毕业后 180 天内可以申请 PGWP（Post-Graduation Work Permit），在加拿大参加全职实习或工作。PGWP 的年限最长可达三年，取决于学生在加拿大学习课程的时长，以及工作内容是否与所学专业相关，最长可达三年。

2023 年 12 月，加拿大对留学生学习和签证规定进行了重要调整，包括提高学习签证申请的保证金要求，设定留学生每周工作时间的豁免期限，以及取消毕业工作签证的延期等。这些措施旨在确保留学生能够专注于学业并减轻当地就业市场的压力。计划在加拿大留学的学生需要密切关注加拿大的相关规定，并根据最新政策及时调整学习和工作计划。

二、英国和欧洲其他主要国家

欧洲的高等教育以其卓越的教学质量和学术声誉闻名全球，尤其是英国、法国、德国等国的顶尖大学以严谨的学术态度和杰出的研究成果而著称。为了吸引更多的国际学生，许多欧洲国家的高校学费低廉，并且提供了丰富的奖学金申请机会，可以帮助留学生减轻财务负担。

由于欧洲各国国情不同，每个国家的教育体系和申请流程都有其独特性。因此，有意向在欧洲留学的学生需要仔细研究目标国家高校的具体要求和程序，以确保留学计划能够顺利进行。

（一）英国

1. 留学趋势

英国拥有 150 多所高等教育机构，其中包括众多历史悠久、世界上最负盛名的学府，如牛津大学、剑桥大学、帝国理工学院、伦敦政治经济学院等。在 2024 年 QS 世界大学排名中，英国拥有 4 所位列前 10 名的大学，以及 17 所位列前 100 名的大学。

根据英国高等教育统计局（HESA）的最新数据，中国内地赴英留学的人数达到 151 690 人，同比增长 5.47%，在国际学生中占比 22.3%，居首位。其中，研究生人数为 88 755 人，同比增长 6.01%。

在英国的教育体系中，本科生的学位等级是评估学生学术表现的一个重要标准，也是在研究生申请审核过程中最为重要的指标。英国的学士学位等级通常根据学生的平均成绩分为四个荣誉等级：一级甲等（First-Class Honours，亦称 1：1）、二级甲等（Second-Class Honours，Upper Division，亦称 Upper Second-Class Honours 或 2：1）、二级乙等（Second-Class Honours，Lower Division，亦称 Lower Second-Class Honours 或 2：2）、三级甲等（Third-Class Honours，亦称 3：1），相对应的本科平均成绩分别为百分制的 70 分及以上、60 ~ 69 分、50 ~ 59 分、40 ~ 49 分。在申请英国的研究生课程时，大学通常会要求申请者拥有至少二级甲等（2：1）荣誉学位，而在申请顶尖英国院校和热门专业时则要求达到一级甲等（1：1）学位。非英国本科毕业生在申请英国研究生时，应该了解自己所在国家的学位等级与英国的学位等级的对应关系，并准备好相应的成绩证明和解释信。

针对本科阶段在中国内地高校就读的申请人，英国大学通常要求其平均分达到 80 分及以上，相当于英国的二级甲等荣誉等级。对于竞争激烈的热门专业或顶级大学，申请人的本科成绩往往需要更高，达到 90 分及以上。英国大学非常关注中国大学的排名，并对 985、211 院校以及普通院校的学生设有不同的平均成绩要求。例如，牛津大学、剑桥大学和伦敦政治经济学院对 985、211 院校毕业生的本科平均成绩要求为 85 分及以上，而对普通院校毕业生的要求为 90 分及以上；帝国理工学院、伦敦大学学院对 985、211 院校毕业生的本科平均成绩要求为 80 分及以上，而对普通院校毕业生的要求为 85 分及以上。

此外，需要注意的是，一些英国大学有自己认可的中国院校名单，这份名单通常包括 985 和 211 院校，以及其他一些英国大学认为教学质量较高的院校。英国大学会根据这份名单来评估来自中国内地的申请人的背景。

另外，除了顶尖精英大学和一些顶尖硕士项目外，英国研究生项目大多不强制要求申请人参加学术型考试，即 GRE、GMAT 等，因此非常适合因各种情况无法考出理想成绩的学生。

2. 项目设置

英国的硕士项目主要分为授课型硕士（Taught Master）和研究型硕士（Research Master）两大类。授课型硕士的学制通常为一年，课程内容包括课堂教学、讲座、研讨会以及案例分析、小组展示等。学生通过完成课程学习、修满学分，以及通过考试或完成论文来获得学位。最常见的授课型硕士包括面向人文社科领域的文学硕士（Master of Arts，MA）和面向理科方向的理学硕士（Master of Science，MSc）。

研究型硕士的学制通常为1～2年，课程内容以科研为导向，旨在培养专业研究型人才。这类硕士通常是为准备攻读博士学位的学生而设立的，需要学生具备较强的研究和创造能力。最常见的研究生硕士学位包括研究硕士学位（Master of Research，MRes）和哲学硕士学位（Master of Philosophy，MPhil）。

英国硕士教育体系中的一个特点是许多专业提供转换课程（Conversion Course），这是一种专门为那些希望改变职业方向或补充新技能的本科生或研究生设计的课程。转换课程特别适合在研究生阶段是零基础但想转专业的学生，例如，本科学习文学专业的学生通过学习法律转换课程来进入法律行业，或者本科学习经济学专业的学生通过心理学转换课程来为心理学硕士申请做准备。转换课程的长度和内容因专业和大学而异，但它们通常是一年制的。对于那些希望在研究生阶段转专业的学生来说，英国是绝佳的选择。

3. 签证政策

留学生在英国就读期间通常被允许每周工作最多20个小时，而在假期可以全职工作。

自2021年起，英国恢复了留学毕业生工作签证（Graduate Visa），专为在英国完成学业的国际学生设计。该签证允许符合条件的应届毕业生在英国停留两年，期间寻找工作或创业，并有机会转换为正式的工作签证。对于本科及硕士毕业生来说，此签证有效期为两年，对于博士毕业生来说则为三年。留学毕业生工作签证持有者可以在英国寻找或从事任何技能水平、任何薪资水平的工作，包括自由职业者和实习，无须雇主担保。在毕业生工作签证到期后，申请者如果找到符合要求的工作，就可以申请技术类工作签证，继续留在英国。

（二）法国

法国高等教育体系包含70余所公立综合性大学、200余所工程师学院、220所工商管理院校、120所公立高等艺术学院、20所建筑学院等。其中有许多世界著名的大学，如巴黎高等师范学院、巴黎综合理工学院、巴黎高等商学院等，在艺术、商业等领域享有盛誉。

1. 留学趋势

根据法国高等教育与研究部（Ministry of Higher Education and Research）提供的数据，截至2022年8月底，全球70个国家的14万多名学生向法国高校提出了申请，创下历史新高。在各个专业类别中，首先是商学院学生人数增长最快，增幅达到18%，其次是艺术和建筑学院，增长了5%，工程学院增长了3%。中国是法国留学的第三大生源国。法国最热门的专业包括经济和商业、时尚、酒店管理、技术和旅游。商科类专业是许多中国学生的首选，工程和技术类次之。另外，由于法国的艺术氛围浓厚，社会科学和人文科学的发展也拥有悠久的历史，因此选择这两类专业的中国学生也很多。

2. 项目设置

法国的硕士学位（Master）通常为两年制，需要在公立大学或大学校（Grande école）完成。

公立大学是多学科的综合类研究性大学，涵盖艺术、文学、语言、人文科学和社会学、法律、经济和管理、科学、技术和医疗等领域。公立大学的两年制硕士学位［Master（Bac+5）］是法国国家认可的文凭。公立大学免学费，只收取少量注册费。

法国的大学校，也称“精英院校”，主要任务是培养各界精英。大学校颁发的硕士学位是校级文凭，但通常也得到国家的认可。大学校颁发的硕士文凭包括相当于公立大学的硕士文凭［Gradede Master（Bac+5）］、科学领域的硕士文凭［Master of Science（Bac+5）］、工程师文凭和硕士学位［Titred’ingénieur（Bac+5）］、专业硕士文凭（Mastère Spécialisé），以及工商管理硕士文凭［MBA（Bac+6）］。大学校收取学费，但提供了大量奖学金机会。

法国高等教育的授课一般有纯法语授课、纯英语授课、英法双语授课三种，其中英语授课课程的数量增长迅猛，从2004年的286个增加到目前的1 681个，增长了五倍多。选择法语授课的专业的学生需要在国内接受至少500个小时以上的法语培训，并通过TCF、TEF、DALF等法语水平测试，达到欧盟语言水平B2级别。选择英语授课专业的学生则需要出具托福或者雅思成绩。

3. 签证政策

留学生在法国就读期间，可以参加半工半读类课程，这是一种学习与工作实践相结合的培训体系，学生可以在私人或国有企业与学校之间轮流接受培训。同时，学生可以以副业的名义从事带薪职业工作，工作时间限制为年度工时的 60%，即每年 964 个小时，无须获得预先的行政许可。

获得法国高校硕士或职业学士文凭或同等学历的留学生，在毕业后可以申请为期一年的临时居留证（Autorisation Provisoire de Séjour，APS），以便从事带薪工作。机械工程、医学、会计管理等专业的硕士毕业生还可以申请额外 12 个月的 APS，工作时间同样不得超过法律规定时间的 60%，即每年 964 小时。毕业生如果能够直接找到与其专业对口的工作，并且工资不低于法国最低工资标准的 1.5 倍，那么可以到当地省政府申请工作居留，然后便可从事正式的全职工作。

（三）德国

德国在全球高等教育领域中有着重要的地位，拥有诸如柏林洪堡大学、慕尼黑大学、慕尼黑工业大学、柏林自由大学等知名学府。德国在科学研究和技术创新方面表现出色，其大学在工程学、自然科学、社会科学和人文学科等领域享有极高的声誉。此外，德国高校在汽车制造、机械工程和化工等领域的专业实力也助力德国成为世界上最强大的工业国之一。

1. 留学趋势

德国学术交流中心与德国高等教育与科学研究中心（DZHW）共同发布了《科学大都会 2023》（Wissenschaft Weltoffen Kompakt 2023）报告，最新数据表明：亚洲和太平洋地区是德国国际学生的主要来源地区，占比达 31%。中国是德国最大的留学生生源国，学生人数约为 40 100 人，占德国所有国际学生的 12%。鉴于德国在工程领域的领先优势，国际学生赴德就读工程科学相关专业的人数最多，占比为 42%，其次为法学、经济学和社会科学等学科。

2. 项目设置

德国的研究生教育非常注重实践和研究，许多课程都是针对特定的行业需求而设计的，包括实验室工作、实习或参与研究项目的机会，这助力学生积累宝贵的实践经验和对未来职业做好相应的准备。除此之外，德国的大多数公立大学对本科和研究生课程都不收取学费，德国政府和私人机构还提供多种奖学金，包括 DAAD 奖学金、ERASMUS+ 等，帮助国际学生在德国学习。

德国的硕士项目主要有理学硕士项目和文学硕士项目。理学硕士属于研究导向型的学位，集中于自然科学、工程、计算机科学等领域，通常要求学生完成一定数量的研究项目或论文。文学硕士主要集中于人文学科和社会科学领域，也要求学生完成一定数量的研究工作或论文。除此之外，常见的硕士学位还包括专注于商业管理和领导技能培养的工商管理硕士学位，以及专注于工程学科的实践和技术技能的工程硕士学位。

德国高校的研究生项目的授课模式主要分为德语授课和英语授课两种。目前德国开设了超过 18 000 个德语授课的硕士专业项目和 1 400 多个英语授课的硕士专业项目，学生可以根据自身条件选择德语、英语或双语授课。对于德语授课的项目，申请者通常需要达到一定的德语水平，但各个专业和学校的具体要求有所不同。例如，艺术类院校可能要求申请者达到德语 B2 水平，而文科、理科、工科、商科等专业则可能要求德福 16 分或 C1/DSH2 水平。对于英语授课的项目，申请人通常需要提供英语语言能力的证明材料，如雅思 6.5 分或 TOEFL iBT 90 分及以上。

3. 签证政策

留学生在德国公立大学就读学位课程期间，通常被允许每周工作最多 20 个小时，在暑假和寒假期间则可以从事全职工作。学生可以选择各种行业和岗位，但其薪酬必须符合德国的最低工资标准。2023 年，德国对留学生的工作签证规定进行了一些重大调整，新规定允许非欧盟留学生在准备申请大学期间使用学习申请签证（Visum zur Studienbewerbung），提前九个月来德国。在此期间，他们可以完成英语或德语的语言课程，并且每周最多可以工作 20 个小时，以帮助缓解生活费用方面的压力。

留学生在德国完成学业后，可以申请为期最长 18 个月的居留许可（Aufenthaltstitel zum Arbeitsuchen），用于寻找与所学专业相关的工作。一旦找到与其学位相匹配的工作，毕业生可以申请工作签证（Arbeitserlaubnis）。工作签证通常与特定的工作和雇主绑定，并且要求薪酬至少达到德国同等职位的平均水平，通常没有固定的有效期。

对于高薪职位（2023 年的最低年薪标准为 56 400 欧元），非欧盟或 EEA 国家的毕业生可以申请欧盟蓝卡（EU Blue Card）。欧盟蓝卡有简化程序方面的优势，以便高技能工人可以在德国工作。

（四）意大利

意大利共有 40 所大学，其中就有世界上最古老的一批大学，如博洛尼亚大学、帕多瓦大学、那不勒斯大学等知名学府。意大利的艺术类院校也非常著名，如米兰新美术学院、罗马美术学院等。

1. 留学趋势

根据意大利大学与研究部（Ministero dell'università e dellaricerca）的统计，意

大利共有 109 681 名外国学生，中国是意大利留学生的第三大生源国，在读留学生人数为 8 053 人。意大利以其建筑、设计、艺术和时尚课程而闻名，其中学习美术的留学生占大多数，共有 5 356 人，主要集中在佛罗伦萨、罗马和威尼斯；音乐相关专业次之，共有 2 831 名学生。

就工程和技术领域而言，意大利有悠久的发展史，特别是在汽车工程、航空航天和建筑技术方面。米兰、都灵等城市拥有一些世界级的技术大学，吸引了众多学生选择学习工程专业。时尚设计、时尚管理和奢侈品管理等领域的研究生课程非常受欢迎。随着意大利在全球经济中的地位不断提升，商业和管理学科也越来越受到国际学生的青睐。

2. 项目设置

意大利的研究生项目设置通常遵循欧洲博洛尼亚进程的标准，提供多种学科领域的专业教育和研究机会，旨在为学生提供深入的专业知识课程和高级技能课程，通常包括理论学习和实践训练。硕士课程通常为期两年，相当于 120 欧洲标准学分（ECTS）。

意大利的硕士学位主要有两种类型：LM（Laurea Magistrale）和 MU（Master Universitario）。LM 是一种学术型硕士学位，其课程通常侧重于理论知识和学术研究，适合希望在特定学科领域深入学习知识或从事研究工作的学生，拿到这一学位通常被认为是进入博士阶段学习和研究的先决条件。MU 是一种专业硕士或特种硕士，课程设计旨在为学生提供特定行业的实用技能课程和专业知识课程，适合那些希望在特定职业领域发展的学生，包括商业管理、时尚设计、建筑学、工程科学等多个领域。

意大利语和英语是意大利大学的授课语言，对于意大利语授课的课程，留学生通常需要达到 B1 或更高的意大利语水平，而英语授课的课程则要求学生达到雅思 5.0 分或更高的英语水平。相对于其他国家的学校而言，意大利高校对语言考试分数要求较低，因此其申请通过率较高。此外，意大利政府制订了图兰朵计划和马可波罗计划，这些计划允许留学生在满足一定条件的情况下，在意大利的语言学校学习一段时间的语言课程，然后参加进一步的入学考试，考试通过后即可进入预注册的大学学习阶段。通过国际生、马可波罗计划和图兰朵计划赴意留学的中国学生人数已经突破 5 000 人，并且这一数字每年都在增长。

3. 签证政策

留学生在意大利持有学习签证时，通常被允许每周工作最多 20 个小时，每年不超过 1 040 个小时。学生可以在各种行业和岗位上工作，但薪酬必须符合意大利的最低工资标准。

留学生在意大利完成学业后，可以申请为期最长 12 个月的居留许可（Permesso di Soggiorno per Ricerca del Lavoro），用于寻找与所学专业相关的工作。一旦找到工作，并且该工作薪酬符合或超过意大利当地的最低工资标准以及该职位所在行业的薪酬标准，毕业生就可以申请工作签证（Permesso di Lavoro）。工作签证通常与特定的工作和雇主绑定，初始有效期通常为两年，之后该申请人可以根据情况续签。

意大利政府对工作签证设定配额法令（Decreto Flussi），规定非欧盟公民进入意大利工作的配额数量和条件，这些配额数量和条件通常根据意大利的劳动力市场需求、经济状况和移民政策来设定。根据 2023 年 3 月 9 日意大利政府批准的新移民法法令，留学生如果有意向在意大利从事长期工作，那么可以将其工作签证转换为雇用型工作居留或自雇型工作居留，不过这种转换不再需要等待一年一度的配额申请。因此，对于留学生来说，在意大利寻找工作并在当地工作变得更加灵活和方便。

三、澳大利亚

澳大利亚教育部（Department of Education）数据显示，来澳中国留学生中近一半为授课型硕士（67 302 人），四成以上为本科与荣誉学士（59 046 人），博士学位（5 677 人）占比为 4%。

1. 留学趋势

根据澳大利亚教育部的官方数据，在中国赴澳留学生中，超过 6 万人就读硕士学位，占比达到 55%。商科与管理相关专业是最受中国留学生欢迎的第一专业选择，人数超过 4 万人，占比达到 35%；其次受欢迎的专业分别为社会与文化、信息技术和工程技术等。

在研究生申请审核中，澳大利亚大学较为重视学生的硬性背景，包括毕业院校及各项分数。不同院校和专业对成绩的要求有所不同。除了学术成绩，澳大利亚大学还看重学生的英语语言能力，也就是说，雅思、托福等语言考试的成绩是重要的评估标准。大部分硕士课程要求申请人的雅思成绩达到 6.5 分，但某些专业可能要求更高，如护理、社工、教育等专业可能要求申请人的雅思成绩达到 7 分及以上。

澳大利亚是世界上首个颁布国际留学生保护法的国家，以确保他们在澳大利亚学习和生活期间的权利得到保障。2000 年，澳大利亚颁布了《海外学生教育服务法案》（Education Services for Overseas Students Act，简称 ESOSA），规定了教育机构在向国际学生提供教育和培训服务时必须达到的标准，包括提供支持和福利安排、法律服务、急救和医疗服务等。

2. 项目设置

澳大利亚“八大”（Group of Eight，亦称 Go8）是澳大利亚八所顶尖的研究型大学联盟，这些大学在学术水平、研究成就和国际声誉方面均处于领先地位。澳大利亚“八大”类似于美国的常春藤联盟，成员大学在全球高等教育领域享有盛誉，也是中国留学生赴澳留学的首选。

澳大利亚的硕士项目通常分为研究型硕士（Master of Philosophy，MPhil）、授课型硕士（Master by Coursework）和专业硕士学位（Professional Master's）三种主要类型。硕士学位通常需要申请人完成 1 ~ 2 年的全职学习，具体取决于课程类型和学科领域。

研究型硕士通常被视为博士研究生的预备学位，重点在于培养学生的研究能力，学生通常需要完成一篇较长的学术论文或研究报告，展示其原创性和对专业领域的深入理解。对于那些希望进入学术研究领域的学生来说，这是一个很好的选择。

授课型硕士是一种以授课为主的学位，侧重于专业知识和技能的学习，学生需要完成一系列课程作业，可能包括讲座、研讨会、实习和项目工作。授课型硕士项目通常不要求学生提交长篇的学术论文，但可能会有一篇较短的研究论文或项目报告。

专业硕士学位是一种结合了专业实践和理论学习的学位，通常面向特定的行业或职业，其课程内容往往与行业需求紧密相关，包括实习、案例研究和其他实践性强的学习活动。

3. 签证政策

持有学生签证的澳大利亚留学生在校期间通常可以每两周工作最多 48 个小时，在假期期间则可以全职工作。学生可以在澳大利亚的任何合法行业工作，但薪酬必须符合澳大利亚的最低工资标准。

在澳大利亚完成至少 1 年的全日制学习且满足英语语言能力要求（通常是参加雅思考试取得总分 6 分及以上的成绩）之后，留学生可以申请毕业生临时工作签证（Temporary Graduate Visa），用于寻找与所学专业相关的工作。一旦找到工作，并且该工作薪酬至少达到澳大利亚同等职位的平均水平，毕业生可以申请工作签证［如 Temporary Work（Skilled）Visa］，通常被称为 485 毕业生临时工作签证（Subclass

485）。其中，授课型硕士的工作签证时长为2年，研究型硕士和博士的工作签证时长为3年。

四、亚洲地区

（一）新加坡

在2024年QS世界大学排名中，新加坡有4所大学上榜，其中新加坡国立大学位列第8名，居亚洲之首；南洋理工大学位列第26名，紧随北京大学（第17名）和清华大学（第25名），位列亚洲第4名。

1. 留学趋势

根据新加坡教育局和新加坡移民与关卡局公布的最新数据，2023年1月，新加坡约有7.93万名留学生，比2022年同期增长25%。其中，约70%是亚洲留学生，以中国留学生为主。新加坡在科技、工业、金融等领域的行业优势，吸引了大量学生选择就读计算机、工程、商科等专业。

在申请审核的过程中，新加坡高校的许多项目都不要求学生提供标化考试成绩，而更看重学生本科阶段的在校课程和成绩。本科阶段在中国内地就读的学生，还要注意新加坡高校对985、211院校的学生和普通院校的学生的在校平均成绩有不同的要求。这些学校录取中国内地普通大学的毕业生很少，并且要求他们的大学平均成绩达到90分及以上甚至更高。其余较为冷门的专业，比如科技创业与创新、管理经济学等，则对来自普通院校的学生的要求并不十分严格，对来自985、211院校的学生的要求为高于基本分数线即可。

申请新加坡大学不需要提交大量附加资料，手续更为简化。相对于欧美国家，新加坡高校的学费低廉，留学新加坡的性价比更高。此外，新加坡公立大学提供助学金（最高补助学费的80%），录取学生都有机会申请，但需承诺毕业后在新加坡工作3年。

2. 项目设置

新加坡学校的硕士学位可以分为研究型硕士（Master by Research）和授课型硕士两大类。研究型硕士项目通常不要求学生上课，或者只需上少量的课程，但要求学生在导师的指导下进行独立的研究工作，并撰写论文，适合有志于进一步攻读博士学位的学生。授课型硕士项目侧重于课堂学习和作业，通常包括讲座、研讨会、实习、项目作业等多种教学形式，学生需要完成一系列的课程并参加考试。这类硕士适合那些希望获得专业知识和技能，以增强就业竞争力的学生。具体的学位名称可能因学科领域而异，例如针对人文社科的文学硕士、针对理科的理学硕士等。

除了上述两大类，新加坡的一些大学还有其他类型的硕士学位，例如与特定行业或职业领域紧密相关，旨在为学生提供特定领域的深入知识和实践技能课程的专业硕士（Professional Master's），以及结合了研究型硕士和授课型硕士的特点，既有课堂学习也有研究项目的混合型硕士（Mixed-mode Master's）。

3. 签证政策

新加坡政府允许持有学生签证的留学生在学习期间兼职工作，但每周工作不超过 20 个小时，在假期则可以全职工作。完成学业后，留学生可以根据自己的学历和职业背景申请不同类型的工作签证，其中最常见的是 EP（Employment Pass，就业准证）以及 S Pass（S 准证）。

EP 是新加坡政府为吸引外国专业技术人才而发放的一种工作签证。持有者通常需要具备高学历（通常是本科或更高学历），并且通常要求有相关工作经验。此类签证对工作岗位的最低月薪要求较高，以 2023 年的标准为例，月薪至少为 36 00 新币。EP 持有者可以为家属申请家属准证。

S Pass 是针对掌握中等技能的外国雇员发放的工作签证。持有 S Pass 的员工需至少拥有结业文凭或大学学历，并且有一定的工作经验，有技能证书者或掌握特殊技能者优先。最低月薪要求最少为 2 400 新币，但具体数额会根据不同行业和职位有所不同。S Pass 持有者不能为家属申请家属准证。

（二）日本

日本的高等教育机构包括高等专门学校、专门学校、短期大学、大学和大学院（研究生院），共计 778 所。日本的高等教育水平在国际上享有盛誉，尤其是在工程、科技、医学和商业等领域。在 2024 年 QS 世界大学排名中，日本有 4 所大学位列前 100 名，包括东京大学、京都大学、大阪大学和东京工业大学。其中，东京大学和京都大学在亚洲大学排名中分别位列第 6 名和第 9 名。

1. 留学趋势

为了吸引留学生，日本政府在过去几十年做出了巨大努力，以使学术环境更加多元化和国际化。根据日本学生支援机构（JASSO）公布的最新数据，2022 年赴日留学的外国留学生总人数为 231 146 人，其中就读于研究生院的留学生人数为 53 122 人。在这些留学生中，中国留学生占了近半数，达到 103 882 人。

日本作为教育“非产业化”国家，留学生可以享受和本国学生同样的学费政策待遇，还可以申请面向留学生的学费减免待遇以及种类繁多的奖学金，这降低了留学花费的成本。

2. 项目设置

日本的修士，即“大学院生”，相当于中国的硕士或博士研究生。在日本，修士课程通常为期两年，旨在培养学生进行高级研究的能力。

修士申请审核的过程通常包括书类审查、笔试和面试三个部分。

书类审查的材料与欧美国家大学的申请材料有许多相似之处，包括了入学愿书（即入学申请表格）、来自本科院校的教授或相关领域的人士的推荐信、研究计划书（详细描述申请者想要研究的课题、研究方法、预期成果等）、本科成绩单、毕业证书和学位证书、语言能力证明。

笔试内容包括专业知识测试和研究能力测试两部分，前者测试申请者在目标专业领域所掌握的基本知识和理论，后者一般包括数据分析、实验设计等，以评估申请者的研究潜力。

面试一般包含了研究计划讨论和综合能力考察。修士课程的录取审核通常非常注重研究计划书和面试表现，因此申请人需要在这些方面下功夫。

留学生考取修士有多条途径：直接参加修士考试，这种方式适合日语能力强且专业基础扎实的申请人；大多数中国留学生会选择先赴日本就读语言学校，以提升日语水平，然后参加大学院的修士考试；还有一种较为稳妥的方法，即申请成为日本国立大学的“研究生”（旁听生），在半年至一年内学习并适应日本的大学生活，之后再参加修士考试；英语能力较强的申请人还可以通过日本政府的 G30 或 SGU 项目，申请日本的英语授课项目。

日本大学的研究生阶段的授课语言主要包括日语和英语，具体使用哪种语言取决于课程的性质和大学的规定。

3. 签证政策

日本留学生通常可以在学习期间兼职工作，但每周工作时间不超过 28 个小时。在假期，学生可以全职工作。

留学生如果毕业后尚未找到工作，可以申请“特定活动签证”，这种签证允许留学生在日本继续寻找工作。留学生如果在这期间未找到工作，那么可以申请延长签证期限，最长可停留 1 年。在此期间，留学生可以申请“资格外活动”，每周最多工作 28 个小时。

如果留学生在就读或特定活动签证期间找到工作，可以申请工作签证。工作签证的种类很多，例如人文知识、国际业务、技术、医疗、教育等，具体类型取决于所从事工作的性质。

2023 年 2 月 28 日，日本政府在国家战略特区启动了新的政策，放宽外国留学生在日本找工作所需在留资格的条件，将留学生毕业后"短期滞在"的时间从 90 天延长至两年，以便外国留学生更加容易在日本找到工作，并获得相应的在留资格。

这一制度已于 2023 年 4 月开始实施，首先在日本国家战略特区北九州市进行试点，根据试点结果决定是否在全国范围内推广。日本政府希望通过这些措施，到 2033 年，每年接纳 50 万名留学生，并将留学生毕业后的就业率提高到 60%。

第四节
中国香港研究生求学吸引力增强

中国香港的高校在全球享有高认可度，教育水平与国际接轨，学历在香港或内地都受到高度认可。在 2024 年 QS 世界大学排名中，中国香港有 5 所大学位于前 100 名，它们分别是香港大学、香港中文大学、香港科技大学、香港理工大学和香港城市大学。

一、就读趋势

香港"自资专上教育委员会"的最新数据显示，目前在香港就读的非本地学生总数达到 63 200 人，同比增长 17%，其中研究生在读人数为 44 300 人，同比增长 23%。香港是一个国际金融中心，商科类专业如金融、投资管理、商业分析、数据科学等成为内地学生赴港学习的首选。同时，人文社科类专业也是香港高校的优势专业，吸引了许多内地学生。

在就读申请方面，香港高校也采用了审核制度，综合考量申请者的全方位背景以做出决策。其中，本科院校背景和在校平均成绩是最关键的考量因素。

除了香港中文大学的商科专业外，香港的大多数学校不强制要求申请者提供 GMAT 或 GRE 成绩。但如果有较高的学术考试成绩（如 GRE 320 分及以上或 GMAT 680 分及以上）可以作为申请时的加分项。

此外，香港高校的录取普遍具有滚动式的特点，与其他地区相比，申请得越早，获得录取的机会就越大。例如，9 月份申请，10 月份就可能获得第一批录取通知。面试表现也是一个重要因素，尤其是对于英文授课的课程，面试形式往往为全英文面试，学生需要特别注意准备。

二、项目设置

香港的硕士项目通常分为两大类：研究型硕士（Research Master's）和授课型硕士（Taught Master's）。研究型硕士项目侧重于学术研究，学生将参与导师的研究项目，进行独立或合作研究，并撰写硕士论文。此外，学生可能还需要参加一些研讨会和课程。这类硕士项目适合那些希望继续深造，从事学术研究或进入博士阶段的学生。授课型硕士项目侧重于课程学习，学生将参加各种课程，包括理论课、研讨会和实践项目。有些授课型硕士项目可能还包括实习或论文写作。这类硕士项目适合那些希望获得专业知识和技能，以便在特定行业或领域工作的学生。

此外，香港的一些硕士项目还提供与其他大学或机构合作的机会，如双学位或联合学位。这些项目允许学生获得两个或多个机构颁发的学位，从而拓宽他们的学术和职业视野。

三、签证政策

内地学生在香港留学期间，通常允许在校期间兼职工作，每周工作时间不超过20个小时。毕业后，内地学生可以申请IANG（Immigration Arrangements for Non-local Graduates）签证，这是一种专门为非港籍毕业生提供的签证，允许他们在香港工作。持有IANG签证的毕业生可以在香港从事与学科相关的任何工作，没有严格的薪酬要求。持有IANG签证的毕业生在一年内可以无条件逗留香港，并且可以任意往返内地与香港。IANG签证可以续签，续签时需要提交工作证明。持有IANG签证并在香港工作满7年后，可以申请香港永久居民资格。

| 第六章 |

研究生热门专业解析及职业规划

最受中国留学生青睐的金融数学、金融工程（MFE）、计算机科学（CS）、计算机工程（CE）、人工智能、商业分析（BA）和统计等专业基本属于STEM专业。而美国著名的薪酬网站Payscale也在每年更新发布的“专业平均年薪”榜单中，向我们展示了拥有最高收入校友的大学几乎都具备一个共同点——它们培养出了大量拥有STEM学位的工程师和其他人才。

本章将重点讨论当前海外研究生申请中的热门专业，并以美国知名大学开设的相关项目为例，对各个专业的培养计划、课程设置和职业前景等方面进行分析。

第一节
商科专业解读与就业分析

商科专业涵盖了广泛的专业领域，并且在不同国家、地区和院校中有着不同的专业细分。以FAME（金融、会计、管理、经济）专业为主，商科领域较为流行的专业包括金融、会计、市场营销、管理、商务类（如国际商务、电子商务等）、物流、经济、人力资源管理等多个类别。

商科教育旨在培养学生的创新思维、战略规划和领导能力，同时也为学生提供良好的职业发展前景和较高的薪酬水平。

申请商科专业时，学生需要具备良好的学术成绩以及相关的实习或工作经验，在申请材料中还需突出自己的领导能力、团队合作能力和创新能力，以提高被录取的可能性。

一、商业分析专业

随着计算机技术的进步，数据收集变得日益简便，企业能够从几乎任何智能设备上快速收集数据。通过对这些数据进行分类、建模和分析，企业能够洞察其组织内外部的趋势、模式和问题，从而做出精确的预测和明智的决策。由于市场需要能够分析大数据并提取有价值见解的专业人才，因此商业分析专业应运而生。

（一）商业分析专业的课程设置

商业分析专业是融合了商业、统计学和信息技术知识的学术项目，旨在培养学生利用数据分析解决复杂的商业问题的能力。

数据分析能力是商业分析硕士课程的核心培养目标之一，但与纯粹的数学统计类专业相比，商业分析课程特别强调商业知识与技术的有效融合，旨在培育既理解商业机理又擅长运用技术工具进行数据分析的复合型人才。课程内容往往涵盖商业模式、市场营销、运营管理等多个商业领域，同时整合统计学、计算机科学、经济学等学科的教学资源，旨在为学生构建一个全方位的知识架构，教授他们如何利用数据分析技术支撑商业决策。

商业分析硕士课程通常包括以下内容。

- **数据分析**：学习如何收集、处理和分析数据，包括使用统计分析软件（如 R 语言、Python、SAS、SPSS 等）进行数据分析。
- **商业智能**：探索如何使用商业智能工具和技术将数据转换为有用的商业信息。
- **数据库管理和 SQL**：学习如何设计和查询数据库，以及如何使用 SQL 来提取和分析数据。
- **数据挖掘和机器学习**：了解如何使用算法和模型来发现数据中的模式与趋势。
- **决策科学**：研究如何将数据和分析应用于决策过程，以提高决策的质量和效果。
- **商业沟通和可视化**：学习如何有效地将数据分析的结果传达给非技术背景的决策者，包括数据可视化和报告的技巧。

下面展示的是麻省理工学院商业分析硕士课程的设置情况。

麻省理工学院商业分析硕士课程设置（1 年）

秋季学期

1. 15.003 分析工具

学习分析工具。

2. 15.072 数据分析的极限

借助电子商务、医疗保健、社交媒体、高科技、体育、互联网等领域的实例和案例研究，探讨如何运用数据分析来改变企业和行业。

3. 15.093/6.255/IDS.200 优化方法

介绍线性、网络、离散、稳健、非线性和动态优化的主要算法。强调方法论和基础数学结构。

4. 15.095 现代优化视角下的机器学习

从现代优化角度开发机器学习中心问题的算法。

5. 15.572 分析实验室

分析、机器学习和数字经济行动学习研讨会。学生团队设计并交付一个基于分析、机器学习、大型数据库或其他数字创新的项目，以创建或改造企业或其他组织。最后向包括 IT（信息技术）专家、企业家和高管在内的听众展示成果。

6. 15.681 从分析到行动

培养对组织动态的了解，以及驾驭社交网络、团队合作、奖励和激励、了解变革举措和做出正确决策的能力。

7. 一门非限制性选修课

独立活动期（IAP）

除必修课程外，学生需参加分析顶点项目启动仪式和公司推介会，并为顶点项目面试和配对做准备。

1. 15.089 分析顶点项目（跨越 IAP、春季和夏季）

在真实公司中实际应用商业分析问题。由 1～2 名学生组成的小组与公司项目配对，访问公司以确定项目和范围。

2. 15.287 通过数据进行沟通和说服

侧重于从战略和战术角度利用数据来促使他人采取正确行动。通过实践和实际案例提高沟通技能。

3. 15.630 道德与数据隐私

4. 一门非限制性选修课

春季学期

1. 15.089 分析顶点项目（跨越 IAP、春季和夏季）

在实际公司中实际应用商业分析问题。由 1～2 名学生组成的小组与公司项目相匹配，访问公司以确定项目和范围。

2. 分析选修课

从分析核心课程中选修完成至少 27 个、最多 48 个单元学分。

夏季学期

15.089 分析顶点项目（跨越 IAP、春季和夏季）

在实际公司中实际应用商业分析问题。由 1～2 名学生组成的小组与公司项目相匹配，访问公司以确定项目和范围。

（二）商业分析专业的职业发展

商业分析学位持有者所掌握的技能，如解决问题、数据分析、沟通和项目管理，对各行各业的企业都具有极高的价值。因此，商业分析专业的毕业生能够在多种行业领域找到工作机会，包括咨询公司、科技公司、研究机构以及公共部门等。

根据国际非政府组织和游说团体——世界经济论坛在2020年发布的《未来的工作》报告，数据分析师和科学家是所有行业中需求增长最快的职位之一。商业分析很可能会成为未来数据分析类工作中最重要的技能之一。

根据 Indeed 职业指导提供的数据，持有商业分析学位的申请人可以考虑众多岗位（见表6-1）。

表6-1　商业分析就业岗位

就业岗位	年薪水平	工作内容
运营研究分析师	53 477美元	负责收集数据、构建模型并撰写报告，识别效率提升点，优化生产流程和员工配置
市场研究分析师	78 645美元	通过数据分析来洞察市场状况和行业动态，针对新产品或服务提供建议。评估过往营销活动的成效，并对如何提升营销效果提出策略建议
咨询顾问	75 020美元	在各行各业提供专业服务，协助客户搜集和解读关键数据。帮助客户建立报告机制，以收集对其目标最为重要的数据。某些顾问可能参与到企业系统的升级中，对新产品开发提供建议
财务分析师	73 812美元	专注于财务会计和报告分析，提出增加收入和利润的策略。负责编制年度业绩报告，并在规划会议上确定潜在的盈利增长点
系统分析程序员	75 515美元	负责为公司推荐最合适的软件应用。工作内容包括开发新程序、测试现有程序或确保公司使用的程序的维护和更新。负责故障排除和更新现有程序的代码
计算机系统分析师	79 891美元	提供软、硬件采购建议，评估现行系统并提出改进方案，以提高员工使用程序的效率。负责维护计算机程序的安全性
商业分析师	83 763美元	使用数据分析业务流程，关注产品、服务和团队成员日常业务所依赖的不同系统。创建报告，评估分析趋势，并据此提出改进建议
统计分析师	86 547美元	应用或开发数学模型以生成报告，提出改进方案。在多个行业中工作，优化公司收集关键数据的方法，并将数据整理成易于理解的报告，辅助团队领导做出关键业务决策
数据科学家	119 380美元	综合运用科学和数学技能来评估、解读数据，利用这些信息建立报告模型，帮助公司制定目标。为复杂的业务问题提供数据支持的解决方案
数据架构师	98 130美元	负责确定企业数据需求，设计并编程数据管理系统。确定最有效的内部和外部数据收集方法，并简化数据报告系统。负责程序更新和故障排除
定量分析师	147 576美元	应用数学统计方法记录数据，旨在将企业风险降至最低。构建详细模型，帮助企业做出重要的财务决策，以实现收入最大化。帮助企业领导收集与资金、产品或服务定价相关的数据

资料来源：根据 Indeed 官网公开信息整理。

（三）商业分析专业的申请要求

理想的商业分析专业申请人应具备数学、统计学和计算机科学方面的能力。本科专业最好来自 STEM 领域，例如工程学、物理学、数学或计算机科学。在课程方面，理想人选应修读过微积分、基础线性代数、概率论和统计学等课程，并且至少精通一种计算机编程语言。在软技能方面，申请者应具备出色的解决问题的能力、创造性思维、良好的沟通技巧和人际交往能力，以便能够有效地将数据分析的结论和建议传达给利益相关者，并说服他们采纳这些建议。

二、金融专业

（一）金融专业的课程设置

金融专业的课程设置旨在为学生提供一个全面的教育框架，覆盖金融市场、金融机构、投资、融资以及风险管理等多个关键领域。这些课程在深入探讨金融理论、模型和方法的同时，强调将这些理论知识应用于金融实践中以解决实际问题。

随着金融行业的不断演进，金融硕士课程也越来越注重量化和技术方面的能力培养。课程内容通常包括统计学、计量经济学等数据分析课程，培养学生收集、处理和分析金融数据的能力，使他们能够运用数据分析方法来解决复杂的金融问题。

此外，金融创新和科技在金融行业中的应用日益增多，金融硕士课程也紧跟这一趋势。学生将有机会学习如何将金融科技（FinTech）、区块链、机器学习等前沿技术应用于金融领域，培养自己在金融创新和技术应用方面的能力。

金融硕士课程主要包括以下内容。

- **财务管理**：学习管理和分配公司的财务资源，通过财务决策来增加企业价值和盈利能力。
- **投资学**：探讨如何评估、选择和管理投资组合，以实现投资目标。
- **企业金融**：研究企业如何进行资本预算、资本结构和股利政策决策。
- **金融市场与机构**：了解金融市场的运作机制和金融中介机构的作用。
- **金融衍生品**：学习金融衍生品如期权、期货和掉期的定价与应用。
- **风险管理与保险**：探讨如何识别、评估和管理风险，以及保险如何作为风险管理工具。
- **国际金融**：研究国际金融市场、外汇市场和国际贸易融资。
- **财务报表分析**：学习如何分析和解读财务报表以评估公司的财务状况。

- **计量经济学**：掌握统计学和计量经济学方法在金融数据分析中的应用。
- **金融科技创新**：探索金融科技的发展趋势和创新的金融产品与服务。

下面展示的是普林斯顿大学金融硕士课程的设置情况。

普林斯顿大学金融硕士课程设置（2 年）

秋季学期核心课程

1. FIN 501/ORF 514 资产定价 I：定价模型与衍生工具

本课程介绍现代资产定价理论。主题包括：无套利、Arrow-Debreu 价格和等效的马氏计量、证券结构和市场完备性、均值-方差分析、Beta 定价、CAPM 以及衍生品定价介绍。

2. FIN 505/ORF 505 金融数据统计分析

课程分为三个部分：密度估计（重尾分布）和依赖性（相关性和共线性）；回归分析（线性、非线性、非参数）和稳健替代方法；支持向量机和机器学习，包括卷积和递归神经网络。统计分析、计算和数值模拟将在 R 统计计算环境中完成。

春季学期核心课程

1. FIN 502 公司财务与财务会计

本课程涵盖财务报表的基础知识、交易分析和记录以及基本概念和程序。此外，还研究财务会计中具有广泛意义的某些方面，如存货、长期生产性资产、债券和其他负债、股东权益以及财务状况变动表。

2. FIN 503/ORF 515 资产定价 II、随机微积分和高级衍生工具或 FIN 521 固定收益、期权和衍生工具：模型与应用

FIN 503/ORF 515 从基本概率论概述开始，涵盖广泛应用于衍生品建模、定价和对冲的随机微积分和随机微分方程要素。

FIN 521 涵盖固定收入证券的估值模型。

3. FIN 504/ORF 504 金融计量经济学

本课程涵盖应用于金融的计量经济学和统计方法。

选修课方向

1. 量化资产管理

- 侧重于设计和评估金融产品，帮助企业管理风险收益权衡。
- 学习投资组合管理、风险管理、资产定价和对冲，提供必要的定量背景知识。
- 包括概率、优化、随机微积分、动态编程、机器学习和金融经济学中的多个学科的课程。

2. 数据科学与金融技术

- 针对对计算机技术及其在金融领域日益重要的大数据应用感兴趣的人。
- 重点介绍“实时”计算环境中所需的计算技术，包括高效交易系统、算法、高频数据分析、接口、大型数据库处理以及计算机网络的安全性。
- 课程涵盖金融科技（FinTech）、计算机科学和金融计算方法的最新工具和技术，包括机器学习、信息检索、人工智能和深度学习。

3. 估值与宏观经济分析

- 侧重于对企业估值和宏观经济结构条件的战略理解。
- 研究如何对投资项目进行评估和融资，包括启动融资、交易重组，以及如何确定企业的最佳资本结构。
- 制定符合宏观经济预期表现的战略。
- 包括公司财务、行为财务、投资项目、财务重组、并购、激励设计、首次公开募股、时间序列分析、宏观经济学以及资产负债管理等课程。

（二）金融专业的职业发展

硕士研究生阶段的金融专业侧重于更专业的领域，例如投资、交易和风险管理。这一学位不仅是金融专业知识深厚程度的体现，还可能为学位持有者开启众多新的职业机遇。根据 Indeed 职业指导提供的数据，持有金融硕士学位的申请人可以考虑多种岗位（见表 6–2）。

表 6–2 金融专业就业岗位

就业岗位	年薪水平	工作内容
商业教师	52 927 美元	运用金融和商业知识，向学生传授会计、营销、投资和管理等基本概念。拥有硕士以上学位的教师有机会在大学任教，甚至培养未来的商业教师
会计师	59 606 美元	负责创建、解释和分析各种财务报表，如损益表和资产负债表。负责监控和分析财务状况，进行公司内部审计，确保按时纳税，并向管理层提供降低成本、最大化利润的最佳实践和策略建议
证券、商品和金融服务代理	65 367 美元	负责向客户销售各种金融相关服务，提供投资机会建议，以帮助客户实现财富最大化。为客户提供关于收购、兼并和投资的综合建议
供应商经理	66 076 美元	负责与企业供应商协商合同条款。他们大多在批发和制造行业工作，职责包括提出价格建议、生成财务报告、提供当前的定价数据以及其他与财务相关的任务
税务助理	70 384 美元	协助客户遵守税务规定。通过记录客户的收入和支出、审查相关财务记录来帮助客户准备税务申报表。利用专业知识进行各种税务减免和调整，减少其税务负担
预算分析师	71 656 美元	分析预算并评估公司现有和拟议投资的财务可行性。利用财务知识研究商业、政府、教育和非营利部门的项目，并培训员工确保项目不超预算

（续表）

就业岗位	年薪水平	工作内容
数据分析师	74 377 美元	负责收集和分析大型数据集，作为各种项目的一部分。与投资银行、对冲基金和商业银行合作，检查、过滤和分析数据，以发现有用信息并得出相关结论
管理分析师	77 576 美元	为各种企业工作，以提升其整体效率和盈利能力。通过收集有关组织交易的详细财务信息，并利用财务技能识别关键问题，提出降低运营成本和增加收入的方法
业务发展官	75 322 美元	负责履行多种职责，包括预算管理、销售、客户维护和员工培训，评估公司在实现主要目标方面的进展，最终推动业务增长
审计员	91 866 美元	审计员为公司、政府或自由职业者工作，分析财务记录的准确性。与会计师合作，为外部审计准备财务记录
商业房地产经纪人	89 512 美元	分析公司的财务状况和未来项目，以寻找合适的空间。评估上市物业的价值，并为购房者提供融资方案建议
薪酬福利经理	101 499 美元	为各种组织工作，帮助管理层建立可行且具有竞争力的薪酬结构，以确保公司的长期可持续发展
精算师	120 164 美元	运用财务和数学技能预测潜在风险并制定预防策略，以最小化对组织运营效率的影响。他们通常在银行、保险和会计等领域工作，帮助服务机构做出决策
首席财务官	144 563 美元	负责监控公司的所有财务交易，并在公司做出新决策时提供专业知识
信贷员	178 323 美元	协助客户准备和提交贷款申请

资料来源：根据 Indeed 官网公开信息整理。

（三）金融专业的申请要求

商学院在审核金融专业的申请时，会重点考查申请人的先修课程、标化考试成绩，以及金融相关的实习经历。

许多金融硕士项目期望申请人在入学前已修读过一些特定课程，如微积分、统计学、基础会计和经济学理论。这些课程能够展示学生的量化分析能力，并反映其对未来职业路径的明确规划。

三、金融工程、金融数学专业

金融工程和金融数学两个专业在课程设置、所需技能以及未来就业发展方向上具有显著的相似性。因此，许多留学生倾向于同时申请这两个专业。鉴于此，下面我们将对这两个专业合并讨论。

（一）金融工程、金融数学专业的课程设置

金融工程专业通常结合了数学、统计学、经济学和计算机编程等多方面的知识，重点培养学生在金融产品创新、风险管理、定量分析、金融模型构建、投资策略等方面的能力。

金融工程硕士课程主要包括以下内容。

- **金融市场与金融工具**：介绍股票、债券、期权、期货和其他衍生品等金融工具，以及它们在金融市场中的交易机制。
- **金融衍生品定价**：学习如何使用数学模型来对期权和其他衍生品进行定价。
- **风险管理**：探讨如何识别、评估和管理金融风险。
- **金融计量经济学**：学习时间序列分析、回归分析和其他统计方法在金融数据中的应用。
- **随机过程与数学建模**：介绍随机微积分、布朗运动、随机微分方程等概念，并学习如何将这些数学工具应用于金融模型中。
- **数值方法与计算金融**：学习如何使用数值分析技术来解决金融问题。
- **固定收益证券与利率模型**：研究债券市场的特性、固定收益产品的定价和利率衍生品模型。
- **资产配置与投资组合管理**：探讨如何通过分散化投资来优化投资组合，以及如何评估投资策略的表现。
- **金融实证方法**：学习如何设计实证研究来测试金融理论和模型。
- **金融市场微观结构**：研究金融市场的运作细节，包括交易规则、信息传播和价格发现机制。
- **金融伦理与法规**：讨论金融行业中的伦理问题、法律法规以及合规要求。
- **编程与计算机技能**：学习如何使用编程语言和金融软件来处理和分析金融数据。

金融数学专业侧重于数学理论和模型在金融领域的应用，特别是在金融衍生品定价和风险管理方面。这个专业的学生会深入学习概率论、随机过程、优化算法等数学工具，并学习如何将这些工具应用于金融市场。

金融数学硕士课程主要包括以下内容。

- **概率论与数理统计**：介绍概率论的基本概念，以及如何应用统计学方法来分析金融数据。
- **随机过程**：学习随机变量序列的性质。
- **金融数学模型**：探讨各种金融数学模型。
- **金融衍生品定价**：学习如何使用数学模型来对期权、期货、掉期等金融衍生品进行定价。
- **利率模型**：研究利率的动态变化，以及如何使用数学模型来模拟和预测利率的走势。
- **信用风险模型**：探讨如何量化和管理信用风险，包括违约概率模型和信用衍生品定价。
- **投资组合理论与风险管理**：学习现代投资组合理论，以及风险管理的方法和工具。
- **数值方法**：介绍数值分析技术在金融中的应用。
- **金融计算**：学习如何使用编程语言和金融软件来构建和求解金融模型。
- **金融时间序列分析**：探讨时间序列分析在金融中的应用。

下面展示的是加利福尼亚大学伯克利分校金融工程硕士课程和哥伦比亚大学金融数学硕士课程的设置情况。

加利福尼亚大学伯克利分校金融工程硕士课程设置（1 年）

第一学期（3—5 月 |8 周）

1. MFE 230A 投资与衍生工具

本课程涵盖资产定价的基本理论，研究最优投资组合理论的基本原理，并考虑均衡资产定价的特殊模型，还探讨股票定价和投资组合绩效评估的应用。课程还将安排编程和分析练习。

2. MFE 230E 金融实证方法

本课程回顾了定量金融中常用的概率和统计技术。涵盖金融学中常用的估计和非参数技术，并向学生介绍金融数据库和估计应用软件，以练习估计波动率和相关性及其稳定性。

3. MFE 230Q 随机微积分与资产定价应用

本课程介绍连续时间内复杂金融衍生品有效定价所需的随机微积分概念和工具，强调随机微分方程、伊藤积分和度量变换在高级金融工程实践中的应用，以及对资产定价理论的理解。

4. MFE 293 独立学习

直接与金融机构、对冲基金、金融科技公司等合作开展项目，在感兴趣的领域进行研究。

5. MFE 230T 定位自己，把握金融世界的机遇

本课程专为金融工程硕士或有志于从事金融职业的学生设计，确保取得职业成功。

6. 金融机构研讨会

来自金融服务公司的人员将介绍金融工程师的职能及其技能和个人特质。

第二学期（6—7 月 |8 周）

1. MFE 230D 衍生产品：定量方法

强调连续时间内衍生工具的定价，包括使用资产定价理论为各种工具设置定价问题：欧式和提前行使衍生工具定价的模拟方法；利用有限差分技术来解决各种定价问题。

2. MFE 230I 固定收益市场

本课程提供固定收入证券和债券投资组合管理的定量方法。重点是固定收入证券市场、定价和用于投资组合管理或对冲利率风险。课程涵盖债券数学、期限结构测量和理论、免疫技术和现代债券定价理论；还包括衍生工具；将进行广泛应用和编程练习。

3. MFE 230P 金融数据科学

学生将熟悉标准统计和机器 / 深度学习方法的理论和 Python 实现，并将其应用于金融领域。学生还将接触一系列数据源，包括标准数据源和替代数据源。

4. MFE 293 独立学习

5. MFE 230T 定位自己，把握金融世界的机遇

6. 金融机构研讨会

第三学期

1. MFE 230H 金融风险测量与管理

重点是金融中介经济学和金融系统结构。课程将研究金融风险的测量和管理，还讨论了衍生品市场中的场外交易市场、中央交易对手（CCP）和交易对手风险。最后围绕金融机构监管和多德 - 弗兰克法案的新进展展开讨论。

2. MFE 230P 金融数据科学

3. 5 学分选修课

实习（10 月—次年 1 月 |10 ~ 12 周）

第四学期（1 月—3 月 |8 周）

1. MFE 230O 应用金融项目

本应用项目旨在探讨在实践中遇到的尚未解决的金融问题及定量金融技术的开发或使用。

2. MFE 293 独立学习

3. 4 ~ 6 学分选修课

哥伦比亚大学金融数学硕士课程设置（1 ~ 1.5 年）

秋季学期开设的必修课程

1. MATH GR 5010 金融数学导论

主要是衍生证券的定价问题，仅使用微积分和基本概率。主题包括金融工具数学模型、布朗运动、正态分布和对数正态分布、布莱克 - 斯科尔斯公式和二项式模型。

2.STAT GR 5263 统计推断 / 时间序列建模

从自然科学到金融和经济学的随机过程建模与推断。ARMA、ARCH、GARCH和非线性模型、参数估计、预测和过滤。

3.STAT GR 5264 随机过程-应用

连续时间随机过程基础；维纳过程；随机积分；伊藤公式、随机微积分；随机指数和吉尔萨诺夫定理；高斯过程；随机微分方程。在时间允许的情况下开设其他专题。

春季学期开设的必修课程

1.STAT GR 5265 金融中的随机方法

开发用于建模和分析证券市场的数学理论和概率工具。完整和不完整市场中的期权定价、等效马氏计量、效用最大化、利率的期限结构。

2.MATH GR 5030 金融数值方法

复习偏微分方程、变式不等式和自由边界问题的基本数值方法。解决随机微分方程的数值方法；随机数生成，评估路径积分的蒙特卡罗技术，美式期权、路径依赖期权和障碍期权估值的数值技术。

3.MATH GR 5050 实践者研讨会

该研讨会由量化金融领域的顶尖行业专家进行演讲并开设小型课程。主题包括投资组合优化、奇异衍生品、高频数据分析和数值方法。虽然大多数讲座需要具备金融数学方法方面的知识，但有些讲座，一般听众也可以参加。

（二）金融工程、金融数学专业的职业发展

金融工程领域的专业人士运用各种数学技术、分析工具和方法来研究并解决公司的财务问题。他们的工作通常涉及公司财务、投资组合管理、风险管理和交易活动。这些专业人士最常见的雇主包括保险公司、银行和资产管理公司，他们在这些机构中负责帮助制定投资决策和实施风险管理策略。金融工程相关岗位具有许多独特的挑战和优势，包括较高的薪酬以及与多个潜在行业的交叉合作机会。根据Indeed职业指导提供的数据，持有金融工程或金融数学硕士学位的留学生可以考虑多种岗位（见表6-3）。

表6-3 金融工程及金融数学专业就业岗位

就业岗位	年薪水平	工作内容
财务专员	55 635美元	负责帮助企业组织和执行经济计划，协助客户制定财政政策、编制财务报告、确保会计记录的准确性，并制定预算。参与创建成本分析，并审查支出

（续表）

就业岗位	年薪水平	工作内容
数据分析师	74 377 美元	从多种渠道收集信息，并致力于识别财务趋势。与多个数据收集团队合作，协调营销和运营流程，并根据客户需求提供信息。协助客户制定财务计划
金融分析师	73 812 美元	帮助企业作出运营决策。分析市场趋势，评估客户的财务状况，提出相应的行动建议，并在必要时提供支持
市场分析师	78 364 美元	评估公司的销售和服务，以衡量其在当前市场上的成功潜力。分析各类定性数据，讨论市场趋势，并制定战略，帮助公司在更高层次上竞争
投资组合分析师	85 242 美元	审核客户的财务资料，并致力于增强客户的投资组合。对客户的股票、债券、储蓄账户及其他投资进行审查，识别其优势与不足，并据此为客户提出投资策略建议
风险分析师	87 951 美元	评估企业的经济状况和投资风险。分析投资中潜在的险情，并评估投资对公司而言是否具有合理性
财务顾问	82 059 美元	与客户合作，提供有关各种产品和服务的教育，以增强客户的经济实力。协助客户设定和实现不同的财务目标，评估风险承受能力，并分析他们的支出和资产。此外还负责让客户了解自己的财务进展
数据科学家	119 380 美元	与企业合作，利用有意义的数据信息来制定财务目标。帮助企业理解这些数据，并开发算法和预测模型。提供图表和报告，确保客户能够随时了解变化
投资组合经理	90 542 美元	管理客户的金融投资组合，帮助客户提高投资组合的效率。提供有关投资目标的咨询，分析当前的业绩，编制报告以分析市场状况，并根据需要调整客户的投资
销售工程师	89 628 美元	制定有利于客户的服务和销售协议，包括识别潜在客户、评估公司的销售环境以及与外部公司达成交易。工作领域涵盖制造、服务和零售市场等
风险经理	105 930 美元	分析公司的业务和财务风险，并制定应对策略。建立多种风险管理控制措施，制订紧急情况的应急计划，并向业务团队提供风险管理建议
财务总监	103 995 美元	监督公司的所有财务活动，确保其安全性。负责创建收入报告，制定财务战略，制定和执行经济政策，并确保资金分配到适当的领域
数据工程师	130 733 美元	分析财务信息，并利用这些信息对公司的经济健康状况进行深入分析，确保这些信息被理解并用于财务规划。负责创建用于收集和管理这些信息的算法
定量模型开发人员	164 433 美元	对各种金融软件进行编程，以生成智能跟踪、投资和建模解决方案。创建公司可以使用的程序，培训公司员工使用这些程序，以及分析适合公司的预测模型

资料来源：根据 Indeed 官网公开信息整理。

（三）金融工程、金融数学专业的申请要求

金融工程和金融数学专业在招生过程中倾向于优先录取本科主修 STEM 专业的学生，尤其是主修数学、统计学、计算机科学、机械工程等专业的毕业生。对于本科专业为非 STEM 专业但在量化领域（如金融和经济学）的申请人也可以申请，但需要注意在申请材料中展示自己是如何进一步发展数学、统计学和计算机科学技能，例如辅修相关课程、参加 CFA（特许金融分析师）一级考试，或者在工作中学习相关技能，等等。

课程方面，院校会重点评估申请人是否接受了严格的数学和统计学训练，他们对金融市场和经济学原理的理解程度，以及计算机科学知识，尤其是对 Python、C++ 等编程语言的熟悉度。此外，任何与机器学习相关的课程学习经历都将是申请人的加分项。

在软性背景方面，院校将重点审查申请人如何将技术能力与战略思维、商业直觉相结合，并且将这些技能有效地应用于商业环境中。一般来说，院校希望申请人拥有大约两年的工作经验。应届毕业生则需要在本科阶段积累丰富的金融领域工作经验，例如研究、交易或软件开发等。

四、市场营销专业

市场营销专业的发展历经多个阶段，与经济学、行为科学、人类学、数学等多个学科相融合，从而从传统学科演变为现代学科。随着市场营销专业的持续进步，对专业人才的需求也在不断演变。企业不断寻求那些既具备市场营销理论知识，又拥有实践技能的人才，他们能够利用现代科学技术，如信息技术，进行市场营销的教学和研究，并分析科技发展给市场营销带来的新机遇与挑战。

（一）市场营销专业的课程设置

市场营销硕士课程专注于理论和实践的融合，旨在培养学生深入理解市场营销的核心概念、策略和工具，并能够将这些知识应用于实际的商业环境中，从而在竞争激烈的市场中取得成功。

在数据驱动的营销时代，市场营销硕士课程强调数据分析技能的培养，使学生能够熟练使用各种工具和技术来收集、分析和解释市场数据，从而做出基于数据的明智决策。此外，市场营销专业与心理学、经济学、管理学等多个学科有着紧密的联系，因此，课程通常采用跨学科的教学方法，帮助学生建立更全面的知识体系。

市场营销硕士课程提供多样化的选修课程，涵盖品牌管理、国际营销、消费者

行为、广告和公关等多个领域，使学生能够根据自己的兴趣和职业目标进行选择。随着市场和技术的新需求不断出现，课程内容也在不断更新，特别是在数据分析、数字营销、整合营销传播、创新技术应用和客户关系管理等方面。

市场营销硕士课程通常涵盖以下领域。

- **消费者行为**：研究消费者购买决策过程和影响因素。
- **市场调研**：学习如何收集和分析市场数据，以制定有效的营销策略。
- **营销策略**：探讨如何制定和实施营销计划，以达到企业的销售目标。
- **品牌管理**：学习如何建立、维护和提升品牌价值。
- **数字营销**：研究数字技术在现代营销中的应用，包括社交媒体、搜索引擎优化（SEO）和在线广告。
- **国际营销**：了解在全球市场中进行营销的挑战和策略。
- **数据分析**：学习如何利用数据分析来指导营销决策。

此外，为了增强学生的实战经验和职业技能，市场营销硕士项目通常包括实习、案例研究、项目工作等实践环节，这些都是学生将理论知识应用于实际情境中的宝贵机会，为未来的职业生涯做好准备。

下面展示的是哥伦比亚大学市场营销硕士课程的设置情况。

哥伦比亚大学市场营销硕士课程设置（1.5 年）

学期前核心课程（8 月中旬）

1. 统计建模与决策
2. 数据科学 Python 编程

其他核心课程

1. 制胜战略能力
2. 社会和经济网络
3. 多元统计
4. 市场情报：艺术与科学（B8656；MBA 课程）
5. 战略消费者洞察 *（B8607；MBA 课程）

MBA 选修课

学生还需选修两门 MBA 市场营销课程。学生可自行选择与自己的兴趣和职业道路最相关的课程。

其他选修课

学生必须至少选修两门额外的选修课。可以选择商学院课程或哥伦比亚大学其他学院提供的课程（如工程学、经济学、统计学、计算机科学、心理学）。

硕士论文（可选）

市场营销硕士学生可以选择在导师的指导下完成硕士论文（获得课程学分）。项目一般以行业相关问题和 / 或相关学术研究问题为基础。

（二）市场营销专业的职业发展

提高消费者对产品或服务的认知度是一个复杂的过程，这促使了众多与市场营销相关的职位的产生。拥有市场营销硕士学位的毕业生有能力担任多种不同的工作角色。根据 Indeed 职业指导提供的数据，持有市场营销硕士学位的申请人可以考虑多种岗位（见表 6–4）。

表 6–4　市场营销专业就业岗位

就业岗位	年薪水平	工作内容
营销助理	44 359 美元	通常是市场营销专业的应届毕业学生，在经验丰富的营销专家的指导下工作，负责执行各种支持和日常任务。参与组织中与营销相关的多项工作，为营销职业生涯积累宝贵的经验和知识
筹款员	54 961 美元	通常在非营利组织工作，负责为各种事业筹集资金。需要具有识别潜在捐赠者的意识，并以与目标受众产生共鸣的方式进行沟通
社交媒体经理	55 933 美元	监督组织的整个社交媒体战略，旨在提高品牌知名度和客户参与度。包括开发和管理公司的在线形象，分析结果，以及开展各种社交媒体活动以提高公司的知名度，并最终增加销售额
活动经理	57 964 美元	负责策划和管理各种商业和社交活动，这些活动大多以促销为目的。他们负责活动的策划和筹备工作，通常还负责活动期间的所有活动。他们的市场营销背景非常有用，因为他们需要正确宣传活动的目的和信息，同时确保参加活动的观众积极参与
文案	58 458 美元	为公司撰写多种用途的书面文案，包括广告、宣传册、广告牌、促销文案和数字内容。通过向消费者展示这些信息来提升公司的品牌形象，并围绕产品、服务或活动吸引消费者的关注
媒体策划师	64 890 美元	通常在广告公司工作，负责为公司客户创建和实施各种媒体广告活动。与客户保持沟通，就最有效的媒体渠道为客户的产品或服务提供广告建议，并在广告活动结束时评估结果

（续表）

就业岗位	年薪水平	工作内容
市场营销主管	50 777 美元	参与营销活动的各个方面。职责因公司的规模和性质而异，但通常包括策划营销活动、广告宣传、处理公共关系、组织活动、开展研究以及其他与营销相关的任务
媒体采购员	59 241 美元	代表各种客户开展工作，负责通过各种媒体渠道谈判、购买和监督广告空间。利用对媒体市场的了解和营销技能，以尽可能低的成本为客户接触到尽可能多的人
公共关系专家	76 102 美元	代表组织与公众沟通。向公众传播组织的信息，并利用各种现代和传统媒体来实现这一目标
销售代表	69 403 美元	负责向潜在客户销售商品和服务。利用营销技能宣传组织销售的产品和服务，识别潜在客户，并通过各种销售技巧说服他们购买
市场研究分析师	66 500 美元	使用特定的工具和策略来评估消费者对机构所提供商品和服务的意见。收集和分析大量数据，以得出有关客户反馈的结论，并用于提高未来的客户满意度
电子商务经理	67 963 美元	负责监督企业的在线销售部门。维护积极的网络公司形象和强大的网络影响力，通过互联网实现销售增长
营销经理	70 297 美元	制定公司营销战略的目标、成本和执行细节。创建和协调公司内所有与营销相关的活动，与其他部门和外部承包商合作，以确定最合适、最具成本效益的促销策略
市场研究员	78 645 美元	收集和分析有关客户营销活动的信息和数据，并将结论提交给自己受雇的公司
搜索引擎优化经理	73 726 美元	规划、实施和管理组织的搜索引擎优化战略。处理各种与搜索引擎优化相关的任务，如网络营销、网络分析、关键词策略和链接建设，提高组织的网络知名度
客户经理	69 354 美元	是广告公司客户与创意部门之间的桥梁。促进双方的沟通，从客户与广告公司接洽开始，直至广告活动完成
广告艺术总监	77 358 美元	为媒体广告活动提出新的创意。通常与文案团队协同工作，艺术总监负责视觉元素部分，而文案员则负责撰写相应的文字。在广告活动中，会考虑到客户的产品或服务、客户的具体需求和愿望以及目标受众的一般特征
销售经理	81 041 美元	负责领导企业的销售部门。设定共同目标和个人目标，制订销售计划，分析销售数字，培训销售代表，聘用和解雇销售人员，以及一般执行任何与销售有关的任务，以提高销售额
管理分析师	77 576 美元	在招聘组织内部开展研究，寻找提高各部门效率的新方法。对程序、系统和组织工具进行评估，与公司人员进行沟通，并观察日常活动，试图找到使组织更有效运作的新方法

（续表）

就业岗位	年薪水平	工作内容
品牌经理	71 835 美元	监督特定商品或服务营销过程的各个方面。与组织内的其他部门和外部承包商保持经常性的沟通，目的是进行研究、规划和广告宣传

资料来源：根据 Indeed 官网公开信息整理。

（三）市场营销专业的申请要求

绝大多数市场营销专业项目对申请人的本科专业不设限制，如果学生希望专注于市场分析领域，则需要具备分析能力和创造力，建议在本科阶段学习过概率论、统计学以及线性代数等课程。

市场营销专业不强制要求申请人具有全职工作经验，但强烈建议应届毕业生在市场营销或相关领域进行实习，这将有助于学生快速掌握新知识，适应研究生阶段的学习，并在课堂上作出有价值的贡献。此外，院校还重视学生的领导能力、社区服务和课外活动，这些经历可以展示学生的领导技能和分享独特观点的能力。

五、管理学专业

管理学是一门研究人类管理行为及其应用的科学，侧重于运用各种工具和方法来解决管理问题。在过去的十几年里，管理学发展迅速，已经从传统的运筹学发展为一门自然科学和社会科学领域的交叉科学，综合分析运作管理、人力资源管理、风险管理与不确定性决策，以及复杂系统的演化、涌现、自适应、自组织和自相似的机理等课题。

管理学硕士与工商管理硕士（MBA）学位的课程内容有相似之处，同时也在多个方面存在显著差异，申请时需要注意区分。具体的区别，参见表 6–5。

表 6–5　管理学硕士和 MBA 的比较

比较指标	管理学硕士	MBA
课程设置	侧重于理论学习，并专注于特定领域的深入研究	侧重于实践和财务管理，更加强调战略思维
项目时长	通常为期一年	通常持续两年
总学费	7 万 ~ 9 万美元	14 万 ~ 18 万美元
录取倾向	招收职业生涯任何阶段的申请人，适合应届毕业生申请	适合至少拥有 2 ~ 3 年工作经验的人士，以及处在职业生涯中期的专业人士

资料来源：根据美国 U. S. News 排名前 30 大学官网公开信息整理。

（一）管理学专业的课程设置

管理学专业旨在为学生提供在商业、政府和其他非营利组织中担任管理职位的必要技能和知识。课程通常包括一系列核心商业课程，以及一些特定领域的选修课程，以帮助学生根据自己的兴趣和职业目标进行专业化学习。

以下是管理学专业一些常见的核心课程和选修课程。

1. 核心课程

- **会计**：介绍财务会计和管理会计的基本原理，包括财务报表分析、成本控制和预算编制等。
- **金融**：涵盖金融市场、金融机构、投融资决策、风险管理和资本预算等基本概念。
- **市场营销**：探讨市场研究、产品管理、促销策略、定价策略和消费者行为等核心主题。
- **组织行为**：研究个体、团队和组织的心理与行为，以及如何通过领导和管理来提高组织效能。
- **战略管理**：分析企业如何制定和实施战略，以实现长期竞争优势和可持续发展。
- **运营管理**：介绍生产管理、供应链管理、质量控制、项目管理等，以优化企业的日常运营。

2. 选修课程

- **国际商务**：探讨跨国公司的全球运营、国际贸易、国际市场营销和国际金融等领域。
- **创业**：教授创业过程、商业计划编写、风险投资和创业融资等，鼓励学生创办自己的企业。
- **人力资源管理**：研究人力资源管理、招聘、培训、绩效评估、薪酬管理和员工关系等。
- **供应链管理**：涵盖采购、库存管理、物流、供应链设计和优化等关键领域。
- **商业分析**：介绍如何使用数据分析、统计学和决策模型来支持商业决策和战略规划。
- **领导力和团队管理**：探讨领导理论、领导风格、团队建设和冲突解决等，培养有效的领导能力。

除了以上课程，管理学硕士项目一般还包括实践项目、实习、案例竞赛、国际交流等，以提供实际应用和跨文化学习的机会。

（二）管理学专业的职业发展

无论是初出茅庐的毕业生，还是寻求职业进一步发展的在职员工，管理学专业都能带来显著益处，包括提升领导力、深化对战略和运营的理解，以及增强个人和团队绩效等，这些专业技能在大多数行业都具有广泛的适用性。

下面展示的是康奈尔大学管理学硕士课程的设置情况。

康奈尔大学管理学硕士课程设置（1 年）

秋季（8—10 月）

1. MGMT 5245 管理经济学
2. MGMT 5110 数据建模
3. MGMT 5680 管理沟通
4. MGMT 6000 职业管理实习
5. MGMT 5225 系统与分析

秋季（10—12 月）

1. MGMT 6820 谈判
2. MGMT 5700 领导力
3. MGMT 6220 营销战略
4. MGMT 5240 宏观经济理论
5. MGMT 6030 可持续发展战略、管理学

春季（1—3 月）

1. MGMT 5020 管理报告
2. NBA 5060 财务报表分析
3. MGMT 5110 财务建模
4. MGMT 5090 战略，管理营销硕士
5. AEM 4670 投资

春季（3—5 月）

1. MGMT 5080 运营管理
2. MGMT 5260 高级公司财务
3. MGMT 5640 创业
4. NBA 5330 管理案例
5. 研究生商业选修课

其他研究生管理选修课：除必修课程外，根据需要选修 6 个或更多学分，总计 30 个学分

学生可以从大量研究生管理选修课中进行选择，包括

- 金融
- 战略
- 会计学
- 商业分析
- 约翰逊学院、戴森学院和诺兰酒店管理学院开设的综合管理和商业法课程

根据 Indeed 职业指导提供的数据，持有管理学硕士学位的申请人可以考虑多种岗位（见表 6–6）。

表 6–6　管理学专业就业岗位

就业岗位	年薪水平	工作内容
客户服务经理	58 600 美元	制定和实施客户服务流程，并培训员工遵守既定标准。与现有客户保持联系，向客户介绍可能感兴趣的活动或项目。协助解决客户的问题和咨询，并提供解决方案
销售代表	69 403 美元	负责寻找新客户，以及与现有客户或潜在客户接触，讨论可能感兴趣的产品或服务。负责洽谈合同并跟进，确保客户对服务满意。帮助解决客户问题或产品问题
项目经理	84 531 美元	负责组织、规划、指导和协调业务项目，确保项目按时、按预算和符合公司目标完成。监督团队、安排会议、解决问题，并根据总体目标衡量小目标和里程碑
办公室经理	52 312 美元	负责组织业务运营、程序和维护，处理工资单和审批供应申请。领导行政团队，分配职责和管理任务
人力资源经理	78 321 美元	负责监督员工招聘、解雇、培训、发展和管理的各个方面。负责处理薪资、福利及其他激励计划
业务经理	71 687 美元	负责监督公司的资产、运营和员工。主要目标是评估、诊断和实施业务战略，以优化公司的生产力和效率
社群运营经理	55 008 美元	协助组织建立和发展在线业务。使用分析工具来分析客户对公司的评价，并据此分析在线社区的参与度。还参与制订战略计划，通过社交媒体增加在线社群的互动
雇员会计	59 872 美元	负责维护财务报告、记录、总账、编制和分析预算以及一般簿记工作，准备发票和核对账目。为组织制定和实施会计程序
营销经理	70 297 美元	与高管合作制定战略，以促进销售增长和吸引更多客户。分析相关行业趋势的数据，监督营销协调员团队，并帮助培训和发展团队成员，以促进未来发展

（续表）

就业岗位	年薪水平	工作内容
物流经理	67 189 美元	负责组织货物的存储和配送。负责材料处理、客户服务和仓库员工的日程安排。与海关官员协调，确保员工遵守基本安全程序
客户经理	69 354 美元	负责获取新客户并维护客户关系。通过提供优质的客户服务来建立和维护关系。作为团队与客户之间的联络人，负责战略规划，帮助客户实现特定目标
数据分析师	74 377 美元	使用各种软件和批判性思维技能来查找项目所需的信息，并将市场调研或销售数据转化为组织可理解的信息。这些数据用于制订战略计划，帮助企业做出明智的决策，包括为常见的客户问题制订更详细的解决方案
业务顾问	72 969 美元	通过研究、访谈和其他方法收集客户和业务信息，以识别组织的优势和劣势。与客户讨论这些发现，并就评估过程中发现的问题提出想法和解决方案
管理分析师	77 576 美元	帮助组织通过降低成本和增加收入来实现效率最大化。协助组织制定程序和操作手册，并进行组织评估，以帮助它们设计更高效的系统
开发总监	85 479 美元	帮助组织制订战略计划，为公司筹集资金。负责监督筹款工作，包括将任务和职责分配给团队成员。与潜在的捐赠者或赞助商建立网络和联系
运营总监	96 334 美元	负责监督并促进组织的成长与盈利能力。职责涉及管理员工、监管部门或监督产品生产。协助公司执行日常运营，并制定战略目标，确保组织能够持续运营

资料来源：根据 Indeed 官网公开信息整理。

（三）管理学专业的申请要求

管理学硕士项目向来自不同学科背景的学生开放。在管理学硕士项目中，只有部分学生的本科学位与商科或经济学相关，有许多学生来自工程学、数学、人文科学、社会科学等专业。对于非商科或非经济学的学生，通常需要具备一定的商业和量化分析知识基础，例如微观经济学、宏观经济学、统计学和会计学基础等课程。

申请管理学硕士项目时，除了维持良好的学术成绩外，院校也会重视申请者通过全职工作、实习和课外活动所获得的实际专业经验。

管理学硕士项目的申请特别看重职业推荐信，尤其是来自工作或实习单位的直属上司，他们能够对申请人的技能和领导潜力提供具体而实质性的评价，从而使院校了解申请人是否适合他们的课程。

六、会计学专业

会计学硕士课程专为希望深入掌握会计专业知识，有志于在会计行业的高阶领域发展事业的申请人。不仅涵盖财务会计的深度知识，还包括管理会计、审计、税务等多个关键领域，旨在为学生提供一个全面而深入的会计学知识体系。同时，会计学硕士对于希望成为注册会计师（Certified Public Accountant，CPA）的学生来说，也提供了多方面的帮助，包括深化专业知识、满足学分要求、提供预备课程、提供实习机会等。通过这些课程的学习，学生能够获得在会计专业领域所需的各项技能和理论框架，为未来的职业发展打下坚实的基础。

（一）会计学专业的课程设置

在硕士阶段，会计学专业通常会开设以下主要课程。

- **高级财务会计**：研究更复杂的会计问题，如企业合并、外币报表折算等。
- **管理会计**：学习如何利用会计信息进行内部决策、成本控制和业绩评价。
- **审计**：培养审计理论、方法和实践技能，包括财务报表审计、内部审计等。
- **税法**：研究税法原理、税收筹划及国际税收等领域。
- **国际会计**：探讨国际财务报告准则（IFRS）以及不同国家的会计准则差异。
- **财务报表分析**：学习如何分析财务报表以评估企业的财务状况和业绩。
- **高级管理经济学**：研究如何在不确定性环境下做出最优决策。
- **商法**：了解公司法等相关法律知识，以支持会计实践。
- **会计信息系统**：学习会计信息系统的设计、实施和维护，以及如何利用信息技术提高会计工作效率。
- **企业伦理和社会责任**：探讨企业在经营过程中应遵循的伦理原则和承担的社会责任。
- **高级财务管理**：研究企业投资、融资、资本预算、风险管理等方面的知识。

下面展示的是康奈尔大学会计学硕士课程的设置情况。

康奈尔大学会计学硕士课程设置（1 年）

秋季必修课

1.NBA 5520 高级会计
2.NBA 5060 和 NBA 5090 财务报表分析和高级财务报表分析
3.NBA 5531 联邦所得税

4.AEM 4225 会计系统与分析
5.NACCT 5530 审计与鉴证

春季必修课

1.NACCT 5521 成本会计
2.NBA 5000 中级会计 2
3.NACCT 5532 舞弊审查
4.NBA 5350/5355 公司税务
5.NACCT 5545 会计专题

选修课：必须修满至少 6 个学分

- NBA 5430 金融市场与机构
- NBA 5540 国际金融
- NBA 5550 固定收入证券
- NBA 5110 金融建模
- NBA 4670/5670 投资
- NBA 6430 管理电子表格建模
- NBA 5040 房地产企业的联邦所得税
- AEM 6533 低收入纳税人的联邦所得税
- NBA 6060 评估国会投资项目
- NBA 6730/6740 衍生证券（第一和第二部分）
- NBA 5580 公司财务政策
- NBA 5420 投资和投资组合管理

其他研究生管理选修课：除必修课程外，根据需要选修 6 个或更多学分，总计 30 个学分

学生可以从大量研究生管理选修课中进行选择，包括

- 金融
- 战略
- 会计学
- 商业分析
- 约翰逊学院、戴森学院和诺兰酒店管理学院开设的综合管理和商业法课程

（二）会计学专业的职业发展

获得会计学硕士学位后，毕业生将具备在多个行业从事会计工作以及金融相关职位的资格。除了传统会计领域之外，研究生阶段学习会计学还能为学生在众多行业打开广阔的职业道路，增加其职业发展的可能性。

根据 Indeed 职业指导提供的数据，持有会计学硕士学位的申请人可以考虑多种

岗位（见表 6–7）。

表 6–7　会计学专业就业岗位

就业岗位	年薪水平	工作内容
会计助理	46 779 美元	协助专业会计师执行日常职责，包括阅读文件、生成报告以及为会计师准备电子表格
会计文员	50 618 美元	负责处理会计程序所需的财务文件，包括生成报告和对公司各部门进行审计
客户经理	65 203 美元	作为客户服务专业人员，负责监督客户账户。管理各种账户并与客户沟通，识别客户需求或解答问题。接触潜在客户，向他们介绍公司的服务
会计师	59 606 美元	负责追踪、监控和报告公司的财务交易。负责报告的编制，并确保公司财务文件准确无误
财务规划师	76 263 美元	为公司和个人客户提供财务规划服务，包括投资机会、税务规划、储蓄策略和市场预测的咨询。根据客户的财务目标提供行动建议
财务顾问	82 059 美元	为客户提供财务交易的咨询服务。在投资和储蓄策略方面具有专业知识，能够帮助客户实现财务目标
商业分析师	83 763 美元	为客户提供咨询服务，并对他们的业务模式进行专业分析。在特定业务领域具有专业知识，许多公司聘请他们来撰写如何提高利润或改善公司结构的报告
投资顾问	67 569 美元	与客户合作，提供投资机会的专业建议。为企业和个人提供寻找潜在投资机会的协助，通常作为咨询公司的一部分，为不确定资金投向的组织提供专业知识
金融建模师	116 680 美元	使用计算机软件创建复杂的金融模型用于预测投资机会。帮助投资者直观地了解资金投向及预期回报
精算师	120 164 美元	使用各种分析工具，如计算机建模和数据评估，创建精算表，用于评估各种活动的风险。通常在保险公司工作，根据个人或公司的风险水平，提供保险计划评级的量化分析

资料来源：根据 Indeed 官网公开信息整理。

（三）会计学专业的申请要求

会计学硕士项目接纳来自不同教育背景和专业领域的学生，但通常对学生本科阶段所学的会计学先修课程有严格的要求。例如，纽约大学的会计学硕士项目要求学生必须修完财务会计原理、管理会计原理、统计学或数据分析原理、微观经济学原理以及宏观经济学原理等课程，而加利福尼亚大学圣地亚哥分校的会计学专业则要求学生完成管理会计、财务会计、中级会计 I、中级会计 II、审计、联邦税务等课程的学习。值得注意的是，有些学生在内地就读会计学专业，但国内外的课程设置差异可能导致他们的学习内容和难度不符合海外院校的要求。因此，学生在申请前应详细了解目标学校对先修课程的各项要求，并提前完成这些课程，以确保申请时自己的课程背景与学校的要求相符，避免因不匹配而失去申请资格。

对于申请会计学硕士项目的学生而言，在维持良好的学术成绩的同时，积累相关的实习经历也非常关键。突出的实习经历往往能够有效弥补成绩上的不足，尤其是在四大会计师事务所（德勤、毕马威、普华永道、安永），以及其他知名会计师事务所或大型公司的财务部门实习。

七、经济学专业

经济学专业是一个具有广泛应用和深远意义的学科，它不仅有助于我们理解世界经济的变化和发展，还为解决实际经济问题提供了有力的工具和方法。经济学专业毕业生可以在多个领域发挥重要作用，包括政策制定、企业战略规划、金融市场分析、国际经济合作等。

（一）经济学专业的课程设置

经济学硕士项目是一个旨在提供经济学高级理论和实践知识的学术项目，其课程既注重理论知识的教授，也强调实践应用，学生将有机会参与科研项目，提高自己的研究能力，同时通过实习、实践课程等途径提升职业技能。

数据分析已成为经济学研究的重要工具，所以经济学硕士课程通常也包含统计学、计量经济学等课程，培养学生收集、处理和分析数据的能力，使他们能够运用数据分析方法解决经济问题。经济学硕士课程的另一个侧重点是政策制定和分析，学生将学习公共政策、发展经济学、环境经济学等课程，培养他们在政策研究、制定和评估方面的能力，为政府部门、智库、国际组织等提供专业支持。

经济学专业主要学习以下课程。

- **微观经济学**：研究个体经济单位（如消费者、企业和市场）的行为和决策。
- **宏观经济学**：探讨整体经济活动，包括经济增长、通货膨胀、失业和国际贸易等问题。
- **计量经济学**：学习如何使用统计方法来分析经济数据，包括经济预测和模型构建。
- **经济学理论**：深入探讨经济学的核心理论，包括博弈论、市场结构和不完全竞争等。

- **国际经济学**：研究国际贸易、外汇市场、国际金融和全球资本市场。
- **金融经济学**：分析金融市场、金融工具和金融机构的运作，以及它们如何影响经济。
- **劳动经济学**：研究劳动力市场、工资决定、就业和劳动力流动等问题。
- **公共经济学**：探讨政府在经济中的作用，包括税收政策、公共支出和财政政策。
- **发展经济学**：研究经济发展、贫困、不平等和经济增长的策略。
- **数量方法**：包括数学和统计学的高级课程，为经济学分析提供工具。

下面展示的是哥伦比亚大学经济学硕士课程的设置情况。

哥伦比亚大学经济学硕士课程设置（1.5 年）

研一秋季必修课

1. GR 5410 经济学家的数学方法
2. GR 5211 微观经济分析 I
3. GR 5215 宏观经济分析 I
4. GR 5411 计量经济学 I

研一春季必修课

1. GR 5212 微观经济分析 II
2. GR 5216 宏观经济分析 II
3. GR 5412 计量经济学 II

研二秋季必修课

1. GR 5120 经济学研究

选修课：必须修满至少 9 个学分

- GR 5218 高级微观经济学
- GR 5220 高级宏观经济学
- GR 5311 经济政策分析
- GR 5415 高级计量经济学
- GR 5711 金融经济学
- GR 5911 国际经济学
- GR 5110 经济学实地考察

（二）经济学专业的职业发展

经济学硕士毕业生可以在众多行业中找到工作机会，包括地方政府、科学研究、金融及保险等领域。无论哪个层级的工作，经济学专业都能带来相当可观的薪酬回报。

根据 Indeed 职业指导提供的数据，持有经济学硕士学位的申请人可以考虑多种岗位（见表 6-8）。

表 6-8　经济学专业就业岗位

就业岗位	年薪水平	工作内容
信贷分析师	65 154 美元	负责收集和分析特定信息，以评估客户的信用状况。通过制定改进策略和提供金融机构信息，协助客户改善信用记录。他们的评估结果决定客户的信用申请，如信用卡和贷款的申请
个人理财顾问	82 059 美元	与客户合作，帮助他们实现短期和长期的财务目标。评估客户的财务状况，并提供建议，涉及储蓄、贷款、投资等领域
政策分析师	78 326 美元	研究影响企业及政府机构的经济趋势。从多种来源搜集数据，预测经济走向和结果
供应链分析师	74 711 美元	评估供应链运作，识别效率低下的环节，并确定改进空间。负责以最低成本提升产出效率
经济顾问	92 387 美元	通常与法律专业人士合作，在涉及经济或金融的法律案件中提供分析、数据、证据等支持
商业记者	51 242 美元	专注于报道商业趋势和故事，其研究和报道可能影响国家经济的金融趋势、经济政策、政府行为和公司动态
信贷员	178 323 美元	与借款人合作，协商对双方都有利的贷款协议。负责评估借款人的信用状况，并为客户制定贷款方案
投资组合经理	90 542 美元	负责管理分配的投资基金。通过研究经济环境、趋势，并进行深入分析，做出有利于基金表现的投资决策
管理顾问	91 108 美元	与公共和私营组织合作，识别和改进业务流程。他们制订计划，提升组织效率，以更好的方式开展工作
高级财务分析师	91 848 美元	深入分析股票、债券和其他投资趋势。通过研究协助企业和个人做出明智的投资选择
统计师	86 547 美元	使用统计方法解决公共和私营机构的问题。参与风险管理和业务效率提升等项目
公司律师	127 489 美元	负责处理企业的法律事务，包括合同审查、谈判和提供法律建议
产品经理	105 434 美元	负责制定和执行新产品开发与推广策略。领导跨职能团队，确保产品从概念到市场的成功

（续表）

就业岗位	年薪水平	工作内容
经济学家	111 940 美元	研究影响股票、债券、支出、汇率和通货膨胀等金融趋势。进行实证研究，做出预测，并为公司或政府机构提供分析
薪酬经理	101 499 美元	负责设计和管理员工的薪酬与福利计划。他们为员工争取最佳福利，并解答相关问题
精算师	120 164 美元	运用统计和数学方法评估风险的财务影响。与公共或私营机构合作，进行风险分析和财务预测
高级市场分析师	102 192 美元	负责调查和研究产品及服务的销售数据，以洞察消费者行为和市场趋势，分析消费者偏好和竞争对手动态
量化分析师	147 576 美元	运用数学和统计方法进行风险管理与其他金融相关研究。分析销售和采购模式，以识别盈利机会

资料来源：根据 Indeed 官网公开信息整理。

（三）经济学专业的申请要求

经济学硕士学位课程虽然不强制要求申请人必须拥有本科经济学学士学位，但往往要求学生具备扎实的经济学背景知识，包括经济学原理、中级微观经济学和中级宏观经济学。此外，微积分和统计学培训，如多元微积分、线性代数和统计学，也是推荐了解的基础知识。

在申请经济学硕士项目之前，深入研究每个项目的教育专业和范围是非常重要的。经济学硕士专业大体可分为理论和应用两个方向，它们的申请要求、培养重点及职业发展均有不同。

理论型经济学硕士项目中有相当一部分是为那些有意继续攻读经济学博士学位的学生打基础的。因此，这类经济学硕士项目在录取和培养标准上与博士学位非常相似，要求学生具备强大的科研能力，并且要求学生在本科阶段就展现出进行科学研究、撰写论文的能力。

应用型经济学硕士项目更加注重经济学理论和分析能力在实践环境中的应用。学生通过学习应该能够理解和分析经济政策，预测经济趋势，评估经济项目，并进行市场调研和分析。因此，申请这类项目对学生的实习经验有较高的要求，希望学生在本科阶段就能在政府部门、金融机构、咨询公司、市场研究机构、教育机构等单位积累相关的工作经验。

第二节
理工科专业解读与就业分析

理工科专业，亦称为 STEM 专业，是指涵盖科学、技术、工程和数学的学科专业。这些专业包括物理学、化学、生物学、地球科学、数学、统计学等科学类专业，以及机械工程、电子工程、计算机工程、土木工程、化学工程、生物医学工程、环境工程、航空航天工程等工程类专业。

STEM 专业对申请者的要求颇为严格，在申请 STEM 专业时，学生需要证明他们已经完成了本专业的所有先修课程。此外，还往往期望学生具备坚实的数学和科学基础，而掌握特定的计算机软件或编程语言还会为申请增加额外的优势。另外，相关的实验、项目或实习经历也是申请 STEM 专业不可或缺的。

在本节中，我们会重点讨论近年来较为热门的几个 STEM 类专业，探讨它们的课程设置、职业发展以及申请要求。

一、计算机科学、计算机工程专业

计算机科学（computer science，CS）和计算机工程（computer engineering，CE）是两个密切相关但又有区别的领域。它们的发展起源于 20 世纪中叶，随着电子计算机技术的兴起和快速发展，逐渐形成了独立的学科和专业。

计算机工程是电子工程的一个分支，它结合了电子工程和计算机科学的元素。随着集成电路和微处理器的发明，计算机工程开始作为一个独立领域发展。计算机工程师专注于硬件和软件的设计与集成，以确保计算机系统的有效运行。

（一）计算机科学、计算机工程专业的课程设置

计算机科学和计算机工程的硕士项目是深入研究和学习计算机科学理论与实践的高级学位课程。这些项目旨在为学生提供计算机科学领域的专业知识，培养其解决复杂工程问题的能力，并鼓励创新和技术领导力。硕士项目通常包括课程学习、研究项目、实验工作以及论文撰写。

研究生阶段，学生可以选择的研究方向多种多样，包括人工智能、机器学习、数据科学、软件工程、网络系统、计算机视觉、嵌入式系统等。大多数硕士项目要求学生参与或完成一个独立的研究项目，并且为学生提供实验室工作机会，使学生能够直接参与实验设计和数据分析。一些项目可能包括实习要求，让学生有机会在工业界获得实际工作经验。

计算机科学专业课程通常更侧重于软件和理论方面。计算机科学专业的学生将学习编程语言、数据结构、算法、软件工程、数据库、人工智能、机器学习、网络、计算机图形学和理论计算机科学等。核心课程通常包括离散数学、数据结构与算法、计算机组成原理、操作系统、编程语言（如 Java、C++、Python 等）、软件工程、计算机网络、数据库系统、人工智能、网络安全等。

下面展示的是斯坦福大学计算机科学硕士课程的设置情况。

斯坦福大学计算机科学硕士课程设置（1.5 年）

基础要求

本硕士项目希望学生在本科学习中已经掌握 CS 的基础知识。如果新生已在其他院校选修过同等课程，且成绩至少达到 B 级，则可豁免此组课程要求。

1. 逻辑、自动机和复杂性

涵盖计算机基本数学概念的课程，包括逻辑、证明技术、离散结构（集合、函数和关系）、自动机和复杂性理论。了解如何构建形式化证明和各种标准证明技术（直接证明、矛盾证明、归纳法、对角化）。此外，学生应大量接触有限自动机、正则表达式、无上下文语法、图灵机、可计算性（如可判定性和停止问题）和计算复杂性，包括对 NP-完备性的严格处理。

2. 概率论

从严格的数学角度讲授的概率课程。

3. 算法设计与分析

关于 CS 161，最重要的一点是，与其他院校的许多算法课程相比，它所涵盖的材料具有更高的数学复杂性。许多学校将“数据结构与算法”课程作为第二门编程课程来讲授，但这并不符合要求。一般来说，如果你想用其他院校的课程代替 CS 161，该课程应将编程入门序列和理论入门课程列为先修课程。

4. 计算机组织与系统

通过本课程，学生可以从硬件层面到源代码层面对计算机系统有基本的了解。熟悉的内容应包括基本计算机组织（如寄存器、ALU、内存、寻址、程序控制、运行堆栈等）、内存模型（数据表示、指针）和编译基础（简单汇编代码、代码生成、链接和加载基础）等概念。

5. 计算机系统原理

学生应了解计算机系统的基本原理（进程、文件系统、并发）以及网络和分布式系统的要素。应了解现代操作系统和网络提供的设施以及如何使用这些设施（如催生处理、远程过程调用、虚拟内存、缓存、调度等）。应具备在所开发的大型软件中开发设计、抽象和适当模块化的能力。

广度要求

在以下四个广度领域中选择三个领域的三门课程。

1. 形式基础

本组课程强调数学和形式推理，适用于有关计算的基础问题。

2. 学习与建模

本组课程旨在为观察到的现象建立模型。强调根据数据建立这些模型，目的是预测、分类或以其他方式构建观察结果。

3. 系统

本组课程探讨如何构建符合设计约束或要求的计算工具。该领域的问题通常包括性能、可扩展性、权衡、复杂软件，以及在考虑能力的同时考虑工作成果本身的质量。

4. 人与社会

本组课程研究计算和技术如何影响人类和社会并与之互动。

深度要求

学生必须在所选细分方向（specialization）完成21个单元的课程。已批准的细分方向包括人工智能、计算生物学、计算机与网络安全、人机交互、信息管理与分析、软件理论、系统、理论计算机科学、视觉计算。

选修课

在完成其他要求的课程后，若仍未达到计算机科学硕士学位所要求的45个学分，则应选取选修课，使课程达到学分要求。

计算机工程专业的课程结合了电子工程和计算机科学的元素，强调硬件和软件的综合。计算机工程专业的学生会学习如何设计、构建和测试计算机硬件以及集成硬件和软件系统。核心课程通常包括数字逻辑与计算机组成、电子电路、计算机架构、微处理器系统、硬件描述语言与设计、实时系统、嵌入式系统、通信与网络、电源电子学等。

下面展示的是纽约大学计算机工程硕士课程的设置情况。

纽约大学计算机工程硕士课程设置（1.5年）

核心课程

ECE-GY 6913 计算系统结构2

ECE-GY 6463 高级硬件设计

ECE-GY 6473 VLSI系统设计简介

ECE-GY 6483 实时嵌入式系统

ECE-GY 6353 互联网架构与协议

选修课程：选取21学分选修课程

高级项目：从以下项目中选择一项

ECE-GY 9953 高级项目I

ECE-GY 997X 电气与计算机工程系硕士论文

CS-GY 9963 计算机科学高级项目

虽然计算机科学与计算机工程两个专业有各自的侧重点，但它们之间也有交叉，例如在嵌入式系统、人工智能和计算机网络等领域。因此，部分高校将此二者相结合，设置了跨学科专业计算机科学与工程（computer science and engineering，CSE）专业，包括哈佛大学、麻省理工学院等。CSE 专业的设置旨在为学生提供软件开发和硬件设计的综合教育，将实践与理论相结合，技术与应用并重，增强毕业生的职业适应性，使其具备在信息技术行业胜任多种不同职业的能力。

部分高校还将电子电气工程与计算机工程进行结合，开设电子与计算机工程（electrical and computer engineering，ECE）专业。这类专业旨在为学生提供电子工程和计算机工程的广泛知识，培养学生在硬件和软件方面的综合技能，例如卡内基梅隆大学、密歇根大学安娜堡分校等。ECE 专业的课程涵盖了电子工程和计算机工程的核心内容，在硬件方面的课程会更深入。ECE 专业的毕业生能够设计和构建复杂的电子系统，同时也能够开发这些系统所需的软件，这种硬件和软件的综合能力使得 ECE 毕业生能够在多个行业找到工作，包括信息技术、通信、自动化、医疗设备、能源等。

下面展示的是麻省理工学院计算机科学与工程硕士课程的设置情况。

麻省理工学院计算机科学与工程硕士课程设置（1～1.5 年）

核心课程（3 门课程）

学生必须从以下四门核心课程中选择三门：

2.096［J］/6.7300［J］/16.910［J］ 数值模拟导论（秋季）

2.097［J］/6.7330［J］/16.920［J］ 偏微分方程数值方法（秋季）

6.7200［J］/15.093［J］ 优化方法（秋季）

6.7310［J］/18.335［J］ 数值方法导论（春季）

限制性选修课（2 门课程）

学生可以从 50 多个计算主题和相关内容的专业课程中选择两门研究生水平的选修课。

非限制性选修课（1 门课）

学生可从麻省理工学院科目表和课程表中选择任何研究生水平的 12 个学分的课程。

论文

近年来，随着计算机行业的迅猛发展和优越的职业前景，越来越多拥有非计算机专业本科学位的学生开始考虑转向计算机行业。为了迎合这一趋势，美国的若干知名大学推出了专为非计算机背景学生设计的零基础转码硕士项目，例如宾夕法尼亚大学的 MCIT 项目和美国东北大学的 CS Align 项目。这些项目特别针对非计算机专业背景的学生，因此在课程设计上更加重视基础知识的构建和实践技能的发展。与传统的计算机硕士项目相比，这些项目的学制更长，通常在 2～3 年左右。此外，这些项目通常还会提供职业咨询和就业指导，帮助学生顺利地进入计算机行业。

（二）计算机科学、计算机工程专业的职业发展

随着技术的不断进步和数字化转型的加速，对于具备高级计算机技能和专业知识的硕士毕业生的需求持续增长。这些专业人才在多个行业都受到青睐，也通常能够获得较为优渥的薪酬和福利待遇。他们不仅在科技公司找到职位，也在金融、医疗保健、教育、零售和政府部门等多个领域发挥着重要作用。

根据 Indeed 职业指导提供的数据，持有计算机科学硕士学位的申请人可以考虑多种岗位（见表 6–9）。

表 6–9　计算机科学专业就业岗位

就业岗位	年薪水平	工作内容
网络管理员	74 376 美元	负责管理网络和技术系统。负责排除故障、预测公司需求，根据需要对系统进行维护和升级。还负责指导新员工如何使用公司系统和访问所需文件
网络开发人员	77 791 美元	负责创建网站和网络应用程序。须精通 HTML、JavaScript 和 CSS 等编程语言。与客户密切合作创建定制网站。分析用户数据，确保所创建内容既实用又易于访问
系统分析师	79 891 美元	负责对企业的技术进行评估，以发现潜在问题、解决问题并提出改进建议。负责为企业和客户设计和整合定制解决方案
程序分析师	75 515 美元	负责为公司设计和开发计算机程序和软件。负责根据公司的需求修复和更新现有程序。与项目经理合作，确保在预算范围内、截止日期前完成任务
应用程序开发人员	86 803 美元	负责为计算机、移动设备和其他技术设备创建应用软件。须精通计算机系统和编程语言，负责为现有应用程序创建升级程序，并对软件进行维护测试
信息安全分析师	90 425 美元	负责保护公司免受网络攻击。负责制定新的安全措施，监控及维护信息安全系统
数据库开发人员	97 025 美元	负责创建、实施和维护计算机数据库。与公司或客户合作，确定数据收集、检索和存储需求并开发安全的数据存储和检索系统。须熟练掌握各种计算机语言和系统

（续表）

就业岗位	年薪水平	工作内容
.NET 开发人员	109 678 美元	负责在.NET 框架内设计和维护软件与应用程序。与客户、其他网络开发人员紧密合作，创建可扩展的应用程序。负责在应用程序启动后为用户提供支持
信息技术审计员	101 994 美元	负责管理公司 IT 系统的评估工作。通常与 IT 审计团队合作进行系统审计。还负责传达 IT 系统的优缺点，研究如何解决 IT 问题，并根据需要更新软件
用户体验设计师	99 082 美元	在数字产品的各个环节发挥作用，负责创造无缝的用户体验。与其他团队成员紧密合作，监督产品的设计、功能和整体品牌。负责创建原型，研究目标受众，了解他们与产品的交互方式
信息技术项目经理	96 926 美元	负责项目的战略规划和组织。包括为团队制订项目计划、明确目标、设定截止日期和确定绩效指标。还可负责编制预算和分配资源
Java 开发人员	106 611 美元	负责使用 Java 编程语言创建、调整、监控和修复软件。通常与其他网络开发人员和软件工程师合作，创建完全集成的程序和应用程序，并解决软件问题
软件开发人员	108 896 美元	负责创建、开发和制作新的计算机程序。研究用户需求、监控系统并根据需要进行更新，以确保运行正常
前端开发人员	107 312 美元	负责整合网页设计中的视觉和听觉元素。优化前端元素的可扩展性，并努力改善加载时间和速度
全栈开发人员	114 395 美元	负责创建网站、计算机程序或网络应用程序的前端和后端元素。负责编码网络产品的服务器端元素。研究行业趋势、进行测试并根据需要修改网络产品或软件
软件工程师	108 896 美元	负责监督新软件的开发。研究客户如何使用产品，以确定程序的核心功能。设计和测试应用程序或系统的每个部分，并创建模型或图表，向程序员展示每个部分如何协同工作。与其他计算机科学家合作创建软件
网络安全工程师	111 653 美元	负责维护计算机系统网络的安全。使用虚拟专用网络、网络监控工具、路由器、防火墙和交换机，确保公司文件和数据的安全。预测潜在的安全问题以采取预防措施，进行测试，并定期提供防火墙和更新反恶意软件
移动开发人员	129 017 美元	负责创建、设计和维护移动应用程序。与设计和产品团队合作，测试、调试和更新移动应用程序
网络架构师	129 566 美元	负责设计和构建数据通信网络，如局域网、广域网和内联网。负责升级软件和硬件，以确保高性能。根据特定公司的需求为其构建定制网络

（续表）

就业岗位	年薪水平	工作内容
软件架构师	135 600 美元	为寻求定制解决方案的公司设计和监督独特软件的开发。负责客户沟通、产品设计和团队管理。负责为项目编写代码、研究最佳实施工具并测试软件

资料来源：根据 Indeed 官网公开信息整理。

（三）计算机科学、计算机工程专业的申请要求

对于计算机科学、计算机工程专业的申请而言，编程能力和编程经验是海外院校考查的重中之重。虽然申请人不一定需要拥有计算机科学学士学位，但传统的计算机相关硕士项目通常倾向于招收具有 STEM 专业背景的学生。申请人应当熟练掌握 Python、C++ 或 Java 等编程语言，并在课堂作业或课外实践经验中展示出使用这些编程语言的能力。此外，申请人还应当具备基本的分析技能，并展现出较强的数学、编程和逻辑推理能力。

在课外活动方面，有多个途径可以帮助计算机专业的申请人提升自己的背景。首先，参与专业项目研究是至关重要的。通常情况下，成功的计算机专业申请人至少应在简历中展示 2 ~ 3 个有实质内容的项目经验，甚至可以争取发表学术论文。

其次，参加专业比赛也是增强学术背景的有效方式。在计算机领域有许多著名的比赛，如 ACM 程序设计竞赛，数学建模大赛，以及一些知名 IT 公司赞助的校园内的专业比赛等。

最后，实习背景也在计算机科学、计算机工程专业申请中占有重要地位。由于计算机科学、计算机工程专业较强的就业导向，拥有工作背景的申请人将具有明显的优势。学生可以在各类 IT 公司、科研机构争取计算机相关的实习机会，丰富自己的个人经历。

二、数据科学专业

数据科学是一个跨学科的领域，它结合了统计学、计算机科学、数学、信息科学和领域知识，旨在从大量的结构化和非结构化数据中提取知识和洞察力。数据科学家使用各种工具和技术来分析数据，包括数据清洗、数据探索、数据可视化、机器学习和人工智能算法，以及统计分析方法。

（一）数据科学专业的课程设置

数据科学专业的课程设计通常会涵盖计算机科学、统计学、信息科学和业务管

理等多个学科的知识。课程重点在于培养学生在数据处理、分析和挖掘方面的技术技能，包括学习编程语言（如 Python、R）、数据库管理（如 SQL）、数据可视化工具（如 Tableau、Power BI）以及机器学习库和框架（如 TensorFlow、Scikit-learn）。数据科学专业的学生还需要学习如何将数据分析结果转化为可操作的商务智能，包括数据挖掘、预测建模、优化方法和决策分析等课程。随着数据隐私和安全问题的日益重要，数据科学专业也会包括关于数据伦理、合规性和法律问题的课程，以确保学生能够在未来的职业生涯中负责任地处理数据。

除了硬技能外，数据科学专业的课程也会注重培养学生的软技能，如沟通、团队合作、项目管理和时间管理的能力，这些都是数据科学家在职场中取得成功的关键因素。

数据科学专业通常包括以下几个核心课程。

- **统计学与概率论**：这是数据科学的基础，包括探索性数据分析、回归分析、分类和聚类等。
- **机器学习**：涵盖监督学习、无监督学习、强化学习等机器学习算法，以及模型评估和选择。
- **数据挖掘**：学习从大量数据中提取有价值信息的技术和方法。
- **数据可视化**：教授如何使用工具（如 Tableau、D3.js、Matplotlib、Seaborn）将数据转换为图形，以便于理解和交流。
- **数据库系统**：包括关系型数据库和非关系型数据库的设计、实现和应用，以及 SQL 等查询语言的使用。
- **编程语言**：学习 Python、R、Java 或 Scala 等编程语言，这些语言在数据处理和分析中被广泛使用。
- **大数据技术**：涉及 Hadoop、Spark 等分布式计算框架，用于处理和分析大规模数据集。
- **云计算与存储**：了解如何在云平台上存储、处理和分析数据，例如使用 Amazon Web Services（AWS）、Microsoft Azure 或 Google Cloud Platform（GCP）。
- **高级数据分析**：包括多变量分析、时间序列分析、文本分析等高级技术。
- **商业智能与决策支持系统**：学习如何将数据分析结果转化为业务决策。
- **伦理与法律**：探讨数据科学中的伦理问题，包括数据隐私、数据安全和合规性。

（二）数据科学专业的职业发展

许多公司都会雇用数据科学专家，根据他们的工作成果来改进和优化业务流程，提升绩效。因此，数据科学专业的毕业生在多个行业中都有广泛的就业机会，包括技术、金融、医疗保健、市场营销、零售和政府部门等。随着数据量的不断增长和技术的持续进步，各行业对数据科学专业人才的需求也在稳步上升，使得数据科学成为一个需求旺盛的领域，也为其从业者提供了广阔的职业发展前景和多样化的职业选择。

根据 Indeed 职业指导提供的数据，持有数据科学硕士学位的申请人可以考虑多种岗位（见表 6–10）。

表 6–10　数据科学专业就业岗位

就业岗位	年薪水平	工作内容
数据记者	41 431 美元	负责研究和使用统计数据，提供客观且深入的报道和新闻写作。利用编程来自动化收集和整合信息的过程。使用软件工具来发现文件和概念之间的关联
数据分析师	65 246 美元	负责处理公司或行业数据，通过分析来解答特定的业务问题。主要使用编程语言和框架来审查数据并做出推断，利用这些信息来改进公司的战略、流程或运营
统计分析师	81 337 美元	负责收集并审查来自各种来源的数据。使用可视化和商业智能工具向组织的决策者传达他们的发现。负责监控和维护数据源，诊断和解决故障。主要使用数学技术而非编程语言来完成分析任务
计算机系统分析师	79 891 美元	负责检查公司的计算机系统，评估其效率，并确定它们是否符合业务需求和目标。与其他信息技术专业人员合作，开发、更改和改进计算机系统。使用数据库来诊断系统故障的原因，并调查和解决数据库程序中的问题
数据库管理员	94 537 美元	在企业 IT 部门工作，为员工提供访问公司数据和应用程序的便利。负责维护数据库的安全性，并在系统出现故障时开发备份和替代访问解决方案。还负责新用户注册、系统优化以及规划、更新或增加数据容量等任务
商业智能分析师	87 886 美元	使用先进的软件工具来挖掘数据，然后利用这些信息来实施数据仓库战略、确定业务重点和关键绩效指标。目标是提高公司的效率、生产力和市场份额，通过向决策者提供可操作的数据见解
数据科学家	119 380 美元	负责进行分析并构建机器学习模型，帮助预测未来趋势。帮助公司制定新的业务战略和确定长期目标。建立个性化的数据产品，帮助公司更好地理解客户

（续表）

就业岗位	年薪水平	工作内容
机器学习工程师	152 244 美元	负责处理大量数据并进行复杂的数据建模。设计自动运行的软件，利用历史数据来改进程序的功能。进行机器学习测试，检查数据质量，并与数据科学团队的其他成员（如数据科学家、数据分析师和数据库管理员）合作
数据工程师	130 733 美元	负责开发和维护公司的数据基础设施和接口，决定企业如何收集和存储数据。构建数据管道，将原始的非结构化数据转换成数据科学家和分析师可用的格式。对存储的数据执行批量处理或实时处理，发现数据集的趋势
数据架构师	98 130 美元	负责设计、创建、部署和维护公司的数据架构。决定公司如何捕获、组织和整合数据。在数据科学团队中担任高级职位，负责定义公司的数据标准和原则。除了负责架构开发，还负责设计仓储解决方案和执行数据建模
应用架构师	128 816 美元	负责设计软件应用程序的框架，包括构建用户界面和基础设施。研究企业使用的应用程序。此外，还利用数据分析来改进现有应用程序或帮助创建新的应用程序
企业架构师	140 954 美元	负责建立、指导和优化公司的运营，专注于使用或生成数据的业务功能和流程。确保公司的技术与其业务战略保持一致，并帮助增强公司的 IT 基础设施

资料来源：根据 Indeed 官网公开信息整理。

（三）数据科学专业的申请要求

在申请数据科学专业时，院校通常期望申请人具备扎实的数学、计算机科学和统计学基础，以证明其能够有效地分析数据、实施算法并使用机器学习模型。数学、统计学、计算机科学、工程类专业背景的学生通常是最符合申请条件的，但其他专业的学生如果具有较强的量化背景也可以申请。具体而言，院校一般希望申请人具备微积分、线性代数、概率和统计等课程的基础知识，同时具备数据科学常用编程语言的经验，如 Python 或 R。

课外活动方面，建议申请人积累量化相关的科研经验，或者尽可能多地完成量化相关的课程作业。

此外，理想的申请人应具备强大的分析和解决问题的能力，能够从复杂的数据中识别模式、提取见解并得出有意义的结论。这些特质对于在数据科学领域取得成功至关重要。

三、生物技术专业

生物技术硕士课程致力于培养学生深入理解生物技术的基础理论和应用。课程通常强调科研能力的培养，鼓励学生参与实验室研究，发表科研论文，甚至有机会参与行业合作项目。课程内容注重创新思维和研究能力的培养，鼓励学生参与前沿科学和技术的研究。

（一）生物技术专业的课程设置

生物技术硕士课程通常包括以下几个方面的内容。

- **分子生物学**：研究生物体的分子层面，包括 DNA、RNA 和蛋白质的结构与功能。
- **细胞生物学**：探索细胞的结构、功能和相互作用。
- **遗传工程**：学习如何修改和操控生物体的遗传物质。
- **生物信息学**：使用计算机科学方法来分析和管理生物数据。
- **生物制药**：研究药物的开发和生产，特别是基于生物技术的药物。
- **生物处理工程**：涉及生物产品的工业规模生产，包括发酵技术和下游处理。
- **实验室研究方法**：提供实验室技能和实验设计的实践训练。
- **法律与伦理**：探讨生物技术领域的法律、伦理和社会问题。

下面展示的是布朗大学生物技术硕士课程的设置情况。

布朗大学生物技术硕士课程设置（1.5 年，8 门课程）

秋季

- 高级生物化学（BIOL 2270）
- 真核细胞生物学（BIOL 2050）
- 药物发现、开发和使用中的生物信息学（BIOL 2125）
- 生物材料（BIOL 1120）
- 生物分子相互作用：健康、疾病与药物设计（BIOL 1300）
- 生物技术与全球健康（BIOL 1070）
- 生物技术知识产权（BIOL 2089）
- 生物技术科学与工业（BIOL 2020）
- 血液替代品：原理与治疗开发（BIOL 2245）
- 癌症生物学（BIOL 1290）
- 发育生物学（BIOL 2320）
- 药物和基因传递（BIOL 2110）

- 先天免疫（BIOL 1520）
- 疾病的分子机制（BIOL 2860）
- 分子药理学与生理学（BIOL 2170）
- 神经遗传学与疾病（BIOL 2320A）
- 生理药理学（BIOL 1260）
- 高分子科学（BIOL 1090）
- 运动生理学原理（BIOL 1160）
- 组织工程学（BIOL 1140）
- 信号转导专题（BIOL 1110）
- 生物材料（ENGN 1490）
- 心血管工程（ENGN 1520）
- 核磁共振成像和神经成像入门（ENGN 1930N）
- 纳米工程与纳米医学（ENGN 1510）
- 纳米级材料（CHEM 1700）

春季

- 发育分析（BIOL 2310）
- 动物运动学（BIOL 1880）
- 衰老生物学（BIOL 2350）
- 新发微生物疾病生物学（BIOL 1550）
- 细胞生理学与生物物理学（BIOL 1100）
- 动物比较生理学（BIOL 1180）
- 传染病疫苗开发（BIOL 1600）
- 环境健康与疾病（BIOL 1820）
- 疾病的体外模型（BIOL 2167）
- 医疗设备、诊断和可穿戴设备的创新与商业化（BIOL 2528）
- 生物技术的管理策略（BIOL 2018）
- 药物发现的分子靶点（BIOL 2145）
- 分子遗传学（BIOL 2540）
- 蛋白质生物物理与结构（BIOL 1200）
- 干细胞工程（BIOL 1150）
- 突触传递与可塑性（BIOL 1190）
- 病理生物学技术（BIOL 1870）
- 病毒学（BIOL 1560）
- 生物传感器与应用微流控技术（ENGN 2910M）
- 癌症纳米技术（ENGN 2910S）
- 计算机辅助可视化和设计（ENGN 1740）
- 转化研究专题（ENGN 2910G）

（二）生物技术专业的职业发展

生物技术领域是一个充满活力和多样性的行业，吸引了众多类型的生物技术专业人员共同研究和测试新的生物技术创新。在这个领域，毕业生将与来自遗传学、生物化学、生物学、农业、环境保护、医学等领域的专家合作，共同推动科学进步，为提高人类生活质量做出贡献。

根据 Indeed 职业指导提供的数据，持有生物技术硕士学位的申请人可以考虑多种岗位（见表 6–11）。

表 6–11　生物技术专业就业岗位

就业岗位	年薪水平	工作内容
微生物学家	63 211 美元	研究与细菌、病毒和细胞有关的课题。设计并进行实验，以开发疾病治疗方法、疫苗和其他医疗产品。进行与微生物对人类生活环境的影响有关的生物技术研究
DNA 分析师	81 367 美元	负责收集 DNA 样本并进行测试，以收集遗传信息。通过比较 DNA 样本确定家族关系、遗传背景、病史和其他细节。与执法部门合作，确定犯罪嫌疑人，并在刑事审判中就 DNA 证据做证
业务开发经理	75 645 美元	负责指导大公司的战略计划。指导公司的扩张工作，制订预防行业风险的计划，并为持续的客户关系提供支持。通过与投资者会面，了解发展机会，从而争取资金。在生物技术行业的业务拓展经理负责为企业的生物技术工具寻找应用领域
制药商	82 929 美元	生产药物、化合物和其他医药产品。确定生产特定药品所需的基本设备和用品，以满足消费者的需求。操作生产设备。测量剂量、记录库存更新和制订生产计划
科学家	89 737 美元	通过进行实验来了解更多的科学理论和实践。对某个主题进行广泛研究，以确定现有的科学知识，就如何扩展现有研究提出新的想法。设定严格的实验参数，记录数据并解释结果。利用实验结果申请拨款和研究项目
生物医学工程师	86 755 美元	负责设计生物医学设备、诊断工具和治疗方法。开发的产品包括免疫疗法注射剂、生物传感器和心脏起搏器等。绘制新工具的原理图、开发原型和设计测试。开展科学研究，并在学术出版物中总结研究成果。指导医疗专业人员如何对病人使用新的技术工具
工艺工程师	88 975 美元	负责优化新产品的生产步骤。确定对劳动力、供应品和设备的要求。确定完成关键任务的顺序，组织工作流程以提高效率。测试不同版本的技术系统，收集性能数据并实施成功的系统。负责改进生物医学生产实践

（续表）

就业岗位	年薪水平	工作内容
产品经理	105 434 美元	负责开发特定消费品，以及从设计到分销的整个过程。通过市场调研来了解消费者需求，撰写产品战略提案，收集反馈意见，并实施产品改进。在生物技术领域，产品经理的工作可能涉及从医疗器械到食品技术的各种产品。领导教育活动，向目标受众传授有关新技术和科学发展的知识
生物工艺工程师	113 978 美元	负责监督生物技术产品和设备的生产流程，如生物燃料、发电机和制药产品。收集有关化学反应的数据，并将新技术集成到现有设备中。负责审查研究成果，向生产团队分派任务，并监督原型和最终产品的生产
环境健康与安全官员	103 761 美元	负责维护与工作场所危害相关的法规。实施各种程序，以保护员工免受职业危险，并防止企业运营对环境造成负面影响。对公司活动进行全面记录，建立事故报告系统，制订危险废物处理计划，并安排定期检查
制药顾问	93 599 美元	向医药制造商、药剂师和其他医疗机构提供药品采购和分销建议。监督新药生产，确保质量控制，并确保药品根据技术规范得到适当储存。与医疗服务提供者建立关系，收集有关药品需求的信息，并推广新的医药产品
生物统计学家	145 385 美元	负责收集和分析与生物体有关的数据。设计研究项目，收集生物样本，确定数据趋势。确定数据样本的要求，并使用统计建模来了解生物技术的使用和发展情况。根据分析结果对医疗、环境和生物趋势做出预测

资料来源：根据 Indeed 官网公开信息整理。

（三）生物技术专业的申请要求

在申请生物技术硕士项目时，具备相关学术背景的申请者往往更具优势。一般来说，拥有自然科学领域的学士学位，如生物学、化学等，将增加被录取的可能性。此外，部分院校也欢迎有工程学或计算机科学背景的申请者。多数项目会对申请者的前置课程有一定要求，包括但不限于生物学基础及进阶课程（如细胞生物学、发育生物学、遗传学和分子生物学）、生物化学、有机化学、微积分、统计学和物理学等。

在评估申请材料时，院校通常会特别重视那些具有高级实验室操作或研究经历的申请者。

第三节
人文社科专业解读与就业分析

人文社科专业涵盖人文科学（humanities）和社会科学（social science）两大知识领域，涉及人类文化、语言、历史、社会结构、经济系统、政治理论等多个维度，包括历史学、哲学、社会学、人类学、政治学、国际关系、心理学、新闻与传播学、教育学和文学等专业。通过学习这些专业，学生能够深入了解人类社会和文化的多样性，培养批判性思维，学会分析、评估和质疑不同的信息、观点和理论，形成独到的见解。同时，这些专业也鼓励学生关注社会问题，积极参与公共事务，增强社会责任感和公民意识，致力于社会改善和社会进步。

人文社科硕士项目的申请人通常具备较高的在校成绩和标化成绩。鉴于研究生阶段的学习涉及大量的学术论文阅读和写作，院校在评估申请时会特别关注学生的阅读和写作能力。学术背景和相关领域的科研与实践经验至关重要，同时在文书材料中描述过往经历时也应展示出对相关领域的热情和持续发展的动力。与其他学科尤为不同的是，人文社科专业申请审核时特别重视文书材料的写作质量，院校会由此来评估申请人的思辨能力和写作能力。

此外，部分专业可能要求提交写作样本或作品集，准备这些材料需要投入大量时间，因此建议学生提前准备。

一、心理学专业

心理学是一门研究人类及其他动物心理和行为的科学。它探讨个体的思想、情感、意识和行为是如何受到生物学、心理学和社会环境等因素的影响。心理学的研究范围不仅包括心理健康和异常行为，还涉及认知过程、情感、动机、人际关系、发展、个性和文化影响等多个领域。作为一个多维度和多应用的学科，心理学不仅帮助我们理解个体和群体的心理与行为，还应用于解决实际问题，如提升教育成效、改善心理健康服务、推动公共政策制定等，从而促进社会进步。

（一）心理学专业的课程设置

心理学可以分类为理论心理学和应用心理学两大分支，每个分支都有其独特的重点和研究方法，各自培养不同类型的心理学专业人才。

理论心理学专注于心理学的基本理论和概念，旨在建立和解释心理现象的一般原则。这一分支的研究通常不直接关注解决实际问题，而是致力于推动学科知识的进步和理解人类心理的复杂性。理论心理学包括以下多个子领域。

- **认知心理学**：研究知觉、记忆、思维、语言等认知过程。
- **社会心理学**：探讨个体如何被社会环境影响，以及个体如何影响社会环境。
- **发展心理学**：研究人类从出生到死亡的心理发展过程。
- **生物心理学**：研究心理过程的生物学基础，包括神经系统和激素对行为的影响。
- **比较心理学**：研究不同物种的行为和心理过程，以了解心理特征的进化和适应性。

理论心理学的研究生课程通常侧重于心理学的基础理论和研究方法，目的是培养学生的研究能力和批判性思维。除了深入学习心理学理论之外，其课程内容通常包括高级统计和数据分析、研究设计、论文撰写等。理论心理学研究生还可能参与到教授的研究项目中，或者自行开展独立的研究项目，为未来在学术研究领域或高等教育机构中发展做准备。

应用心理学将心理学的理论和研究成果应用于解决实际问题，以改善人类生活的质量和效率。这一分支直接关注将心理学知识应用于各种实践领域，包括如下子领域。

- **临床心理学**：诊断和治疗心理障碍，改善心理健康。
- **咨询心理学**：提供个人和团体咨询，帮助人们解决生活问题和改善人际关系。
- **教育心理学**：研究学习过程，提升教育效果，解决教育中的心理问题。
- **工业与组织心理学**：研究工作场所的人类行为，提高生产效率和工作满意度。
- **健康心理学**：研究心理因素如何影响身体健康和疾病，以及如何促进健康行为。

应用心理学分支的研究生课程侧重于将心理学理论和方法应用于解决实际问题和培养实践技能。根据专业分支的不同，课程培养的实践技能可能包括心理咨询技术、评估方法、干预策略等。此外，应用心理学的项目设置还通常包括伦理和法律问题研究、实习或田野经验，以及职业规划、商业沟通和团队建设等职业技能。

应用心理学研究生通常需要在毕业前完成一定时间的实习或实践，以确保他们具备进入相关领域工作的能力。这些课程和经验有助于学生毕业后在心理咨询、教育、商业、医疗保健等领域内找到工作。

（二）心理学专业的职业发展

心理学所涉及的领域十分广泛，因此心理学研究生的职业发展路径非常多样。以下仅列举心理学研究生毕业后可能选择的部分职业方向（见表 6–12）。

表 6–12　心理学专业就业岗位

就业岗位	年薪水平	工作内容
心理治疗师	61 727 美元	帮助客户处理思想、情绪和决策，以改善整体心理健康和幸福感。对客户进行评估，并在了解更多情况后开展治疗
心理学项目主任	65 957 美元	私营和公共机构都有行为和心理健康项目，项目主任负责领导和管理这些项目，负责高层决策、招聘和设计项目结构
行为分析师	45 622 美元	研究并制定计划，以改善或改变人类行为的某些方面。一般在医院、学校、教养机构、政府部门等工作，可能会见的病人或客户包括脑损伤患者、精神病患者等
研究员	81 237 美元	开发和测试科学理论，以加深我们对心理健康、行为和其他心理学相关主题的理解。可以在私营公司、实验室或政府机构工作
心理学教授	61 014 美元	在高等院校和研究生教育机构工作，教授学生心理学术语、方法、理论等。制定课程并定期开课。负责分配作业和项目、评估论文、评定论文等级和命题考试
工业心理学家	101 530 美元	利用他们对群体或组织内行为的了解，在企业内开展培训、提高流程效率并改善工作的其他方面
心理咨询师	101 530 美元	接待心理咨询的病人。有些心理咨询师在医院工作，有些心理咨询师会自己开诊所
运动心理学家	101 530 美元	与运动员合作，解决心理和行为问题，使他们能够发挥出最佳水平。针对简单的障碍（如自信心水平或领导能力）开发策略，也会解决更严重的心理问题
临床心理学家	103 503 美元	研究、诊断有心理健康问题的病人，并为他们设计治疗方案。通常在医院工作，但也有一些在养老院等私人机构工作
实验心理学家	101 530 美元	与研究人员一起设计和开展实验，以了解更多有关人类行为和心理健康的信息
法医心理学家	101 530 美元	研究犯罪者的行为，以解答与案件相关的问题，并将研究结果记录下来，以备未来出现类似案件时参考
神经精神病学家	255 958 美元	负责观察、诊断和治疗与大脑和神经系统功能异常相关的疾病。通常在医院工作或心理健康机构工作
儿童或学校精神科医生	255 958 美元	专注于解决儿童的心理健康和行为问题。通常在学校或医院工作，观察、诊断和治疗儿童的各种症状

资料来源：根据 Indeed 官网公开信息整理。

心理学研究生的职业发展不仅限于上述领域，他们还可以根据个人兴趣和技能开拓新的职业路径。此外，一些心理学硕士选择继续深造，获得博士学位，以便在研究、教学或特定领域内获得更深入的专业知识。

（三）心理学专业的申请要求

实践经验是心理学专业申请中的另一个重要考量因素。对于理论方向的申请人，建议在两个研究实验室做过研究助理，至少在其中一个实验室工作两个学期。在积累一定的科研经验后，学生可以尝试在导师的帮助下开展自己的研究。对于应用方向的申请人，应该努力积累相关领域的实践经验，例如，在医院担任助理，或者在大学就业中心担任辅助人员，或者在社区心理健康或服务机构实习或参加咨询技巧课程，等等。

二、教育学专业

教育学是一门研究教育现象、过程、方法及其与社会、政治、经济和文化等因素之间关系的科学。它旨在探索教育的本质、目的、方法和效果，以及如何通过教育促进个人和社会的发展。教育学的学科范畴广泛，包括教育哲学、教育心理学、教育社会学、教育经济学、教育政策学等。

（一）教育学专业的课程设置

教育学硕士项目涉及的范畴十分广泛，包含众多专业方向，以满足不同学生的兴趣和职业目标。以下是一些常见的教育学硕士方向及其核心的课程内容。

- **课程与教学**：课程开发与设计、教学方法与策略、教学评估与改进、多元文化教育。
- **教育领导与管理**：学校管理与组织、教育政策分析、领导理论与实践、学校财务管理。
- **教育心理学**：学习理论与动机、发展心理学、教育评估与测试、咨询与辅导技巧。
- **特殊教育**：特殊需求学生的教学策略、特殊教育法律与政策、评估与干预方法、多重残疾与包容性教育。
- **早期儿童教育**：早期儿童发展理论、早期教育课程设计、家庭与社区参与、评估与观察技巧。
- **教育技术**：教育技术的应用、在线与远程教育、多媒体设计与制作、技术整合与课程发展。

- **高等教育：**高等教育机构管理、学生事务与服务、高等教育政策、成人学习与发展。
- **教育政策研究：**教育政策分析、教育经济学、国际比较教育、社会与教育改革。
- **语言与文学教育：**语言习得与教学、阅读发展与干预、写作教学策略、文学教育。

除了专业课程，教育学硕士课程通常还包括研究方法、统计学、教育哲学等基础课程，以及实习或田野经验，以确保学生能够将理论知识应用于实际教育环境中。此外，学生通常需要完成一篇硕士论文或一个实践项目，以展示他们的研究能力和专业实践能力。

（二）教育学专业的职业发展

教育学所涵盖的职业领域非常广泛，有的毕业生在获得教育学硕士学位后选择投身于教师职业，致力于培养下一代。然而，对于那些拥有教育学硕士学位但对面向学生的职位不感兴趣的人来说，他们可以选择各种非教学类的工作岗位，包括教育政策制定、教育管理、教育咨询、教育技术、课程开发等。在这些岗位上，他们依然可以充分运用研究生阶段所学的知识和技能，为教育领域的发展做出贡献。在此我们仅介绍部分非教学类的工作岗位（见表 6–13）。

表 6–13　教育学专业就业岗位（非教学类）

就业岗位	年薪水平	工作内容
招生顾问	43 314 美元	为高等教育机构工作，负责招募有兴趣就读某所学院或大学的潜在学生。参加大学博览会、提供校园参观、制定招生策略，并与其他招生人员一起审查收到的申请
职业顾问	45 844 美元	帮助客户评估自己的职业目标，评估客户的技能或能力，考虑他们的兴趣，帮助他们克服任何挑战，并推荐合适的职业路径
企业培训师	61 736 美元	代表公司工作，通过识别技能差距和设计员工培养方案，提高团队生产力。监督研讨会、团队建设练习、讲座、讲习班和其他教育活动，帮助员工提升能力
学校心理学家	72 147 美元	帮助学生实现学业进步并保持健康。当学生出现行为、情绪或健康问题时进行干预，并提供咨询服务或制订独立的教育计划
教学设计师	67 463 美元	为各类学习者创造学习体验，使用特定策略吸引受众并帮助他们理解教材。帮助确定成绩或技能方面的差距，并创建课程来弥补这些差距

（续表）

就业岗位	年薪水平	工作内容
政策分析师	78 326 美元	进行研究并收集数据，以评估现有政策（包括教育政策）的质量，并为能更好地服务特定人群的新计划和立法提出建议
学校校长	68 170 美元	教育管理人员，负责监督高中、初中和小学等机构的日常运作。制定和执行学校政策，为学生设定目标，并监督教学和辅助人员

资料来源：根据 Indeed 官网公开信息整理。

（三）教育学专业的申请要求

教育学硕士项目的申请中，虽然 GPA 是一个重要的参考指标，但并不是申请审核的最核心内容。教育学硕士项目通常不对 GPA 设定硬性的分数线，因为教育学是一个高度应用型的专业，很多申请人已经离开学校进入职场多年。在这种情况下，成功的工作经验往往比多年前的成绩更能为申请提供维度。因此，在申请中，相关的多年教育工作经验和出色的文书材料往往能够弥补成绩方面的不足。

对于教育学硕士申请而言，工作经验的重要性不在于所工作的机构是否知名，而在于工作内容本身的收获和价值。无论从事高校工作、社区中心服务工作还是家教工作，志愿服务工作还是有偿工作，拥有这些经验在申请中都是非常有价值的。这些实践经历有助于申请人明确自己的职业目标。同时，相关经验还能再次证明申请人对教育领域的热情，这一点也需要在申请文书材料中进行充分的展示。

三、公共政策和公共管理专业

公共政策和公共管理专业是两个相互关联但又有所区别的领域，它们共同构成了现代政府和社会治理的核心。

公共政策是指政府或其他公共机构为了解决社会问题、满足公众需求、实现特定目标而制定的一系列决策和行动。它包括立法、行政规定、司法裁决以及政府实施的各种项目和计划。公共政策涉及多个方面，如经济、教育、卫生、环境、社会保障等，其目的是通过合理的资源分配和有效的行动方案，促进社会公平、提高国民福祉。公共政策的发展历程可以追溯到古代文明中的法律和规章，但现代公共政策体系的形成主要是在 20 世纪。随着政府职能的扩张和复杂性的增加，公共政策研究应运而生，逐渐发展成为一门独立学科。政策分析、政策制定、政策评估和政策实施成为公共政策领域中的关键环节。

公共管理则是指运用管理理论、方法和技术来有效地实施公共政策，并管理公共事务和公共资源的过程。它关注政府机构的运作效率、效果和责任，涉及预算编制、人力资源管理、组织行为、行政法、电子政务等多个领域。公共管理的发展历程可以追溯到古希腊和古罗马时期，但现代公共管理作为一门学科的形成，主要是在 20 世纪初的西方工业化国家。随着“新公共管理”（new public management，NPM）运动的兴起，公共管理在 20 世纪 80 年代和 90 年代经历了一次重大变革。NPM 强调市场机制、私有化、绩效管理和顾客导向，以提高公共服务的效率和质量。

公共政策和公共管理是紧密相连的。公共政策提供了公共管理的目标和方向，而公共管理则是实现这些政策目标的手段和过程。两者相辅相成，共同推动社会的发展和进步。

鉴于这两个专业领域在申请要求、录取标准、课程设置以及就业方向上存在显著相似性，许多学生在研究生留学申请时倾向于同时申请这两个专业。因此，在本节中，我们将把它们合并讨论，以便更好地理解它们之间的联系和差异。

（一）公共政策和公共管理专业的课程设置

公共政策和公共管理专业的课程设置旨在为学生提供必要的理论知识、分析技能和实践经验，以便他们在政府、其他非营利组织或相关领域有效地工作。公共政策和公共管理专业的学生通常需要修读以下共同课程。

- **研究方法**：教授学生如何进行实证研究，包括数据收集和分析。
- **统计学**：提供统计分析的基本知识，以便学生能够理解和使用数据。
- **比较政府与政策**：研究不同国家和地区的政府结构与政策体系。
- **公共演讲与写作**：提高学生在公众和政策领域的沟通技巧。

这些课程旨在为学生提供全面的教育，使他们能够在公共政策和公共管理领域担任领导角色，解决复杂的社会问题，并提高公共服务的效率和质量。

此外，公共政策和公共管理硕士项目还各自设立了专业特定的课程。总的来说，公共政策专业更侧重于政策本身的研究，强调研究、分析和评估技能，课程更理论化；而公共管理专业更侧重于政策实施过程中的管理和领导，强调领导、管理和执行技能，侧重于实践应用。

公共政策硕士项目包括以下常见专业课程。

- **公共政策分析**：学习如何评估政策的效果和影响，包括定量和定性分析方法。

- **政策制定过程**：研究政策从制定到实施的全过程，包括议程设定、政策设计、立法和执行。
- **经济政策**：探讨政府如何通过财政和货币政策影响经济活动。
- **社会政策**：分析政府如何制定和实施涉及社会福利、教育、卫生和住房等方面的政策。
- **环境政策**：研究政府如何制定关于环境保护和自然资源管理的政策。
- **国际政策**：探讨全球和跨国政策问题，包括国际贸易、外交关系和全球治理。
- **伦理与法律**：研究政策制定和实施过程中的伦理与法律问题。

公共管理硕士项目包括以下常见专业课程。

- **公共组织理论**：探讨公共组织的结构和功能，以及它们如何影响政策实施。
- **人力资源管理**：学习如何有效地管理公共部门的员工，包括招聘、培训、绩效评估和激励。
- **预算与财务管理**：掌握公共部门预算编制和财务管理的原则与实践。
- **电子政务**：研究信息技术在公共管理中的应用，包括数据管理、在线服务和电子参与。
- **行政法与法规**：了解政府机构如何制定和执行法律、法规。
- **领导力与决策**：培养在公共管理中有效领导和决策的技能。
- **项目评估与管理**：学习如何评估和管理工作项目，确保项目目标的实现。

（二）公共政策和公共管理专业的职业发展

公共政策和公共管理专业的毕业生通常在公共部门、非营利组织、国际组织、咨询公司和研究机构等领域寻找职业机会（见表 6-14 和表 6-15）。虽然两个专业的职业发展方向有重叠，但它们的重点和倾向性有所不同。总体而言，公共政策专业的毕业生倾向于从事与政策制定和分析相关的工作，而公共管理专业的毕业生则倾向于从事与政策实施和管理相关的工作。两者都为学生在公共领域的职业发展提供了广泛的可能性。

表 6–14　公共政策专业就业岗位

就业岗位	年薪水平	工作内容
宣传经理	58 454 美元	负责创建和监督组织的所有宣传计划和业务。职责包括设计或修改战略宣传计划，管理宣传活动的预算，招聘或培训宣传人员，设计宣传活动或筹集资金
环境分析师	64 378 美元	研究和评估气候变化或水污染等环境问题。目标是更好地了解人类如何与环境互动，并确定改善各种环境挑战的方法。职责包括收集环境样本，通过讲座或学术论文向他人介绍研究成果，以及为特定地点设计修复计划
行政经理	63 922 美元	负责监督企业的文书业务。负责培训、监督公司行政部门的员工并为其提供建议。其他职责还包括为所有行政部门员工制定客户服务标准，管理办公用品库存水平，帮助人力资源专业人员进行招聘以及更新企业数据库
市场研究分析师	78 645 美元	帮助公司找出成功营销和销售其产品或服务的方法。为公司提供有价值的、以数据为导向的战略，让公司了解目标消费者，哪些产品可能最受欢迎，以及如何最大限度地向目标受众销售这些产品。跟踪当前的业务和市场趋势，并利用预测或预测模型找出未来的市场趋势。其他职责还包括使用数据分析技术，创建调查等方法来收集客户反馈，向公司汇报调查结果以及将复杂的数据转化为图表
公共关系总监	76 102 美元	负责公司公共关系部门的所有业务和员工管理。负责制定或监督一系列公共关系职责，如与媒体联系、发展公司品牌和发布新闻稿。还可能出差会见公司的主要利益相关者或新闻界代表，如记者或通讯员
拨款经理	63 042 美元	负责监督拨款部门的程序、计划和员工管理。职责包括研究资助机会，为组织制定预算，评估公司的财务数据，确保员工遵守所有行业法规，并按照资助组织的规定使用赠款资金
运输经理	70 323 美元	负责指导和监督公司与运输相关的所有业务，确保产品或人员能够安全地被从起点运输到终点。职责包括制定或修改运输路线，跟踪货物进度，调度运输车辆，并确保员工遵守法规
城市规划师	71 226 美元	设计战略或方案，以确定如何使用特定区域内的土地。评估社区需求，分析市场调研和环境研究，遵守法规，并与开发商或政府官员合作
银行官员	84 100 美元	是具有代表其银行进行决策和签署文件、合同能力的专业人员。他们可能是经理助理、贷款专员、分行经理或其他银行主管。职责因具体职位而异，可能包括公证文件，管理客户请求，为公司领导准备报告或演示文稿，以及处理贷款申请
经济分析师	81 459 美元	研究和评估市场数据，帮助企业做出战略性财务决策。职责包括通过各种手段分析经济数据、创建未来经济趋势的预测模型，将复杂的数据分析转化为易于理解的报告，并与公司领导或政府官员合作

（续表）

就业岗位	年薪水平	工作内容
管理顾问	91 108 美元	帮助企业做出战略决策。通常擅长财务、运营、项目管理、风险管理或人力资源等与企业经营相关的领域。职责包括了解客户需求，研究业务数据和市场趋势，制定新业务战略或目标，并与公司领导合作
政策分析师	78 326 美元	研究和评估现行与潜在的法律或政府制度。大多数政策分析师专注于特定立法主题，如经济、教育、公共安全或犯罪。职责包括设立调查或焦点小组，分析公众意见、政策问题的解决方案，并向政府或公众报告研究结果
政策经理	84 321 美元	负责制定、修改和维护组织的内部政策。其他职责包括监控内部系统，分析业务数据和行业趋势，与公司领导合作，以及回答客户或媒体的问题
预测经理	111 699 美元	使用预测技术帮助公司做出战略性和数据驱动的业务决策。职责包括分析数据，找出优化内部流程的方法，根据评估结果开发模型或图表，并向公司报告调查结果

资料来源：根据 Indeed 官网公开信息整理。

表 6-15 公共管理专业就业岗位

就业岗位	年薪水平	工作内容
公共事务专家	42 404 美元	负责规划、设计和实施公共事务计划、媒体活动、沟通项目、研究及其他相关职能。整合政府关系、营销、战略沟通以及企业社会责任等方面的工作
发展协调员	50 449 美元	通常在非营利组织中担任行政工作。负责撰写拨款申请，制订和实施筹款计划，进行后勤分析，并与其他专业人员协调活动、志愿者和捐款
公共关系经理	62 530 美元	通过传播计划塑造和维护积极的公众形象。设计和开发媒体新闻稿、广告和促销活动，以阐明其组织的立场
物流分析师	66 400 美元	监控和分析产品或服务的生命周期，包括采购、分销、库存和清关流程，并据此提出建议，指导公司提高产品性能
人力资源经理	78 321 美元	支持招聘和面试流程，薪资职责、福利注册、文化建设和组织政策的执行
财务分析师	73 812 美元	帮助公司和企业制订有效的财务计划。通过分析，财务分析师预测收入和支出，提出全面的预算建议
城市规划师	71 226 美元	设计和开发城市公共土地的使用和振兴方案。定期与政府官员接触，收集数据，进行分析，提出发展建议，并监督项目，以确保经济和环境的增长

（续表）

就业岗位	年薪水平	工作内容
数据分析师	74 377 美元	研究有关销售、市场调研、物流或与特定行业相关的信息。分析和处理这些信息，创建报告，为个人、企业、组织和政府机构提供统计上合理的决策建议
环境顾问	72 774 美元	负责可持续发展方面的研究和分析工作。他们的分析有助于为私营和公共组织提供建议，以提高环境安全性、遵守卫生法规、提高能源效率和减少潜在危害
预算分析师	71 656 美元	进行成本效益研究和分析，评估拟议预算或资金申请，并为组织提出具体的财务建议，制定预算计划，并在整个过程中加以执行和监督
经济顾问	92 387 美元	研究和分析组织实践与财务状况。利用分析数据，为组织的改进或变革提出建议。通常为咨询公司工作
执行董事	86 864 美元	负责制定总体目标，监督人员的日常活动，分析绩效指标，改善组织进展，发展文化和指导战略
首席运营官	136 532 美元	首席运营官（COO）是监督组织运营的专业行政人员。设计并实施组织战略，确立总体运营目标，制定政策并促进发展
运输总监	98 869 美元	负责协调各组织的运输业务和项目。负责监督人员、委派任务、设计和开发项目、跟踪绩效指标并协调运营
政策经理	84 321 美元	为不同组织制定和设计政策与程序。他们通常在公共部门工作，一般受雇于政府机构，指导和制定新的战略政策。监督政策立场、活动和宣传的制定

资料来源：根据 Indeed 官网公开信息整理。

（三）公共政策和公共管理专业的申请要求

公共政策和公共管理专业对申请人的专业背景设限较少，因此吸引了来自不同学科背景的学生。尽管如此，许多院校在招生时倾向于优先考虑那些具有量化分析能力的学生，尤其是那些在本科期间修读过管理学、经济学和统计学等相关专业课程的学生。

在申请这些专业时，实践经验同样是一个重要的考量因素。公共政策专业通常更青睐那些具有政策分析研究经验的学生。因此，建议申请人在本科阶段努力提升自己的写作和量化分析技能，并根据个人兴趣的政策方向，积极参与政策分析项目，撰写政策分析报告。这不仅能够作为展示研究分析能力的证明，而且还可以作为申请时必需的政策分析写作样本提交给招生委员会。

对于公共管理专业，由于其更加注重实践应用，具有政府或非政府组织

（NGO）实习经历的申请者往往更具竞争力。特别是那些曾在国际大型NGO，如联合国、红十字会等，或者国家机关、部委、国企系统、各级政府部门实习过的申请者，非常适合申请公共管理专业。此外，积极参与社区活动、以志愿者身份或以其他方式推动社会积极变革的申请者，也会被视为理想的申请者。

| 第七章 |

非国际教育体系海外求学路径

越来越多的海外高校开始认可和接受中国的普通高等教育和普通高中教育，其中一个表现就是更多的国家和地区开始接受中国的高考成绩。例如，英国的剑桥大学、伯明翰大学、格拉斯哥大学、南安普敦大学、利兹大学和英国女王大学等近 50 所大学都接受中国的高考成绩。在加拿大，包括多伦多大学、英属哥伦比亚大学、滑铁卢大学和西安大略大学等多所院校也认可中国的高考成绩。澳大利亚超过一半的大学接受中国的高考成绩，其中澳大利亚八大名校中，除墨尔本大学外，其他 7 所均接受中国学生用高考成绩申请攻读本科学位。

此外，德国自 2019 年秋季提出要简化成绩优异的中国高中毕业生的留德本科申请程序，2020 年 8 月公布了具体政策，为中国学生通过高考分数直申德国本科打开了大门。美国的一些院校也开始接受中国高考成绩，但由于其中没有较好的学校，所以本章不做重点阐述。需要注意的是，虽然中国高考成绩被越来越多的海外院校认可，但申请海外院校通常还需要语言成绩、平时成绩、实践活动等，因为高考成绩只是申请中的一个条件，而海外院校录取时会对学生进行综合评估。

第一节
非国际教育体系学生的海外求学路径

许多国家非常欢迎中国普通高中体系的学生，比如新加坡、加拿大、澳大利亚、英国等国家，欧洲也有很多国家接受中国的高考成绩，比如德国和法国。

一、新加坡高校非常欢迎中国普通高中学生

新加坡高校非常认可中国高考成绩的含金量，普通高中学生和国际课程体系学生皆可申请新加坡大学。新加坡高校接受中国学生用高考成绩申请入学，主要包括两种申请方式：一种是在高考成绩公布后进行申请，一种是在高考之前进行申请。

新加坡的大部分大学在 10 月中旬开放面向中国高中学生的申请通道。高三在读的学生此时可以通过大学主页的申请入口进行申请，不过申请时需要提交高一、

高二的成绩单和语言考试成绩单，并在高考成绩公布后的 3 天内提交成绩。这类申请者的专业选择会受到一定限制，比如不可报考法学、药学、护理等专业。已经完成高考的申请者则可以提交高考成绩和语言考试成绩进行申请。

因为新加坡高校的申请截止日期大多在 2 月底或 3 月初，已经参加过高考的学生需要延迟一年申请并进入大学，所以申请者需要提前规划自己的学业。报考新加坡国立大学或南洋理工大学的学生需要达到一本线，超过一本线 80 ~ 100 分最佳，至少要达到国内一般 985 院校的录取分数线。个别专业对单科成绩也有具体要求，申请者需要仔细对照学校给出的信息。例如，一些工程专业要求学生的数学成绩达到总分的 80%；而一些特定的专业要求学生在通过初审后，还需要通过面试才能入学。新加坡的大学对参加高考的学生有语言要求，语言考试成绩单需要和其他申请材料一起提交给学校，以供审查。大部分专业（文学等高语言要求的专业除外）的要求如下（可任选其一提交）。

- 托福成绩 92 分及以上。
- 托福纸质版成绩 580 分及以上。
- PTE 线上考试成绩 62 分及以上，且阅读与写作部分不低于 62 分。
- 雅思成绩 6.5 分及以上，且阅读与写作部分不低于 6.5 分。

二、用高考成绩申请加拿大名校选择多

中国普通高考体系的学生申请加拿大的大学有许多选择。表 7–1 将部分大学商科专业用高考成绩申请的条件一一列出，以供参考。

表 7–1　国内高中毕业申请商科入学条件一览

学校院系	课程要求	其他要求	高考成绩	语言成绩（二选一）		额外入学条件
多伦多大学罗特曼管理学院	高三数学、化学、物理课程，90%+	高中毕业证，高中会考成绩	建议达到一本线，但有弹性	雅思不低于6.5分，单项不低于6分	托福总分不低于100分，写作不低于23分	网上面试，包括命题写作和90分钟视频面试
西安大略大学毅伟商学院	高三数学、化学、物理课程，90%+	高中毕业证，高中会考成绩	建议达到一本线，但有弹性	雅思不低于6.5分，单项不低于6分	托福总分不低于95分，写作不低于22分	—

（续表）

学校院系	课程要求	其他要求	高考成绩	语言成绩（二选一）		额外入学条件
女王大学商学院	高三数学、化学、物理课程，90%+	高中毕业证，高中会考成绩	建议达到一本线，但有弹性	雅思不低于6.5分，单项不低于6分	托福总分不低于100分，写作不低于22分	—

资料来源：根据各大学官网公开资料整理。

商学院的申请门槛普遍较高，比如著名的约克大学舒立克商学院，雅思成绩不得低于 7.5 分，高中 12 年级的课程成绩至少是 A+，即 93 ~ 97 分的水平。国内高中毕业生是很难直接申请的。

除了商学院，就读工程学院的学生也很多，加拿大名校中的工程学院非常热门，入学条件要求不低（见表 7-2）。目前，加拿大有 43 所高等院校提供了 281 个工程专业，培养了 14 种不同领域的工程师。加拿大的工科毕业生的待遇很好而且就业率高，就业范围也非常广泛，比如建筑行业、机械制造行业、电力行业和运输行业。从加拿大的工程学院的学科设置看，除了传统的土木工程等专业，交叉学科的工程专业也有很多。各省的大学根据自身条件与自然资源，也开设了独具特色的工程专业。例如，石油大省阿尔伯塔省就开设了石油化工领域的工程专业，魁北克省就有飞机制造工程专业，有的省还开设了海洋工程专业。加拿大的工程专业设置在很大程度上是培养应用型人才。

表 7-2　国内高中毕业申请工程学院入学条件一览

学校院系	课程要求	其他要求	高考成绩	语言成绩（二选一）		额外入学条件
多伦多大学工程学院	高三总平均成绩 85%+，热门专业 90%+	高中毕业证，高中会考成绩	建议达到一本线，但有弹性	雅思总分不低于6.5分，单项不低于6分	托福总分不低于100分，写作不低于22分	—
滑铁卢大学工程学院	高三总平均成绩 85%+，热门专业 90%+	高中毕业证，高中会考成绩	建议达到一本线，但有弹性	雅思总分不低于6.5分，口语、写作不低于6.5分，阅读、听力不低于6分	托福总分不低于90分，口语、写作不低于25分	—

（续表）

学校院系	课程要求	其他要求	高考成绩	语言成绩（二选一）		额外入学条件
麦克马斯特大学工程学院	高三总平均成绩 85%+，热门专业 90%+	高中毕业证，高中会考成绩	建议达到一本线，但有弹性	雅思总分不低于 6.5 分，单项不低于 6 分	托福总分不低于 86 分，单项不低于 20 分	—

资料来源：根据各大学官网公开资料整理。

除了商科与工科，加拿大的数学教育也全球闻名。因为数学与应用数学专业的毕业生选择多，是计算机、金融等许多领域需要的人才，所以去加拿大读数学专业也是一个非常好的选择（见表 7-3）。

表 7-3　国内高中毕业申请数学系入学条件一览

学校院系	课程要求	其他要求	高考成绩	语言成绩（二选一）	
多伦多大学数学系	高三数学、化学、物理课程，90%+	高中毕业证，高中会考成绩	建议达到一本线，但有弹性	雅思总分不低于 6.5 分，单项不低于 6 分	托福总分不低于 100 分，写作不低于 22 分
滑铁卢大学数学系	高三数学、化学、物理课程，90%+	高中毕业证，高中会考成绩	建议达到一本线，但有弹性	雅思总分不低于 6.5 分，单项不低于 5.5 分	托福总分不低于 92 分
麦克马斯特大学数学系	高三总平均成绩 85%+，热门专业 90%+	高中毕业证，高中会考成绩	建议达到一本线，但有弹性	雅思总分不低于 6.5 分，单项不低于 6 分	托福总分不低于 86 分，单项不低于 20 分

资料来源：根据各大学官网公开资料整理。

与美国一样，许多中国学生在加拿大也选择就读计算机专业。计算机专业在加拿大的高等教育体系中，主要分为计算机科学、计算机安全、信息技术和计算机工程专业。表 7-4 是部分加拿大大学计算机专业招收中国高考学生的条件，仅供参考。

表 7-4　国内高中毕业申请计算机专业入学条件一览

学校	课程要求	其他要求	高考成绩	语言成绩（二选一）	
多伦多大学	高三数学（微积分）、化学、物理课程，90%+	高中毕业证，高中会考成绩	建议达到一本线，但有弹性	雅思总分不低于 6.5 分，单项不低于 6 分	托福总分不低于 100 分，写作不低于 22 分
滑铁卢大学	高三数学、化学、物理课程，90%+	高中毕业证，高中会考成绩	建议达到一本线，但有弹性	雅思总分不低于 6.5 分，口语与写作不低于 6.5 分，听力与阅读不低于 6 分	托福总分不低于 90 分，口语与写作不低于 25 分
约克大学	高三总平均成绩 85%+，热门专业 80%+	高中毕业证，高中会考成绩	建议达到一本线，但有弹性	雅思总分不低于 7.5 分	托福总分不低于 99 分

资料来源：根据各大学官网公开资料整理。

三、高考体系学生进入德国高校的三个渠道

中国学生进入德国读本科，通常有以下三个渠道。

（一）中国高中毕业生直接申请赴德留学

这个渠道需要满足以下条件。

（1）持有高中毕业证书（12 年制）。

（2）普通高中会考和高考成绩单。申请人高考分数至少达到高考总分的 70%，而申请热门专业，如医学、药学、兽医、牙医和法律等专业，高考分数至少达到高考总分的 80%。

（3）高考科目中有两门语言（语文和一门外语）、一门数学和理科或文科综合中的两个科目。

（4）来自中国国际学校或 DSD（德语语言证书，德语全称为 Deutsches Sprach-Diplom）学校的中学毕业生：若通过了 DSD 二级考试，且高考分数达到高考满分的 70%，则具备德国大学直接入学的资格；若通过了 DSD 一级考试且高考分数达到高考总分的 70%，则可以申请德国大学的预科。成功获得 IB、A-Level、AP 等课程的国际中学毕业证书的学生也有可能具备德国大学的入学资格。

（二）在国内大学读完 1 ~ 3 学期，再申请德国本科

这种渠道需要满足以下条件。

（1）国内重点大学学生完成一个学期的课程即可；普通高校学生则需完成三个学期的课程。

（2）TestDaF（德福，一种考查学生在大学生活环境中语言表达能力的标准化中、高级考试）考试成绩 16 分以上（满分 20 分）。

（3）通过德适考试（TeatAS）或 APS（德国驻华使馆文化处留德人员审核部）面谈。申请者拿到审核证书后，才可以申请德国学校与专业。

（三）先读一年德国预科，再申请德国本科

这种渠道需要满足以下条件。

（1）高考成绩达到本科线。

（2）参加 7 月的中国预科选拔考试（大学入学资格鉴定考试）。

（3）10 月进入预科学习。

（4）第二年 6 月进入德国大学本科。

综合大学与应用科学大学分别有各自的预科，或者几所大学共有一所预科，申请者向希望就读的综合大学或应用科学大学提出申请即可。

国内高校在读生或本科毕业生申请就读德国大学，一般只能申请原专业或相关专业，除非选择全新的专业从零开始。如果对自己的课程设置是否符合德国大学的专业要求有疑问，可以直接将成绩单或者课程设置发给要申请的德国大学询问。德国有些热门专业有名额限制（NC），如医学、药学、牙医学、兽医学；地区性入学限制（部分高校入学限制）的专业有心理学、生物学、法学、建筑学、企业经济学 / 管理学、食品化工、营养学等。申请者可以通过各学校官网或直接给外办老师写邮件了解具体规定。

四、高考体系学生赴法国留学途径较广泛

中国普通高中学生可申请的法国院校范围很广泛，申请者可以通过法国各大学的网站去了解学校与专业，也可以参加法国高教署组织的高校招生宣传会，向招生官面对面咨询。

部分法国学校设有未成年学生项目，如法国圣马丁中学（Ecole Saint Martin de France）、奥诗国际学校（Ecole des Roches），还有一些开设中文课程的学校也接收中国的高中生。另外，AFS 国际文化交流组织也会选拔、资助未成年国际学生赴法交流学习。

根据中法两国签订的教育领域学历互认协议，所有学习项目均不强制要求申请

者提供高考成绩。已获得普通高中毕业证书或中等职业学校毕业证书的中国学生可以申请进入法国高等院校就读。

就读于国际学校或中外合作办学学校（或国际班）、中国高中中外班的学生，无须提供高考成绩，就可以直接申请赴法留学签证。学生只需要提供其修习高中课程的毕业证书或类似材料。

五、中国高考成绩被英国高校广泛接受

越来越多的英国大学开始认可中国高考成绩，学生可以免读国际预科而直接就读本科课程。部分接受中国高考成绩的英国大学及其录取要求，如表 7–5 所示。

表 7–5　部分接受中国高考成绩英国大学一览

学校	录取要求
剑桥大学	高考成绩排名达到省内前0.1%。雅思要求：视专业而定，通常情况下雅思要求7分。还会从奥赛、SAT 考试以及大学先修课程等方面考查衡量学生
伦敦政治经济学院	从 2024 年秋季开始接受中国学生使用高考成绩加 AST（Aptitude Scholastic Test）分数申请本科。AST 是一种海外大学入学申请的考测工具，类似于中国的“国际高考”。学院在评估每名申请者时，除了高考和 AST 成绩之外，还会综合考虑个人陈述、推荐信、面试等因素。AST 中，210 分相当于 A-level 的 A，250 分相当于 A*，学院官网并未对高考成绩提出具体要求，只要求完成高考，雅思总分不低于6.5分，单项不低于5.5分
爱丁堡大学	无具体要求，高考成绩非常出色的学生可以考虑，雅思总分不低于6.5分，单项不低于5.5分
伯明翰大学	高考总成绩为 80% 及以上。高中 3 年平均分为 85% 以上。达到所申请本科课程英语语言要求。需注意的是，个别本科课程对高考数学分数有特殊要求
杜伦大学	只有理学院接受高考成绩申请，要求 80% 以上，雅思总分不低于6.5分，单项不低于6.0分
南安普敦大学	仅艺术与人文学部接受以中国高考成绩申请，雅思最低要求6.0分，单项不低于5.5分
利兹大学	高考成绩 75%～85%，或者江苏省排名 20%～50%。高考成绩 75%～82% 加会考成绩的 85%。部分专业还要求递交 A-level 数学成绩
格拉斯哥大学	总成绩的 80%（对于上海、江苏、海南的考生，这一要求会根据当地总分进行换算）。申请时需要提供高考成绩单，并在入学时提供高中毕业证书，雅思总分不低于6.5分，单项不低于5.5分

（续表）

学校	录取要求
莱斯特大学	有高中毕业证书。高中 3 年平均分达到 75% 及以上。高考成绩达到 500 分及以上（上海、江苏学生会视具体情况而定）。达到所申请本科课程英语语言要求。医学类课程不接受以高考成绩申请
思克莱德大学	会考（高二）成绩达到平均分的 80%，单项不低于 80%。无会考的省份，要求高中毕业成绩达到 80%，其中至少 6 门相关课程都达到要求。高考成绩达到 70%（可申请就读 YEAR 2）。达到所申请本科课程英语语言要求
肯特大学	高考总分 70% 以上，雅思 6.5 分
邓迪大学	高中毕业证书，平均分 75% 或会考（高二）成绩达到 75%，可以就读 Year 1。高考成绩 525 分及以上，可以就读 Year 2（上海、江苏等地的学生会视具体情况而定）。达到所申请本科课程英语语言要求。高考不分文理科，接受往届高考成绩。医学和牙医专业暂不接受以高考成绩申请
贝法斯特女王大学	高考总分 75% 及以上。达到所申请本科课程英语语言要求。医学和牙医专业不接受用高考成绩申请。注：个别本科课程对高考单科、会考成绩有特殊要求
斯特灵大学	高考分数线要求：中国大部分地区 420 分（总分 750）；上海 370 分（总分 660）；海南 504 分（总分 900）。雅思总分不低于 6.0 分，单项不低于 5.5 分
伦敦大学城市学院	部分课程可接受成绩优异的高考学生，雅思总分不低于 6.5 分，单项不低于 6.0 分
伦敦布鲁内尔大学	高考成绩不低于总分 70%，雅思总分不低于 6.0（5.5）~7.0（6.5）分
卡迪夫大学	学生高考总成绩达到总分 80% 及以上。获得高中毕业证书，高二总成绩达到本学年总分 85%，高三总成绩达到本学年总分 85%。达到所申请本科课程英语语言要求。注：个别本科课程对高考数学分数有特殊要求
伦敦玛丽女王大学	高考总成绩达到总分 80% 以上，其中高考数学成绩也要达到 80% 以上，高中平均成绩 85%，11 年级或 12 年级的物理、化学和生物成绩要达到 80% 以上。目前只有五个学院接受以高考成绩直录本科：生物化学学院（仅限化学或化学科学专业），工程与材料科学学院（仅限材料科学专业），经济金融学院，物理与天文学院，数学科学学院
伦敦大学皇家霍洛威学院	高考总分的 75% 以上。英语语言要求：雅思总分不低于 6.5 分，单项不低于 6.0 分
埃克赛特大学	高考总成绩需要达到总分的 75% 及以上。如果申请的专业有 A-Level 数学的要求，高考数学成绩需达到 80% 及以上。高中成绩平均分需达到 85% 及以上（高二和高三）。如申请的专业对 A-level 相关科目有要求，高中对应的相关科目成绩需达到 85% 及以上。满足国际学生直读本科课程的标准英语入学要求。医学类课程不接受高考成绩申请

（续表）

学校	录取要求
斯旺西大学	大部分本科专业要求高考总平均分不低于75%，雅思总分不低于6.0分，单项不低于5.5分
牛津布鲁克斯大学	高中成绩平均分达到75%~80%及以上，高考总分达到70%~75%及以上，雅思总分不低于6.0~7.0分
卡迪夫城市大学	高考成绩达到450分及以上。雅思总分不低于6.0（5.5）分或达到内测要求
亚伯大学	社会科学领域的专业要求高考成绩达到75%及以上；自然科学领域的专业要求高考成绩达到70%以上
东安格利亚大学	高考总分达到75%~85%，雅思总分不低于6.0分
布莱顿大学	高考成绩达到75%及以上，根据申请专业不同，有些单科课程也需要达到75%及以上，部分专业可能需要达到80%及以上

注：上表为不完全统计，接受高考成绩的大学会越来越多，条件也会随之改变，请以大学官网公布的信息为准。

资料来源：根据各大学官网公开资料整理。

六、普通高中体系学生进入澳大利亚大学的申请途径

澳大利亚的大学也可以用国内普通高中的成绩或高考成绩申请。对于国内普通高中课程体系的学生而言，就读澳大利亚本科，主要有四种申请途径。

途径一：用高考成绩直申大一。

途径二：用高中三年的成绩申请国际大一文凭课程。

途径三：用高中三年的成绩直申大一。

途径四：用高中两年或三年的成绩申请预科。

（一）用高考成绩直申大一

在澳大利亚八大院校中，除了墨尔本大学不承认中国高考成绩，其他盟校全都承认中国高考成绩，其他的澳大利亚大学也都承认中国高考成绩（见表7-6）。因此，应届高考生可凭高考成绩和雅思、托福等标化语言考试成绩，直接申请澳大利亚大学，然后用3~4年的时间完成本科学习。当年的高考分数一般可用于申请当年下半年的入学资格（7—8月或9—10月的开学季），也可以用于申请次年上半年的入学资格（2—3月）。由于国内高考成绩是在6月底公布，因此学生基本上都是用当年高考成绩申请次年上半年的入学资格。

表 7-6　澳大利亚部分大学对中国学生高考成绩的要求

学校名称	专业	高考成绩要求（总分的百分比）
新南威尔士大学	人文、设计和建筑	70%～75%
	商科	72%～80%
	工程	75%
	法律和司法	70%～84%
	医学和健康	70%～92%
	理学	70%～84%
悉尼大学	建筑、设计和规划	70%～75%
	人文和社会科学	70%～80%
	商科	75%～80%
	教育和社会工作	65%～70%
	工程和计算机科学	70%～80%
	法律	75%
	医学和健康	70%～75%
	音乐	50%
	理学	65%～80%
澳大利亚国立大学	人文和社会科学	525～615/750
	商科与经济学	525/750
	工程和计算机科学	525～675/750
	法律	660/750
	理学	525～675/750
蒙纳士大学	艺术、设计和建筑	60%～65%
	人文社科	60%～70%
	商科	60%～80%
	教育	65%
	工程	75%～80%
	IT、信息技术	65%～75%
	法学	80%
	医学、护理与健康科学	60%～80%
	药剂学与制药科学	65%～70%
	理学	65%～80%

（续表）

学校名称	专业	高考成绩要求（总分的百分比）
阿德莱德大学	商科	65%
	工程	70%
	信息技术	55%
	教育学	70%
	理学	60%~85%
	音乐	55%~85%
昆士兰大学	农业与环境	70%~75%
	建筑、规划与设计	70%~75%
	人文与社会科学	70%
	商科、经济学与法学	70%~75%
	教育学	70%
	工程与计算机科学	75%
	健康、行为科学与医学	70%~75%
	理学	70%
西澳大学	人文、商科、环境设计、音乐、理学	507/750
	农业科学、生物医学、工程、环境科学、心理学	525/750
	经济学	544/750
	计算机科学	585/750

资料来源：根据各大学官网公开资料整理。

（二）用高中三年的成绩申请国际大一文凭课程

大一文凭课程可以说是入读澳大利亚本科大学的捷径，即学生不用读预科，也不需要提供高考成绩就可以申请。学生在高三毕业后进入大学学习国际大一文凭课程，时间一般为 8~12 个月。在成功完成课程并通过考试后，学生就可以直接进入大二学习。如果本科学制是 3 年，则选择此途径来完成本科课程的总体时间依然是 3 年。对于就读国际大一文凭课程，各校的要求均不同，总体而言，雅思成绩要在 5.5~6.5 分，根据学校排名，高中三年平均分在总分中的占比为 65%~85%。而各学科专业的要求也有所不同，比如新南威尔士大学要求高三平均分在总分中的占比不低于 85%，商科要求雅思成绩不低于 6.5 分。而悉尼科技大学则要求高三平均分在总分中的占比只需要不低于68.5%即可，雅思成绩根据专业不同在5.5～6.0分。该入学渠道有一定的前提条件，即学生需要完成国际大一文凭课程并通过考试。

开设这种渠道的大学有新南威尔士大学、蒙纳士大学、阿德莱德大学、埃斯伯利学院、泰勒学院、悉尼科技大学、麦考瑞大学、迪肯大学和格里菲斯大学等院校。

（三）用高中三年的成绩直申大一

澳大利亚有几所大学接受学生用国内高中三年平均分申请本科，平均分要求为总分的70%～80%，雅思成绩要求为6.0～6.5分，而个别学校对雅思没有要求。这是没有参加高考或高考成绩不理想的学生直接入读本科的一个选择。开设这个入学渠道的大学有伍伦贡大学、皇家墨尔本理工大学、斯威本科技大学、西悉尼大学、邦德大学、塔斯马尼亚大学等学校，它们同样接受中国学生用国内高中三年的成绩来申请本科。

（四）用高中两年或三年的成绩申请预科

学生申请预科只需要完成高二学业。申请时，学生提供高一、高二成绩单，一般要求平均分为总分的70%～90%。英文要求为雅思成绩不低于5.5分或总分的托福、其他语言测试同等成绩，部分大学也接受语言内测。申请大学本科时，学生只需满足申请学校的GPA要求，不过，GPA的要求视所申请的学校和专业而定，难度略有差异。

接受预科申请的有墨尔本大学、悉尼大学的泰勒学院、新南威尔士大学、蒙纳士大学、阿德莱德大学、悉尼科技大学、麦考瑞大学、迪肯大学等大学的部分院校和专业，中国学生通常不以此为主要选择。本节不做详细介绍，感兴趣的读者可在各院校官网查询。

第二节
普通高中体系学生在中国香港和中国澳门受欢迎

一直以来，中国香港高校的优质生源大多来自内地，所以内地高考学生在香港高校非常受青睐。这两年，内地学生赴澳门人数激增，澳门也成为中国高考学生求学的一个优秀目的地。

一、内地高考学生是香港高校的优质生源

内地学生可以选择通过高考系统或凭借国际学校的各类文凭来申请香港的大学。参加高考的学生如果想去香港求学，主要有三种方式：填报高考志愿、参加大学自主招生和考取副学位。

（一）通过填报高考志愿可直接报考香港学校

参加高考统招计划的大学有香港中文大学和香港城市大学，学生可以通过填报志愿来申请这两所大学。学生只需要在提前批次填写志愿，不需要再向大学提交申请。学校不会给该类学生安排面试。即使未获得录取资格，学生的本科录取资格也不会受到影响。

想要被香港的大学顺利录取，学生的成绩必须达到一本线，原则上所有科目都要及格，并且报考的外语考试必须是英语考试（成绩在 120 分以上）。香港的大学择优录取，在分数相同的情况下，会选择英语成绩更高的学生。因此，香港城市大学和香港中文大学两所学校的录取分数并不比大部分 985 院校低。想要报考这两所学校的学生的分数需要超过一本线 130 分以上，英语成绩达到 120 分甚至 130 分最佳。有些人文学科或法律学科的专业甚至要求 135 分以上的英语成绩。一些学校的一些专业会对学生所选择的高考科目提出具体要求，这需要学生关注学校发布的通知。

（二）用高考成绩参加大学自主招生

除了香港中文大学和香港城市大学，其他大学都采取自主招生的方式。对于该类大学，学生需要上学校官网进行网申，填写表格并提交高考成绩。网申通常会在 6 月末或 7 月初截止。对于通过初步审查的学生，学校会发放面试通知书。

面试包括个人陈述、小组面试和单人面试三个环节。面试题目涉及社会、经济、环境等方面，考查的是学生的英语表达能力、逻辑思维能力和团队沟通能力。一些学校还会额外设置考前面试环节，在高考前对学生进行面试，并根据结果进行适度的降分或者为学生减免学费。例如，香港大学的“多元卓越入学计划”要求学生在高三的 10 月份左右开始提交申请，并在次年 1 月份对学生进行分批次面试。“多元卓越入学计划”的申请截止日期为 3 月中旬，学校在 6 月份公布录取结果。

对于该类学生，学校会要求他们提交平日的考试成绩和所获的学科竞赛奖项以及各种课外活动证明，以此进行筛查。参加香港大学“多元卓越入学计划”的学生不仅可以选择香港大学的所有本科专业，还可以参与香港大学和剑桥大学、加利福尼亚大学伯克利分校等国外名校联办的双学位课程。因此，学生如果想要参加此类

项目，就应紧密关注学校官网的信息并早做准备。

尽管大部分学校官网公示的录取要求是高考分数超过本科分数线即可，但是参照往年录取数据，香港各大高校的录取分数线并不比内地的高校低。想要申请香港大学、香港科技大学、香港中文大学等知名大学，高考分数至少要超过一本线 130 分，英语成绩在 120 分以上。这个录取标准可以参照浙江大学或南京大学的录取标准，有时甚至会达到上海交通大学录取分数线的水平。而香港理工大学和香港城市大学的录取分数在超过一本线 80 ~ 100 分之间，英语成绩则在 120 分以上，这个录取标准可参考中山大学或华南理工大学的录取标准。报考香港浸会大学、香港岭南大学和香港教育大学的学生的高考分数则需要超过一本线 30 ~ 50 分，英语成绩则需要在 110 分以上。同时，面试表现也是香港高校决定是否录取一名学生的重要标准。由于大学课堂会采取全英文教学，学生的表达能力非常重要。报考香港高校自主招生的学生需要在高考后抓紧时间准备面试。

（三）高考成绩不理想，可考取副学位

如果学生的高考成绩并未达到香港高校的本科录取要求，那么学生可以考虑考取香港高校的副学位。副学位是一种源于美国的初级学位，一般学制为两年，分为文科副学位和理科副学位。在获得副学位后，学生可以直接报考香港或海外的大学本科大三来继续学业。如果成绩不理想，学生就不能升学进入大三。这有一定的风险，虽然美国等国家接受转学，但是排名较高的一些学校的转学名额都是有限的，而且竞争激烈。当然，也有不少与海外大学合作的项目，比如在副学位结束后前往海外读本科的衔接课程。除了香港科技大学和香港教育大学，八大港校的其他院校都设有副学位课程，学生可以关注学校官网，了解更多信息。考取副学位的学生可以使用校内的各种设施与资源，也会与本科生修习类似的课程，包括各种项目、展示、小考和小组合作作业等。学生可以凭借优异的 GPA 成绩和良好的雅思成绩申请升读（转正），并获得与本科毕业证书同等效力的毕业证书。

但是，想要升读的学生必须在修习副学位的两年里勤勉学习，保证 3.5 以上的 GPA 成绩和高于 6.0 分的雅思成绩，这样才有可能升读成功。学生需要做好努力学习的准备，并且付出与本科生相同甚至更多的努力。

一般来说，高考失利的同学可以报考副学位课程。学生的高考分数只需高于三本分数线，而对一些排名更靠前的学生来说，超过二本分数线，英语成绩超过 100 分，并通过学校的面试就可以入学。申请开始时间是每年的 12 月份，并持续到次年 7 月份左右，学生可以通过学校官网申请。在通过学校安排的面试后，学生便可

以入学。大部分副学位课程都采取滚动录取制，达到录取人数后学校便停止招生。因此，学生需要合理规划自己的时间，并根据自己高三的模拟考试成绩和最终的高考分数决定何时报名。

二、澳门各高校全面接受高考成绩

澳门高等院校中的澳门大学、澳门理工大学、澳门旅游大学、澳门城市大学、澳门镜湖护理学院、澳门科技大学 6 所高校获得了中华人民共和国教育部批准可面向内地招收本科生及研究生，圣若瑟大学获教育部批准自 2021 年起可面向内地试点招收研究生。获得教育部批准的内地本科生及研究生招生资格的 6 所高校的各自录取条件如表 7–7 所示。

表 7–7　普通高考体系入学澳门 6 所高校的条件

学校名称	录取条件
澳门大学	本科：高考成绩本省一本线以上；英语成绩 110 分及以上
澳门科技大学	①申请学士学位课程综合参考应届高考成绩达省本科一本线 / 特殊类型招生录取控制线左右或以上等条件。②中药学、药学及食品与营养科学学士学位课程：除了达到录取方式第①点要求外，大学优先考虑具备高考理科综合 / 高考化学科成绩者，不具备上述成绩者则参考高中学业水平考试化学科成绩。③艺术设计、数字媒体艺术学士学位课程综合参考应届省级美术类专业统考和艺术类文化课高考成绩，两场考试成绩均须达本省划本科线以上。④影视制作学士学位课程具备应届省级编导 / 摄影类专业统考成绩的考生，大学综合参考应届省级编导 / 摄影类专业统考和艺术类文化课高考成绩，文化和专业成绩均达本省划本科线以上者优先考虑；不具备上述统考成绩者则综合参考高考成绩及专业面试表现。⑤申请表演艺术学士学位课程的须具备应届省级表演类专业统考成绩的考生，大学综合参考应届省级表演类专业统考和艺术类文化课高考成绩，文化和专业成绩均达本省划本科线以上，且通过大学设置的专业面试者优先考虑；不具备上述统考成绩者综合参考高考成绩及专业面试表现等
澳门理工大学	本科：参加“澳门四高校联合入学考试”及本校自主笔试和面试
澳门城市大学	报读重点本科班考生高考成绩须达到本省一本分数线以上；报读普通本科班考生高考成绩须达到本省二本分数线以上。报读设计学和艺术学考生高考成绩须达到本省艺术类本科第二批次录取分数线，同时专业课成绩须通过本省艺术类美术科统考本科线
澳门旅游大学	应届高中毕业生须参加全国高等学校统一招生考试，且成绩须达到本省一本分数线；非高考毕业生须持国际课程学校学历文件

（续表）

学校名称	录取条件
澳门镜湖护理学院	高中毕业或同等学力（文、理科皆可）；具有本科或以上学历报名者，持学历文件可于第一轮公开生报名期间申请免入学笔试。不符合以上入学资格且年满二十三岁者，需提供相关工作经验及学习能力证明，经审批后可于第一轮公开生报名期间申请报名笔试

资料来源：根据各大学官网公开资料整理。

按照办学性质分类，澳门大学、澳门理工大学、澳门旅游大学和澳门保安部队高等学校为公立高等院校，澳门科技大学、澳门城市大学、澳门镜湖护理学院、澳门管理学院、圣若瑟大学为私立高等院校。澳门的院校实行独立招生，内地的学生不仅可以参与高考志愿填报，同时也可向澳门院校递交入学申请。内地学生提交申请后，澳门各高校依据申请考生高考成绩和本校相关要求择优录取。

第三节 中外合作办学提供广阔空间

中国的中外合作办学项目近年来得到了迅速发展，涵盖了从中学到博士教育的多个层次。这些项目通常具有以下特点：国家教育部门批准设立，学制短，双师资教学，提供学位证和中国教育部留学服务中心（简称“中留服”）认证等。这些合作项目不仅提供国际化教育，而且有助于学生更好地适应全球化的工作环境。

截至 2023 年，中国的中外合作独立法人院校共有 10 所，中外合作办学机构共 86 个，在招生的中外合作办学项目共 806 个。中外合作办学在中国高等教育领域扮演着越来越重要的角色。

一、中外合作独立法人院校的典范：上海纽约大学和昆山杜克大学

（一）上海纽约大学

上海纽约大学是一所中外合办的研究型大学，由美国纽约大学和中国华东师范大学合作创办。它是中国第一所中美合办的研究型大学，也是纽约大学全球教育体系中具有学位授予资格的三大学校之一。上海纽约大学立足中国，面向世界，依托纽约大学的先进教育理念和优质教育资源，致力于提供卓越的教学、科研和社会服务。学校的教育理念是培养具有国际视野、跨文化沟通能力和创新能力的国际化

人才。

上海纽约大学的本科申请流程和要求如下。

（1）**申请时间**：上海纽约大学的本科申请通常在入学前一年的 10 月初开始，入学当年的 1 月 1 日截止。

（2）**网申系统填写**：所有申请者需要登录上海纽约大学本科申请系统进行实名注册，填写相关信息、上传资料并完成一篇文书。

（3）**纸质申请材料**：完成网申后，学生还需向上海纽约大学招生办寄送书面申请材料，包括高一、高二每学期期中、期末成绩单和高三期中成绩单原件，高中学业水平考试成绩单复印件，高中期间主要获奖证书复印件等。

（4）**英语语言测试**：申请者需要在申请阶段提交英语语言测试成绩，如托福、雅思、PTE 等。建议在截止日期前完成英语能力测试。

（5）**选拔程序**：初审合格的学生将被邀请参加“校园日活动”，学校会通过这个活动考查学生的英语运用能力、求知欲、领导力、学习能力、沟通表达能力、心理素质、团队精神等各方面素质。

（6）**录取政策**：招生委员会会根据学生的初审环节及“校园日活动”表现，确定预录取、考虑录取和不予录取三类情况。预录取的学生，若高考成绩达到生源所在省本科第一批次录取控制线，则予以录取；待录取的学生，则根据包括高考成绩在内的各项因素，综合评定，择优录取。

（7）**学费**：2024 年入学本科生的学费为第一、第二学年每学年 200 000 元，第三、第四学年每学年 230 000 元。

上海纽约大学的录取分数线每年都有所不同，并且各省的分数线也有差异。例如，2022 年在北京的录取最低分数线是 622 分，而 2021 年的分数线为 595 分。上海纽约大学在全国范围内招生，不限制省、市名额，只要申请者的成绩稳定在省一本线或特殊类型招生控制分数线以上，就可以考虑报考。上海纽约大学在录取时会综合考虑申请者的校园日活动表现、申请材料、高中学业成绩以及高考成绩等各项因素。

需要注意的是，上海纽约大学的录取竞争非常激烈，申请人数每年都在增长。因此，对于有意向申请的学生来说，除了关注高考成绩，还应该关注其他申请材料和“校园日活动”表现，以提高录取机会

（二）昆山杜克大学

昆山杜克大学是美国杜克大学和中国武汉大学合作创办的非营利性中美合作大

学，它致力于建设一所世界一流的以通识博雅教育为特色的研究型综合性大学。昆山杜克大学的本科课程采用美国杜克大学声名卓著的通识博雅教育模式，以高师生比、小班授课、导师制、互动研讨式教学为特色。所有本科生入学时不分专业，学生可通过自由选修不同的课程来发掘个人学科兴趣与方向，在大学二年级自主选定专业。

昆山杜克大学的本科录取条件如下。

（1）**申请时间**：昆山杜克大学的本科招生选拔重点借鉴以美国杜克大学为代表的世界一流大学的招生录取先进经验和做法，并结合中国的具体情况，采用“综合评估、择优录取”的模式。每年有两个申请轮次，截止日期分别是北京时间 1 月 3 日 24：00 和 2 月 12 日 24：00（每年会有微调，请以学校官网为准）。无论在哪个轮次申请，学校都会采用同样的标准来对申请材料进行评估。学校鼓励申请者尽量在第一轮次提交申请。

（2）**招生对象**：面向全国 22 个省份招收优秀高中毕业生，寻找学习成绩优异，英语水平出色，对跨学科融合的创新型通识博雅教育有强烈兴趣的学生。

（3）**网申系统填写**：申请者需要完成网上申请系统的填写，包括进行实名注册、填写个人基本信息、上传相关资料并完成一篇文书。同时，还需要寄送纸质申请材料，包括高一、高二每学期期中、期末成绩单和高三期中成绩单原件，高中学业水平考试成绩单复印件，高中期间主要获奖证书复印件等。

（4）**高考分数线**：昆山杜克大学的录取分数线在江苏省大约高于一本线 30 分左右，但其录取会考查综合表现，尤其是在校园开放日的全英文面试成绩。

（5）**考查学生综合素质**：寻找具有强烈好奇心、社会责任感和领导力潜质、富有创造性思维的学生，以及能够适应国际化竞争环境，有志于成为世界范围内各行业领军者的学生。

昆山杜克大学采用英文授课，教学团队主要由美国杜克大学教授及昆山杜克大学从全球聘任的教授组成。完成四年学习的合格毕业生将获得美国杜克大学学士学位、昆山杜克大学本科学历和学士学位。

这两所大学优势明显，教学团队均由美方从全球聘任的教授组成，学生在毕业时可以拿到纽约大学和杜克大学的学历与学位证书。同时，毕业生在进一步深造，申请美国大学的研究生时，也具有不小的优势。但高考录取分数线一直不低，也具有不小的挑战性。

二、中外合作办学的优势

中外合作办学项目为学生提供了许多具体的帮助，对未来人生发展意义重大，主要体现在以下十个方面。

（1）**国际化教育资源**：学生可以接触到来自不同国家的优质教育资源和课程体系，学习国际化的教学内容和教学方法。

（2）**双学位或联合学位**：许多中外合作项目提供双学位或联合学位，这意味着学生可以同时获得中国和外国高校的学位，增强就业竞争力。

（3）**跨文化沟通能力**：在中外合作项目中，学生有机会与来自不同文化背景的同学和教师交流，提高跨文化沟通能力。

（4）**国际视野**：通过学习国际课程和参与国际交流活动，学生可以拓宽国际视野，更好地理解全球化的世界。

（5）**外语能力提升**：大多数中外合作项目采用外语授课，学生可以在实际学习环境中提高外语应用能力，在申请海外研究生项目时具有突出的优势。

（6）**就业优势**：拥有国际背景的学生通常在就业市场上更具竞争力，特别是在跨国公司、国际贸易和外交等领域。

（7）**学术交流和合作机会**：中外合作项目通常提供更多的学术交流和合作研究机会，学生可以参与国际合作项目，提升研究能力。

（8）**国际化师资力量**：中外合作项目通常有来自不同国家的教师参与教学，学生可以接收到不同文化的教学方法和思维方式。

（9）**出国留学机会**：一些中外合作项目提供交换生或短期留学的机会，学生可以在国外高校继续学习，体验不同的教育环境。

（10）**专业认证和就业指导**：中外合作项目通常与国外高校有更紧密的联系，可以为学生提供更多专业的认证和就业指导服务。

综上所述，中外合作办学项目为学生提供了丰富的国际化学习机会和资源，有助于学生全面发展，为未来的职业生涯做好准备。

| 第八章 |

名校选择学生有据可循

世界名校的录取是否真的像众人所说的那样，是个“玄学”？这是颇令家长与学生困惑的地方。对于英联邦教育体系的学校而言，这肯定不是玄学，因为如前文所述，英联邦教育体系的学校录取学生的标准就是“洋高考”，完全看标化成绩和学术竞赛，也就是只看学术表现。其录取机制相对单一，但却相对公平，录取的差异化与讨论空间不多，基本属于“一刀切”。

真正令人困惑的是美国大学的申请与录取，因为各个大学的录取标准不一，考核学生的侧重点不一，同时需要除标化成绩外的软性指标——课外活动，这导致各种不确定性产生。但在深入研究了各个大学的办学使命、战略目标以及录取标准和条件后，我们还是能够通过表象了解到美国大学在录取学生时的不同侧重点，以及它们分别在寻找什么样的申请者。

第一节
常春藤大学寻找试图改变世界的领导者

美国的常春藤盟校是由八所私立大学组成的精英高校联盟。这些大学都位于美国东北部，具有悠久的历史和卓越的学术声誉。其中最为著名的是位于马萨诸塞州的哈佛大学、位于康涅狄格州的耶鲁大学和位于新泽西州的普林斯顿大学。除此之外，还有位于宾夕法尼亚州的宾夕法尼亚大学、位于纽约州的哥伦比亚大学、位于新罕布什尔州的达特茅斯学院、位于罗得岛州的布朗大学和位于纽约州的康奈尔大学。本节对八大常春藤名校的风格及录取标准进行了比较，分析了这些学校的使命、战略规划、录取数据等，相信读者会得到很大的启发。

连续 14 年在 U.S.News 美国大学排名中位列第一的普林斯顿大学倾向于录取那些在某个领域专注、执着，并致力于支持人类繁荣的申请者。而哈佛大学更倾向于录取那些能够为社会带来正义、平等和希望的公民与领袖，以及能够影响未来的领导者。耶鲁大学致力于培养有抱负的世界领导者。可以清晰地看出，这三所最为著名的常春藤大学寻找的学生是不同的。在常春藤大学中，普林斯顿大学是最特殊的一所，该校极为重视学术表现与学术深度，并以执着精神而著称。从官网上可以看到，普林斯顿大学重复强调的是打造优质的本科生和博士生教育，由此可见这所学校的风格。而宾夕法尼亚大学致力于培养未来的领导者和专业人士，从而给社会带来积极的影响并推动人类文明的发展。该校在中国更倾向于招收出色的女性领导者，比如学生会主席等。布朗大学则强调自由探索精神，致力于通过教育来促进公平和提供机会，并增加历史上代表性不足的群体在教学、政策和领导力方面的代表性。哥伦比亚大学则着重于将学术研究与全球挑战相结合，致力于解决当今社会和世界面临的复杂问题。康奈尔大学致力于培养学生的批判性思维、创新能力和全球视野。达特茅斯学院致力于通过提供优质的教育和研究机会，培养具有综合素质和领导能力的未来领袖，为社会做出积极的贡献。

下文将分析八大藤校的使命、战略规划、录取数据等，读者将对这八所大学所寻找的“试图改变世界的领导者”这一定义有充分的认识，但是每个学校所寻找的学生又是不同的。

一、普林斯顿大学

（一）大学使命

普林斯顿大学通过卓越的研究和教学来推动学生学习，特别强调本科生和博士生教育，这在世界顶尖大学中是独特的。同时，该校以服务国家和世界为使命，专注于人文学科、社会科学、自然科学和工程学的研究。普林斯顿大学提倡创新、自由探究、发现新知识和新思想，以及维护和传承过去的智慧、艺术和文化遗产，并致力于为所有学生、教师和员工提供支持。

（二）战略规划

普林斯顿大学的战略规划框架是于 2016 年制定的，并且在过去几年不断修订与更新。该战略规划旨在指导学校在教学和研究方面做出核心承诺，以及坚持可负担性、多样性、包容性等基本原则。2023 年的最新战略规划强调了普林斯顿大学对“支持人类繁荣”的承诺，这是在全球努力将新技术与文化规范和社会实践相结合的背景下提出的。这一整合过程要求学校对人文学科和社会科学持续投资，同时鼓励与工程和自然科学相关的新的跨学科协调，这种协调将与“超出校园的世界”生动地联系起来。

（三）学生特质

（1）学术卓越与好奇心：寻找那些在学术上表现卓越并对知识充满好奇心的学

生。普林斯顿大学偏好那些对研究有浓厚兴趣和潜力的学生，有实验室经验、参与过科研项目或发表过学术论文的学生更能体现其在研究领域的能力和潜力。

（2）个人与课外成就：寻找那些在课外活动和人生道路上取得显著成就的学生。这要求学生具有多样化的背景、兴趣、成就和抱负。

（3）社区影响与领导力：寻找那些能够从普林斯顿大学的教育中受益并利用这一教育经历影响自己所在的社区和领域的学生。

（4）全面发展：希望学生展现个人特质、学术成就和课外活动成就，并且能够利用普林斯顿大学的学术和非学术机会为“普林斯顿社区”做出贡献。

（四）录取数据

2023 年被录取的本科生数据如下：

- 录取人数：1 366 人。
- 性别比例：女生占 51%，男生占 49%。
- 国际生情况：分别来自 64 个国家和地区。
- 学术统计：SAT 数学成绩的中位数为 780 ~ 800 分，阅读和写作部分的中位数为 760 ~ 780 分；ACT 综合成绩的中位数为 34 ~ 35 分。

二、哈佛大学

（一）大学使命

哈佛大学通过其教育变革力量，致力于培养具有深远影响力的未来领导者。该校的教育使命不仅在于传授知识，还在于培养能够为社会带来正义、平等和希望的公民与领袖。

从课堂到多元化的生活环境，哈佛大学的学生被鼓励接触新思想，开启个人成长旅程。与来自不同背景的伙伴共同生活，这不仅促进了学生对知识的深入理解，还为社会变革奠定了基础。哈佛大学的目标是帮助学生发现自己的天赋和才能，确定个人价值观和兴趣，同时学习如何更好地服务社会。

（二）战略规划

从哈佛大学致力于在全球设立不同的海外校区和研究中心的举措中可以看出，其办学理念早已“走出校门、走出国门”，该校在全球实践中不断拓宽顶尖人才培养的国际化广度。哈佛大学顶尖人才培养的国际化方案不但跨越了国家边界，而且突破了学科知识和文化的界限。此外，哈佛大学的通识课程有四个目标：为学生作为公民参与本地、本国乃至国际事务做好准备；教会学生理解他们是文化的产物，也是参与者；使学生能够批判性地、建设性地应对世界的变化；培养学生在伦理道德维度理解自身行为的能力。每一个目标都要求学生具备全球视野以及跨文化交际能力和批判能力，而哈佛大学的每一项国际化举措都推动着学生朝这些目标靠近。

（三）学生特质

（1）学术成绩优秀：寻找那些在学术方面展现出卓越的能力和成就的学生。

（2）领导潜力和社会责任感：寻找那些有可能成为未来领导者的学生。学生需要在各自的领域或社会中发挥领导作用，并关注社会问题，愿意为社会做出贡献。

（3）多元背景及热情：寻找那些来自不同文化、经济和社会背景的学生，以丰富校园的多样性。学生需要对学术和课外活动有热情，能积极参与校园生活和社区服务。

（4）个性和成就：注重学生的个性发展和个人成就，希望他们能够为校园做出独特的贡献。

这些特质共同构成了哈佛大学选拔学生的标准。该校旨在构建一个充满活力的、多元化的、具有协作精神的学习社区。

（四）录取数据

2023 年被录取的本科生数据如下：

- 申请人数：56 937 人。
- 录取人数：1 966 人。
- 国际学生占比：15.4%。
- 预期热门领域：人文学科（16%）、社会科学（28.2%）、生物科学（17.4%）、物理科学（6.7%）、工程学（9.5%）、计算机科学（9%）、数学（6.6%）、其他（6.6%）。

三、耶鲁大学

（一）大学使命

耶鲁大学致力于通过杰出的学术研究、教育和实践来改善当今世界和子孙后代的生活。耶鲁大学在全球范围内培养有抱负的领导者，促使其为社会各阶层服务。学生可以在一个由教职工、同窗和校友组成的相互依存的、多元化的社区中自由交流思想，从而履行这一使命。

（二）战略规划

耶鲁大学的战略规划集中体现为推动学校国际化，该校通过吸引全球优秀学生和学者、提供海外学习和实习机会，以及建立国际合作项目来拓宽学生的国际视野和能力。同时，耶鲁大学注重学术自由和提升教学质量，以及确保办学的自主权，它通过董事会的财务与基建投资决策来保障学校的长期发展。此外，耶鲁大学持续强化募捐活动和校友关系，鼓励课程创新和学术研究，推动建立专门机构和项目来支持其教育使命和战略目标，从而促进学生全面发展，为社会培养具有全球视野和社会责任感的领导者。

（三）学生特质

（1）学术成就：优异的学术成绩是学生吸引耶鲁大学注意的重要因素。

（2）独立思考和创造力：在申请文书中展示出对问题的深度思考、独特见解和实践成果，有助于提高录取竞争力。

（3）社会责任感和领导才能：在申请中展现出对社区和他人的关心以及在领导方面的潜力，将对录取产生积极影响。

（4）个人特质和课外活动：耶鲁大学不仅看重学术成就，还非常重视学生的个人特质和课外活动参与情况，包括在领导力、社区服务、艺术、音乐、运动等领域的成就，学校会通过这些活动来评估学生的个性和多元化才能。

（5）目标和动力：耶鲁大学青睐那些具有明确目标和强烈动力的学生，倾向于招收那些知道自己想要什么，并且能够不顾一切达到目标的学生。

（6）背景多元、经历有趣：学生需要呈现出十分多元的背景以及非常有趣的经历，其独特的人生观、世界观、价值观，可以通过对话给面试官带来新的感触。

（四）录取数据

2023 年被录取的本科生数据如下：

- 申请人数：52 303 人。
- 录取人数：1 647 人。
- 性别比例：女生占 51%，男生占 48%，非二元性别占 1%。
- 校友子女占比：11%。
- 国际学生占比：12%。

四、宾夕法尼亚大学

（一）大学使命

宾夕法尼亚大学（以下简称宾大）以扎实的文科和理科基础，为学生提供无与伦比的教育，这种教育具有包容性、严谨性和创造新知识的动力。宾大的使命是通过提供卓越的教育，推动创新性研究、整合跨学科知识、服务社会、促进全球参与、建立多元且包容的学术社区。该校倡导环境可持续性和社会正义，致力于培养未来的领导者和专业人士，从而给社会带来积极的影响并推动人类文明的发展。

（二）战略规划

（1）与社区紧密相连：将卓越且多元的个人、社区和校园视为支柱与一切工作的基础，指引并推动学校的发展，“成为优秀的费城邻居和世界公民”是宾大的重要使命。

（2）增强创新性：致力于成为使所有领域都取得突破性进展的强大引擎。

（3）增强社会参与度：致力于培养服务社会的领导者，并竭力寻求可以跨越差异和分歧的对话与合作。

（三）学生特质

（1）学术卓越：在学术方面表现出色并且对知识有强烈的好奇心和追求。

（2）领导潜力：无论是在学术、社区服务领域还是在其他领域，都展现出领导潜质。

（3）创新精神：能够对自己所处的领域提出新的想法和解决方案。

（4）社会责任感：展现出对社会问题的深刻理解，并积极参与解决这些问题。

（5）个人品质：诚实，具有责任感和团队合作精神。

（6）社区建设的参与度：积极参与校园社区建设，无论是通过学术项目、社团活动还是其他校园生活。

（7）全球视野：鉴于宾大的国际化定位，具有全球视野或对国际事务感兴趣的学生会被学校看重。

根据宾大过去几年在中国的录取数据，该校更倾向于招收在学生组织中领导能力突出的女性领袖。

（四）录取数据

2023 年被录取的本科生数据如下：

- 申请人数：59 465 人。

- 录取人数：2 420 人。
- 性别比例：女生占 54%，男生占 46%。
- 国际生情况：有来自 97 个国家和地区的国际生，大多来自加拿大、英国、中国和印度。
- 学术统计：SAT 成绩中位数为 1 510 ~ 1 560 分；ACT 成绩中位数为 34 ~ 35 分。

五、布朗大学

（一）大学使命

布朗大学一直因“以学生为中心”的教学理念和深刻的使命感而著称。布朗大学致力于以自由探索精神去发现知识、传播知识与保存知识，从而服务于地区、国家与世界。同时，布朗大学强调通过学生和教师之间的合作，在大学这一统一的社区中教育和培训学生，使他们能够以务实的方式履行职责。该校的目标是增进知识、改善教育系统、支持学生学习以及通过教育促进机会公平，同时增加历史上代表性不足的群体在教学、政策和领导力方面的代表性。

（二）战略规划

布朗大学的十年战略规划确定了其愿景和目标，以确保学校有能力在未来十年及以后以最高水平履行其教学、研究和服务使命。布朗大学一直坚定地寻求投资并调整资源，以增强其在基础领域的实力，包括通过对相关人员和项目的投资来提升学术水平，持续开发实体校园，为打造世界一流的教育和研究社区而完善基础设施。

（三）学生特质

（1）独立精神：具有独立思考和自我驱动的能力，能够在学术和非学术领域展现出自己的主动性和创新精神。

（2）学术能力：有较强的学术背景和潜力，包括优秀的平时成绩和标化考试成绩（比如 SAT、ACT）。

（3）领导力和综合能力：展现出领导潜质和多方面的能力，包括团队合作、社会参与和对社区的贡献等方面。

（4）探索欲和开放性：对知识有好奇心，愿意探索不同学科领域，能接受多元文化。

（5）个性和特殊才能：有特殊才能，个性鲜明，能够展现出自己的独特性。

（四）录取数据

2023 年被录取的本科生数据如下：

- 申请人数：5 1316 人。
- 录取人数：2 686 人。
- 入学人数：1 699 人。
- 国际学生占比：11.6%。
- 学术统计：SAT 成绩中位数为 1 510 ~ 1 560 分；ACT 成绩中位数为 34 ~ 35 分。

六、哥伦比亚大学

（一）大学使命

哥伦比亚大学（以下简称哥大）的使命主要包含以下几点。

（1）提供终身学习的机会：哥大致力于为学生提供终身学习的机会，通过经独特设计的核心课程和多样化的学习体验，培养学生的批判性思维和变革视角。

（2）将学术研究与全球挑战相结合：哥大致力于解决当今社会和世界面临的复杂问题。

（3）与纽约市这个拥有多元文化的城市融合：哥大为学生提供丰富的学习和生活体验，以促进社区资源的整合和交流。

（二）战略规划

哥大的战略规划主要包括以下几个方面。

（1）强化学术水平：提高学术水平，推动跨学科研究和学习，培养学生的批判性思维和全球视野。

（2）推动学生全面发展：提供丰富多彩的学习和发展机会，推动学生成为具有领导能力和社会责任感的全球公民。

（3）促进创新和实践：鼓励创新和实践，推动教学和研究的创新，以应对当今社会和世界面临的挑战。

（4）扩大影响力：积极参与社区活动，促进社会正义和公共利益，同时致力于在全球范围内发挥领导作用，解决全球性问题。

（5）财务稳健：确保学校的财务保持稳健，有效管理资源，以促进学术和发展目标的实现。

（三）学生特质

（1）学术卓越：在学术领域表现优异，包括高中成绩、标化考试成绩等。

（2）领导能力：展现出领导潜力并积极参与社区或学校的活动。

（3）创新、创造能力：展现出创新思维和解决问题的能力，能够提出独特的见解和观点。

（4）全球视野：具有对世界事务和多元文化的兴趣和理解，能够思考全球性问题。

（5）社会责任感：关注社会问题，愿意为社区或世界做出积极贡献。哥大寻找的是那些能够充分利用哥大独特的教育并为社区提供有意义的回报的学生。

（四）录取数据

2023 年被录取的本科生数据如下：

- 总申请人数：57 126 人。
- 早申人数：5 733 人。
- 录取人数：2 285 人。
- 入学人数：1 464 人。
- 性别比例：女生占 50%，男生占 48%，非二元性别占 2%。
- 国际学生占比：17%（来自 86 个国家和地区，其中 12% 的学生来自各国农村或小镇）。
- 学术统计：SAT 成绩中位数为 1 510 ~ 1 560 分，ACT 成绩中位数为 34 ~ 35 分；同时被录取的学生在各个学科上都拥用优异的成绩，95% 的学生位列班级前 10%。

七、康奈尔大学

（一）大学使命

康奈尔大学的使命是发现、保存和传播知识，培养下一代全球公民，鼓励学生探索兴趣并树立公共服务意识，通过公共服务来提升学生、纽约州人民以及全世界人民的生活和生存状况。

其核心价值观包括：有目的地探索，自由开放地探究与表达，跨学科探索，对社区有归属感，通过公共参与来改变生活，以及尊重自然环境。这些价值观旨在营造一个更加公平和包容的校园。康奈尔大学强调学术自由的重要性，并致力于成为一个充满关怀、公平的社区，让不同背景、观点、能力和经验的学生、教职工在受尊重的环境中学习、工作和创新。

（二）战略规划

康奈尔大学的战略规划包括：

（1）扩大全球视野和影响力：继续扩大全球视野和影响力，通过国际合作和各种项目来解决全球性挑战，提高学校的国际声誉和影响力。

（2）推进跨学科合作：促进跨学科研究和合作，鼓励不同学科之间的交流和合作，以应对复杂的全球问题，并推动学术创新。

（3）建立全球伙伴关系：积极发展和加强与全球伙伴的合作关系，包括其他高等教育机构、政府机构、非营利组织和企业。

（4）推进可持续发展：致力于推动可持续发展，积极承担社会责任，在学术研究、校园管理和社区服务方面采取可持续行动，为未来世界的发展做出贡献。

（三）学生特质

（1）学术成绩：拥有良好的学术成绩和学术能力，在高中阶段表现突出，展示出对学习的热情和执着。

（2）领导潜力：具备领导能力和团队合作精神，在学校、社区或其他组织中展现出领导才能，并对社会发展有所贡献。

（3）创新思维及勇气：具备创新精神和解决问题的能力，在面对挑战时能够提出独特的见解和解决方案，具备探索未知领域的勇气和决心。

（4）多元文化及全球视野：具有对世界事务和多元文化的兴趣和理解，具备开放的思维和跨文化交流的能力，在全球范围内具有广阔的视野和影响力。

（5）社会责任感：关注社会问题，具备社会责任感和公益意识，愿意为社区、社会和全球发展做出积极的贡献，积极参与公益活动和志愿服务。

（四）录取数据

2023 年被录取的本科生数据如下：

- 总申请人数：67 846 人。
- 早申人数：9 515 人。
- 录取人数：5 358 人。
- 入学人数：3 561 人。
- 性别比例：女生占 53.6%，男生占 46.4%。

- 国际学生占比：10.6%。
- 提交 SAT 或 ACT 成绩的学生占比：53.3%。

八、达特茅斯学院

（一）大学使命

达特茅斯学院的使命是通过提供优质的教育和研究机会，培养素质全面，具有领导能力的未来领袖，并促使其为社会做出积极的贡献。学院致力于培养学生的批判性思维、创新能力和全球视野，通过跨学科的教学和研究活动，为学生提供综合性的学术和生活经验。同时，学院积极参与社区服务和公共事务，推动社会的发展和进步。

（二）战略规划

（1）推动卓越教育：致力于提供卓越的教育和学习环境，培养学生的领导能力和创新精神，以及跨学科思维和全球视野。

（2）全面提升学术体验：为学生提供全面的学术经验，培养具有领导能力、社会责任感和全球意识的未来领袖。

（3）教职工支持：招聘和培养优秀的教职工，进一步为他们提供良好的工作环境和发展机会，以提高教学和研究水平。

（4）加强与社区的联系：加强与校友、家长、社区和其他利益相关者之间的联系和合作，推动校园文化的发展和学校声誉的提升。

（三）学生特质

（1）学术才能：对学术有强烈兴趣，并通过成绩单、推荐信和申请文书来展示学术能力和潜力。

（2）领导能力：具有领导潜力，包括在学校、社区和其他领域的领导能力。

（3）全球视野：对全球事务和多元文化有兴趣，积极参与国际交流和学习。

（4）创新思维：具有创新精神和解决问题的能力，能够在面对挑战时提出新颖的见解和解决方案。

（5）社会责任感：有社会责任感和公益意识，能够为社区和社会做出积极的贡献。

（四）录取数据

2023 年被录取的本科生数据如下：

- 申请人数：28 841 人。
- 录取人数：1 797 人。
- 入学人数：1 209 人。
- 性别比例：女生占 47.23%，男生占 50.79%，非二元性别占 1.98%。
- 校友子女比例：11%。
- 国际学生比例：14%。
- 学术统计：SAT 阅读部分的平均成绩为 733 分，中位数为 750 分；SAT 数学部分的平均成绩为 750 分，中位数为 770 分；ACT 成绩的平均值为 33 分，中位数为 32～35 分。

从以上八大常春藤名校的使命、战略规划、学生特质以及录取数据中可以看出，每所学校都非常重视学术表现、社会责任感与领导力。这是这些学校的共性，但每所学校都有其突出的价值理念和录取偏好。比如，普林斯顿大学尤其重视学术表现与研究能力，哈佛大学强调培养世界领袖，而哥伦比亚大学更看重申请人是否能够用所学回报与服务社区。我们也能从各个学校的战略规划中看出其未来发展方向，这些都是学生在选择学校、准备文书、描述课外活动时需要认真研究的内容。

第二节
理工院校致力于通过科技改变世界

美国几大理工院校的申请竞争都非常激烈，除了众所周知的麻省理工学院、加州理工学院这类理工院校中“天花板”级别的大学，还有佐治亚理工学院、弗吉尼亚理工大学等。只要是理工院校，其录取难度都会超过同水平大学的。比如，佐治亚理工学院经常会拒绝一些被 U.S.News 排名在前 20 的美国大学录取的学生。这所学校拥有“火眼金睛”，能非常精准地找到自己所需的学生。

同样是理工院校，麻省理工学院对自我的定义是“既有趣又古怪，既精英又不高傲，既创新又富有艺术气息”，它寻找的是能够通过科学、技术等领域的学术成就服务于国家和世界的学生。著名的加州理工学院则以“不断追求创新和突破，以解决世界面临的复杂难题”为目标，同时力求将出色的学生培养为未来社会的领袖和创造者。而高冷的佐治亚理工学院寻找的是能够通过科学技术来改善人类生存状况的领导者。弗吉尼亚理工大学则致力于通过技术来解决世界上最紧迫的问题。在美国四大理工院校中，麻省理工学院较为突出，更强调创造力，以及通过发展科技来迎接未来人类的挑战。

一、麻省理工学院

（一）大学使命

麻省理工学院（以下称 MIT）的使命是传播知识和教育学生，特别是在科学、技术和其他学术领域，以更好地满足国家和世界在 21 世纪的需求。MIT 致力于创造、传播和保存知识，并与其他人合作，将这些知识应用于世界上的重大挑战。MIT 致力于为学生提供融合了严谨的学术研究和创造发明的教育，同时提供多元社区的支持和智力激励。MIT 努力开发其社区每个成员的能力和激情，以创造性地、有效地为人类的未来工作。

（二）战略规划

（1）全球参与目标和原则：MIT 的国际活动由七个相互关联的目标驱动，包括为学生提供有意义的学习机会，帮助教职工进行国际研究，与世界上最杰出的研究人员合作，支持教职工解决世界重要问题，吸引世界上最优秀的学生、教职工来 MIT，寻找新的机制来加速和放大 MIT 的教育和研究活动的全球影响力，以及通过多样化的国际资金来加强 MIT 校园建设。

（2）社区归属、成就和战略行动计划：MIT 致力于增强其社区的多样性和归属感，消除机会障碍，打造一个所有人都能发挥最大潜力并茁壮成长的环境。该计划定义了三个优先因素：归属、成就和构成。这涉及 MIT 如何打造一个健康、蓬勃发展的社区，包括让人们感到彼此联系、共享目标、支持每个人自由表达观点、确保机会公平，以及通过建立目标、确定实现步骤和收集更详细的身份数据来实现多样性的承诺。

这些战略和目标体现了 MIT 致力于通过教育、研究和创新，为社会和世界的进步做出贡献。

（三）学生特质

（1）与 MIT 的使命高度契合：能够通过科学、技术等领域的学术成就来服务国家和世界。

（2）具有强烈的协作与合作精神。

（3）具有主动性：MIT 提供的机会众多，但学生必须主动抓住。

（4）敢于冒险：不仅渴望成功，而且不怕失败。MIT 认为学生在生活中冒险可以拥有韧性。

（5）具有动手能力和创造力：MIT 是一个积极的、提倡动手的地方。创新是有风险的，且有时与混乱并存，尝试新事物往往是取得成功的最佳方式。

（6）展现出专注、好奇心和热情：对自己真正关心的事情投入精力（MIT 对这一点并不特别挑剔）并体现探索精神。

综上所述，MIT 寻找的是那些能够与学校的使命、精神和学术环境高度契合的学生。学生不仅需要具有出色的学术成就，还需要具有合作精神、主动性、创新能力和热情。

（四）录取数据

2023 年被录取的本科生数据如下：

- 申请人数：26 914 人。
- 录取人数：1 291 人。
- 常规录取期间被录取的人数为 574 人（包括等待转正的学生），从候补名单中录取的人数为 32 人。
- 国际学生占比：11%。

（五）本科生的标化成绩

2023 年，在被 MIT 录取的学生中，有 78% 提交了 SAT 成绩，32% 提交了 ACT 成绩。被录取学生的 SAT 成绩的中位数为 1 560 分，其中阅读和写作部分的中位数是 760 分，数学部分的中位数是 800 分。被录取学生的 ACT 成绩的中位数为 35 分，其中数学和英语部分的中位数均为 35 分。

2023 年，在 MIT 就读的中国学生共 1 023 人（其中本科生 68 人，研究生 760 人），占国际学生总人数的 29.19%，较去年（25.15%）有所上升。

二、加州理工学院

（一）大学使命

加州理工学院的使命是通过将研究与教育相结合，为人类知识的拓展和社会的利益做出贡献。该校致力于探索科学和技术领域中最具挑战性和基础性的问题，让学生在一个充满合作和跨学科交流的氛围中进行学术研究。在这里，教师和学生共同努力，不断追求创新和突破，以解决世界面临的复杂难题。与此同时，该校将教育视为一项重要使命，努力将学生培养为未来社会的领袖和创造者。通过提供丰富的学术资源和机会，该校努力激发学生的求知欲和创造力，帮助他们成长为对社会有益的积极力量。此外，加州理工学院不仅追求知识的创新和发现，还关注如何将这些成果转化为实际的社会价值，从而促进人类社会的持续进步和发展。

（二）战略规划

加州理工学院的战略规划包括：

（1）卓越的教育和研究：提供卓越的教育和研究环境，将学生培养为领袖和创新者，在科学和工程领域取得突破性成果。

（2）跨学科合作：鼓励跨学科合作，将不同学科的知识和技能整合起来，解决复杂的现实问题，推动科学和技术的发展。

（3）多样性与包容性：建立一个具有多样性和包容性的学术环境，吸引和培养来自不同背景和文化的学生、教职工，以促进创新和全球视野的发展。

（4）社会责任和可持续发展：注重社会责任和可持续发展，通过研究和教育为全球性挑战提供解决方案，包括气候变化、能源问题和健康危机等。

（5）技术创新和产业合作：与工业界合作，推动技术创新和产业发展，促进科研成果的转化和商业化，为社会经济发展做出贡献。

（6）增强对学生的支持：为学生提供全面的发展支持，包括学术指导、职业发展、心理健康等方面的支持。

（三）学生特质

（1）多样性和包容性：加州理工学院希望招收具有不同文化背景、经历和观点的学生，以丰富学术环境并促进全球视野的发展。

（2）创造力和独立思考：具有创造力和独立思考能力，能够提出新颖的想法，能够解决复杂问题。

（3）卓越的学术表现：在学术方面具有卓越表现，包括优异的学习成绩、深入的学科理解和创新能力。

（4）领导潜力：展现出领导潜力和团队合作能力，在学校、社区或其他领域发挥积极的领导作用。

（5）全面发展：不仅对科学或工程等领域表现出浓厚兴趣，保持优异的学术成绩，还具有社会责任感和丰富的兴趣爱好，能够在多个领域展现出自己的才华和潜力。

（四）录取数据

2023 年被录取的本科生数据如下：

- 入学人数：263 人。
- 性别比例：女生占 41%，男生占 59%。
- 国际学生占比：17%。

三、佐治亚理工学院

（一）大学使命

佐治亚理工学院的使命是通过教育、研究和创新来推动科学和技术的进步，以改善人们的生活。该校致力于培养具有卓越学术能力和领导能力的学生，并通过学术成就和社会影响为全球做出积极贡献，以提高人们的生活质量。

（二）战略规划

佐治亚理工学院的战略规划包括明确定义学校的使命、愿景和价值观，制定清晰的目标和策略，以实现各阶段发展目标。其战略规划包括对教育、研究、创新、学术社区、多样性和包容性、国际合作等方面的具体计划和措施。通过这些计划，该校可以更好地实现其使命和愿景，提升学术声誉，推动科研成果的转化，培养具有全球视野和领导力的学生，并促使学生为社会做出积极贡献。

（三）学生特质

（1）学术热忱与才智：展现出对 STEM 相关领域的激情和智慧。

（2）潜在领导力：展示出在团队中担任领导角色的潜力。

（3）创造性思维：具有创新思维，能够以新颖的方式解决问题。

（4）协作精神：擅长与他人合作，共同推进项目。

（5）实践操作经验：具有相关实习或工作经验，重视将理论应用于实践。

（6）公民意识和社会责任：具有服务社会的意识和意愿。

（7）文化多样性：具有多元文化和社会背景，为校园文化多样性做出贡献。

（8）自主性：具备自我激励和自我提升的能力。

（9）沟通能力：能够清晰、有效地沟通自己的想法。

（10）适应性：能够迅速适应技术变革和学术挑战。

（四）录取数据

2023 年被录取的本科生数据如下：

- 申请人数：52 384 人。
- 入学人数：3 772 人。
- 性别比例：女生占 40%，男生占 60%。
- 国际生比例未披露。

四、弗吉尼亚理工大学

（一）大学使命

弗吉尼亚理工大学的使命是作为一个充满知识，具有发现力、创造力和包容性的社区，致力于改善弗吉尼亚州以及全球人民的生活质量和状况，同时培养前沿数字技术人才，使之成为国家科学技术生态系统中的主力军。

（二）战略规划

（1）愿景：成为一个能够通过技术来解决世界最紧迫问题的地方。

（2）持续规划过程：该校战略事务办公室将继续与各学院、研究所和企业合作，制订单位层面的战略计划。

（3）信息技术战略计划和可持续发展目标：该校制定了中长期信息技术战略，以支持其整体战略规划。

（三）学生特质

（1）卓越学术成就：具有扎实的学术基础和优秀的成绩。

（2）创新精神：愿意探索新知识，具有创新思维和解决问题的能力。

（3）领导潜力：展现出领导才能，能够在团队中担任领导角色。

（4）团队合作：能够与他人协作，共同完成项目和研究工作。

（5）实践经验：具有相关实习或工作经验，重视将理论应用于实践。

（6）社会责任感：具有服务社会的意识和意愿。

（7）文化多样性：具有多样化的文化和社会背景，为校园文化多样性做出贡献。

（8）自主性：具备自我激励和自我提升的能力。

（9）沟通能力：能够清晰、有效地沟通自己的想法。

（10）适应性：能够迅速适应技术变革和学术挑战。

（11）社区参与：积极参与社区服务和志愿活动，展现出对社会的关怀。

（12）多元思维：能够从不同的视角看待问题，尊重不同的观点和文化。

（13）持续学习：对学习有持续的热情，愿意不断扩展自己的知识和技能。

（14）韧性：面对挑战时展现出韧性和毅力。

（四）录取数据

2023 年被录取的本科生数据如下：

- 申请人数：47 208 人。
- 录取人数：26 923 人。
- 入学人数：7 196 人。
- 性别比例：女生占 45.12%，男生占 54.64%。
- 国际学生占比：5.14%。

美国四大理工院校的共性是，注重科研、科技创新与发明，积极迎接未来挑战，致力于为人类创造美好生活。但它们各有一些典型特征：麻省理工学院制定了迎接 21 世纪挑战的目标；加州理工学院更重视挑战性和基础性研究；佐治亚理工学院则寻找通过科技与发明改善人类生存状况的领导者；弗吉尼亚理工大学则着眼于本土与本国的目标。

第三节
每所高校都在寻找符合自身气质的申请者

除了八大藤校和四大理工院校，美国还有一些各具特色的名校。每年的申请季，这些学校都会在海量的申请中捡拾珍珠，所以学生需要发出光芒，并让这些学校看到。下文将对美国最受欢迎的一些高校进行分析与比较。

一、斯坦福大学

（一）大学使命

斯坦福大学的使命是培养具有大格局和大视野的国际领导型人才，即有使命感的人才。这体现在斯坦福大学“2025 计划”中，该计划强调了使命感对于学生职业生涯的重要性，并且推行“带着使命感去学习”的理念。斯坦福大学鼓励学生在校学习期间基于一定的使命进行学习，将专业使命深深刻在脑海中，同时学校会帮助学生选择有意义的课程，并以此为基础帮助学生支撑起一段目标清晰的、纵贯毕业之后 10 ~ 15 年的职业生涯。

（二）战略规划

斯坦福大学的"2025 计划"是一项全面且具有前瞻性的教育改革方案。该计划以"开环大学"（Open Loop University）为核心，打破了年龄限制和传统的学制结构，通过"自定节奏教育"（Paced Education）、"轴翻转"（Axis Flip）能力培养、交叉学科课程和使命性学习等创新措施，旨在培养具有全球视野和社会责任感的领导型人才。同时，斯坦福大学通过持续优化校园规划、推广社会责任与环保理念以及建立影响力实验室等，强调科技创新与实践应用的结合，以确保教育模式与快速变化的社会需求相适应，从而引领未来教育的发展方向。

斯坦福大学提出了一系列全新概念，比如"开环大学"。这一举措允许不同年龄和背景的学生入学，打破了传统的 18 ~ 22 岁学生入学并在四年内完成学业的模式。学生可以在一生中的任意六年内完成学业，这促进了学习和工作的交替进行。斯坦福大学还提出了"轴翻转"概念，将教育模式从"先知识后能力"转变为"先能力后知识"。这意味着各院系将根据学生的能力而非知识领域来划分，教学和评价方式也将围绕培养学生能力进行设计。斯坦福大学设计了"自定节奏教育"模式，将学习过程分为"调整"（calibrate）、"提升"（elevate）和"启动"（activate）三个阶段，学生可以根据自己的节奏和需求进行学习。斯坦福大学还鼓励学生带着使命感去学习，通过参与全球性的实验室研究项目，解决实际问题，培养学生的全球领导力和社会责任感。

（三）学生特质

（1）学术实力超群：重视学生的学术成就和研究潜力，更倾向于录取学术表现出色的学生。

（2）软实力和综合素质：注重学生的软实力，包括创新、领导力、求知欲和创业精神等方面。

（3）学习热情：考虑学生对学习的热情，尽管这在不同文化背景下的重要性可能会有所不同。

（4）文化适应性：希望学生能够适应多元文化环境，并从不同背景的同学身上发现自身潜力。

（5）独立探究和实践能力：鼓励学生进行独立研究，同时重视实践应用。该校采用了先进的教学方法，例如合作研究项目和实习等。

（6）领导潜力：更倾向于培养具有领导潜力的学生，这些学生未来可以在各自的领域中发挥领导作用。

（7）社会责任感：希望学生能够展现出对社会责任的认识和担当。

（四）录取数据

2023 年被录取的本科生数据如下：

- 录取人数：1 705 人。
- 性别比例：女生占 50%，男生占 50%。
- 国际学生占比：14%。

二、杜克大学

（一）大学使命

杜克大学的使命是为本科生提供一流的文理教育，该校不仅关注学生的智力成长，还关注他们的自我成长，致力于使学生承诺高道德标准并在社区中作为领袖充分参与各种活动。杜克大学通过提供优质的专业教育，帮助未来的学术专业人士做好技能储备；通过大胆地推动知识前沿来为国际学术社区做出贡献，致力于打造自由、公开的智识环境；通过复杂的医学研究和周到的患者护理来帮助那些受苦的人治愈疾病和增进健康；通过信息技术的力量为传统学生、积极的专业人士和终身学习者提供广泛的教育机会，无论是在校园内还是在校园外。

通过以具有远见且正直的方式追求这些目标，杜克大学致力于激发校园内所有人的头脑，提升其精神。同时该校以各种方式为社区、国家和世界做出贡献，以获得并保持真正的领导地位。

（二）战略规划

杜克大学制订了名为“Together Duke：Advancing Excellence through Community”（携手杜克：以社区促进卓越）的学术战略计划，其发表于 2017 年 9 月，旨在通过共同体的力量推进卓越。杜克大学致力于建立一个多元化的、包容的学术社区，以增强知识的创造、传递和转化，同时服务于快速变化的世界。该校确立了三大核心主题：

（1）探究与发现：强调基础研究和发现的价值，支持跨学科合作以及在自然科学和人文社会科学领域的学术活动。

（2）杜克机会（The Duke Opportunity）：致力于为所有学生提供变革性的教育体验，包括扩展学习社区，增加职业发展机会，以及提高教育的可及性和减轻学生的负担。

（3）全球参与，本土扎根：通过与本地和全球社区的深入互动，解决跨国界问题，同时实现对本地社区的承诺。

（三）学生特质

（1）优秀的学术能力和强烈的好奇心：希望学生能够在学术上积极参与，对知识有好奇心，并且愿意深入探索复杂的课题。

（2）合作精神：强调团队合作和跨学科学习。

（3）领导潜力：寻找有潜力成为未来领导者的学生，无论是在学术界、工业界还是在公共服务领域。

（4）全球视野：强调全球参与和本土扎根，倾向于招收对全球问题有认知并愿意参与国际事务的学生。

（5）创新和创业精神：支持创新和创业，寻找有志于通过创新来解决问题和创造价值的学生。

（6）社区参与与公民责任：鼓励学生参与社区服务，寻找愿意为社区做出贡献并从实践中学习的学生。

（7）适应性和灵活性：寻找能够适应新环境、灵活应对挑战的学生。

（四）录取数据

2023 年被录取的本科生数据如下：

- 申请人数：49 476 人。
- 入学人数：1 743 人。
- 性别比例：女生占 55%，男生占 45%。
- 国际学生占比：14%。
- 学术统计：SAT 成绩中位数为 1 520 ~ 1 570 分，ACT 成绩中位数为 34 ~ 35 分。

三、约翰斯·霍普金斯大学

（一）大学使命

约翰斯·霍普金斯大学的使命是教育学生并培养他们终身学习的能力，促进独立和原创研究，并将发明的益处带给世界。用约翰斯·霍普金斯大学老校长罗纳德·丹尼尔斯的原话可以更好地概括，即“为世界提供知识”。

（二）战略规划

约翰斯·霍普金斯大学在战略规划方面一直以科研为导向，致力于培养高素质人才和推动科技创新，通过引进最新的教学资源和设施来促进校园的发展。其整体规划旨在加强学校在全球教育和科研领域的地位，同时为学生提供优质的教育。

（三）学生特质

（1）学术热情：对学术研究充满热情，愿意深入探索相关领域的知识。

（2）批判性思维：具有批判性思维，能够独立分析问题并提出创新方案。

（3）知识转化能力：具备将理论知识转化为实践应用的能力。

（4）领导力：在学术项目、校园组织、社会生活中都展现出较强的领导潜质。

（5）社会责任感：对社会问题有深刻的认识，并且愿意通过志愿服务、社区参与等方式为社会做出贡献。

（6）团队合作精神：在多学科合作项目和团队作业中展现出良好的合作精神。

（四）录取数据

2023 年被录取的本科生数据如下：

- 申请人数：38 294 人。
- 入学人数：1 306 人。
- 国际学生占比：14%。
- 学术统计：平均未加权 GPA 达 3.9，SAT 成绩中位数为 1 530 ~ 1 560 分，ACT 成绩中位数为 34 ~ 35 分。

四、西北大学

（一）大学使命

西北大学致力于在多样化的学术社区中提供卓越的教学、创新的研究，同时促进学生个人和智力的成长。其主要指导原则包含改变社会、培养领导者、提供机会、提高多样性和归属感、鼓励辩证思维以及在所有学科中追求卓越。

（二）战略规划

（1）发现：通过研究和创新，共同制订解决方案，以改善校园生活、社区和世界。

（2）整合：前所未有地将学生的学习与课堂之外世界的经验结合起来。

（3）连接：缩小意愿与结果之间的差距，将具有不同背景和生活经历的个人连接到一个真正具有包容性的社区中。

（4）参与：通过战略伙伴关系，参与本地、全国和国际活动，以增强学校的影响力。

（三）学生特质

（1）道德责任感：具有责任感和对社区的承诺，具有道德意识。

（2）自我发展动力：注重个人成长和自我提升。

（3）批判性思维：积极参与辩论并与不同观点的人交流，能够进行批判性思考和有效沟通。

（4）团队合作能力：在多元化的学术社区中，具有优秀的合作能力。

（5）适应性和韧性：能够快速适应新环境并从挑战中成长。

（6）社区参与与社会责任感：积极参与校园生活，为校园社区做出贡献。

（四）录取数据

2023 年被录取的本科生数据如下：

- 申请人数：52 233 人。
- 录取率：7.2%。
- 入学人数：2 112 人。
- 国际学生占比：10.5%。

五、芝加哥大学

（一）大学使命

芝加哥大学是世界一流的高等教育学府，该校通过高水平的教学和学术研究，持续推动医学、生物学、物理学、经济学、批判理论和公共政策等领域的进步。

（二）战略规划

芝加哥大学的战略规划聚焦于提升教育质量和学术研究的深度与广度，同时注重国际化和创新。该校与全球其他顶尖学府建立了战略合作伙伴关系，共同推出了“联合暑期学校”项目，为学生和专业人士提供宝贵的跨学科交流体验和职业发展机会。

在教育创新方面，芝加哥大学致力于构建 STEM 学习生态系统，并通过实践项目来强化学生的理论知识与实际应用能力，着重培养学生的社会责任感和服务精神，加强领导力的培养，致力于在全球高等教育领域保持领先地位。

（三）学生特质

（1）学术成就：对学术有浓厚的兴趣和热情，展现出优秀的学术成绩和研究潜力。

（2）独立思考及创新思维：具有创新和独立思考的能力，愿意探索新知识和新观点。

（3）领导潜力：展现出领导才能，无论是在学术、社区服务方面还是在其他领域。

（4）社会责任感：具有社会责任感和公民意识，愿意为社区和世界做出贡献。

（5）多样性：欣赏和尊重文化多样性，能够从具有不同背景和经历的人身上学习。

（6）全球视野：具有全球视野，对国际事务和跨文化交流感兴趣。

（7）个人品质：诚实，有责任感和同情心，具有良好的道德品质。

（8）韧性及适应能力：能够适应新环境和新挑战，具有解决问题的能力和适应变化的灵活性。

（9）团队合作及沟通：能够与他人协作，展现出团队精神和合作能力，具有良好的沟通和表达能力，能够有效地交流思想和信息。

（10）持续学习：对终身学习有热情，愿意不断提升和成长。

（四）录取数据

2023 年被录取的本科生数据如下：

- 申请人数：38 800 人。
- 录取人数：1 849 人。
- 入学人数：1626 人。
- 国际学生占比：16%。
- 学术统计：SAT 成绩范围为 1 080 ~ 1 600 分，ACT 成绩范围为 21 ~ 36 分。

六、莱斯大学

（一）大学使命

莱斯大学的使命是追求卓越，通过研究、教学和公共服务来改善世界。该校鼓励学生大胆思考和勇敢行动，以培养好奇的思想家、热情的梦想家和充满活力的实干家。

（二）战略规划

莱斯大学强调让学生根据自身优势和特点选择适合的发展道路，并通过广泛的调研和民主化的决策过程来确保战略规划的透明度和参与度。该校通过建立“学科—智库”发展生态，将人才培养与学科建设相结合，为智库发展提供人才支持，同时加强优势学科的发展，以提升国际话语权。莱斯大学实施“以学习者为中心”的教学模式，开设了专业硕士项目，旨在培养具有全球视野和社会责任感的领导者。

（三）学生特质

（1）自我挑战意愿：愿意挑战高难度课程，比如选择多门 AP 课程并取得高分。

（2）社区和家庭贡献：对学校、社区和家庭具有一定的贡献和影响力。

（3）领导力和影响力：具有领导潜力和个人影响力，比如在学生会或其他组织中担任领导角色。

（4）学术潜力和品格素养：莱斯大学会通过多个维度来深入了解学生的学术潜力和品格素养。

（5）专注度和内驱力：在学术和课外活动中展现出专注度、内驱力、好奇心、时间管理能力和自律精神。

（四）录取数据

2023 年被录取的本科生数据如下：

- 申请人数：31 059 人。
- 录取人数：2 447 人。
- 入学人数：1125 人。
- 性别比例：女生占 50%，男生占 50%。
- 国际学生占比：13%。
- 学术统计：SAT 成绩中位数为 1 500 ~ 1 560 分，ACT 成绩中位数为 34 ~ 36 分。

七、范德堡大学

（一）大学使命

范德堡大学的使命是追求学术卓越，同时培养学生的合作和团队精神。自 1873 年建校以来，范德堡大学致力于“加强我们同国家各部分之间应存在的关系”，并努力在发现新思想、挑战极限以及为他人服务方面发挥最大作用。

（二）战略规划

范德堡大学的战略规划具体如下。

（1）为学生提供一个丰富多样的知识社区，促进学生的全面发展，培养学生的终身学习能力。具体举措包括确保知识的可访问性和教育的可负担性，推出创新课程以培养学生终身学习的兴趣。

（2）投资跨学科和多学科项目，以解决重要的社会问题并抓住新的机遇。范德堡大学计划成立一个全校范围的委员会来监督跨机构项目（TIPs），同时投资研究生教育项目以推进招聘和培训。

（3）开发独特的项目，为健康和医疗等紧迫的问题提供解决方案。

（4）通过技术和研究转变教育模式，完善基础设施以支持新兴教育技术，建立合作伙伴关系以推进新技术。

（三）学生特质

（1）领导能力：展现出较强的领导潜力，参与各种学生组织、志愿服务和社区活动，通过这些活动来锻炼和提升自己的领导能力。

（2）创新能力和创造力：积极创新和探索，在艺术、工程和社会科学等领域展现出创造力。

（3）社会责任感：具有强烈的社会责任感，参与各种社区服务和公益活动，致力于改善社会。

（4）韧性及适应能力：能够适应快节奏的、竞争激烈的环境，可以有效地管理时间和资源，以应对学术和个人挑战。

（5）团队合作精神：展现出良好的团队合作精神，能够与他人协作，共同解决问题和完成任务。

（四）录取数据

2023 年被录取的本科生数据如下：

- 申请人数：41 501 人。
- 录取人数：1 763 人。
- 学术统计：SAT 阅读部分成绩的中位数为 740 ~ 780 分，数学部分成绩的中位数为 780 ~ 800 分；ACT 成绩中位数为 34 ~ 36 分。

八、密歇根大学安娜堡分校

（一）大学使命

密歇根大学安娜堡分校的使命是提供卓越的教育，进行前沿研究，通过创新和公共服务来改善社会。该校致力于培养学生的批判性思维、创造力和领导能力，同时促进知识的创造和传播。该校还强调其作为公共机构的角色，致力于为不同背景的学生提供教育机会，并通过学校的活动和项目对当地社区和全球产生积极影响。

（二）战略规划

密歇根大学安娜堡分校提出了“Vision 2034”（2034 版本）战略规划，旨在将该校定位为高等教育的典范，并在服务人类方面重新定义高等教育的潜力。该规划包括四个主要方面：提供改变人生的教育、促进人类健康与福祉、加强公民意识和全球参与意识，以及推动气候行动和环境正义。

（三）学生特质

（1）学术成就：展现出优秀的学术成绩和对学习的热情。

（2）领导潜力：具有领导才能和团队合作精神，能够在校园社区中起到积极作用。

（3）创新思维：能够独立思考，对新知识和新观点持开放态度。

（4）社会责任感：关注社会问题，愿意参与社区服务和公益活动。

（5）文化多样性：欣赏并尊重来自不同文化背景的人士，能够促进校园的多元化和包容性。

（6）个人品质：诚实，有责任感，具备良好的道德品质。

（7）适应能力及沟通力：能够适应新环境和新挑战，展现出解决问题的能力和适应变化的灵活性，具有良好的沟通力和表达能力，能够有效地交流思想和信息。

（8）终身学习的热情：对知识有持续的好奇心和学习欲望。

（9）全球视野：对国际事务和跨文化交流感兴趣，有志于在全球化项目中发挥作用。

（四）录取数据

2023 年被录取的本科生数据如下：

- 申请人数：87 632 人。
- 入学人数：33 730 人。
- 国际学生占比：7.9%（主要来自加拿大、中国、韩国）。
- 学术统计：新生 GPA 平均值为 3.76，ACT 平均成绩为 30 分，SAT 平均成绩为 1 346 分。

九、卡内基梅隆大学

（一）大学使命

卡内基梅隆大学的使命是为学生创造变革性的教育体验，重点关注学科知识、解决问题、领导力、沟通能力和人际交往技能，以及个人健康和幸福。该校致力于打造一个变革性的大学社区，以吸引和留住多样化的世界级人才，同时营造一个可以自由交流思想的环境，使研究、创造、创新和创业精神蓬勃发展，确保个人能够发挥其全部潜能。

通过与大学校园传统边界之外的合作伙伴进行合作，该校以变革方式在地区、国家和全球范围内产生影响。

（二）战略规划

（1）可负担性与入学机会：确保来自不同背景（包括中低收入家庭）的顶尖人才都能接受教育。

（2）人工智能与新兴技术：通过研究、创造性探索和政策影响，以及对数字革命人才的培养，最大限度地发挥技术领导力。

（3）品牌与故事：进一步区分和提升卡内基梅隆大学的独特品牌，以更有力的方式讲述卡内基梅隆大学的故事，展现强大的影响力。

（4）组织的灵活性和有效性：确保学校能够灵活地确定资源的优先次序，有效地优化资源的使用。

（三）学生特质

（1）学术成就：寻找在学术上表现出色的学生。

（2）创新精神：倾向于招收那些展现出创新思维和具有解决问题能力的学生。

（3）领导潜力：寻找具有领导潜力和团队合作精神的学生。

（4）跨学科兴趣：更青睐那些对多个学科领域都有兴趣和热情的学生。

（5）社区贡献及社会责任感：寻找愿意参与社区服务和能够对世界产生积极影响的学生。

（6）适应性和灵活性：适应性强、能够灵活应对新挑战的学生更受青睐。

（7）研究兴趣：更青睐那些有志于参与研究项目、有浓厚研究兴趣的学生。

（8）持续学习：寻找那些对学习有持续热情、愿意终身学习并不断提升自我的学生。

（四）录取数据

2023 年被录取的本科生数据如下：

- 申请人数：34 261 人。
- 录取人数：3 873 人。
- 入学人数：1 716 人。
- 学术统计：50.5% 的新生提交了 SAT 成绩，19.7% 的新生提交了 ACT 成绩；SAT 读写部分成绩的中位数为 720 ~ 770 分，数学部分成绩的中位数为 770 ~ 800 分；ACT 成绩的中位数为 34 ~ 35 分。

十、埃默里大学

（一）大学使命

埃默里大学的使命是创造、保护、传授和应用知识，为人类服务。作为一所综合性研究型大学，埃默里大学的学术课程涵盖文理科、商科、法学、神学和健康等多个领域。这些不同的研究领域通过强大的跨学科项目和通识教育紧密地联系在一起。埃默里大学要求教学、学习、研究和服务活动必须以正直的、卓越的标准来衡量，它认为每个人和每个层次的学术活动都应根据自身的价值得到重视。

（二）战略规划

在埃默里大学的战略框架“One Emory：Engaged for Impact”（一个埃默里：雄心与爱心）的指导下，该校与校内外伙伴合作，共同致力于实现“独特的埃默里大学”的愿景，即学术卓越和社会服务创新。

（三）学生特质

（1）学术成就：在学术上表现优异，具有强烈的求知欲和学术好奇心。

（2）领导潜力：展现出领导才能，无论是在学生组织、社区服务中，还是在其他团队活动中。

（3）多样性和包容性：具有多元背景，能够为校园文化多样性做出贡献。

（4）社会责任感：对社区服务和公益活动表现出兴趣，愿意为社会做出积极贡献。

（5）个人品质：诚信，具有责任感和强烈的道德感。

（6）跨学科兴趣：对多个学科领域有广泛的兴趣，愿意探索跨学科知识。

（7）全球视野：对全球问题有所了解，愿意参与国际交流和全球合作。

（8）创新和创造力：在解决问题和创造性思维方面展示出独特的视角和方法。

（9）适应性和灵活性：能够适应新环境，可以灵活应对学术和生活中的挑战。

（10）沟通能力：具有良好的沟通技巧，能够有效地表达自己的想法，同时理解他人。

（11）持续学习：对学习有持续的热情，愿意终身学习和提升自我。

（12）研究兴趣：对参与研究项目和深入探索学术领域表现出浓厚的兴趣。

（四）录取数据

2023 年被录取的本科生数据如下：

- 申请人数：33 255 人。
- 录取人数：3 543 人。
- 注册人数：1 436 人。
- 国际学生占比：14%。
- 学术统计：SAT 读写部分成绩的中位数为 720 ~ 770 分，数学部分成绩的中位数为 750 ~ 790 分；ACT 成绩的中位数为 33 ~ 35 分。

十一、弗吉尼亚大学

（一）大学使命

弗吉尼亚大学是一所公立高等教育机构，其创始愿景是发现、创新和充分挖掘各行各业的优秀学生的潜力。它通过培养负责任的公民领袖和专业人士，为社区、国家和世界服务，同时推进、保存和传播知识。

（二）战略规划

弗吉尼亚大学的“2030 计划”是一项全面的战略规划，该计划以弗吉尼亚大学的使命和价值观为基础，明确了“2030 年成为全球最佳公立大学”的目标，该校力争成为世界上最优秀的大学之一。其战略规划强调了“伟大与善良”的愿景，即在追求学术卓越的同时，强调道德和社会责任感。其战略规划包括以下关键组成部分：

（1）强化教育基础：吸引和支持最优秀的学生、教师和员工。

（2）打造充满活力的高等教育社区：为学生提供无与伦比的体验，将其培养为有责任感的领导者。

（3）促进新发明，以丰富和改善生活：加强学术研究和创新，解决全球性挑战，使弗吉尼亚大学成为服务的代名词。

（三）学生特质

（1）社会责任感：对社区服务和公益活动表现出兴趣，愿意为社会做出积极贡献。

（2）个人品质：诚信，具有责任感和强烈的道德感。

（3）跨学科兴趣：对多个学科领域有广泛的兴趣，愿意探索跨学科知识。

（4）全球视野：对全球问题有所了解，愿意参与国际交流和全球合作。

（5）创新和创造力：在解决问题和创造性思维方面展示出独特的视角和方法。

（6）适应性和灵活性：能够适应新环境，可以灵活应对学术，同时生活中的挑战。

（7）沟通能力：具有良好的沟通技巧，能够有效地表达自己的想法和理解他人。

（8）持续学习：对学习有持续的热情，愿意终身学习和提升自我。

（四）录取数据

2023 年被录取的本科生数据如下：

- 申请人数：56 528 人。
- 录取人数：9 533 人。
- 注册人数：3 966 人。
- 性别比例：女生占 57.38%，男生占 42.62%。
- 国际学生占比：7.26%。
- 学术统计：SAT 读写部分成绩的中位数为 700 ~ 750 分，数学部分成绩的中位数为 710 ~ 780 分；ACT 成绩的中位数为 32 ~ 34 分。

十二、华盛顿大学圣路易斯分校

（一）大学使命

该校的使命是通过培养领导者、发现知识和为真理服务，改善社区、国家和世界的状况；通过包容各种身份和背景的个人的不同观点，创造一个鼓励和支持在发现前沿进行广泛探索的环境。

（二）战略规划

（1）学术卓越：在教学、学术研究和服务中培养卓越能力和创造力。

（2）打造包容性社区：欢迎来自不同背景的学生、教师和员工，创造一个充满智慧的、认真严谨的包容性社区。

（3）强化对社区和全球的影响：积极奉献于社区和国家，并在世界范围内产生有意义的影响。

（4）领导力培养：教育来自不同背景的有抱负的领导者。

（5）环境建设：建设一个包容、公平、尊重以及具有伦理原则的环境，为当前和未来的时代打造更好的生活、教学、学习和工作空间。

（三）学生特质

（1）学术成就：拥有卓越的学术表现和扎实的学科知识基础。

（2）领导能力：展现出领导才能，能够在学校、社区或其他领域中发挥引领作用。

（3）创新精神：具有创造力和创新意识，能够提出新颖的想法并勇于尝试新的方法。

（4）社区参与：积极参与社区服务、志愿活动或社会实践，展现出对社会责任的关注和承担。

（5）团队合作：具备良好的团队合作能力，能够与他人协作，共同实现目标。

（6）跨学科学习：对跨学科领域有兴趣，并且能够跨越学科边界，运用综合知识来解决复杂问题。

（7）全面发展：不仅在学术上取得优异成绩，还具备艺术、体育、领导等方面的才能。

（四）录取数据

2023 年被录取的本科生数据如下：

- 申请人数：32 240 人。
- 录取人数：3 855 人。
- 性别比例：女生占 52%，男生占 48%。
- 国际学生占比：11%。
- 学术统计：SAT 成绩中位数为 1 500 ~ 1 570 分，ACT 成绩中位数为 33 ~ 35 分；有 57% 的申请者提交了 SAT 或 ACT 成绩，有 56% 的被录取者提交了 SAT 或 ACT 成绩。

十三、南加利福尼亚大学

（一）大学使命

南加利福尼亚大学（以下称 USC）的核心使命是通过培养和丰富人类的思想和精神，实现人类和整个社会的发展，而通识教育和专业学习的融合是南加利福尼亚大学的特殊优势之一。

（二）战略规划

南加利福尼亚大学的战略规划名为“For South Carolina：A Path to Excellence”（USC：通往卓越之路），该规划于 2020 年发布，是在高等教育的关键时期由 USC 的教职工和学生精心制订的。该规划旨在应对资金和运营方面的挑战，同时优先考虑社区成员的健康和福祉。

该校的战略优先事项是：培养优秀学生和世界级教职工，进行杰出的学术研究，发展社区伙伴关系，以及实现其他雄心勃勃的目标。

（三）学生特质

（1）多样化背景：招募来自不同社会经济背景、族裔和文化的学生，包括低收入家庭、第一代大学生、国际学生和代表性不足的群体。

（2）学术和职业潜力：致力于寻找有潜力在学术上取得优异成绩并且在职业上取得成功的学生。

（3）求知欲和参与度：倾向于招收对学习充满热情、愿意参与校园活动和社区服务的学生。

（4）领导力和创新精神：青睐那些具有领导潜质和创新思维的学生，期待其能够为校园和社区带来积极的变化。

（5）全球视野：欢迎具有国际视野和跨文化交流能力的学生。

（6）社区参与和社会责任感：寻找愿意为社区做出贡献的学生。

（四）录取数据

2023 年被录取的本科生数据如下：

- 申请人数：80 808 人。
- 录取人数：8 094 人。
- 入学人数：3 633 人。
- 校友后代占比：14%。
- 性别比例：女生占 52%，男生占 47%，非二元性别占 1%。
- 国际学生占比：17%。
- 学术统计：SAT 成绩中位数为 1 430 ~ 1 530 分，ACT 成绩中位数为 32 ~ 35 分。

十四、纽约大学

（一）大学使命

纽约大学的使命是为学生和校友创造机会，为他们提供在充满活力的全球经济中茁壮成长所需的技能、经验和人脉，从而帮助他们在职业生涯的各个阶段取得成功。

（二）战略规划

（1）跨学科合作：通过跨学科、跨学校和跨地域的研究和教育项目，充分利用纽约大学在规模、广度和全球网络方面的独特优势，成为跨学科合作的世界领导者。

（2）科技创新：通过发挥在科学、技术、创业精神和全球定位等方面的关键优势，打造一个独特的、世界一流的生态系统，吸引人才，成为学术机构、行业和政府首选的合作伙伴，并在关键全球挑战上发挥作用。

（3）推进全球教育与研究：成为世界领先的教育与研究大学，建立一个充满活力的全球学术网络，支持全球导向的研究和创造性工作，拥有大量国际学生、教师和工作人员，并为学生提供独特的全球学习体验。

（4）社区繁荣：构建和维护一个具有包容性和支持性的社区，使学生、教师和工作人员能够茁壮成长，同时将及时毕业作为首要任务；致力于消除学业或职业方面的障碍，包括使学生及时毕业，为教师提供高效支持，以及为工作人员提供职业发展机会等。

（三）学生特质

（1）具有跨学科思维：青睐具备多学科交叉背景的学生。

（2）创新和影响力：寻找有志于产生积极社会影响并具有创新精神的学生。

（3）全球视野：寻找具有国际视野、对全球问题有深刻理解并愿意参与国际交流的学生。

（4）多元化和包容性：期望学生能体现和促进多元化、公平和包容性。

（四）录取数据

2023 年被录取的本科生数据如下：

- 入学人数：5 723 人。
- 学生构成：纽约大学拥有美国最多的国际学生，2027 届新生中有来自全球 86 个国家或地区的国际学生，国际学生占比为 24%。

- 学术统计：SAT 成绩中位数为 1 470 ~ 1 570 分，其中读写部分成绩的中位数为 720 ~ 770 分，数学部分成绩的中位数为 750 ~ 800 分；ACT 成绩中位数为 33 ~ 35 分。

| 第九章 |

出国金融服务，助力留学之路

从做出留学决策到踏出国门，再到学成归来，几乎每个家庭都要往来银行数次。但对于绝大多数家庭而言，如何处理这些业务更省心，在网络上也很难找到标准答案。实际上，提前了解留学全过程需要用到的金融服务就像选择学校一样重要。出国金融服务不仅可以帮助申请者更加便捷地走上留学之路，还可以通过专业顾问的合理规划，实现留学资金效能的最大化。

第一节 留学金融服务清单

从开始考虑留学起，每个留学家庭都意识到可能要付出高出国内教育几倍甚至几十倍的资金。但具体在哪个阶段支出，如何有效地控制成本，怎么平衡好家庭财富稳健增长和留学费用支出，常常让很多家庭感到困扰。表 9–1 列出了留学过程中可能需要的金融产品和服务。不难看出，金融服务贯穿留学整个流程，留学过程中的许多活动都与金融服务密不可分，因此做好全方位的准备会让留学之路走得更加稳健。

表 9–1 留学过程中涉及的金融产品和服务

留学阶段	场景	金融产品和服务
留学规划和申请阶段	留学咨询和规划	留学讲座
	资金规划	外币存款、理财、教育金
	学校申请费	信用卡、银行电汇等
	标化考试报名费	信用卡，部分支持支付宝等方式
	入学押金	信用卡、银行电汇等
	资信证明（美国需在申请阶段提交）	存款证明、资产证明
行前准备阶段	申请签证和签证费用支付	签证服务
	存款证明（除美国外，其他国家在签证阶段提交）	存款证明
	学费和生活费汇款	购汇、银行电汇等
	用于海外消费的银行卡	借记卡、信用卡
	行前指导	行前说明会、离境会

（续表）

留学阶段	场景	金融产品和服务
留学阶段	学费和生活费	银行卡、银行电汇等
	取现	信用卡、借记卡
	消费	信用卡、借记卡，部分支持支付宝等方式
留学回国阶段	实习	实习项目
	创业融资	贷款服务
	剩余外汇	结汇、外币理财、存款

要出国　找中信

中信银行深耕出国金融业务 26 年，是美国、以色列等多国使馆签证业务的合作金融机构，形成了涵盖签证、外汇结算、外币理财、跨境汇款、留学汇、资信证明、出国特色卡等产品的一站式出国金融服务体系，累计服务出国客户超过 2 401 万人次。

第二节
留学前：兵马未动，粮草先行

一、留学规划阶段

留学规划阶段是留学的前奏。留学的想法可能源于一次家庭会议的讨论，或者某次海外游学的经历，又或者某个朋友的建议。当一个家庭做出让孩子去陌生世界探险的决策后，最直接的问题是要准备多少钱，以及需要什么时候准备好。根据现有的留学签证体系，家长最早需要在留学申请前半年就准备好能够覆盖留学阶段学费和生活费的资金，用于申请签证。

（一）留学教育资金规划服务

在留学规划阶段，中信银行推出专属的留学教育资金规划服务，围绕出国留学全周期，基于留学生所处年龄阶段、结合留学生的意向国家、学校与专业，为留学生家庭提供关于留学资金的专业规划方案，帮助留学生家庭客观全面地分析子女海外留学过程中的各项资金支出，比如综合素质教育费用、留学申请及学杂费用、海外生活费用、海外安全保障费用、学成创业（实习）费用等。规划方案从留学生的刚性需求出发，串联各个留学关键支出节点，从而实现资金储备与需求的动态平衡，满足留学生的各项资金使用需求。

留学家庭可以将拟留学使用的资金放在单独的银行账户内，通过留学教育资金规划服务，保障留学储备金稳健增长，实现子女海外求学无忧。

（二）留学专属借记卡

借记卡不仅有储蓄的功能，还有投资理财的功能。中信银行近年来联合国际卡组织为出国留学客群打造了五张借记卡产品，分别为中信银行护航借记卡、万事达外币借记卡、万事达人民币美元双币借记卡、Visa 外币借记卡和美国运通借记卡。

中信银行护航借记卡

2018 年，中信银行联合中国少年儿童基金会推出了专门针对留学生的银行卡——护航借记卡。中信银行作为“护航计划”爱心编队成员，肩负起社会责任，响应中国少年儿童基金会的号召，推出“护航计划”联名借记卡和信用卡，在满足留学家庭境外消费、境外取现、学费汇划等核心需求的同时，整合了跨境汇款优惠、个人结售汇点差优惠、免货币转换费、境外刷卡返现、航班延误险、签证优惠服务、境外医疗协助、留学官方权威资讯、社会实践实习活动等权益，为留学家庭提供专业的出国金融服务，用心护航留学之路。

特色 1：专享跨境汇款优惠，跨境汇款（含留学汇）手续费最高可享受 250 元优惠。

特色 2：专享结售汇点差优惠，办理美元、英镑、澳元、加元结售汇业务，可享受 30bps（基点）点差优惠（购汇 5 万美元，约可省下往返京沪的高铁票价），最高可优惠 150 元。

特色 3：专享签证办理服务费优惠，持有护航借记卡的客户可享英国如意签服务费 7.5 折优惠，英国签证中心及多国签证中心增值服务 9 折优惠，以及贵宾服务、免预约、代填表等权益。

了解更多护航借记卡权益，请扫码

中信银行万事达外币借记卡

中信银行 2020 年 7 月携手万事达卡组织合作发行了中信银行万事达外币借记卡，是第一家发行万事达外币借记卡的全国股份制银行。该卡也是中信银行推出的首张单独以美元结算的借记卡，持卡人可在境外刷卡或取现时直接使用账户内的美元余额。卡片等级分为白金卡和世界卡，持卡人可以在中信银行柜台办理共计 13 个币种的储蓄与外币理财产品，也可在全球 210 个国家和地区的 1.3 亿家接受万事达卡的商户消费及数百万台 ATM 上取款。该卡聚焦海外留学、境外生活场景，甄选超值金融优惠及全球消费返现、优惠出行、国际酒店等特色权益。

特色 1：免年费，免每月前三笔境外 ATM 取现手续费，免境外 ATM 余额查询费，免境外交易货币转换费。

特色 2：全球品牌商户消费最高返现 20%，留学生境外绑卡返 48 美元（比如苹果商店、优步、优食等）。

特色 3：欧洲四国五大比斯特购物村消费返现 10%，爱彼迎消费满 600 美元返 40 美元。

了解更多万事达外币借记卡权益，请扫码

中信银行万事达人民币美元双币借记卡

2024 年 5 月 9 日，中信银行携手万事网联，领先全国同业首发推出万事达人民币美元双币借记卡产品。卡面设计采用貔貅这一中国传统文化中的祥瑞生物，貔貅被认为是招财进宝的吉祥物，也是勇气和权威的象征，这意味着持卡人拥有祥瑞、力量、财富和好运。铜钱纹路作为卡面背景的图形元素，象征着财富和好运，同时增加了卡片的独特性。该产品对卡面设计、创新卡函及盲盒式祝福语等方面进行了优化，上市后受到市场高度认可和好评。

该卡分为三个等级，依次为金卡、白金卡、世界卡。在原万事达外币借记卡的基础上，该卡进行了升级，增加了境内人民币交易、境内交易人民币结算、境外交易美元结算等业务。万事达卡的受理网络遍布全球 210 多个国家和地区，有超过 1.3 亿家线上和线下商户受理万事达卡。在境内外贴有万事达卡受理标识的场所及线上商户消费，持卡人均可用中国万事达卡进行支付。对于贴有万事达卡标识的ATM机，持卡人均可使用万事达卡取款。持卡人可以在POS机上进行插卡支付，可以在带水波纹标识的POS机上拍卡支付，还可以在多个支付平台进行快捷支付，包括微信、支付宝、京东、抖音以及美团等。

在活动权益方面，持卡人可享比斯特中国购物村会籍匹配、潮流运动商户专属优惠、米其林餐厅预定礼遇、境外精品餐厅预定高额优惠、发发奇金卡礼遇等。同时，中信银行不定期推出刷卡赢微信立减金、赢迪士尼门票等专属开卡营销活动，全方位聚焦境内外衣食住行尊享服务体验。

了解更多万事达双币借记卡权益，请扫码

中信银行Visa外币借记卡

中信银行2022年11月携手Visa卡组织推出中信银行Visa外币借记卡。该卡为白金卡，以美元作为结算币种，持卡人在境外进行线上、线下消费或取现时可直接使用，也可以在中信银行柜台办理外币存款与外币理财业务。该卡支持在境外标有Visa标识的ATM机上查询余额并提取当地货币现钞，也可在境外商户进行消费支付，扣减账户内的美元余额。持卡人可享Visa权益平台的海外留学、消费等多项权益。

特色1：1元GO商城，精选海外电商平台及线下商户，持卡人支付1美元即可购买价值最高25美元的国际知名商超、出行和民宿平台电子代金券。

特色2：Visa权益平台提供境外生活随机返、境外交通笔笔返现、一拍即付全球返等丰富的活动及权益。

特色3：留学申请优惠，持Visa外币借记卡可享新东方前途出国留学申请类业务服务费优惠，最高2 000元。

特色4：家庭医生单月不限次线上咨询服务。

了解更多Visa外币借记卡权益，请扫码

中信银行美国运通借记卡

为更好服务出国金融客群，2023 年 6 月，中信银行携手美国运通重磅推出"中信银行美国运通 EL 金卡借记卡"（简称"美国运通借记卡"）。作为美国运通全球首发的 EL 金卡借记卡，该产品使用人民币进行结算（美运在华合资公司是目前唯一一家获得央行人民币清算业务牌照的外卡组织），实现境内境外一卡通享。美国运通借记卡不仅能满足客户境内外消费取现的金融需求，同时囊括了运通境内境外、线上线下丰富的权益和活动，比如境外刷卡笔笔返现、国内星级酒店自助餐买一送一等，是百年运通品牌与中信出国金融的传奇之作。

特色 1：专享每月前三笔境外 ATM 取现免手续费，免货币转换费；人民币结算，省心省力。

特色 2：境内丰富权益，购物餐饮一网打尽：星级酒店自助餐、下午茶买一赠一；免费享购物村会籍，生日消费更多礼遇。

特色 3：运通全球支付网络，全球商户独享优惠，跨境消费笔笔返现，既能花又会省。同时还有日本、中国香港等地商户优惠。

了解更多美国运通借记卡权益，请扫码

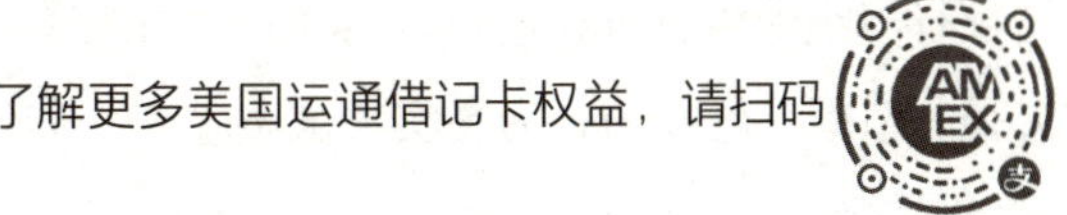

（三）外币理财产品

中信银行代销多款美元理财产品，主投美元存款等债权类资产，起购金额低至 1 美元，包括现金管理类与中长期固收类产品，风格稳健，严控风险（理财非存款，产品有风险，投资须谨慎）。

（四）留学讲座及活动

中信银行在每年 6—9 月的留学旺季，会不定期举办留学规划、留学择校等讲座或沙龙活动，根据各地区留学特点，联合当地权威的留学机构，给家长和准留学生带来权威的政策解读与规划合理的留学方案。

（五）中信银行托福 Junior 专场考试

托福 Junior 考试（中学托福）适用于 11 ~ 17 岁且计划申请国际学校、美高及国际夏（冬）令营的学生，也适用于想要提高孩子的语言综合能力、培养国际化人才的家庭。

中信银行携手托福考试官方机构（托福®）在全国范围内打造“中信银行托福Junior专场考试”，学生可以就近选择中信银行网点统一进行考试，减轻舟车劳顿，享受优越的考场环境。专场考试内容包含听力、阅读、语言形式与含义三个模块，考试形式为笔试，时长约为2小时。中信银行精准助力客户子女考学、升学，提供属地便利化出国金融服务。

（六）中信银行托福模考专场

TPO（TOEFL® Practice Online）是托福考试官方机构（托福®）研发的正版托福在线模拟练习产品，完全还原了真实考试环境及操作界面，具有权威性和公信力，考试题目的质量与准确性有严格保证。

中信银行携手托福考试官方机构（托福®）在全国范围内向希望子女接受国际教育的家庭推出“中信银行托福模考专场”活动。模考在题目难度、考场环境、考试形式、评分系统等方面还原正式托福考试。TPO模考是线上考试，时间为2小时，考题包含阅读、听力、口语和写作四部分。其中，阅读和听力两部分的成绩可即时获得，口语和写作两部分的成绩可在24小时内通过官方评分工具获得，所有评分均贴近真实考试评分。针对留学客群备考时间少、临考心理压力过大等痛点问题，中信银行组织考生就近在网点进行统一的托福模拟考试，这可以使考生提前熟悉考试流程、掌握答题技巧，为真实考试做好充分准备。

（七）研学派

研学派科研体验平台是中信银行整合优势资源，精心打造的由国际名校名师引领的高含金量的科研项目，课题丰富，专业性强。学生通过该平台报名科研项目可获得与海内外名校导师交流的机会，以及高含金量的项目证书，还有机会拿到名校导师的推荐信，全面提升综合素质和竞争力。研学派可以助力学生提升背景，为升学择校加分。未来，研学派还会拓展游学项目，比如夏令营、夏校、冬令营、名校探访、公益项目、双语日营等。

（八）EasyGo会员

为更好地为留学家庭提供专业化、一站式的服务，中信银行在2022年推出EasyGo会员服务体系，学生和家长可在EasyGo会员页面一览签证、跨境汇款、资信证明等各项服务专享优惠与所有出境服务产品。EasyGo会员服务体系不仅整合了一手资讯、旅游攻略等信息，还为留学生提供了境外保险、境外消费返现、跨境汇款手续费全免等多项专享优惠和服务，更提供了英才实习营、留学讲座、留学前辈交流会等活动，专业化的全旅程陪伴式服务满足留学不同阶段的不同需求。

在留学规划初期，留学家庭可以先注册成为中信银行 EasyGo 会员，领取会员专属优惠，在留学旅程的不同阶段享受相应的权益和服务（见表 9-2）。

表 9-2　EasyGo 会员的权益

<table>
<tr><th>权益</th><th>身份</th><th>类别</th><th>普通会员</th><th>持卡会员</th><th>VIP 会员</th></tr>
<tr><td rowspan="5">会员权益</td><td>家长</td><td>优惠券包</td><td>新户专享：单次优惠券 2 张，价值 300 元
■ EVUS（签证更新电子系统）手续费优惠券 100 元 ×1 张
■ 全球签手续费优惠券 200 元 ×1 张</td><td>持卡会员专享：每年优惠券 5 张，价值 900 元
■ 全球签手续费优惠券 200 元 ×2 张
■ 跨境汇款（含留学汇）手续费优惠券 250 元 ×1 张
■ 结售汇点差优惠券 150 元 ×1 张
■ EVUS（签证更新电子系统）手续费优惠券 100 元 ×1 张</td><td>VIP 会员专享：每年优惠券 9 张，价值 1 600 元
■ 全球签手续费优惠券 200 元 ×3 张
■ 跨境汇款（含留学汇）手续费优惠券 250 元 ×2 张
■ 结售汇点差优惠券 150 元 ×2 张
■ EVUS（签证更新电子系统）手续费优惠券 100 元 ×2 张</td></tr>
<tr><td rowspan="4">学生</td><td>境外保障</td><td>免费赠送：100 万元留学无忧险（包含境外医疗保险、境外意外保险、航空延误险等）或 1 000 万元航空意外险</td><td>免费赠送：100 万元留学无忧险（包含境外医疗保险、境外意外保险、航空延误险等）或 1 000 万元航空意外险
信用卡专享盗刷险 3 万元</td><td>免费赠送：100 万元留学无忧险（包含境外医疗保险、境外意外保险、航空延误险等）或 1 000 万元航空意外险
信用卡专享盗刷险 3 万元</td></tr>
<tr><td>境外出行</td><td>—</td><td>—</td><td>机场贵宾厅服务 1 次 / 每季度</td></tr>
<tr><td>留学资讯</td><td>免费畅读留学蓝皮书（精华电子版）
留学精品课程及留学咨询</td><td>免费畅读留学蓝皮书（完整电子版）
留学精品课程及留学咨询</td><td>免费畅读留学蓝皮书（纸质完整版）
留学精品课程及留学咨询</td></tr>
<tr><td>就业指导</td><td>免费赠送职业测评 1 次、名师专属规划 1 次</td><td>免费赠送职业测评 1 次、名师专属规划 1 次</td><td>免费赠送职业测评 1 次、名师专属规划 1 次</td></tr>
</table>

二、留学申请阶段

在留学申请阶段，许多国家将资产证明作为必须提交的材料。以美国为例，其每年 10 月份就需学生提供资产证明。资产证明能够证明申请学生或其家庭有足够的资金支付其在海外留学所必需的学习、生活费用。在后续办理签证阶段，学生也需要向使馆提供资产证明用于申请签证。一般情况下，我国银行提供的资产证明主要为“存款证明”。

（一）存款证明

个人存款证明业务是指银行为存款人出具证明，证明存款人在当前某个时点的存款余额或某个时期的存款发生额，以及证明存款人在该行有在以后某个时点前不可动用的存款余额，即在存款证明开具的时间段内，该笔资金自动被冻结且无法使用。

不同留学国家或地区对申请者提供的存款证明金额以及时长有不同的规定。

1. 美国

美国大使馆对存款证明的期限没有严格的规定，一般建议存期在 6 个月以上，学生可以以父母或者直系亲属的名字开具证明，但需要提供自己与存款证明开具人的关系证明。存款证明冻结分两次：一次是在申请大学时使用，即 12 年级的 10 月份冻结 75 万元左右的资金，并开具英文版存款证明作为入学申请资料提交；第二次是在美国高校发放录取通知后，申请 I–20 表时冻结一年的学费，大约 75 万元，冻结日期可持续到办理签证后。大部分学校要求存款解冻日期在签证出签之后、正式开学之前。与其他国家不同，美国高校要求申请者在申请时就提供存款证明，申请者若同时申请 5 所高校，则需要分别向 5 所高校提供存款证明。在这种情况下，学生仅需提供一笔资金，并向银行提出开具与所申学校数量一致的存款证明份数。存款证明金额至少要与申请者在美国就读期间的学费加生活费总额一致。

2. 英国

除了录取通知书和英语能力达标证明，学生还需要开具证明个人有足够经济能力以支撑在英学习的存款证明。前往英国的留学生最好准备存款金额不低于在英国就读的学费加生活费总额的存款证明，以防被使馆抽查。

3. 其他国家或地区

不同国家或地区的存款证明要求可以参考表 9–3。

表 9–3　不同国家或地区的存款证明要求

国家或地区	学校申请阶段	签证申请阶段	存期
美国	75 万元	高中：80 万 ~ 120 万元 本科：75 万 ~ 100 万元 研究生：50 万 ~ 80 万元	建议 6 个月以上（学校另有规定除外）
英国	无	30 万 ~ 50 万元（不强制要求，建议提供，以备抽查）	28 天起，建议 3 个月以覆盖签证申请周期

（续表）

国家或地区	学校申请阶段	签证申请阶段	存期
加拿大	无	80 万～100 万元	一年，金额能够支撑学业结束，要求提供 6 个月以上的存款流水
澳大利亚	无	小学：90 万元以上 中学：45 万～60 万元 本科：45 万元 研究生：30 万元	建议 3 个月
新西兰	无	35 万～100 万元	要求提供 6 个月以上的存款流水，避免一次性大额存入
中国香港	无	建议 20 万元	建议 3 个月以上
欧洲其他国家	无	建议 20 万元	建议 6 个月以上
亚洲其他国家或地区	10 万～20 万元	无	6 个月以上

中英双语 +PDF（便携式文档格式）版存款证明更方便

中信银行可为留学家庭提供中英双语对照的存款证明，这在使馆具有较高的认可度。客户无须亲自前往柜台，凭本人（学生或家长）在中信银行的定、活期存款，即可通过手机银行或出国金融小程序线上申请纸质存款证明，银行会邮寄到家，或直接开具电子版存款证明并生成 PDF 文件。从存款证明开具当日起至证明期满，银行对该客户的账户资金实施冻结，到期自动解冻并恢复使用。存款证明可用于在申请签证和学校时，将个人信用转化成银行信用，从而提高签证申请人的信用水平。

存款证明进阶百科

（1）在银行的所有资产都可以开具存款证明吗？

随着业务的不断发展，除了传统的存款产品，银行还发展出了银行理财及代理销售的基金、保险、贵金属等产品。根据境外留学机构的要求，存款证明是为一段时间内资金价值不会发生变动的资产开具的，也就是说，只有本外币存款（定期、大额存单）才能够满足这一要求。

（2）开具存款证明的资金还能动用吗？

存款证明开具期间，资金需要冻结，客户是不能再使用这部分资金进行转账汇款、支付、投资理财的。冻结期限根据学校要求，一般为 3～6 个月，到期后自动解冻，资金恢复可以使用的状态。

（3）存款证明只能去银行网点开具吗？

中信银行提供了在线存款证明办理服务，客户可通过手机银行来申请开具电子版存款证明，完成后打印即可。除此之外，部分地区还支持客户通过手机银行来申请纸质版存款证明（邮寄到家）。

（4）签证通过后存款证明冻结的资金可以提前解冻吗？

存款证明冻结的资金可以提前解冻，但是申请人必须交还所有存款证明原件，并携带身份证前往银行柜台办理。如果申请人开具的是电子版存款证明，那么一般来说，资金不可以提前解冻。

（二）资产证明

个人资产证明业务是指银行为借记卡持卡人开具证明，证明持卡人在当前时点所拥有资产价值的证明文件，并以货币作为计量单位进行评估。

中信银行可提供中英双语对照的资产证明，客户无须前往柜台，凭本人在中信银行办理的活、定期存款及理财产品、保险产品、基金、国债等，即可通过手机银行或出国金融小程序线上开具电子版资产证明，并生成 PDF 文件。从证明开具之日起，银行不会对该客户的账户资金进行冻结，资产证明仅用来证明该客户某个时点在银行的大致资金余额情况。

三、签证办理一站式服务

（一）美国签证

在热门留学目的地中，美国签证的办理流程相对复杂，拒签率更高，学生要预留充分的办理时间。提前办理可以为拒签等异常情况预留充分的处理时间。美国大使馆 1998 年和 1999 年分别授权中信银行提供代收赴美签证费和护照传递服务，在中信银行办理美国签证是赴美留学生的必经之路。

美国签证代缴费、护照传递——中信银行一站式办理

中信银行受美国大使馆授权，为申请人提供网点柜台、官网、手机银行多种缴费渠道，申请人凭缴费参考号，可在全国 1 400 余个网点使用现金或银行卡就近办理，也可

通过线上渠道便捷缴费。

如果申请人曾经获得过美国签证，其失效时间不超过两年（根据使馆最新政策进行调整），且此次申请签证的类型与上次一致，那么申请人可能符合美国签证“免面谈”的条件，只需将申请材料递交至最近的中信银行网点，由中信银行将材料传递至美国大使馆签证处。“免面谈”服务免去了申请人往返奔波使馆之苦，为申请人节约了大量时间和差旅成本。

申请人如果不符合“免面谈”条件，就仍需前往美国大使馆进行面签，签证处会在签证审批完毕后，将护照交给中信银行专职信使。中信银行负责将护照传递至申请人指定的领取网点，遍布全国的 1 400 余个中信银行网点可为申请人提供护照传递服务，方便申请人就近领取护照。

EVUS（签证更新电子系统）信息更新

对于已经拿到 10 年期签证的中国公民而言，在赴美前还有一件重要的事情，那就是进行 EVUS（签证更新电子系统）信息更新（见图 9–1）。自 2016 年 11 月 29 日开始，根据美国国土安全部的要求，持有 10 年期有效 B1/B2、B1 和 B2 签证的中国公民必须登录 EVUS（签证更新电子系统）在线登记个人信息，才能顺利入境美国。

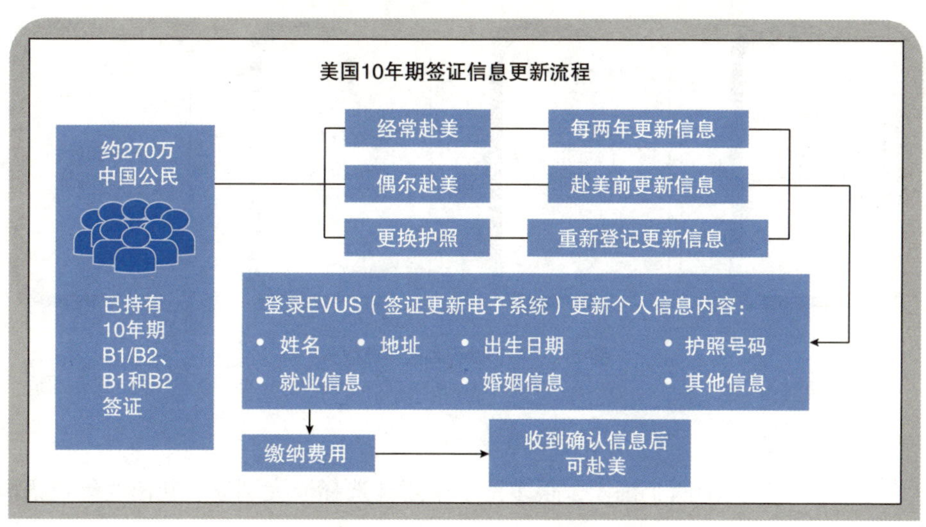

图 9–1　EVUS（签证更新电子系统）信息更新

（二）英国签证

相比美国签证，英国签证的办理流程更简单，拒签率也更低。办理前，家长需要确保资产证明等签证材料准备齐全，以防出现因签证材料不全被拒问题。

英国签证办理可以不用去使馆

- 英国如意签

自 2018 年起，中信银行与英国签证中心合作推出英国“如意签”移动签证服务，即英国签证中心为中信银行客户提供上门采集指纹和接受申请材料的移动签证服务。上门地点可以是中信银行网点，也可以是申请人指定的地点。申请人可联系中信银行网点提出申请，由中信银行联系签证中心提供上门服务。该服务具有预约灵活、上门服务、人数不限、省时省力等特点，尤其对于 15 个英国签证中心以外城市的申请人而言，无须长途跋涉到其他城市去申请签证，这节省了大量时间和资金成本。

- 中信银行英国签证临时服务中心

中信银行出国金融服务持续升级，其携手合作机构威孚仕（VFS Global），自 2023 年 12 月 9 日起在北京、上海、广州、深圳、成都、武汉等地的中信银行指定网点设立英国签证临时服务中心，为客户提供英国签证服务（见图 9–2）。

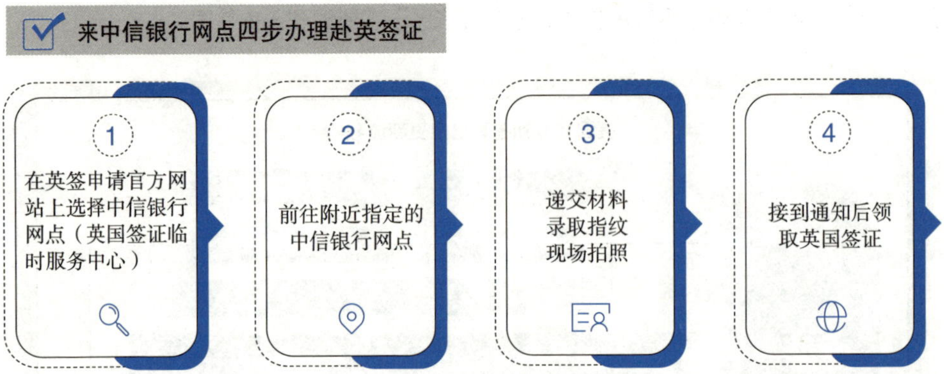

图 9–2　中信银行英国签证服务

（三）其他国家签证

除去美国、英国两个国家，很多留学生还会选择澳大利亚、新西兰等英语国家。这些国家的学生签证拒签率不高。在准备好资产证明的情况下，拒签率会更低。

办签证也可以找银行

中信银行与美国大使馆自1998年起合作26年，获美国、以色列等多国使馆权威授权，有着丰富的签证办理经验。中信银行“全球签”是业内首创的线上签证平台，为客户提供覆盖40余个热门国家和地区的签证咨询、翻译、填表、预约等服务。留学生家长再也不用因为沟通障碍和各国签证复杂的办理流程而对海外旅行望而却步，可以用脚步丈量世界，享受说走就走的旅行。中信银行持续优化迭代平台功能，为客户提供更好的签证办理体验。

第三节
留学中：好的金融产品让留学生活事半功倍

在做好留学的大量准备工作后，学生终于要离开家庭，走出国门，开始在异国他乡的留学生活。这个阶段涉及最多的业务是汇出学费、生活费及国际信用卡刷卡消费、境外医疗服务等。

一、留学启程阶段

在学生拿到心仪学校的录取通知书并通过签证审批后，异国学习生活就近在咫尺。为了让日后的留学生活更便捷，很多学生选择在启程前购买外汇、缴纳学费、办理在国外可以使用的信用卡、购买境外保险等。

留学行前会

在留学生出行前的阶段，中信银行会不定期举办留学行前会，根据各地区留学特点并联合权威的留学机构，给家长和留学生带来留学出行最需要注意的方方面面的经验以及各个国家的生活习惯、法律政策等方面的介绍。

（一）购买外汇

个人结售汇业务是留学生在留学中接触最频繁的金融业务之一。留学生最常办理的业务是个人购汇，也就是将人民币兑换成外币的业务。绝大多数海外高校不支持用人民币支付学费，因此家长必须先将自己的人民币存款兑换成外币。

购汇没有地点限制

中信银行柜台、网上银行、手机银行可办理个人购汇、个人结汇和外汇买卖业务。除办理各类个人外汇业务外，中信银行手机银行还可用于实时查询外汇牌价及汇率阶段走势。中信银行还提供外币预约兑换业务，客户可在出行前提前与银行预约并换取外币现钞。

（二）汇出学费、生活费

在留学生求学的过程中，境外汇款是必须用到的金融服务。一般来说，留学生家长一年给留学生汇两次学费，生活费的汇款次数则因家庭而异，基本按照月、季、半年的周期来汇款，银行提供的国际汇款业务一般包含电汇和创新型汇款产品。

1. 电汇

电汇是跨境汇款最基本和最常用的方式，指客户到银行柜台或通过网上银行、手机银行等电子渠道，准确、完整地填写收付款方信息后，将外币汇到学校指定账户。境外电汇所需要填写的信息全部为英文，常见必填信息包括所在学校的账户名称、账号、开户行名称、开户行地址与银行国际代码等。

总体来说，电汇具有方便安全、到账较快、费用便宜等优势。

一次填单，汇款进度全流程可视化

留学家庭在中信银行的网上银行和手机银行办理电汇，只需填写一次汇款单。在保护客户信息安全的前提下，汇款系统下次将自动调出联系人信息，客户只需要核对，不需要手工填写境外银行名称、地址、国际代码、收款人名称、账号等信息。同时，汇往主流留学国家的款项已支持汇款进度查询，客户再也不需要“苦苦等待”。

电汇小知识

电汇汇款的到账时间一般为 1～5 个工作日，如果汇款信息标准且不需要人工介入，那么最快数分钟即可到账。在进度查询方面，中信银行支持客户自主通过手机银行渠道查询汇款进度（部分汇款不适用），微信通知汇款到账金额及时间，这可以节约客户奔波于柜台的时间，也提高了查询的准确性和及时性。

银行电汇的手续费一般在 0.1% 左右（一般会设置手续费最低值和最高值），另有 80～150 元的邮电费（不同国家和地区有所区别），另有清算行手续费和收款行手续费等。成为 EasyGo 会员的客户通过“留学汇”产品汇款，可领取跨境汇款手续费 250 元优惠券（不含邮电费）。

2. 学费支付新渠道

中信银行留学汇——线上办理，不占额度不排队

为了让跨境汇款业务变得更加便捷、高效，中信银行不断优化汇款方式，推出了创新型汇款产品——留学汇。其优势主要包含以下几个方面：

- 额度便利：不占用个人年度购汇额度，支持全额到账，缴纳大额学费更省心。
- 操作简单：线上填信息，全程中文指引，无须提前购汇，汇款更轻松。
- 查询方便：受理进度实时跟踪，随时随地支持自助查询。
- 优惠权益：注册 EasyGo 会员，享跨境汇款手续费 250 元优惠券。

跨境汇款建议选正规金融机构

留学费用的支付渠道主要包括银行类金融机构和提供学费支付服务的第三方支付机构，考虑到留学费用金额较大，客户应首选银行类金融机构作为主要办理渠道。目前，部分银行已与第三方支付机构推出了合作产品，为客户提供多样化的产品选择。

在学费支付方面，银行可为客户提供跨境电汇、票汇、国际速汇等产品，国际速汇一般适用于个人对个人的跨境汇款，且受理金额相对较低，而票汇存在纸质票据丢失的风险。因此，最推荐客户使用的是跨境电汇产品。

在办理跨境电汇时，有一些细节值得注意：一是对于欧元、英镑等币种，校方可能同时提供了收款银行账号和 IBAN（国际银行账户号码），我们建议客户汇款时直接将 IBAN 填入收款账号处，否则可能会因为人工处理而发生较高的扣费甚至被退汇；二是全额到账服务并非适用于所有国家和地区，所以客户应在使用该服务前咨询银行客服；三是目前已有多家银行推出了跨境汇款状态查询服务，这能够帮助客户动态掌握每一个汇款环节。中信银行推出手机银行跨境汇款服务，加速汇款到账，免费通过微信、短信推送汇款状态信息，有效呵护资金安全。

（三）办理国际信用卡

国际信用卡是留学过程中最常用的金融产品，在缴纳申请费、考试费、国际快递费以及在海外生活时都会用到。根据发卡机构的不同，目前常见的国际信用卡类型包括万事达、Visa、大来卡、JCB（Japan Credit Bureau，日本信用卡株式会社）和美国运通。其中以万事达、Visa 最为常见，在绝大多数的商家中都可以正常使用。

国际信用卡申请 7～10 个工作日可以完成，如果家长有连续社保缴纳记录和可查询的学历信息，银行一般不会再要求提供资产证明、在职证明、收入证明等材料。家长在办理国际信用卡的同时可以为留学生申请附属卡，方便其日后出国使用。因欧美发达国家的商家合规意识较强，留学生最好不要使用父母的信用卡，以防发生不必要的法律纠纷。

初中留学生一样能办附属卡

专属的单币信用卡附属卡的持卡年龄下调至 14 岁（比如 Visa 逍遥白金信用卡、Visa 少年行白金信用卡等），附属卡额度共享主卡账户额度且可以进行自定义限制，以满足留学家庭的需求。同时，各类信用卡机构提供海外人身安全、身体健康及法律纠纷等保障服务。

境外刷卡消费也能省钱

国际信用卡组织和中信银行与境外商户合作，为留学生海外消费提供众多便利和优惠，是留学生消费、省钱的好帮手。国际信用卡境外权益与特色权益比较多，表 9-4 对其进行了总结分析。

表 9-4　国际信用卡境外权益与特色权益

中信银行 Visa 逍遥白金信用卡	中信银行 Visa 少年行白金信用卡	Visa signature 全币通信用卡	万事达钛金信用卡	美国运通白金信用卡
卡片有效期内免年费（无附加消费条件）	卡片有效期内免年费（无附加消费条件）	卡片有效期内免年费（无附加消费条件）	卡片有效期内免年费（无附加消费条件）	卡片有效期内免年费（无附加消费条件）
境外消费 2 倍积分	境外消费 2 倍积分	境外消费 2 倍积分	境外消费 2 倍积分	全年境外消费 6 倍积分
免 1.5% 境外交易货币转换费	免 1.5% 境外交易货币转换费	免 1.5% 境外交易货币转换费	免 1.5% 境外交易货币转换费	免 1.5% 境外交易货币转换费

（续表）

中信银行 Visa 逍遥白金信用卡	中信银行 Visa 少年行白金信用卡	Visa signature 全币通信用卡	万事达钛金信用卡	美国运通白金信用卡
外币消费，人民币还款	外币消费，人民币还款	航空意外伤害保险	航空意外伤害保险	白金尊贵卡权益
盗刷保障险：按客户出险当日的授信额度承保	盗刷保障险：按客户出险当日的授信额度承保	航班延误保险	航班延误保险	全球顶级餐厅、酒店预订
航空意外伤害保险	航空意外伤害保险	盗刷保障险	盗刷保障险	TopCashback 网站专属返现礼遇
全新 EMV（简易移动值）芯片卡，安全便捷	全新 EMV 芯片卡，安全便捷	旅行险	附属卡可申请年龄为 14 岁	境外不定期消费返现活动
免年费，免货币转换费	免年费，免货币转换费	附属卡可申请年龄为 14 岁	境外不定期消费返现活动	美国运通卡组织平台优惠
附属卡可申请年龄为 14 岁	附属卡可申请年龄为 14 岁	境外不定期消费返现活动	万事达卡组织平台优惠	
价值 100 万美元国际救援权益	CAG 美国法律咨询服务	Visa 卡组织平台优惠	指定品牌消费返现 20%	
留学缴费 8% 返现	盛诺一家美、日、英海外救援保险	Booking. com 预订折扣及 5% 返现		
留学生活 2% 返现	少年行服务权益			
	留学缴费 8% 返现			
	留学生活 2% 返现			

注：国际信用卡权益具体以银行最新活动细则为准。

国际信用卡紧急服务

1. 发现信用卡被盗刷怎么办？被盗刷的资金可以追回吗？

（1）发现信用卡账单出现非本人交易（或与实际交易情况不相符）的记账，在规定时间范围内（交易日起 60 天内）可向发卡行提出争议，由发卡行通过卡组织（如银联、Visa、万事达、JCB、美国运通等）向收单行提出调阅交易凭证的请求，以便了解交易的相关情况。

（2）调阅的交易凭证包括但不限于：签购单影像件、取现流水单据影像件、商户情况说明，以及与交易有关的截屏、电邮或其他与交易相关的资料。

（3）调单处理范畴：只针对信用卡交易是否成功、交易金额是否正确、有无重复入账以及商户是否按照卡组织规定进行收单操作进行核实（不针对签名笔迹、持卡人是否在现场等情况进行调查）。

2. 什么情况下会提示信用卡被锁？发现信用卡被锁后如何解锁？

信用卡被锁的原因有很多，比如密码多次输入错误，客户可联系客服解锁或通过自助渠道解锁。

3. 若进行大额消费时剩余额度不够，应该怎么做？是否可以临时提升额度？

客户可以尝试向银行申请临时额度。中信银行为了满足客户在境外的用卡需求，为优质客户提供海外专属额度，客户通过客服或短信激活该额度后，即可在海外指定地区消费。

银行系统会根据客户的用卡情况，自动审核生成海外额度，是否有海外额度及额度大小会根据客户的用卡情况有所变化，海外额度可在所有海外地区使用。海外额度激活后，符合条件的交易即可优先使用海外额度，再使用自身额度。

海外额度激活实时生效，有效期为一个月，有效期内未使用将自动失效。海外额度仅在客户在指定地区进行刷卡消费类交易时生效，提现、预授权、非刷卡交易等无法使用海外额度。海外额度激活成功与否，都会有短信提醒。在海外使用海外额度时无短信通知。

境外信用卡小贴士

1. 在境外用哪款信用卡较好？

推荐客户办理以下全币种国际芯片卡：中信银行 Visa signature 信用卡、中信银行 Visa 逍遥白金信用卡、中信银行万事达钛金信用卡。

办理方式：在中信银行信用卡官方微信中回复“办卡”，即可立刻申请。

2. 境外用卡有哪些优惠活动？

具体活动可前往动卡空间 App 的“境外专区”了解。

3. 境外用卡怎么联系客服？

请拨打卡片背面的客服电话：+86-755-82380710（“+”为国际字冠，不能省去，客户要根据所处国家或地区进行拨打，常见的国际字冠有“00”“011”）。

4. 境外消费当输密码时要注意什么？

在境外消费时，客户要根据商户要求及卡片种类确定是否可以凭密码消费，部分国家对芯片卡采取强制验密，建议客户在出国前设置好消费取现密码。

5. 境外消费额度不够怎么办？

中信银行会根据客户的用卡情况不定期主动为客户提高额度，以方便客户的境外消费。客户也可以根据需要拨打中信银行信用卡客服热线（0060-95558）或登录动卡空间 App，通过“卡片管理—额度管理”路径进行操作，申请临时提额或长期提额。

6. 出境前如何确定卡片是否是可用状态？

客户可以在出境前登录动卡空间 App，通过“个人中心—卡片管理”路径对名下卡片进行状态调整。

7. 出国后如何办理信用卡退税？

境外购物后客户可根据当地规定的具体条件享受退税，消费退税包括现场退税和事后退税两种形式。

在现场退税的情况下，客户可在购物前咨询当地商店并索取相关申请表格，建议仔细阅读退税条款，并将表格与购货发票收妥。

在事后退税的情况下，客户需在离境前到机场海关柜台办理退税，提交免税申请表和购货发票，核对所购商品，并办妥其他所需手续。

客户可提供中信银行信用卡卡号，将退税款项转入信用卡账户。

8. 芯片感应卡“一拍即付”功能如何用？

“一拍即付”功能是指采用短距离无线通信技术，在芯片感应卡与支持“一拍即付”的结账终端之间进行安全支付，支持小额交易免密码和签名，持卡人可以按照终端设备的提示来进行操作。

当前，Visa、万事达等卡组织支持全球多个国家或地区的公交、地铁商户等，“吃住行游购娱”全场景覆盖。

芯片感应卡“一拍即付”功能具有以下优势：

更安全：每次交易都会生成一个一次性代码，从而保护支付信息的安全。5 厘米安全读取距离，更易防范信息盗窃，有效防止读卡器窃取信息。

更便捷：支付时卡不离手，只需轻轻一拍，轻松完成支付，无须等待找零。

9. 在国外丢失信用卡怎么办？

客户可以尽快拨打中信银行客服热线办理挂失。2024 年 12 月 31 日前中信银行的境外交易保额按客户出险当日的授信额度承保。

10. 境外分期功能

银联境外分期覆盖境外奢侈品、留学缴费、IT 设备服务、知名电商、免税店等方面的 3 万多家商户。目前支持线上银联网关分期及银联云闪付手机分期等多种方式，客户可选择 3、6、12、24 期等不同期数。分期结果、额度、年化利率以实际审批结果为准。

（四）境外保险

境外保险是出行必不可少的要素之一。客户出行之前需要通过银行或中介机构购买保险产品，以保障人身安全等。客户注册中信银行出国金融 EasyGo 会员，即可免费领取百万海外留学关爱险或航空意外险，保障海外留学之路。

二、海外就读阶段

从坐上国际航班，看着飞机上琳琅满目的免税商品杂志开始，学生的留学生涯就开始了，他们即将面对的是陌生的法律体系、社会制度、文化环境。因为各国的金融监管体系不同，留学生一定要多加重视，切莫因为无心之举被目的地认定为从事跨境洗钱等非法活动。

（一）携带外币现钞

欧美的发达国家仍旧广泛使用现金，所以留学生身上一定要带些外币现钞。但为了打击跨境洗钱，各国都规定了入境可携带的现钞限额，超过限额的部分必须申报。虽然各国都是随机抽查，但各国均有外币携带管制条件（见表 9–5），所以各位留学生不要存在侥幸心理，一定要遵守当地的现金携带规定，避免不必要的麻烦。

温馨提示

国家政策规定，携带超过 5 000 美元或等值外币出境，海关将对《外币携带证》进行核验。如果携带金额在等值 5 000 美元以上、1 万美元（含）以下的外币现钞出境，可以到中信银行网点申请开具《外币携带证》，海关凭加盖银行印章的证明文件验放。如果携带金额超过等值 1 万美元的外币现钞出境，需要到外汇管理局开具《外汇携带证明》，海关凭加盖外汇管理局印章的证明文件验放。

表 9–5　各国外币携带管制条件

国家	携带币值	备注
美国	不超过 1 万美元的现金、旅行支票或其他货币等	如不申报，当事人最高可面临 50 万美元的罚款及 10 年以上有期徒刑
加拿大	不超过 1 万加元或等值货币	超出限额，需如实申报
澳大利亚	不超过 1 万澳元或等值货币	超出限额，需向海关申报
德国	不超过 1 万欧元	
法国	不超过 7 600 欧元	
韩国	不超过 1 万美元或等值货币	超出限额，出入境都需向海关申报
日本	不超过 100 万日元或等值货币	填写申告书
英国	不超过 1 万欧元	超出部分须提交申请
阿联酋	不超过 5 000 美元	
泰国	至少携带 2 万泰铢	

（二）境外取现

部分留学生因担心携带的现钞丢失，选择到达留学目的地机场后用银行卡在自动取款机上取现。银联、Visa 等卡组织发行的借记卡和信用卡均可在国外消费和取现。但取现手续费和限额不同。

借记卡境外取现因卡组织不同而收费标准及限额各异。以银联和 Visa 为例，银联卡每笔取现手续费为 15 元；Visa 卡每笔取现手续费按照取现金额的 1% 收取，最低 2 美元。个人持境内银行卡（含借记卡与信用卡）在境外取现，每人每日取款限额为等值 1 万元，每人每自然年取款限额为等值 10 万元。

中信银行专属活动

中信银行万事达外币借记卡、美国运通借记卡免每月前三笔境外 ATM 取现手续费，详情可前往中信银行手机银行 App“出国金融”专区了解。

除特殊卡之外，信用卡境外取现手续费按取现金额的 3% 收取，最低为 20 元或 3 美元或 30 港元或 3 欧元 / 每笔，同时按照每日万分之三到万分之五的比率收取利息。信用卡境外取现限额与借记卡相同。

第四节
留学后：善用金融服务让归来之路更顺利

一、假期归来阶段

当留学生走出国门、踏上海外求学的道路时，除了丰富多彩的学习生活，他们还会迎接新的挑战。面对这些挑战，丰富的金融产品和增值服务能够为留学生的海外学习生活解决问题、增添便利。

英才实习营

英才实习营是中信银行面向留学生及有实习需求的学生提供的周末、暑期及寒假短期实习项目，能丰富学生的实习经历，充实学生的假期生活。英才实习营依托中信集团优势，提供丰富多彩的职业体验，还有业界大咖、专业导师授课交流，能拓展学生的金融知识，提升学生的社交能力，让学生在丰富实践经历的同时结识志同道合的伙伴，更有超高含金量的双语实习证书，从而有效提升学生背景，助力其境内外高校及工作申请，为留学生涯助力加油！

二、学成归来阶段

（一）创业者融资

越来越多的海归选择创业，而融资困难是目前海归创业者遇到的难题。“巧妇难为无米之炊”，纵使留学归国人员具备先进的知识和极高的素养，拥有国际视野及跨文化沟通能力等优势，若不能获得足够的资金支持，成功也绝非易事。

创业启动金没那么难获得

从留学家庭的周期性需求出发，中信银行创新贷款方式，缓解留学家庭融资压力。留学家庭以核心房产为抵押，可以向银行申请综合授信额度（见表 9-6），额度项下贷款金额可用于消费和经营，其中消费用途包括购车、装修、教育、医疗、旅游、日常消费等满足家庭生活消费的用途。

个人房产抵押综合授信额度的授信期限最长不超过 20 年。授信到期日不得晚于抵押房产对应的土地使用权到期日。除了常规的等额本息和等额本金还款方式，中信银行还推出多种创新还款方式，有效降低客户还款压力，提高资金使用率。

表 9-6　以房产抵押方式申请授信额度

序号	房屋类型	最大额度
1	住房	房屋价值的 70%
2	商用房	房屋价值的 60%

（二）留学剩余外汇管理

在留学生学成归国后，留学家庭手中一般都会持有部分结余外汇。留学家庭根据自身需要，可选择结汇或继续持有。

1. 结汇——多方比较，把握时机

个人结汇业务是指以外汇购买人民币的业务。由于国内各家银行结汇汇率不同，留学家庭在不同银行结汇的成本各异。留学家庭在选择结汇银行时应多方比较，并关注外汇市场，把握最佳结汇时机。

2. 持有外币——储蓄投资两相宜

如果留学生归国后，留学家庭仍有出境需求，或希望多币种投资以规避风险，那么留学家庭可以在一定时间内继续持有部分外币。

结汇和外币理财也有窍门

中信银行每周通过手机银行直播等途径分析外汇走势，帮助留学家庭更好地了解外汇市场，把握结汇时机。

中信银行代销多款美元理财产品，详情可见中信银行手机银行 App “外币理财” 专区。

中信银行出国金融业务，助力留学之路

中信银行于 1998 年推出出国金融业务，为出国人员和来华外籍人士等提供一整套安全、快捷、便利的多样化金融服务。中信银行深耕出国金融服务 26 年，针对客户的不同需求，提供出国留学、旅游探亲、商务出国、外籍人士四大系列的一站式服务，业务范围包括签证、外汇结算、外币理财、跨境汇款、留学汇、资信证明、出国特色卡等。同时，通过与优质资源跨界融合，中信银行围绕留学周期提供专属增值服务，满足学生背景提升、海外安全、全球实习等需求，打造 “线上 + 线下” “金融 + 非金融” 的出国金融服务生态圈。

服务详情可拨打中信银行专属客服热线 95558-6 咨询。